书山有路勤为径,优质资源伴你行
注册世纪波学院会员,享精品图书增值服务

新税法下企业纳税筹划

第7版

翟继光 李亚雄·著

电子工业出版社
Publishing House of Electronics Industry
北京·BEIJING

未经许可，不得以任何方式复制或抄袭本书之部分或全部内容。
版权所有，侵权必究。

图书在版编目（CIP）数据

新税法下企业纳税筹划 / 翟继光，李亚雄著. —7版. —北京：电子工业出版社，2021.9
ISBN 978-7-121-41828-0

Ⅰ．①新… Ⅱ．①翟… ②李… Ⅲ．①企业管理－税收筹划－中国 Ⅳ．①F812.423

中国版本图书馆 CIP 数据核字（2021）第 169601 号

责任编辑：杨洪军
印　　刷：北京七彩京通数码快印有限公司
装　　订：北京七彩京通数码快印有限公司
出版发行：电子工业出版社
　　　　　北京市海淀区万寿路 173 信箱　邮编 100036
开　　本：787×1092　1/16　印张：25.75　字数：701 千字
版　　次：2008 年 6 月第 1 版
　　　　　2021 年 9 月第 7 版
印　　次：2024 年 10 月第 5 次印刷
定　　价：108.00 元

凡所购买电子工业出版社图书有缺损问题，请向购买书店调换。若书店售缺，请与本社发行部联系，联系及邮购电话：（010）88254888，88258888。
质量投诉请发邮件至 zlts@phei.com.cn，盗版侵权举报请发邮件至 dbqq@phei.com.cn。
本书咨询联系方式：（010）88254199，sjb@phei.com.cn。

第 7 版前言

纳税筹划是在法律允许的范围内，或者至少在法律不禁止的范围内，通过对纳税人生产经营活动的一些调整和安排，最大限度地减轻税收负担的行为。纳税筹划是纳税人的一项基本权利，是国家应当鼓励的行为。可以说，税收是对纳税人财产权的一种合法剥夺，纳税人必然会采取各种方法予以应对，纳税筹划是纳税人的一种合法应对手段，而偷税、抗税、逃税等则是纳税人的一种非法应对手段。既然纳税人有这种需求，国家与其让纳税人采取非法的应对手段，不如引导纳税人采取合法的应对手段。

纳税筹划不仅对纳税人有利，对国家也是有利的。纳税人有了合法的减轻税负的手段，就不会采取或者会较少地采取非法手段减轻税负，这对国家是有利的。纳税筹划的基本手段是充分运用国家出台的各项税收优惠政策。国家之所以出台这些税收优惠政策正是为了让纳税人从事该政策所鼓励的行为，如果纳税人不进行纳税筹划，对国家的税收优惠政策视而不见，那么，国家出台税收优惠政策就达不到其预先设定的目标了。可见，纳税筹划是国家顺利推进税收优惠政策所必不可少的条件。纳税筹划也会利用税法的一些漏洞，通过避税等手段获取一些国家本来不想让纳税人获得的利益，表面看来，这种纳税筹划对国家不利，但实际不然。纳税人的种种纳税筹划方案暴露了国家税法的漏洞，这本身就是对国家税收立法的完善所做出的重要贡献，如果纳税人不进行纳税筹划，怎么能凸显出这么多的税法漏洞呢？税法的漏洞不凸显出来，如何能够通过税收立法来完善相关的法律制度呢？发达国家的纳税筹划非常发达，其税法也非常完善和庞杂，二者有没有必然的联系呢？我们认为是有的，正因为其纳税筹划比较发达，税法的各种漏洞暴露无遗，国家才能采取应对纳税筹划的方案，完善税法制度，使得税法制度越来越完善，越来越庞杂。税法制度的完善和庞杂又使得纳税人逃避税收负担比较困难，必须由专业人士从事纳税筹划，由此推动了纳税筹划作为一门产业的兴旺和发达。

我国还有很多人对纳税筹划存在错误的认识，包括纳税人和税务机关的工作人员。其实，纳税筹划是构建一个和谐的税收征纳关系所必不可少的润滑剂。与发达国家相比，我国的纳税筹划产业并不发达，但我国的偷税行为远比发达国家普遍。如果国家能够大力推行纳税筹划产业，相信我国纳税人的偷税行为会大量减少。当然，我们一直强调纳税筹划是在法律允许的范围内的活动，有些人以纳税筹划为幌子，进行税收违法行为，这是真正的纳税筹划专业人士所反对的。纳税筹划靠的是专家对税法的理解，靠的是专家的智慧，而不是靠非法的手段。

本书与一般的纳税筹划书籍相比具有如下特点：第一，全面系统。本书全面介绍了纳税筹划的实践操作问题，特别是对纳税筹划所涉及的各个税种、各种生产经营阶段以及主要产业都进行了详细的阐述。第二，实用性强。本书的纳税筹划方案全部从现实生活中来，而且可以直接应用到现实生活中去，具有非常强的实用性。第三，简洁明了。本书的纳税筹划重在方法的阐述和操作步骤的介绍，不深究相应的理论基础，主要方法均通过典型案例予以讲解，让普通纳税人一看即懂。第四，合法权威。本书的纳税筹划方案完全是在法律允许的范围内进行的，纳税人按照本书介绍的方法进行纳税筹划，不会涉及违反法律规定的问题，更不会涉及违法犯罪的问题。

本书根据最新的税收政策论述了企业所得税、个人所得税、增值税、消费税等主要税种的纳税筹划，阐述了企业融资决策、投资决策、分立合并、海外投资等主要经营环节的纳税筹划，介绍了物流企业、金融企业、餐饮企业、房地产企业和出版企业等典型行业的纳税筹划。本书列举了200多个纳税筹划经典案例以及500多个纳税筹划法律文件，可谓纳税人进行纳税筹划的"宝典"。

自本书第6版出版以来，增值税税率进一步降低，小规模纳税人的征收率因为疫情影响降低为1%，小型微利企业和个体工商户应纳税所得额在100万元以下的部分，在现有税收优惠的基础之上，进一步减半征税。小规模纳税人月度免征增值税的额度也提高到15万元。西部大开发、企业改制契税、土地增值税等税收优惠的期限进一步延长。这些税收优惠政策进一步促进了我国经济持续稳定地发展。

为了反映税收政策的最新变化，本书第7版对大部分纳税筹划方案进行了修改和完善，删除了已经失效的税收政策，增加了针对最新税收政策进行纳税筹划的方法。本书第6版出版以来，得到了广大读者的大力支持，很多高校都将本书作为税收筹划以及税法和税务课程的教材。还有很多读者给作者来信，对本书提出了宝贵的修改建议，本书第7版的修改就吸收了很多读者的建议，在此，特向广大读者表示感谢。同时，希望读者朋友一如既往地支持本书的发展，我们共同努力，争取让本书随着时代的发展不断修改完善。我的联系方式是：北京市昌平区府学路27号中国政法大学民商经济法学院（邮编：102249），E-mail：zhaijiguang2008@sina.com。

翟继光

2021年7月12日

目录

第1章 新企业所得税制度下企业的纳税筹划 1

  1. 利用亏损结转的纳税筹划 1
  2. 利用利润转移的纳税筹划 4
  3. 利用固定资产加速折旧的纳税筹划 6
  4. 将利息变其他支出的纳税筹划 13
  5. 企业捐赠中的纳税筹划 15
  6. 企业股权投资中的纳税筹划 22
  7. 预缴企业所得税中的纳税筹划 24
  8. 利用汇率变动趋势的纳税筹划 26
  9. 利用个人接受捐赠免税政策的纳税筹划 28
  10. 固定资产修理中的纳税筹划 29
  11. 恰当选择享受优惠政策的起始年度的纳税筹划 31
  12. 利用国债利息免税优惠政策的纳税筹划 33
  13. 利用小型微利企业低税率优惠政策的纳税筹划 35

第2章 个人所得税制度下企业的纳税筹划 39

  1. 充分利用专项扣除的纳税筹划 39
  2. 充分利用专项附加扣除的纳税筹划 42
  3. 外籍人员充分利用各项优惠的纳税筹划 45
  4. 公益捐赠与利用海南自贸港优惠的纳税筹划 49
  5. 年终奖与股票期权所得的纳税筹划 51
  6. 劳务报酬所得的纳税筹划 57
  7. 稿酬与特许权使用费所得的纳税筹划 61
  8. 经营所得的纳税筹划 63
  9. 不动产转让所得的纳税筹划 67
  10. 股权转让所得的纳税筹划 72
  11. 股息与财产租赁所得的纳税筹划 74

第3章 增值税制度下企业的纳税筹划 78
1. 选择纳税人身份的纳税筹划 78
2. 巧选供货人类型以降低增值税负担的纳税筹划 82
3. 兼营销售的纳税筹划 84
4. 利用小微企业优惠政策的纳税筹划 86
5. 折扣销售中的纳税筹划 88
6. 将实物折扣变成价格折扣的纳税筹划 90
7. 销售折扣中的纳税筹划 91
8. 利用不同促销方式的纳税筹划 93
9. 分立公司、抵扣进项税额的纳税筹划 94
10. 充分利用农产品免税政策的纳税筹划 96
11. 巧用起征点的纳税筹划 98
12. 增值税结算方式的纳税筹划 99
13. 利用资产重组不征增值税政策的纳税筹划 101
14. 利用地方财政奖励减轻增值税负担的纳税筹划 106

第4章 消费税制度下企业的纳税筹划 108
1. 征收范围的纳税筹划 108
2. 计税依据的纳税筹划 109
3. 利用生产制作环节纳税规定的纳税筹划 110
4. 利用连续生产不纳税规定的纳税筹划 112
5. 利用外购已税消费品可以扣除规定的纳税筹划 113
6. 利用委托加工由受托方收税规定的纳税筹划 114
7. 兼营行为的纳税筹划 117
8. 白酒消费税最低计税价格的纳税筹划 118
9. 利用联合企业的纳税筹划 120
10. 出口应税消费品的纳税筹划 123
11. 以外汇结算应税消费品的纳税筹划 124
12. 利用临界点的纳税筹划 125
13. 包装物的纳税筹划 126
14. 自产自用消费品的纳税筹划 129
15. 包装方式的纳税筹划 130

第5章 企业营改增的纳税筹划 132
1. 选择小规模纳税人身份的纳税筹划 132
2. 分立企业成为小规模纳税人的纳税筹划 134
3. 公共交通运输服务企业选用简易计税方法的纳税筹划 134
4. 动漫企业选用简易计税方法的纳税筹划 135
5. 其他企业选用简易计税方法的纳税筹划 137

6. 利用免税亲属转赠住房的纳税筹划	138
7. 利用赡养关系免税的纳税筹划	139
8. 利用遗赠免税的纳税筹划	140
9. 持有满2年后再转让住房的纳税筹划	141
10. 通过抵押贷款延迟办理房产过户的纳税筹划	142
11. 将亲子房产赠予改为买卖的纳税筹划	143
12. 通过打折优惠将销售额控制在起征点以下的纳税筹划	145
13. 通过调节销售额控制在起征点以下的纳税筹划	146
14. 通过调节销售额利用小微企业免税优惠政策的纳税筹划	147
15. 通过分立企业利用小微企业免税优惠政策的纳税筹划	148
16. 利用资产重组的纳税筹划	149
17. 利用股权转让的纳税筹划	150
18. 清包工提供建筑服务的纳税筹划	151
19. 甲供工程提供建筑服务的纳税筹划	152
20. 为老项目提供建筑服务的纳税筹划	153
21. 利用学生勤工俭学提供服务的纳税筹划	154
22. 利用残疾人提供服务的纳税筹划	155
23. 利用家政服务优惠的纳税筹划	156
24. 利用应收未收利息优惠政策的纳税筹划	157
25. 利用个人买卖金融商品免税的纳税筹划	158
26. 利用农村金融机构可选择3%的简易计税方法的纳税筹划	159
27. 利用免税货物运输代理服务的纳税筹划	160
28. 利用管道运输优惠政策的纳税筹划	161
29. 利用退役士兵税收优惠的纳税筹划	162
30. 巧妙转化服务性质的纳税筹划	163
31. 提高物化劳动所占比重的纳税筹划	164

第6章 其他税种制度下企业的纳税筹划 166

1. 租赁、仓储房产税的纳税筹划	166
2. 减免名义租金降低房产税的纳税筹划	168
3. 减少出租房屋的附属设施降低租金的纳税筹划	169
4. 自建自用房产的纳税筹划	171
5. 车辆购置税的纳税筹划	172
6. 契税的纳税筹划	174
7. 印花税的纳税筹划	176
8. 二手房买卖中的纳税筹划	179

第7章 企业投资决策中如何进行纳税筹划 184

1. 投资产业的纳税筹划	184

2. 投资区域的纳税筹划 188
3. 投资项目的纳税筹划 194
4. 企业组织形式的纳税筹划 197
5. 设立分支机构中的纳税筹划 198
6. 利用特定股息不纳税以及亏损弥补政策的纳税筹划 200
7. 投资回收方式中的纳税筹划 201
8. 分立企业享受小型微利企业优惠的纳税筹划 203
9. 招聘国家鼓励人员的纳税筹划 205
10. 分公司与子公司灵活转化以充分利用税收优惠政策的纳税筹划 208

第8章 企业融资决策中如何进行纳税筹划 211

1. 融资决策与纳税筹划 211
2. 长期借款融资的纳税筹划 214
3. 借款费用利息的纳税筹划 217
4. 增加负债降低投资的纳税筹划 219
5. 融资租赁中的纳税筹划 221
6. 企业职工融资中的纳税筹划 224
7. 融资阶段选择中的纳税筹划 226
8. 关联企业融资中的纳税筹划 227

第9章 企业重组清算中如何进行纳税筹划 230

1. 通过免税企业合并的纳税筹划 230
2. 受让亏损企业资产弥补所得的纳税筹划 233
3. 合并、分立企业以减轻增值税税收负担的纳税筹划 237
4. 分立企业以享受特定地区税收优惠的纳税筹划 239
5. 通过分立享受流转税优惠政策的纳税筹划 243
6. 企业债务重组的纳税筹划 245
7. 调整企业清算日期的纳税筹划 247
8. 企业资产收购的纳税筹划 249
9. 企业股权收购的纳税筹划 251
10. 企业免税分立的纳税筹划 255

第10章 企业海外投资中如何进行纳税筹划 260

1. 投资于百慕大的纳税筹划 260
2. 投资于开曼群岛的纳税筹划 262
3. 投资于英属维尔京群岛的纳税筹划 263
4. 投资于准避税港的纳税筹划 264
5. 利用不同组织形式的税收待遇的纳税筹划 267
6. 避免成为常设机构的纳税筹划 269

7. 将利润保留境外减轻税收负担的纳税筹划 ... 271
8. 利用不同国家之间税收协定优惠政策的纳税筹划 ... 274
9. 利用税收饶让抵免制度获得相关税收利益的纳税筹划 ... 275
10. 利用受控外国企业的纳税筹划 ... 277
11. 利用外国公司转移所得来源地的纳税筹划 ... 279

第 11 章　物流企业如何进行纳税筹划 ... 282
1. 利用货物进出时间差的增值税筹划 ... 282
2. 选择小规模纳税人身份的增值税筹划 ... 283
3. 利用资产重组免税的营改增筹划 ... 284
4. 通过降低企业经营规模的纳税筹划 ... 285
5. 将人力劳动转变为机器劳动的纳税筹划 ... 287
6. 通过购置免税或减税运输工具的纳税筹划 ... 289

第 12 章　金融企业如何进行纳税筹划 ... 292
1. 以固定资产抵债过程中的纳税筹划 ... 292
2. 销售免税金融产品的纳税筹划 ... 294
3. 贷款利息收入的纳税筹划 ... 298
4. 金融企业捐赠过程中的纳税筹划 ... 299
5. 股东投资银行的纳税筹划 ... 301
6. 加速固定资产折旧的纳税筹划 ... 303
7. 金融企业业务招待费的纳税筹划 ... 306
8. 金融企业通过自动柜员机减轻增值税负担的纳税筹划 ... 307

第 13 章　餐饮企业如何进行纳税筹划 ... 309
1. 变有限责任公司为个人独资企业以降低企业实际税负的纳税筹划 ... 309
2. 将家庭成员作为合伙人以降低企业适用税率的纳税筹划 ... 310
3. 利用下岗失业人员税收优惠政策的纳税筹划 ... 312
4. 促销活动中的纳税筹划 ... 314
5. 利用投资者与员工身份转换的纳税筹划 ... 315
6. 利用餐饮企业自身优势降低名义工资的纳税筹划 ... 316
7. 转变为小型微利企业享受低税率优惠的纳税筹划 ... 318
8. 分别核算进行增值税的纳税筹划 ... 319
9. 从高税率项目向低税率项目转移利润的纳税筹划 ... 321

第 14 章　房地产企业如何进行纳税筹划 ... 323
1. 利用临界点的纳税筹划 ... 323
2. 利息支付过程中的纳税筹划 ... 325
3. 代收费用处理过程中的纳税筹划 ... 327
4. 通过增加扣除项目的纳税筹划 ... 328

- 5. 利用土地增值税优惠政策的纳税筹划 ... 329
- 6. 开发多处房地产的纳税筹划 ... 332
- 7. 通过费用分别核算的纳税筹划 ... 333
- 8. 将出租变为投资的纳税筹划 ... 335
- 9. 通过两次销售房地产的纳税筹划 ... 336
- 10. 将房产销售改为股权转让的纳税筹划 ... 338
- 11. 转换房产税计税方式的纳税筹划 ... 340
- 12. 土地增值税清算中的纳税筹划 ... 341

第 15 章 出版企业如何进行纳税筹划 ... 346
- 1. 利用增值税低税率和先征后返政策的纳税筹划 ... 346
- 2. 利用图书销售免增值税优惠政策的纳税筹划 ... 349
- 3. 利用软件产品税收优惠政策的纳税筹划 ... 350
- 4. 变赠送为折扣的纳税筹划 ... 353
- 5. 利用小型企业税率优惠政策的纳税筹划 ... 355
- 6. 严格区分业务招待费与业务宣传费的纳税筹划 ... 356
- 7. 严格区分会务费、差旅费与业务招待费的纳税筹划 ... 358
- 8. 设立子公司增加扣除限额的纳税筹划 ... 359

第 16 章 商务服务企业如何进行纳税筹划 ... 361
- 1. 个人提供劳务转为由公司提供劳务的纳税筹划 ... 361
- 2. 课酬尽可能转向培训费用的纳税筹划 ... 363
- 3. 多雇员工降低公司利润的纳税筹划 ... 364
- 4. 适当雇用鼓励人员增加扣除的纳税筹划 ... 366
- 5. 恰当选择开票时机的纳税筹划 ... 367
- 6. 尽量争取小型微利企业待遇的纳税筹划 ... 369
- 7. 员工开支尽量转为公司开支的纳税筹划 ... 371

第 17 章 税务机关反避税案例与应对策略 ... 373
- 1. 间接转让股权避税与反避税 ... 373
- 2. 转让定价避税与反避税 ... 379
- 3. 利用免税企业转移利润避税与反避税 ... 387
- 4. 转换所得性质避税与反避税 ... 390
- 5. 将所得存放境外避税与反避税 ... 392
- 6. 个人股权转让避税与反避税 ... 394

参考文献 ... 399

第 1 章

新企业所得税制度下企业的纳税筹划

1. 利用亏损结转的纳税筹划

纳税筹划思路

《中华人民共和国企业所得税法》(简称《企业所得税法》)第 18 条规定,企业纳税年度发生的亏损,准予向以后年度结转,用以后年度的所得弥补,但结转年限最长不得超过 5 年。弥补亏损期限,是指纳税人某一纳税年度发生亏损,准予用以后年度的应纳税所得弥补,一年弥补不足的,可以逐年连续弥补,弥补期最长不得超过 5 年,5 年内不论是盈利还是亏损,都作为实际弥补年限计算。这一规定为纳税人进行纳税筹划提供了空间,纳税人可以通过对本企业支出和收益的控制来充分利用亏损结转的规定,将能够弥补的亏损尽量弥补。

这里面有两种方法可以采用:如果某年度发生了亏损,企业应当尽量使邻近的纳税年度获得较多的收益,也就是尽可能早地将亏损予以弥补;如果企业已经没有需要弥补的亏损或者企业刚刚组建,而亏损在最近几年又是不可避免的,那么,应该尽量先安排企业亏损,然后再安排企业盈利。

需要注意的是,企业的年度亏损额是按照税法规定的方法计算出来的,不能利用多算成本和多列工资、招待费、其他支出等手段虚报亏损。企业必须正确地计算申报亏损,才能通过纳税筹划获得合法利益,否则,为了亏损结转而虚报亏损有可能导致触犯税法而受到法律的惩处。

自 2018 年 1 月 1 日起,当年具备高新技术企业或科技型中小企业资格(统称资格)的企业,其具备资格年度之前 5 个年度发生的尚未弥补完的亏损,准予结转以后年度弥补,最长结转年限由 5 年延长至 10 年。上述所称高新技术企业,是指按照《科技部 财政部 国家税务总局关于修订印发〈高新技术企业认定管理办法〉的通知》(国科发火〔2016〕32 号)规定认定的高新技术企业;上述所称科技型中小企业,是指按照《科技部 财政部 国家税务总局关于印发〈科技型中小企业评价办法〉的通知》(国科发政〔2017〕115 号)规定取得科技型中小企业登记编号的企业。对电影行业企业 2020 年度发生的亏损,最长结转年限由 5 年延长至 8 年。

电影行业企业限于电影制作、发行和放映等企业，不包括通过互联网、电信网、广播电视网等信息网络传播电影的企业。

法律政策依据

（1）《中华人民共和国企业所得税法》（2007年3月16日第十届全国人民代表大会第五次会议通过，2017年2月24日第十二届全国人民代表大会常务委员会第二十六次会议第一次修正，2018年12月29日第十三届全国人民代表大会常务委员会第七次会议第二次修正）第18条。

（2）《中华人民共和国企业所得税法实施条例》（2007年12月6日国务院令第512号公布，根据2019年4月23日《国务院关于修改部分行政法规的决定》修订）。

（3）《财政部 税务总局关于延长高新技术企业和科技型中小企业亏损结转年限的通知》（财税〔2018〕76号）。

（4）《财政部 国家税务总局关于电影等行业税费支持政策的公告》（财政部、税务总局公告2020年第25号）。

纳税筹划图

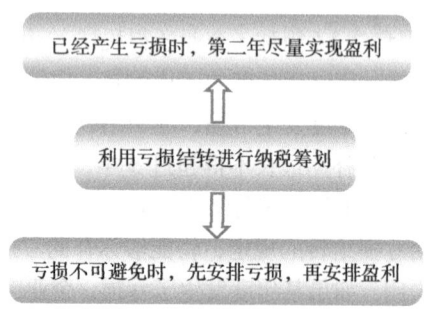

图1-1 纳税筹划图

纳税筹划案例

【例1-1】 某企业2015年度发生亏损100万元，假设该企业2015—2021年各纳税年度应纳税所得额如表1-1所示。

表1-1 2015—2021年各纳税年度应纳税所得额　　　　　单位：万元

年　份	2015	2016	2017	2018	2019	2020	2021
应纳税所得额	-100	10	10	20	30	10	600

请计算该企业2021年度应当缴纳的企业所得税，并提出筹划方案。

筹划方案

根据税法关于亏损结转的规定，该企业2015年的100万元亏损，可分别用2016—2020年的10万元、10万元、20万元、30万元和10万元来弥补，由于2016—2020年的合计应纳税所得额为80万元，低于2015年度的亏损，这样，从2015年到2020年，该企业都不需要缴纳企业所得税。2021年度的应纳税所得只能弥补5年以内的亏损，也就是说，不能弥补2015年度的亏损。由于2016年以来该企业一直没有亏损，因此，2021年度应当缴纳企业所得税：600×25%=150（万元）。

从该企业各年度的应纳税所得额来看，该企业的生产经营一直朝好的方向发展。2020年度之所以应纳税所得额比较少，可能是因为增加了投资，或者增加了各项费用的支出，或者进行了公益捐赠等。由于2015年度仍有未弥补完的亏损，因此，如果企业能够在2020年度进行纳税筹划，压缩成本和支出，尽量增加企业的收入，将2020年度的应纳税所得额提高到30万元，同时，2020年度压缩的成本和支出可以在2021年度予以开支，这样，2020年度的应纳税所得额为30万元，2021年度的应纳税所得额为580万元。

根据税法亏损弥补的相关规定，该企业在2020年度的应纳税所得额可以用来弥补2015年度的亏损，而2021年度的应纳税所得额则要全部计算缴纳企业所得税。这样，该企业在2021年度应当缴纳企业所得税：580×25%=145（万元）。减少企业所得税应纳税额：150–145=5（万元）。

纳税筹划案例

【例1-2】 某企业2015年度应纳税所得额为100万元，在此之前没有需要弥补的亏损，2016年度亏损100万元，2017年度亏损30万元，2018年度亏损20万元，2019年度应纳税所得额为10万元（尚未弥补以前年度亏损，下同），2020年度应纳税所得额为20万元，2021年度应纳税所得额为30万元。请计算该企业2015—2021年度每年应当缴纳的企业所得税，并提出纳税筹划方案。

筹划方案

该企业2015年度应纳税所得额为100万元，由于以前年度没有需要弥补的亏损，因此2015年度应纳税额：100×25%=25（万元）。2016—2018年度亏损，不需要缴纳企业所得税。2019年度应纳税所得额为10万元，弥补以前年度亏损后没有余额，不需要缴纳企业所得税。2020年度应纳税所得额为20万元，此时，前5年尚有140万元亏损没有弥补，因此，2020年度仍不需要缴纳企业所得税。2021年度应纳税所得额为30万元，此时，前5年尚有120万元亏损没有弥补，因此，2021年度也不需要缴纳企业所得税。

该企业2015—2021年度一共需要缴纳企业所得税：100×25%=25（万元）。该企业的特征是先盈利后亏损，这种状况就会导致企业在以后年度的亏损不可能用以前年度的盈利来弥补。而企业能否盈利在很大程度上都是可以预测的，因此，如果企业已经预测到某些年度会发生无法避免的亏损，那么，就尽量将盈利放在亏损年度以后。本案中该企业可以在2015年度多开支100万元，也就是将2016年度的部分开支提前进行，而将某些收入放在2016年度来实现。这样，该企业2015年度的应纳税所得额就变为0。2016年度由于减少了开支，增加了收入，总额为100万元，2016年度的亏损变为0。以后年度的生产经营状况不变。该企业在2017—2020年度同样不需要缴纳企业所得税，2021年度弥补亏损以后剩余10万元应纳税所得额，需要缴纳企业所得税：10×12.5%×20%=0.25（万元）。通过纳税筹划，该企业减少应纳税额24.75万元（25－0.25）。

2. 利用利润转移的纳税筹划

纳税筹划思路

对于既适用25%税率也适用20%税率以及15%税率的企业集团而言，可以适当将适用25%税率的企业的收入转移到适用20%税率或者15%税率的企业中，从而适当降低企业集团的所得税负担。

如果企业集团中没有适用较低税率的企业，企业可以通过专门设立高新技术企业或者小型微利企业的方式来增加适用较低税率的企业。

企业之间利润转移主要有关联交易和业务转移两种方法。通过关联交易转移利润应注意幅度的把握，明显的利润转移会受到税务机关的关注和反避税调查。业务转移是将甲公司的某项业务直接交给乙公司承担，通过这种方式转移利润，目前尚不受税法规制，税务风险比较小。

法律政策依据

（1）《中华人民共和国企业所得税法》（2007年3月16日第十届全国人民代表大会第五次会议通过，2017年2月24日第十二届全国人民代表大会常务委员会第二十六次会议第一次修正，2018年12月29日第十三届全国人民代表大会常务委员会第七次会议第二次修正）第4条。

（2）《中华人民共和国企业所得税法实施条例》（2007年12月6日国务院令第512号公布，根据2019年4月23日《国务院关于修改部分行政法规的决定》修订）。

第1章 新企业所得税制度下企业的纳税筹划

纳税筹划图

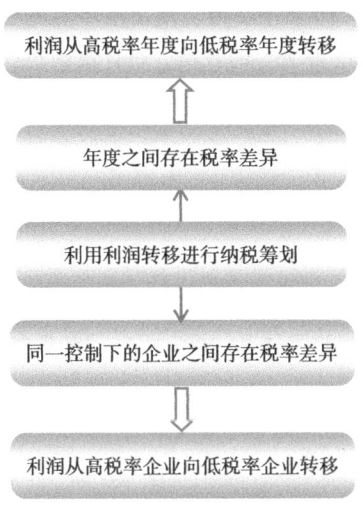

图 1-2 纳税筹划图

纳税筹划案例

【例1-3】 某企业集团下属甲、乙两个企业。其中，甲企业适用25%的企业所得税税率，乙企业属于需要国家扶持的高新技术企业，适用15%的企业所得税税率。2021纳税年度，甲企业的应纳税所得额为8 000万元，乙企业的应纳税所得额为9 000万元。请计算甲乙两个企业以及该企业集团在2021纳税年度分别应当缴纳的企业所得税税款，并提出纳税筹划方案。

筹划方案

甲企业2021纳税年度应当缴纳企业所得税：8 000×25%=2 000（万元）。乙企业2021纳税年度应当缴纳企业所得税：9 000×15%=1 350（万元）。该企业集团合计缴纳企业所得税：2 000+1 350=3 350（万元）。

由于甲企业的企业所得税税率高于乙企业的税率，因此可以考虑通过业务调整、利润转移等方式将甲企业的部分收入转移到乙企业。假设该企业集团通过纳税筹划将甲企业的应纳税所得额降低为7 000万元，乙企业的应纳税所得额相应增加为1亿元，则甲企业2021纳税年度应当缴纳企业所得税：7 000×25%=1 750（万元），乙企业2021纳税年度应当缴纳企业所得税：10 000×15%=1 500（万元），该企业集团2021纳税年度合计缴纳企业所得税：1 750+1 500=3 250（万元）。由此可见，通过纳税筹划，该企业集团可以少缴企业所得税：3 350-3 250=100（万元）。

纳税筹划案例

【例1-4】 甲集团公司共有10家子公司，集团全年实现应纳税所得额8 000万元，由于均不符合高新技术企业的条件，均适用25%的税率，合计缴纳企业所得税2 000万元。该集团中的乙公司与高新技术企业的条件比较接近，年应纳税所得额为1 000万元，请为甲集团公司提出纳税筹划方案。

筹划方案

甲集团公司可以集中力量将乙公司打造成高新技术企业，再将其他公司的盈利项目整合到乙公司，使得乙公司应纳税所得额提高至3 000万元，则集团可以少缴纳企业所得税=3 000×（25%-15%）=300（万元）。

3. 利用固定资产加速折旧的纳税筹划

纳税筹划思路

《企业所得税法》第11条规定："在计算应纳税所得额时，企业按照规定计算的固定资产折旧，准予扣除。"固定资产，是指企业为生产产品、提供劳务、出租或者经营管理而持有的、使用时间超过1年的非货币性资产，包括房屋、建筑物、机器、机械、运输工具以及其他与生产经营活动有关的设备、器具、工具等。固定资产按照直线法计算的折旧，准予扣除。企业应当自固定资产投入使用月份的次月起计算折旧；停止使用的固定资产，应当自停止使用月份的次月起停止计算折旧。企业应当根据固定资产的性质和使用情况，合理确定固定资产的预计净残值。固定资产的预计净残值一经确定，不得变更。

除国务院财政、税务主管部门另有规定外，固定资产计算折旧的最低年限如下：
- 房屋、建筑物，为20年。
- 飞机、火车、轮船、机器、机械和其他生产设备，为10年。
- 与生产经营活动有关的器具、工具、家具等，为5年。
- 飞机、火车、轮船以外的运输工具，为4年。
- 电子设备，为3年。

可以采取缩短折旧年限或者采取加速折旧方法的固定资产，包括：
- 由于技术进步，产品更新换代较快的固定资产。
- 常年处于强震动、高腐蚀状态的固定资产。

企业拥有并使用的固定资产符合上述规定的，可按以下情况分别处理：

（1）企业过去没有使用过与该项固定资产功能相同或类似的固定资产，但有充分的证据证明该固定资产的预计使用年限短于《中华人民共和国企业所得税法实施条例》（简称《企业所得税法实施条例》)规定的计算折旧最低年限的,企业可根据该固定资产的预计使用年限和相关规定,对该固定资产采取缩短折旧年限或者加速折旧的方法。

(2)企业在原有固定资产未达到《企业所得税法实施条例》规定的最低折旧年限前,使用功能相同或类似的新固定资产替代旧固定资产的,企业可根据原有固定资产的实际使用年限和相关规定,对新替代的固定资产采取缩短折旧年限或者加速折旧的方法。

企业采取缩短折旧年限方法的,对其购置的新固定资产,最低折旧年限不得低于《企业所得税法实施条例》第 60 条规定的折旧年限的 60%;若为购置已使用过的固定资产,其最低折旧年限不得低于《企业所得税法实施条例》规定的最低折旧年限减去已使用年限后剩余年限的 60%。最低折旧年限一经确定,一般不得变更。

企业拥有并使用符合上述规定条件的固定资产采取加速折旧方法的,可以采用双倍余额递减法或者年数总和法。加速折旧方法一经确定,一般不得变更。

双倍余额递减法,是指在不考虑固定资产预计净残值的情况下,根据每期期初固定资产原值减去累计折旧后的金额和双倍的直线法折旧率计算固定资产折旧的一种方法。应用这种方法计算折旧额时,由于每年年初固定资产净值没有减去预计净残值,所以在计算固定资产折旧额时,应在其折旧年限到期前的两年期间,将固定资产净值减去预计净残值后的余额平均摊销。计算公式如下:

$$年折旧率=2÷预计使用寿命(年)×100\%$$

$$月折旧率=年折旧率÷12$$

$$月折旧额=月初固定资产账面净值×月折旧率$$

年数总和法,又称年限合计法,是指将固定资产的原值减去预计净残值后的余额,乘以一个以固定资产尚可使用寿命为分子、以预计使用寿命逐年数字之和为分母的逐年递减的分数计算每年的折旧额。计算公式如下:

$$年折旧率=尚可使用年限÷预计使用寿命的年数总和×100\%$$

$$月折旧率=年折旧率÷12$$

$$月折旧额=(固定资产原值-预计净残值)×月折旧率$$

无论采用哪种折旧提取方法,对于某一特定固定资产而言,企业所提取的折旧总额是相同的,同一固定资产所抵扣的应纳税所得额并由此所抵扣的所得税额也是相同的,所不同的只是企业在固定资产使用年限内每年所抵扣的应纳税所得额是不同的,由此导致每年所抵扣的所得税额也是不同的。在具备采取固定资产加速折旧条件的情况下,企业应当尽量选择固定资产的加速折旧,具体方法的选择可以根据企业实际情况在法律允许的三种方法中任选一种。当然,如果企业当前适用的税率较低或者正处于免税期,该企业就不宜选择加速折旧,而应当在税率较高的期间扣除较多折旧,在税率较低期间扣除较少折旧。

对生物药品制造业,专用设备制造业,铁路、船舶、航空航天和其他运输设备制造业,计算机、通信和其他电子设备制造业,仪器仪表制造业,信息传输、软件和信息技术服务业等 6 个行业的企业 2014 年 1 月 1 日后新购进的固定资产,可缩短折旧年限或采取加速折旧的方法。对上述 6 个行业的小型微利企业 2014 年 1 月 1 日后新购进的研发和生产经营共用的仪器、设备，单位价值不超过100万元的，允许一次性计入当期成本费用在计算应纳税所得额时扣除，不再分年度计算折旧；单位价值超过100万元的，可缩短折旧年限或采取加速折旧的方法。

对所有行业企业2014年1月1日后新购进的专门用于研发的仪器、设备，单位价值不超过100万元的，允许一次性计入当期成本费用在计算应纳税所得额时扣除，不再分年度计算折旧；单位价值超过100万元的，可缩短折旧年限或采取加速折旧的方法。

自2014年1月1日起，对所有行业企业持有的单位价值不超过5 000元的固定资产，允许一次性计入当期成本费用在计算应纳税所得额时扣除，不再分年度计算折旧。

对轻工、纺织、机械、汽车四个领域重点行业的企业2015年1月1日后新购进的固定资产，可由企业选择缩短折旧年限或采取加速折旧的方法。对上述行业的小型微利企业2015年1月1日后新购进的研发和生产经营共用的仪器、设备，单位价值不超过100万元的，允许一次性计入当期成本费用在计算应纳税所得额时扣除，不再分年度计算折旧；单位价值超过100万元的，可由企业选择缩短折旧年限或采取加速折旧的方法。企业根据自身生产经营需要，也可选择不实行加速折旧政策。

企业在2018年1月1日至2023年12月31日期间新购进的设备、器具，单位价值不超过500万元的，允许一次性计入当期成本费用，在计算应纳税所得额时扣除，不再分年度计算折旧；单位价值超过500万元的，仍按《企业所得税法实施条例》、《财政部 国家税务总局关于完善固定资产加速折旧企业所得税政策的通知》（财税〔2014〕75号）、《财政部 国家税务总局关于进一步完善固定资产加速折旧企业所得税政策的通知》（财税〔2015〕106号）等相关规定执行。

上述所称设备、器具，是指除房屋、建筑物以外的固定资产（简称固定资产）；所称购进，包括以货币形式购进或自行建造，其中以货币形式购进的固定资产包括购进的使用过的固定资产；以货币形式购进的固定资产，以购买价款和支付的相关税费以及直接归属于使该资产达到预定用途发生的其他支出确定单位价值，自行建造的固定资产，以竣工结算前发生的支出确定单位价值。

固定资产购进时点按以下原则确认：以货币形式购进的固定资产，除采取分期付款或赊销方式购进外，按发票开具时间确认；以分期付款或赊销方式购进的固定资产，按固定资产到货时间确认；自行建造的固定资产，按竣工结算时间确认。固定资产在投入使用月份的次月所属年度一次性税前扣除。企业选择享受一次性税前扣除政策的，其资产的税务处理可与会计处理不一致。

企业根据自身生产经营核算需要，可自行选择享受一次性税前扣除政策。未选择享受一次性税前扣除政策的，以后年度不得再变更。

企业按照《国家税务总局关于发布修订后的〈企业所得税优惠政策事项办理办法〉的公告》（国家税务总局公告2018年第23号）的规定办理享受政策的相关手续，主要留存备查资料如下：

（1）有关固定资产购进时点的资料（如以货币形式购进固定资产的发票，以分期付款或赊销方式购进固定资产的到货时间说明，自行建造固定资产的竣工决算情况说明等）；

（2）固定资产记账凭证；

（3）核算有关资产税务处理与会计处理差异的台账。

第1章 新企业所得税制度下企业的纳税筹划

上述与固定资产相关的税收优惠政策，大多数企业均可以享受，企业应充分利用上述优惠政策进行税收筹划。需要注意的是，税法上允许固定资产加速折旧，会计核算上仍应按相应的标准提取折旧，税务处理和会计处理上如果存在差异，在企业所得税年度汇算清缴时应进行纳税调整。

自2019年1月1日起，适用《财政部 国家税务总局关于完善固定资产加速折旧企业所得税政策的通知》（财税〔2014〕75号）和《财政部 国家税务总局关于进一步完善固定资产加速折旧企业所得税政策的通知》（财税〔2015〕106号）规定固定资产加速折旧优惠的行业范围，扩大至全部制造业领域。制造业按照国家统计局《国民经济行业分类和代码（GB/T 4754-2017）》确定。今后国家有关部门更新国民经济行业分类和代码，从其规定。

自2020年1月1日至2021年3月31日，对疫情防控重点保障物资生产企业为扩大产能新购置的相关设备，允许一次性计入当期成本费用在企业所得税税前扣除。

上述与固定资产相关的税收优惠政策，大多数企业均可以享受，企业应充分利用上述优惠政策进行税收策划。

法律政策依据

（1）《中华人民共和国企业所得税法》（2007年3月16日第十届全国人民代表大会第五次会议通过，2017年2月24日第十二届全国人民代表大会常务委员会第二十六次会议第一次修正，2018年12月29日第十三届全国人民代表大会常务委员会第七次会议第二次修正）第11条。

（2）《中华人民共和国企业所得税法实施条例》（2007年12月6日国务院令第512号公布，根据2019年4月23日《国务院关于修改部分行政法规的决定》修订）第57条、第59条、第98条。

（3）《国家税务总局关于企业固定资产加速折旧所得税处理有关问题的通知》（国家税务总局2009年4月16日发布，国税发〔2009〕81号）。

（4）《财政部 国家税务总局关于完善固定资产加速折旧企业所得税政策的通知》（财政部 国家税务总局2014年10月20日发布，财税〔2014〕75号）。

（5）《财政部 国家税务总局关于进一步完善固定资产加速折旧企业所得税政策的通知》（财政部 国家税务总局2015年9月17日发布，财税〔2015〕106号）。

（6）《财政部 国家税务总局关于设备、器具扣除有关企业所得税政策的通知》（财税〔2018〕54号）。

（7）《国家税务总局关于设备 器具扣除有关企业所得税政策执行问题的公告》（国家税务总局公告2018年第46号）。

（8）《财政部 税务总局关于扩大固定资产加速折旧优惠政策适用范围的公告》（财政部、税务总局公告2019年第66号）。

（9）《财政部 税务总局关于支持新型冠状病毒感染的肺炎疫情防控有关税收政策的公告》（2020年第8号）。

（10）《财政部 税务总局关于延长部分税收优惠政策执行期限的公告》（财政部 税务总局

公告 2021 年第 6 号）。

（11）《财政部 税务总局关于延续实施应对疫情部分税费优惠政策的公告》（财政部 税务总局公告 2021 年第 6 号）。

纳税筹划图

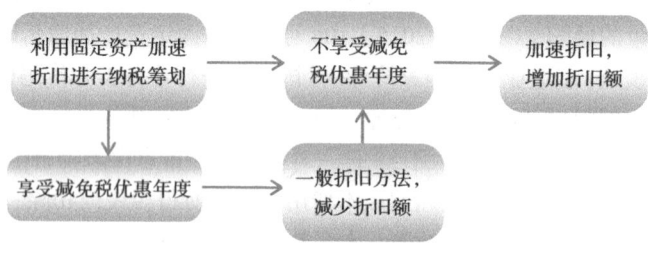

图 1-3　纳税筹划图

纳税筹划案例

【例 1-5】　某机械制造厂新购进一台大型机器设备，原值为 400 000 元，预计残值率为 3%，经税务机关核定，该设备的折旧年限为 5 年。请比较各种不同折旧方法的异同，并提出纳税筹划方案。

筹划方案

（1）直线法：

年折旧率=（1–3%）÷5=19.4%

月折旧率=19.4%÷12=1.617%

预计净残值=400 000×3%=12 000（元）

每年折旧额=（400 000–12 000）÷5=77 600（元），或者=400 000×19.4%=77 600（元）

（2）缩短折旧年限：

该设备最短的折旧年限为正常折旧年限的 60%，即 3 年。

年折旧率=（1–3%）÷3≈32.33%

月折旧率=32.33%÷12≈2.69%

预计净残值=400 000×3%=12 000（元）

每年折旧额 =（400 000–12 000）÷3≈129 333（元），或者=400 000×（1–3%）÷3=129 333（元）

（3）双倍余额递减法：

年折旧率=（2÷5）×100%=40%

采用双倍余额递减法，每年提取折旧额如表 1-2 所示。

第1章 新企业所得税制度下企业的纳税筹划

表1-2 双倍余额递减法下每年提取折旧额　　　　　　　　　单位：元

年　份	折旧率（%）	年折旧额	账面净值
第1年	40	160 000（400 000×40%）	240 000
第2年	40	96 000（240 000×40%）	144 000
第3年	40	57 600（144 000×40%）	86 400
第4年	50	37 200（74 400*×50%）	49 200
第5年	50	37 200（74 400×50%）	12 000

注：* 74 400=86 400–400 000×3%。

（4）年数总和法：

年折旧率=尚可使用年数÷预计使用年限的年数总和

采用年数总和法，每年提取折旧额如表1-3所示。

表1-3 年数总和法下每年提取折旧额　　　　　　　　　　单位：元

年　份	折旧率	年折旧额	账面净值
第1年	5/15	129 333（388 000*×5÷15）	270 667
第2年	4/15	103 467（388 000×4÷15）	167 200
第3年	3/15	77 600（388 000×3÷15）	89 600
第4年	2/15	51 733（388 000×2÷15）	37 867
第5年	1/15	25 867（388 000×1÷15）	12 000

注：* 388 000=400 000×（1–3%）。

假设在提取折旧之前，企业每年的税前利润均为1 077 600元。企业所得税税率为25%。那么，采用不同方法计算出的折旧额和所得税额如表1-4所示。

由以上计算结果可以看出，无论采用哪种折旧提取方法，对于某一特定固定资产而言，企业所提取的折旧总额是相同的，同一固定资产所抵扣的应税所得额并由此所抵扣的所得税额也是相同的，所不同的只是企业在固定资产使用年限内每年所抵扣的应税所得额是不同的，由此导致每年所抵扣的所得税额也是不同的。具体到本案例，在第一年年末，采用直线法、缩短折旧年限、双倍余额递减法和年数总和法提取折旧，所应当缴纳的所得税额分别为250 000元、237 066.75元、229 400元、237 066.75元。由此可见，采用双倍余额递减法提取折旧所获得的税收利益最大，其次是年数总和法和缩短折旧年限，最次的是直线法。

上述顺序是在一般情况下企业的最佳选择，但在某些特殊情况下，企业的选择也会不同。例如，本案例中的企业前两年免税，以后年度按25%的税率缴纳企业所得税。那么，采用直线法、缩短折旧年限、双倍余额递减法和年数总和法提取折旧，五年总共所应当缴纳的所得税额分别为750 000元、775 867元、775 200元、769 400元。由此可见，最优的方法应当为直线法，其次为年数总和法，再次为双倍余额递减法，最次为缩短折旧年限。当然，这是从企业五年总共所应当缴纳的企业所得税的角度，也就是从企业所有者的角度而言的最优结果。从企业每年所缴纳的企业所得税角度，也就是从企业经营者的角度而言，则不一定是这样。因为就第4年而言，四种方法所应当缴纳的企业所得税额分别为250 000元、269 400元、260 100元、256 466.75

表1-4　不同折旧方法的比较

单位：元

年份	直线法 折旧额	直线法 税前利润	直线法 所得税额	缩短折旧年限 折旧额	缩短折旧年限 税前利润	缩短折旧年限 所得税额	双倍余额递减法 折旧额	双倍余额递减法 税前利润	双倍余额递减法 所得税额	年数总和法 折旧额	年数总和法 税前利润	年数总和法 所得税额
第1年	77 600	1 000 000	250 000	129 333	948 267	237 066.75	160 000	917 600	229 400	129 333	948 267	237 066.75
第2年	77 600	1 000 000	250 000	129 333	948 267	237 066.75	96 000	981 600	245 400	103 467	974 133	243 533.25
第3年	77 600	1 000 000	250 000	129 333	948 267	237 066.75	57 600	1 020 000	255 000	77 600	1 000 000	250 000
第4年	77 600	1 000 000	250 000	0	1 077 600	269 400	37 200	1 040 400	260 100	51 733	1 025 867	256 466.75
第5年	77 600	1 000 000	250 000	0	1 077 600	269 400	37 200	1 040 400	260 100	25 867	1 051 733	262 933.25
合计	388 000	5 000 000	1 250 000	388 000	5 000 000	1 250 000	388 000	5 000 000	1 250 000	388 000	5 000 000	1 250 000

元。可见，三种加速折旧的方法使得企业每年所缴纳的企业所得税都超过了采用非加速折旧方法所应缴纳的税收，但加速折旧也为企业经营者提供了一项秘密资金，即已经提足折旧的固定资产仍然在为企业服务，却没有另外挤占企业的资金。这些固定资产的存在为企业将来的经营亏损提供了弥补的途径，因此，即使在减免税期间，许多企业的经营者也愿意采用加速折旧的方法，目的是有一个较为宽松的财务环境。

4. 将利息变其他支出的纳税筹划

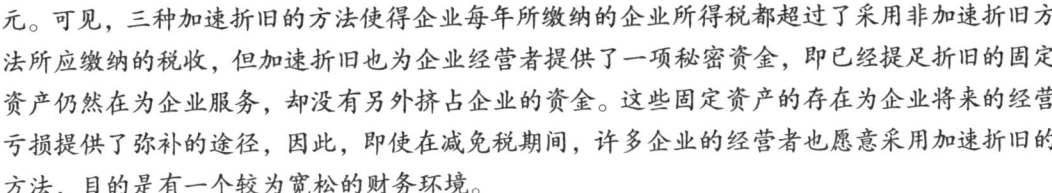

《企业所得税法》第 8 条规定："企业实际发生的与取得收入有关的、合理的支出，包括成本、费用、税金、损失和其他支出，准予在计算应纳税所得额时扣除。"这里将可以扣除的支出的条件设定为三个：第一，实际发生；第二，与经营活动有关；第三，合理。所谓实际发生，是指该笔支出已经发生，其所有权已经发生转移，企业对该笔支出不再享有所有权，本来应当发生，但是实际上并未发生的支出不能扣除。所谓与经营活动有关的，是指企业发生的支出费用必须与企业的收入具有关系，也就是说，企业为了获得该收入必须进行该支出，该支出直接增加了企业获得该收入的机会和数额，这种有关是具体的，即与特定的收入相关，而且这里的收入还必须是应当记入应纳税所得额中的收入，仅仅与不征税收入相关的支出不能扣除。所谓合理的，一方面是指该支出本身是必要的，是正常的生产经营活动所必需的，而非可有可无，甚至不必要的；另一方面该支出的数额是合理的，是符合正常生产经营活动惯例的，而不是过分的、不成比例的、明显超额的。

企业在生产经营活动中发生的下列利息支出，准予扣除：

- 非金融企业向金融企业借款的利息支出、金融企业的各项存款利息支出和同业拆借利息支出、企业经批准发行债券的利息支出。
- 非金融企业向非金融企业借款的利息支出，不超过按照金融企业同期同类贷款利率计算的数额的部分。

企业在按照合同要求首次支付利息并进行税前扣除时，应提供"金融企业的同期同类贷款利率情况说明"，以证明其利息支出的合理性。"金融企业的同期同类贷款利率情况说明"中，应包括在签订该借款合同当时，本省任何一家金融企业提供同期同类贷款利率情况。该金融企业应为经政府有关部门批准成立的可以从事贷款业务的企业，包括银行、财务公司、信托公司等金融机构。"同期同类贷款利率"，是指在贷款期限、贷款金额、贷款担保以及企业信誉等条件基本相同下，金融企业提供贷款的利率，既可以是金融企业公布的同期同类平均利率，也可以是金融企业对某些企业提供的实际贷款利率。

企业向股东或其他与企业有关联关系的自然人借款的利息支出，应根据《企业所得税法》第 46 条及《财政部 国家税务总局关于企业关联方利息支出税前扣除标准有关税收政策问题的通知》（财税〔2008〕121 号）规定的条件，计算企业所得税扣除额。

企业向上述规定以外的内部职工或其他人员借款的利息支出，其借款情况同时符合以下条件的，其利息支出在不超过按照金融企业同期同类贷款利率计算的数额的部分，根据《企业所得税法》第 8 条和《企业所得税法实施条例》第 27 条规定，准予扣除：

（1）企业与个人之间的借贷是真实、合法、有效的，并且不具有非法集资目的或其他违反法律、法规的行为。

（2）企业与个人之间签订了借款合同。

当企业支付的利息超过允许扣除的数额时，企业可以将超额的利息转变为其他可以扣除的支出，例如，通过工资、奖金、劳务报酬或者转移利润的方式支付利息，从而降低所得税负担。在向自己单位员工借贷资金的情况下，企业可以将部分利息转换为向员工发放的工资支出，从而达到在计算应纳税所得额时予以全部扣除的目的。

法律政策依据

（1）《中华人民共和国企业所得税法》（2007 年 3 月 16 日第十届全国人民代表大会第五次会议通过，2017 年 2 月 24 日第十二届全国人民代表大会常务委员会第二十六次会议第一次修正，2018 年 12 月 29 日第十三届全国人民代表大会常务委员会第七次会议第二次修正）第 8 条。

（2）《中华人民共和国企业所得税法实施条例》（2007 年 12 月 6 日国务院令第 512 号公布，根据 2019 年 4 月 23 日《国务院关于修改部分行政法规的决定》修订）第 38 条。

（3）《财政部 国家税务总局关于企业关联方利息支出税前扣除标准有关税收政策问题的通知》（财政部 国家税务总局 2008 年 9 月 23 日发布，财税〔2008〕121 号）。

（4）《国家税务总局关于企业向自然人借款的利息支出企业所得税税前扣除问题的通知》（国家税务总局 2009 年 12 月 31 日发布，国税函〔2009〕777 号）。

（5）《国家税务总局关于企业所得税若干问题的公告》（国家税务总局 2011 年 6 月 9 日发布，国家税务总局公告 2011 年第 34 号）。

纳税筹划图

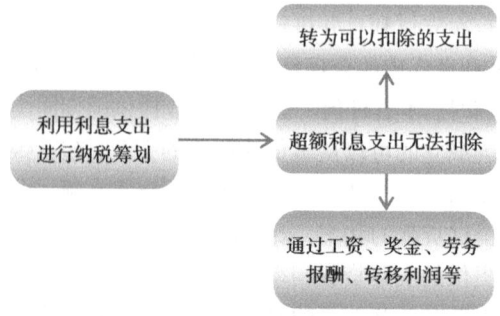

图 1-4　纳税筹划图

第1章 新企业所得税制度下企业的纳税筹划

纳税筹划案例

【例1-6】 某企业职工人数为1 000人,人均月工资为4 000元。该企业2021年度向职工集资人均10 000元,年利率为10%,假设同期同类银行贷款利率为年利率6%。由于企业所得税法规定,向非金融机构借款的利息支出,不高于按照金融机构同类、同期贷款利率计算的数额以内的部分,准予扣除。因此,超过的部分不能扣除,应当调增应纳税所得额:1 000×10 000×(10%–6%)=400 000(元)。该企业为此多缴纳企业所得税:400 000×25%=100 000(元)。应当代扣代缴个人所得税:10 000×10%×20%×1 000=200 000(元)。请提出该企业的纳税筹划方案。

筹划方案

如果进行纳税筹划,可以考虑将集资利率降低到6%,这样,每位职工的利息损失为:10 000×(10%–6%)=400(元)。企业可以通过提高工资待遇的方式来弥补职工在利息上受到的损失,即将400元平均摊入一年的工资中,每月增加工资33.33元。这样,企业为本次集资所付出的利息与纳税筹划前是一样的,职工所实际获得的利息也是一样的。但在这种情况下,企业所支付的集资利息就可以全额扣除了,而人均工资增加33.33元仍然可以全额扣除,由于职工个人的月工资没有超过《中华人民共和国个人所得税法》(简称《个人所得税法》)所规定的扣除额(5 000元),因此,职工也不需要为此缴纳个人所得税。该企业少纳企业所得税10万元。另外,还可以减少企业代扣代缴的个人所得税:10 000×1 000×(10%–6%)×20%=80 000(元)。经过纳税筹划,职工的税后利益也提高了。可谓一举两得,企业和职工都获得了税收利益。如进一步进行纳税筹划,可以将全部利息改为工资发放,这样,可以不需要代扣代缴利息的个人所得税,而工资由于尚未达到5 000元,实际上也不需要缴纳个人所得税。

5. 企业捐赠中的纳税筹划

纳税筹划思路

《企业所得税法》第9条规定:"企业发生的公益性捐赠支出,在年度利润总额12%以内的部分,准予在计算应纳税所得额时扣除;超过年度利润总额12%的部分,准予结转以后三年内在计算应纳税所得额时扣除。"公益性捐赠,是指企业通过公益性社会组织或者县级以上人民政府及其部门,用于符合法律规定的慈善活动、公益事业的捐赠。公益性社会组织,是指同时符合下列条件的慈善组织以及其他社会组织:

(1)依法登记,具有法人资格。
(2)以发展公益事业为宗旨,且不以营利为目的。
(3)全部资产及其增值为该法人所有。
(4)收益和营运结余主要用于符合该法人设立目的的事业。
(5)终止后的剩余财产不归属任何个人或者营利性组织。

（6）不经营与其设立目的无关的业务。

（7）有健全的财务会计制度。

（8）捐赠者不以任何形式参与该法人财产的分配。

（9）国务院财政、税务主管部门会同国务院民政部门等登记管理部门规定的其他条件。

在实务操作中，经民政部门批准成立的非营利的公益性社会团体和基金会，凡符合有关规定条件，并经财政税务部门确认后，纳税人通过其用于公益救济性的捐赠，可按现行税收法律法规及相关政策规定，准予在计算缴纳企业所得税时在所得税税前扣除。经国务院民政部门批准成立的非营利的公益性社会团体和基金会，其捐赠税前扣除资格由财政部和国家税务总局进行确认；经省级人民政府民政部门批准成立的非营利的公益性社会团体和基金会，其捐赠税前扣除资格由省级财税部门进行确认，并报财政部和国家税务总局备案。接受公益救济性捐赠的国家机关指县及县以上人民政府及其组成部门。

申请捐赠税前扣除资格的非营利的公益性社会团体和基金会，须报送以下材料：

（1）要求捐赠税前扣除的申请报告；

（2）国务院民政部门或省级人民政府民政部门出具的批准登记（注册）文件；

（3）组织章程和近年来资金来源、使用情况。

具有捐赠税前扣除资格的非营利的公益性社会团体、基金会和县及县以上人民政府及其组成部门，必须将所接受的公益救济性捐赠用于税收法律法规规定的范围，即教育、民政等公益事业和遭受自然灾害地区、贫困地区。具有捐赠税前扣除资格的非营利的公益性社会团体、基金会和县及县以上人民政府及其组成部门在接受捐赠或办理转赠时，应按照财务隶属关系分别使用由中央或省级财政部门统一印（监）制的公益救济性捐赠票据，并加盖接受捐赠或转赠单位的财务专用印章；对个人索取捐赠票据，应予以开具。

纳税人在进行公益救济性捐赠税前扣除申报时，须附送以下资料：

（1）接受捐赠或办理转赠的非营利的公益性社会团体、基金会的捐赠税前扣除资格证明材料；

（2）由具有捐赠税前扣除资格的非营利的公益性社会团体、基金会和县及县以上人民政府及其组成部门出具的公益救济性捐赠票据；

（3）主管税务机关要求提供的其他资料。

企业和个人通过依照《社会团体登记管理条例》的规定无须进行社团登记的人民团体及经国务院批准免予登记的社会团体（统称群众团体）的公益性捐赠所得税税前扣除应当遵守以下规定：

企业通过公益性群众团体用于公益事业的捐赠支出，在年度利润总额12%以内的部分，准予在计算应纳税所得额时扣除。年度利润总额，是指企业依照国家统一会计制度的规定计算的大于零的数额。

个人通过公益性群众团体向公益事业的捐赠支出，按照现行税收法律、行政法规及相关政策规定准予在所得税税前扣除。

公益事业，是指《公益事业捐赠法》规定的下列事项：

（1）救助灾害、救济贫困、扶助残疾人等困难的社会群体和个人的活动；

（2）教育、科学、文化、卫生、体育事业；

（3）环境保护、社会公共设施建设；

（4）促进社会发展和进步的其他社会公共和福利事业。

公益性群众团体，是指同时符合以下条件的群众团体：

（1）符合《企业所得税法实施条例》第52条第一项至第八项规定的条件；

（2）县级以上各级机构编制部门直接管理其机构编制；

（3）对接受捐赠的收入及用捐赠收入进行的支出单独进行核算，且申请前连续3年接受捐赠的总收入中用于公益事业的支出比例不低于70%。

符合上述规定的公益性群众团体，可按程序申请公益性捐赠税前扣除资格：

（1）由中央机构编制部门直接管理其机构编制的群众团体，向财政部、国家税务总局提出申请；

（2）由县级以上地方各级机构编制部门直接管理其机构编制的群众团体，向省、自治区、直辖市和计划单列市财政、税务部门提出申请；

（3）对符合条件的公益性群众团体，按照上述管理权限，由财政部、国家税务总局和省、自治区、直辖市、计划单列市财政、税务部门分别每年联合公布名单。名单应当包括继续获得公益性捐赠税前扣除资格和新获得公益性捐赠税前扣除资格的群众团体，企业和个人在名单所属年度内向名单内的群众团体进行的公益性捐赠支出，可以按规定进行税前扣除。

申请公益性捐赠税前扣除资格的群众团体，需报送以下材料：

（1）申请报告；

（2）县级以上各级党委、政府或机构编制部门印发的"三定"规定；

（3）组织章程；

（4）申请前相应年度的受赠资金来源、使用情况、财务报告、公益活动的明细、注册会计师的审计报告或注册税务师的鉴证报告。

公益性群众团体在接受捐赠时，应按照行政管理级次分别使用由财政部或省、自治区、直辖市财政部门印制的公益性捐赠票据或者"非税收入一般缴款书"收据联，并加盖本单位的印章；对个人索取捐赠票据的，应予以开具。

公益性群众团体接受捐赠的资产价值，按以下原则确认：

（1）接受捐赠的货币性资产，应当按照实际收到的金额计算；

（2）接受捐赠的非货币性资产，应当以其公允价值计算。

捐赠方在向公益性群众团体捐赠时，应当提供注明捐赠非货币性资产公允价值的证明。如果不能提供上述证明，公益性群众团体不得向其开具公益性捐赠票据或者"非税收入一般缴款书"收据联。

对存在以下情形之一的公益性群众团体，应取消其公益性捐赠税前扣除资格：

（1）前3年接受捐赠的总收入中用于公益事业的支出比例低于70%的；

（2）在申请公益性捐赠税前扣除资格时有弄虚作假行为的；

（3）存在逃避缴纳税款行为或为他人逃避缴纳税款提供便利的；

（4）存在违反该组织章程的活动，或者接受的捐赠款项用于组织章程规定用途之外的支出等情况的；

（5）受到行政处罚的。

被取消公益性捐赠税前扣除资格的公益性群众团体，存在上述第（2）项、第（3）项、第（4）项、第（5）项情形的，3年内不得重新申请公益性捐赠税前扣除资格。

对存在上述第（3）项、第（4）项情形的公益性群众团体，应对其接受捐赠收入和其他各项收入依法补征企业所得税。

对于通过公益性群众团体发生的公益性捐赠支出，主管税务机关应对照财政、税务部门联合发布的名单，接受捐赠的群众团体位于名单内，则企业或个人在名单所属年度发生的公益性捐赠支出可按规定进行税前扣除；接受捐赠的群众团体不在名单内，或虽在名单内但企业或个人发生的公益性捐赠支出不属于名单所属年度的，不得扣除。

获得公益性捐赠税前扣除资格的公益性群众团体，应自不符合上述规定条件之一或存在上述规定情形之一之日起15日内向主管税务机关报告，主管税务机关可暂时明确其获得资格的次年内企业向该群众团体的公益性捐赠支出，不得税前扣除，同时提请财政部、国家税务总局或省级财政、税务部门明确其获得资格的次年不具有公益性捐赠税前扣除资格。

自2020年1月1日起，企业或个人通过公益性社会组织、县级以上人民政府及其部门等国家机关，用于符合法律规定的公益慈善事业捐赠支出，准予按税法规定在计算应纳税所得额时扣除。

上述所称公益慈善事业，应当符合《中华人民共和国公益事业捐赠法》第三条对公益事业范围的规定或者《中华人民共和国慈善法》第三条对慈善活动范围的规定。

上述所称公益性社会组织，包括依法设立或登记并按规定条件和程序取得公益性捐赠税前扣除资格的慈善组织、其他社会组织和群众团体。公益性群众团体的公益性捐赠税前扣除资格确认及管理按照现行规定执行。

在民政部门依法登记的慈善组织和其他社会组织（统称社会组织），取得公益性捐赠税前扣除资格应当同时符合以下规定：

（1）符合《企业所得税法实施条例》第52条第一项到第八项规定的条件。

（2）每年应当在3月31日前按要求向登记管理机关报送经审计的上年度专项信息报告。报告应当包括财务收支和资产负债总体情况、开展募捐和接受捐赠情况、公益慈善事业支出及管理费用情况［包括本部分第（3）项、第（4）项规定的比例情况］等内容。首次确认公益性捐赠税前扣除资格的，应当报送经审计的前两个年度的专项信息报告。

（3）具有公开募捐资格的社会组织，前两年度每年用于公益慈善事业的支出占上年总收入的比例均不得低于70%。计算该支出比例时，可以用前三年收入平均数代替上年总收入。不具有公开募捐资格的社会组织，前两年度每年用于公益慈善事业的支出占上年年末净资产的比例均不得低于8%。计算该比例时，可以用前三年年末净资产平均数代替上年年末净资产。

（4）具有公开募捐资格的社会组织，前两年度每年支出的管理费用占当年总支出的比例均不得高于10%。不具有公开募捐资格的社会组织，前两年每年支出的管理费用占当年总支出的比例均不得高于12%。

（5）具有非营利组织免税资格，且免税资格在有效期内。

（6）前两年度未受到登记管理机关行政处罚（警告除外）。

（7）前两年度未被登记管理机关列入严重违法失信名单。

（8）社会组织评估等级为3A以上（含3A）且该评估结果在确认公益性捐赠税前扣除资格

时仍在有效期内。

公益慈善事业支出、管理费用和总收入的标准和范围,按照《民政部 财政部 国家税务总局关于印发〈关于慈善组织开展慈善活动年度支出和管理费用的规定〉的通知》(民发〔2016〕189号)关于慈善活动支出、管理费用和上年总收入的有关规定执行。

按照《中华人民共和国慈善法》新设立或新认定的慈善组织,在其取得非营利组织免税资格的当年,只需要符合上述第(1)项、第(6)项、第(7)项条件即可。

公益性捐赠税前扣除资格的确认按以下规定执行:

(1)在民政部登记注册的社会组织,由民政部结合社会组织公益活动情况和日常监督管理、评估等情况,对社会组织的公益性捐赠税前扣除资格进行核实,提出初步意见。根据民政部初步意见,财政部、税务总局和民政部对照相关规定,联合确定具有公益性捐赠税前扣除资格的社会组织名单,并发布公告。

(2)在省级和省级以下民政部门登记注册的社会组织,由省、自治区、直辖市和计划单列市财政、税务、民政部门参照第(1)项规定执行。

(3)公益性捐赠税前扣除资格的确认对象包括:公益性捐赠税前扣除资格将于当年年末到期的公益性社会组织;已被取消公益性捐赠税前扣除资格但又重新符合条件的社会组织;登记设立后尚未取得公益性捐赠税前扣除资格的社会组织。

(4)每年年底前,省级以上财政、税务、民政部门按权限完成公益性捐赠税前扣除资格的确认和名单发布工作,并按第(3)项规定的不同审核对象,分别列示名单及其公益性捐赠税前扣除资格起始时间。

公益性捐赠税前扣除资格在全国范围内有效,有效期为三年。上述第(3)项规定的第一种情形,其公益性捐赠税前扣除资格自发布名单公告的次年1月1日起算。第(3)项规定的第二种和第三种情形,其公益性捐赠税前扣除资格自发布公告的当年1月1日起算。

公益性社会组织存在以下情形之一的,应当取消其公益性捐赠税前扣除资格:

(1)未按规定时间和要求向登记管理机关报送专项信息报告的;

(2)最近一个年度用于公益慈善事业的支出不符合规定的;

(3)最近一个年度支出的管理费用不符合规定的;

(4)非营利组织免税资格到期后超过六个月未重新获取免税资格的;

(5)受到登记管理机关行政处罚(警告除外)的;

(6)被登记管理机关列入严重违法失信名单的;

(7)社会组织评估等级低于3A或者无评估等级的。

公益性社会组织存在以下情形之一的,应当取消其公益性捐赠税前扣除资格,且取消资格的当年及之后三个年度内不得重新确认资格:

(1)违反规定接受捐赠的,包括附加对捐赠人构成利益回报的条件、以捐赠为名从事营利性活动、利用慈善捐赠宣传烟草制品或法律禁止宣传的产品和事项、接受不符合公益目的或违背社会公德的捐赠等情形;

(2)开展违反组织章程的活动,或者接受的捐赠款项用于组织章程规定用途之外的;

(3)在确定捐赠财产的用途和受益人时,指定特定受益人,且该受益人与捐赠人或公益性社会组织管理人员存在明显利益关系的。

公益性社会组织存在以下情形之一的,应当取消其公益性捐赠税前扣除资格且不得重新确认资格:

(1)从事非法政治活动的;

(2)从事、资助危害国家安全或者社会公共利益活动的。

对应当取消公益性捐赠税前扣除资格的公益性社会组织,由省级以上财政、税务、民政部门核实相关信息后,按权限及时向社会发布取消资格名单公告。自发布公告的次月起,相关公益性社会组织不再具有公益性捐赠税前扣除资格。

公益性社会组织、县级以上人民政府及其部门等国家机关在接受捐赠时,应当按照行政管理级次分别使用由财政部或省、自治区、直辖市财政部门监(印)制的公益事业捐赠票据,并加盖本单位的印章。企业或个人将符合条件的公益性捐赠支出进行税前扣除,应当留存相关票据备查。

公益性社会组织登记成立时的注册资金捐赠人,在该公益性社会组织首次取得公益性捐赠税前扣除资格的当年进行所得税汇算清缴时,可按规定对其注册资金捐赠额进行税前扣除。

除另有规定外,公益性社会组织、县级以上人民政府及其部门等国家机关在接受企业或个人捐赠时,按以下原则确认捐赠额:

(1)接受的货币性资产捐赠,以实际收到的金额确认捐赠额。

(2)接受的非货币性资产捐赠,以其公允价值确认捐赠额。捐赠方在向公益性社会组织、县级以上人民政府及其部门等国家机关捐赠时,应当提供注明捐赠非货币性资产公允价值的证明;不能提供证明的,接受捐赠方不得向其开具捐赠票据。

为方便纳税主体查询,省级以上财政、税务、民政部门应当及时在官方网站上发布具备公益性捐赠税前扣除资格的公益性社会组织名单公告。企业或个人可通过上述渠道查询社会组织公益性捐赠税前扣除资格及有效期。

企业在非货币性资产捐赠过程中发生的运费、保险费、人工费用等相关支出,凡纳入国家机关、公益性社会组织开具的公益捐赠票据记载的数额中的,作为公益性捐赠支出按照规定在税前扣除;上述费用未纳入公益性捐赠票据记载的数额中的,作为企业相关费用按照规定在税前扣除。

纳税人进行捐赠时应当注意符合税法规定的要件,即应当通过特定的机构进行捐赠,而不能自行捐赠,应当用于公益性目的,而不能用于其他目的。通过符合税法要求的捐赠可以最大限度地降低企业的税收负担。如果企业在当年的捐赠达到了限额,则可以考虑在下一个纳税年度再进行捐赠,或者将一个捐赠分成两次或多次进行。

法律政策依据

(1)《中华人民共和国企业所得税法》(2007年3月16日第十届全国人民代表大会第五次会议通过,2017年2月24日第十二届全国人民代表大会常务委员会第二十六次会议第一次修正,2018年12月29日第十三届全国人民代表大会常务委员会第七次会议第二次修正)第9条。

(2)《中华人民共和国企业所得税法实施条例》(2007年12月6日国务院令第512号公布,根据2019年4月23日《国务院关于修改部分行政法规的决定》修订)第51条、第52条。

（3）《财政部 国家税务总局关于通过公益性群众团体的公益性捐赠税前扣除有关问题的通知》（财政部 国家税务总局 2009 年 12 月 8 日发布，财税〔2009〕124 号）。

（4）《财政部 税务总局 民政部关于公益性捐赠税前扣除有关事项的公告》（财政部公告 2020 年第 27 号）。

（5）《国家税务总局关于企业所得税若干政策征管口径问题的公告》（国家税务总局公告 2021 年第 17 号）。

纳税筹划图

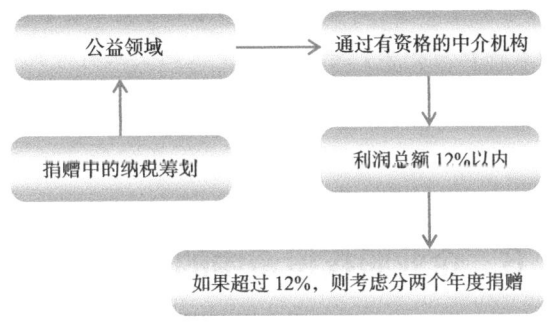

图 1-5　纳税筹划图

纳税筹划案例

【例 1-7】　某工业企业 2021 年度预计可以实现会计利润（假设等于应纳税所得额）1 000 万元，企业所得税税率为 25%。企业为提高其产品知名度及竞争力，树立良好的社会形象，决定向有关单位捐赠 200 万元。企业自身提出两种方案，第一种方案：进行非公益性捐赠或不通过我国境内非营利性社会团体、国家机关做公益性捐赠；第二种方案：通过我国境内非营利性社会团体、国家机关进行公益性捐赠，并且在当年全部捐赠。请对上述两套方案进行评析，并提出纳税筹划方案。

筹划方案

第一种方案，不符合税法规定的公益性捐赠条件，捐赠额不能在税前扣除。该企业 2021 年度应当缴纳企业所得税：1 000×25%=250（万元）。

第二种方案，捐赠额在法定扣除限额内的部分可以据实扣除，超过的部分只能结转以后年度扣除。企业应当缴纳企业所得税：（1 000–1 000×12%）×25%=220（万元）。

为了最大限度地将捐赠支出予以扣除，企业可以将该捐赠分两次进行，2021 年年底一次捐赠 100 万元，2022 年度再捐赠 100 万元。这样，该 200 万元的捐赠支出同样可以在计算应纳税所得额时予以全部扣除。该纳税筹划方案比第二种方案少缴企业所得税：（200–120）×25%=20（万元）。

纳税筹划案例

【例1-8】 甲公司计划对外捐赠1 000万元,相关部门提出三个方案:一是直接向受赠对象进行捐赠,二是通过政府部门捐赠,三是分两年进行捐赠。已知甲公司当年利润总额为4 000万元,预计第二年利润总额为5 000万元,请从纳税筹划的角度来分析上述三个方案。

筹划方案

第一种捐赠方案无法在税前扣除,导致甲公司多缴纳企业所得税=1 000×25%=250(万元);第二种方案无法在当年全部税前扣除,导致当年多缴纳企业所得税=(1 000−4 000×12%)×25%=130(万元);第三种方案可以在当年和第二年全部税前扣除,不额外增加企业的税收负担。

6. 企业股权投资中的纳税筹划

纳税筹划思路

根据《企业所得税法》的规定,企业对外投资期间,投资资产的成本在计算应纳税所得额时不得扣除。投资资产,是指企业对外进行权益性投资和债权性投资形成的资产。企业在转让或者处置投资资产时,投资资产的成本,准予扣除。投资资产按照以下方法确定成本:

- 通过支付现金方式取得的投资资产,以购买价款为成本。
- 通过支付现金以外的方式取得的投资资产,以该资产的公允价值和支付的相关税费为成本。

企业转让资产,该项资产的净值,准予在计算应纳税所得额时扣除。资产的净值,是指有关资产、财产的计税基础减除已经按照规定扣除的折旧、折耗、摊销、准备金等后的余额。

根据《企业所得税法》的规定,符合条件的居民企业之间的股息、红利等权益性投资收益是免税收入。符合条件的居民企业之间的股息、红利等权益性投资收益,是指居民企业直接投资于其他居民企业取得的投资收益。上述股息、红利等权益性投资收益,不包括连续持有居民企业公开发行并上市流通的股票不足12个月取得的投资收益。

《国家税务总局关于贯彻落实企业所得税法若干税收问题的通知》(国税函〔2010〕79号)规定:企业转让股权收入,应于转让协议生效且完成股权变更手续时,确认收入的实现。转让股权收入扣除为取得该股权所发生的成本后,为股权转让所得。企业在计算股权转让所得时,不得扣除被投资企业未分配利润等股东留存收益中按该项股权所可能分配的金额。

如果企业准备转让股权,而该股权中尚有大量没有分配的利润,此时,就可以通过先分配股息再转让股权的方式来降低转让股权的价格,从而降低股权转让所得,减轻所得税负担。

转让上市公司限售股(简称限售股)取得收入的企业(包括事业单位、社会团体、民办非企业单位等），为企业所得税的纳税义务人。企业在限售股解禁前将其持有的限售股转让给其他企业或个人（简称受让方），其企业所得税问题按以下规定处理：

（1）企业应按减持在证券登记结算机构登记的限售股取得的全部收入，计入企业当年度应税收入计算纳税。

（2）企业持有的限售股在解禁前已签订协议转让给受让方，但未变更股权登记、仍由企业持有的，企业实际减持该限售股取得的收入，依照第一项规定纳税后，其余额转付给受让方的，受让方不再纳税。

法律政策依据

（1）《中华人民共和国企业所得税法》（2007年3月16日第十届全国人民代表大会第五次会议通过，2017年2月24日第十二届全国人民代表大会常务委员会第二十六次会议第一次修正，2018年12月29日第十三届全国人民代表大会常务委员会第七次会议第二次修正）第14条、第16条、第26条。

（2）《中华人民共和国企业所得税法实施条例》（2007年12月6日国务院令第512号公布，根据2019年4月23日《国务院关于修改部分行政法规的决定》修订）第38条。

（3）《国家税务总局关于贯彻落实企业所得税法若干税收问题的通知》（国家税务总局2010年2月22日发布，国税函〔2010〕79号）。

（4）《国家税务总局关于企业转让上市公司限售股有关所得税问题的公告》（国家税务总局2011年7月7日发布，国家税务总局公告2011年第39号）。

纳税筹划图

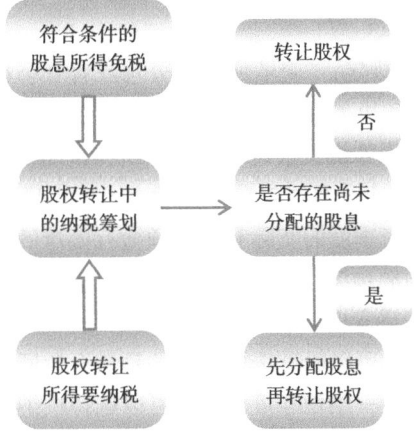

图1-6 纳税筹划图

纳税筹划案例

【例1-9】 甲公司于2016年3月以银行存款1 000万元投资于乙公司，占乙公司（非上市公司）股本总额的70%，已知乙公司未分配利润为500万元。乙公司保留盈余不分配。2021年9月，甲公司将其拥有的乙公司70%的股权全部转让给丙公司，转让价为人民币1 210万元。转让过程中发生的税费为0.7万元。甲公司应当如何进行纳税筹划？

筹划方案

如果甲公司直接转让该股权，可以获得股权转让所得：1 210–1 000–0.7=209.3（万元）。应当缴纳企业所得税：209.3×25%=52.325（万元）。税后净利润：209.3–52.325=156.975（万元）。

如果甲公司先获得分配的利润，然后再转让股权，则可以减轻税收负担。方案如下：2021年3月，董事会决定将税后利润的30%用于分配，甲公司分得利润105万元。2021年9月，甲公司将其拥有的乙公司70%的股权全部转让给丙公司，转让价为人民币1 100万元。转让过程中发生的税费为0.6万元。在这种方案下，甲公司获得的105万元股息不需要缴纳企业所得税。甲公司获得的股权转让所得：1 100–1 000–0.6=99.4（万元）。应当缴纳企业所得税：99.4×25%=24.85（万元）。税后净利润：105+99.4–24.85=179.55（万元）。通过纳税筹划，多获得税后净利润：179.55–156.975=22.575（万元）。

7. 预缴企业所得税中的纳税筹划

纳税筹划思路

《企业所得税法》第54条规定："企业所得税分月或者分季预缴。企业应当自月份或者季度终了之日起15日内，向税务机关报送预缴企业所得税纳税申报表，预缴税款。企业应当自年度终了之日起5个月内，向税务机关报送年度企业所得税纳税申报表，并汇算清缴，结清应缴应退税款。"企业根据上述规定分月或者分季预缴企业所得税时，应当按照月度或者季度的实际利润额预缴；按照月度或者季度的实际利润额预缴有困难的，可以按照上一纳税年度应纳税所得额的月度或者季度平均额预缴，或者按照经税务机关认可的其他方法预缴。预缴方法一经确定，该纳税年度内不得随意变更。

根据税法的上述规定，企业可以通过选择适当的预缴企业所得税办法进行纳税筹划。当企业预计当年的应纳税所得额比上一纳税年度低时，可以选择按纳税期限的实际数预缴，当企业预计当年的应纳税所得额比上一纳税年度高时，可以选择按上一年度应税所得额的1/12或1/4的方法分期预缴所得税。

根据国家税务总局的规定，为确保税款足额及时入库，各级税务机关对纳入当地重点税源管理的企业，原则上应按照实际利润额预缴方法征收企业所得税。各级税务机关根据企业上年度企业所得税预缴和汇算清缴情况，对全年企业所得税预缴税款占企业所得税应缴税款比例明显偏低的,要及时查明原因,调整预缴方法或预缴税额。各级税务机关要处理好企业所得税预缴和汇算清缴税款入库的关系,原则上各地企业所得税年度预缴税款占当年企业所得税入库税款(预缴数+汇算清缴数)应不少于70%。

企业当年度实际发生的相关成本、费用,由于各种原因未能及时取得该成本、费用的有效凭证,企业在预缴季度所得税时,可暂按账面发生金额进行核算;但在汇算清缴时,应补充提供该成本、费用的有效凭证。

法律政策依据

(1)《中华人民共和国企业所得税法》(2007年3月16日第十届全国人民代表大会第五次会议通过,2017年2月24日第十二届全国人民代表大会常务委员会第二十六次会议第一次修正,2018年12月29日第十三届全国人民代表大会常务委员会第七次会议第二次修正)第54条。

(2)《中华人民共和国企业所得税法实施条例》(2007年12月6日国务院令第512号公布,根据2019年4月23日《国务院关于修改部分行政法规的决定》修订)第128条。

(3)《国家税务总局关于加强企业所得税预缴工作的通知》(国家税务总局2009年1月20日发布,国税函〔2009〕34号)。

(4)《国家税务总局关于企业所得税若干问题的公告》(国家税务总局2011年6月9日发布,国家税务总局公告2011年第34号)。

纳税筹划图

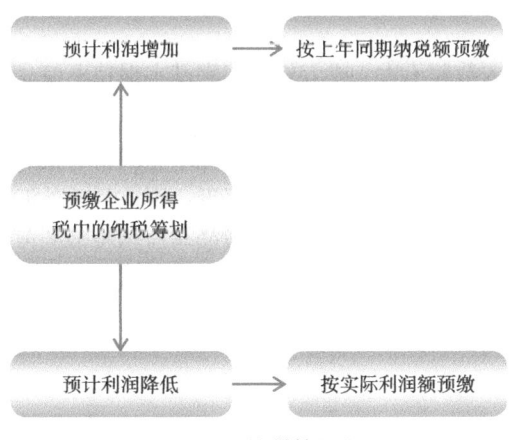

图1-7 纳税筹划图

纳税筹划案例

【例1-10】 某企业2020纳税年度缴纳企业所得税1 200万元,企业预计2021纳税年度应纳税所得额会有一个比较大的增长,每季度实际的应纳税所得额分别为1 500万元、1 600

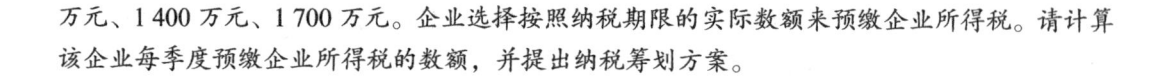

万元、1 400 万元、1 700 万元。企业选择按照纳税期限的实际数额来预缴企业所得税。请计算该企业每季度预缴企业所得税的数额,并提出纳税筹划方案。

筹划方案

按照 25% 的企业所得税税率计算,该企业需要在每季度预缴企业所得税分别为 375 万元、400 万元、350 万元、425 万元。

由于企业 2021 年度的实际应纳税所得额比 2020 年度的高,而且在企业的预料之中,因此,企业可以选择按上一年度应税所得额的 1/4 的方法按季度分期预缴所得税。这样,该企业在每季度只需要预缴企业所得税 300 万元。假设银行活期存款利息为 1%,并且每年计算一次利息,则该企业可以获得利息收入:(375–300)×1%×9÷12+(400–300)×1%×6÷12+(350–300)×1%×3÷12=1.1875(万元)。

8. 利用汇率变动趋势的纳税筹划

纳税筹划思路

根据现行的企业所得税政策,企业所得以人民币以外的货币计算的,预缴企业所得税时,应当按照月度或者季度最后一日的人民币汇率中间价,折合成人民币计算应纳税所得额。年度终了汇算清缴时,对已经按照月度或者季度预缴税款的,不再重新折合计算,只就该纳税年度内未缴纳企业所得税的部分,按照纳税年度最后一日的人民币汇率中间价,折合成人民币计算应纳税所得额。

如果纳税人的外汇收入数额不大,或者外汇汇率基本保持不变,利用上述规定进行纳税筹划的空间不大。但如果纳税人的外汇收入数额较大并且外汇汇率变化较大,利用上述规定进行纳税筹划的空间就比较大。如果预计某月底人民币汇率中间价将提高,则该月的外汇所得应当尽量减少,如果预计某月底人民币汇率中间价将降低,则该月的外汇所得应当尽量增加。如果预计年底人民币汇率中间价将提高,则预缴税款数额与应纳税额的差额应当尽量减少,如果预计年底人民币汇率中间价将降低,则预缴税款数额与应纳税额的差额应当尽量增加。

法律政策依据

(1)《中华人民共和国企业所得税法》(2007 年 3 月 16 日第十届全国人民代表大会第五次会议通过,2017 年 2 月 24 日第十二届全国人民代表大会常务委员会第二十六次会议第一次修正,2018 年 12 月 29 日第十三届全国人民代表大会常务委员会第七次会议第二次修正)第 56 条。

(2)《中华人民共和国企业所得税法实施条例》(2007 年 12 月 6 日国务院令第 512 号公布,根据 2019 年 4 月 23 日《国务院关于修改部分行政法规的决定》修订)第 130 条。

纳税筹划图

```
没有筹划空间 ← 稳定        外汇所得应当尽量推迟实现,预缴税款数额与
                          应纳税额的差额应当尽量增加
    ↑                              ↑
   上升 ← 汇率 → 下降
    ↓
外汇所得应当尽量提前实现,预缴税款
数额与应纳税额的差额应当尽量减少
```

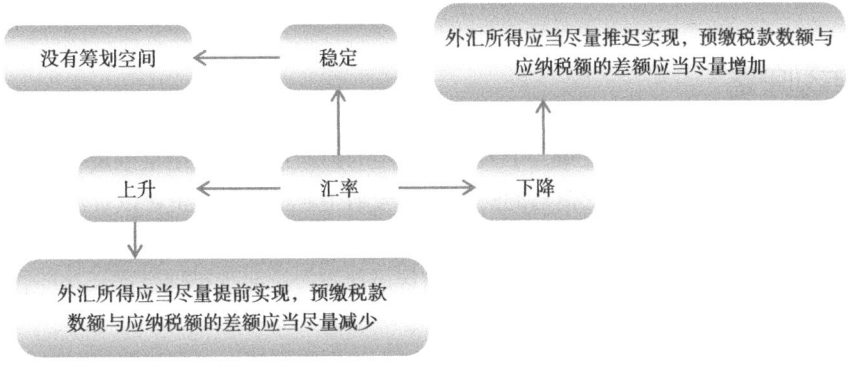

图 1-8 纳税筹划图

纳税筹划案例

【例 1-11】 某公司主要从事对美外贸业务,每月都有大量的美元收入。该公司选择按月预缴企业所得税。该公司某年度 1~5 月,每月美元收入分别为 2 000 万美元、1 500 万美元、1 500 万美元、1 000 万美元、1 000 万美元。假设每月最后一日美元的人民币汇率中间价分别为 7.523、7.491、7.461、7.431、7.411。请计算该公司每月美元收入应当预缴多少企业所得税并提出纳税筹划方案。

筹划方案

该公司 1 月应当预缴企业所得税:2 000×7.523×25%=3 761.5(万元);2 月应当预缴企业所得税:1 500×7.491×25%=2 809.1(万元);3 月应当预缴企业所得税:1 500×7.461×25%=2 797.9(万元);4 月应当预缴企业所得税:1 000×7.431×25%=1 857.8(万元);5 月应当预缴企业所得税:1 000×7.411×25%=1 852.8(万元);合计预缴企业所得税:3 761.5+2 809.1+2 797.9+1 857.8+1 852.8=13 079.1(万元)。如果该公司能够预测到美元的人民币汇率中间价会持续降低,则可以适当调整取得收入所在月。例如,将该年度 1~5 月的每月美元收入调整为 1 000 万美元、1 000 万美元、1 000 万美元、1 500 万美元、2 500 万美元,收入总额并未发生变化,只是改变了总收入在各月的分布情况。经过纳税筹划,该公司 1 月应当预缴企业所得税:1 000×7.523×25%=1 880.8(万元);2 月应当预缴企业所得税:1 000×7.491×25%=1 872.8(万元);3 月应当预缴企业所得税:1 000×7.461×25%=1 865.3(万元);4 月应当预缴企业所得税:1 500×7.431×25%=2 786.6(万元);5 月应当预缴企业所得税:2 500×7.411×25%=4 631.9(万元);合计预缴企业所得税:1 880.8+1 872.8+1 865.3+2 786.6+4 631.9=13 037.4(万元)。经过纳税筹划,减轻税收负担:13 079.1−13 037.4=41.7(万元)。

9. 利用个人接受捐赠免税政策的纳税筹划

纳税筹划思路

根据我国现行的个人所得税政策，个人接受捐赠的财产不需要缴纳个人所得税。根据我国现行的企业所得税政策，企业接受捐赠的财产需要缴纳企业所得税。企业以货币形式和非货币形式从各种来源取得的收入，为收入总额，其中包括接受捐赠收入。接受捐赠收入，是指企业接受的来自其他企业、组织或者个人无偿给予的货币性资产、非货币性资产。接受捐赠收入，按照实际收到捐赠资产的日期确认收入的实现。

因此，某主体如果向企业捐赠，则接受捐赠的企业需要缴纳企业所得税，如果捐赠人向企业的股东个人捐赠，则股东个人不需要缴纳个人所得税。股东再将该捐赠款或者捐赠物出资到该企业中，相当于捐赠人直接向企业捐赠。

需要注意的是，目前个人向个人捐赠住房，如果不符合免税条件，接受住房者需要缴纳20%的个人所得税。

法律政策依据

（1）《中华人民共和国企业所得税法》（2007年3月16日第十届全国人民代表大会第五次会议通过，2017年2月24日第十二届全国人民代表大会常务委员会第二十六次会议第一次修正，2018年12月29日第十三届全国人民代表大会常务委员会第七次会议第二次修正）第6条。

（2）《中华人民共和国企业所得税法实施条例》（2007年12月6日国务院令第512号公布，根据2019年4月23日《国务院关于修改部分行政法规的决定》修订）第21条。

（3）《中华人民共和国个人所得税法》（1980年9月10日第五届全国人民代表大会第三次会议通过，2018年8月31日第十三届全国人民代表大会常务委员会第五次会议第七次修正）。

纳税筹划图

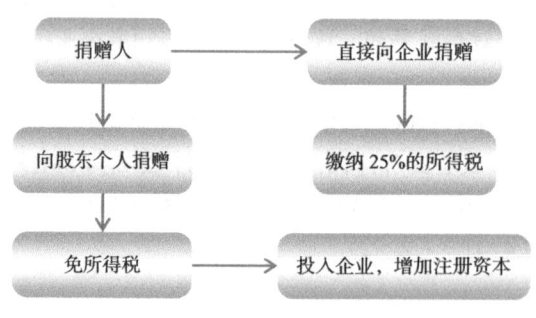

图 1-9　纳税筹划图

纳税筹划案例

【例 1-12】 赵先生生前立了一份遗嘱,将 500 万元现金在死亡以后赠予甲公司,甲公司是有限责任公司,有三位股东。赵先生如何进行纳税筹划可以避免缴纳企业所得税?

筹划方案

按照《企业所得税法》的规定,甲公司需要缴纳 25% 的企业所得税,即:500×25%=125(万元)。根据《个人所得税法》的规定,个人向个人捐赠财产是不需要缴纳个人所得税的。因此,赵先生可以修改遗嘱,将其 500 万元现金赠予甲公司的三位股东,同时要求该股东将该笔资金作为出资增加甲公司的注册资本,这样,该笔资金同样可以转移到甲公司的名下,但不需要缴纳企业所得税。

10. 固定资产修理中的纳税筹划

纳税筹划思路

固定资产的修理费用是企业生产经营过程中经常发生的费用,根据修理程度的不同,企业所得税法规定了不同的扣除政策。根据《企业所得税法》第 13 条的规定,固定资产的大修理支出应当作为长期待摊费用。按照固定资产尚可使用年限分期摊销,固定资产的大修理支出有两个标准:
(1)修理支出达到取得固定资产时的计税基础 50% 以上。
(2)修理后固定资产的使用年限延长 2 年以上。

如果企业处于正常生产经营状况下,在当期直接扣除修理支出对企业更有利。如果企业的固定资产修理支出达到了大修理支出的标准,可以通过采取多次修理的方式来获得当期扣除修理费用的税收待遇。

法律政策依据

(1)《中华人民共和国企业所得税法》(2007 年 3 月 16 日第十届全国人民代表大会第五次会议通过,2017 年 2 月 24 日第十二届全国人民代表大会常务委员会第二十六次会议第一次修正,2018 年 12 月 29 日第十三届全国人民代表大会常务委员会第七次会议第二次修正)第 13 条。

(2)《中华人民共和国企业所得税法实施条例》(2007 年 12 月 6 日国务院令第 512 号公布,根据 2019 年 4 月 23 日《国务院关于修改部分行政法规的决定》修订)第 69 条。

纳税筹划图

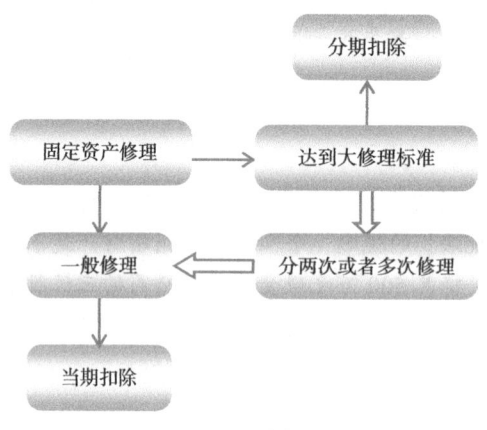

图 1-10　纳税筹划图

纳税筹划案例

【例1-13】　某公司2021年10月起对一条生产线进行大修，12月完工，该生产线原价及计税基础均为8 000万元，发生修理费用4 100万元，其中，购买大修理用的零件等取得增值税专用发票上注明：货款2 300万元，更换一台设备价值1 000万元，发生人工费用等其他费用800万元。修理后固定资产的使用寿命延长3年，假定当年实现利润6 000万元，不考虑其他纳税调整事项。请计算该企业应当如何进行摊销，并提出纳税筹划方案。

筹划方案

按该公司修理方案，大修理支出占固定资产计税基础51.25%〔（4 100÷8 000）×100%〕，超过50%；修理后固定资产的使用寿命延长2年以上，属于大修理支出，按企业的会计政策，修理费用在5年内摊销，当年税前可摊销68万元（4 100÷5÷12），则当年应纳企业所得税：（6 000–68）×25%=1 483（万元）。

如果上述设备不在此次更换，而在2022年度更换且不影响生产经营，则其结果：修理支出降为3 100万元（4 100–1 000），修理支出占固定资产的计税基础38.75%〔（3 100÷8 000）×100%〕，不符合税法规定的大修理条件。该项修理支出3 100万元可在当期税前扣除，当期应纳企业所得税：（6 000–3 100）×25%=725（万元），比纳税筹划前减少当期应纳企业所得税：1 483–725=758（万元）。

11. 恰当选择享受优惠政策的起始年度的纳税筹划

纳税筹划思路

根据现行的税收政策，企业所得税按纳税年度计算。纳税年度自公历 1 月 1 日起至 12 月 31 日止。企业在一个纳税年度中间开业，或者终止经营活动，使该纳税年度的实际经营期不足 12 个月的，应当以其实际经营期为一个纳税年度。

企业从事国家重点扶持的公共基础设施项目的投资经营的所得，自项目取得第一笔生产经营收入所属纳税年度起，第一年至第三年免征企业所得税，第四年至第六年减半征收企业所得税。企业从事符合条件的环境保护、节能节水项目的所得，自项目取得第一笔生产经营收入所属纳税年度起，第一年至第三年免征企业所得税，第四年至第六年减半征收企业所得税。

对经济特区和上海浦东新区内在 2008 年 1 月 1 日（含）之后完成登记注册的国家需要重点扶持的高新技术企业，在经济特区和上海浦东新区内取得的所得，自取得第一笔生产经营收入所属纳税年度起，第一年至第二年免征企业所得税，第三年至第五年按照 25% 的法定税率减半征收企业所得税。国家需要重点扶持的高新技术企业，是指拥有核心自主知识产权，同时符合《企业所得税法实施条例》第 93 条规定的条件，并按照《高新技术企业认定管理办法》认定的高新技术企业。经济特区和上海浦东新区内新设高新技术企业同时在经济特区和上海浦东新区以外的地区从事生产经营的，应当单独计算其在经济特区和上海浦东新区内取得的所得，并合理分摊企业的期间费用；没有单独计算的，不得享受企业所得税优惠。经济特区和上海浦东新区内新设高新技术企业在按照本通知的规定享受过渡性税收优惠期间，由于复审或抽查不合格而不再具有高新技术企业资格的，从其不再具有高新技术企业资格年度起，停止享受过渡性税收优惠；以后再次被认定为高新技术企业的，不得继续享受或者重新享受过渡性税收优惠。

企业所得税的一些定期优惠政策是从企业取得生产经营所得的年度开始计算的，如果企业从年度中间甚至年底开始生产经营，该年度将作为企业享受税收优惠政策的第一年。由于该年度的生产经营所得非常少，因此，企业是否享受减免税政策意义并不是很大，此时，企业就应当恰当选择享受税收优惠的第一个年度，适当提前或者推迟进行生产经营活动的日期。

还有一些税收优惠是自获利年度开始计算的。例如，集成电路线宽小于 0.8 微米（含）的集成电路生产企业，经认定后，在 2017 年 12 月 31 日前自获利年度起计算优惠期，第一年至第二年免征企业所得税，第三年至第五年按照 25% 的法定税率减半征收企业所得税，并享受至期满为止。集成电路线宽小于 0.25 微米或投资额超过 80 亿元的集成电路生产企业，经认定后，减按 15% 的税率征收企业所得税，其中经营期在 15 年以上的，在 2017 年 12 月 31 日前自获利年度起计算优惠期，第一年至第五年免征企业所得税，第六年至第十年按照 25% 的法定税率减半征收企业所得税，并享受至期满为止。我国境内新办的集成电路设计企业和符合条件的软件企业，经认定后，在 2017 年 12 月 31 日前自获利年度起计算优惠期，第一年至第二年免征企业所得税，第三年至第五年按照 25% 的法定税率减半征收企业所得税，并享受至期满为止。对于该类税收优惠，应尽量推迟企业的获利年度。

国家鼓励的集成电路线宽小于 28 纳米（含），且经营期在 15 年以上的集成电路生产企业或项目，第一年至第十年免征企业所得税；国家鼓励的集成电路线宽小于 65 纳米（含），且经营期在 15 年以上的集成电路生产企业或项目，第一年至第五年免征企业所得税，第六年至第十年按照 25%的法定税率减半征收企业所得税；国家鼓励的集成电路线宽小于 130 纳米（含），且经营期在 10 年以上的集成电路生产企业或项目，第一年至第二年免征企业所得税，第三年至第五年按照 25%的法定税率减半征收企业所得税。对于按照集成电路生产企业享受税收优惠政策的，优惠期自获利年度起计算；对于按照集成电路生产项目享受税收优惠政策的，优惠期自项目取得第一笔生产经营收入所属纳税年度起计算，集成电路生产项目需单独进行会计核算、计算所得，并合理分摊期间费用。

法律政策依据

（1）《中华人民共和国企业所得税法》（2007 年 3 月 16 日第十届全国人民代表大会第五次会议通过，2017 年 2 月 24 日第十二届全国人民代表大会常务委员会第二十六次会议第一次修正，2018 年 12 月 29 日第十三届全国人民代表大会常务委员会第七次会议第二次修正）第 53 条。

（2）《中华人民共和国企业所得税法实施条例》（2007 年 12 月 6 日国务院令第 512 号公布，根据 2019 年 4 月 23 日《国务院关于修改部分行政法规的决定》修订）第 87 条、第 88 条。

（3）《国务院关于经济特区和上海浦东新区新设立高新技术企业实行过渡性税收优惠的通知》（国务院 2007 年 12 月 26 日发布，国发〔2007〕40 号）。

（4）《财政部 国家税务总局关于进一步鼓励软件产业和集成电路产业发展企业所得税政策的通知》（财政部 国家税务总局 2012 年 4 月 20 日发布，财税〔2012〕27 号）。

（5）《财政部 国家税务总局 国家发展改革委 工业和信息化部关于促进集成电路产业和软件产业高质量发展企业所得税政策的公告》（财政部 国家税务总局 发展改革委 工业和信息化部公告 2020 年第 45 号）。

纳税筹划图

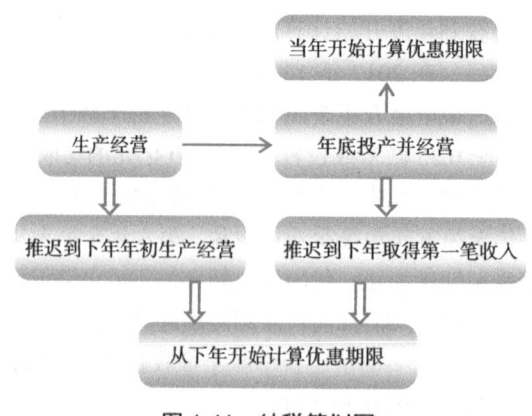

图 1-11　纳税筹划图

第 1 章 新企业所得税制度下企业的纳税筹划

纳税筹划案例

【例 1-14】 某公司根据税法规定,可以享受自项目取得第一笔生产经营收入的纳税年度起,第一年至第三年免征企业所得税,第四年至第六年减半征收企业所得税的优惠政策。该公司原计划于 2020 年 11 月开始生产经营,当年预计会有亏损,从 2021 年度至 2026 年度,每年预计应纳税所得额分别为 100 万元、500 万元、800 万元、1 000 万元、1 500 万元和 2 000 万元。请计算从 2020 年度到 2026 年度,该公司应当缴纳多少企业所得税并提出纳税筹划方案。

筹划方案

该企业从 2020 年度开始生产经营,应当计算享受税收优惠的期限。该公司 2020 年度至 2022 年度可以享受免税待遇,不需要缴纳企业所得税。从 2023 年度至 2025 年度可以享受减半征税的待遇,因此,需要缴纳企业所得税:(800+1 000+1 500)× 25%×50%=412.5(万元)。2026 年度不享受税收优惠,需要缴纳企业所得税:2 000×25%=500(万元)。因此,该企业从 2020 年度至 2026 年度合计需要缴纳企业所得税:412.5+500=912.5(万元)。如果该企业将生产经营日期推迟到 2021 年 1 月 1 日,这样,2021 年度就是该企业享受税收优惠的第一年,从 2021 年度至 2023 年度,该企业可以享受免税待遇,不需要缴纳企业所得税。从 2024 年度至 2026 年度,该企业可以享受减半征收企业所得税的优惠待遇,需要缴纳企业所得税:(1 000+1 500+2 000)× 25%×50%=562.5(万元)。经过纳税筹划,减轻税收负担:912.5−562.5=350(万元)。

12. 利用国债利息免税优惠政策的纳税筹划

纳税筹划思路

根据现行的企业所得税政策,企业的下列收入为免税收入:
- 国债利息收入。
- 符合条件的居民企业之间的股息、红利等权益性投资收益。
- 在中国境内设立机构、场所的非居民企业从居民企业取得与该机构、场所有实际联系的股息、红利等权益性投资收益。
- 符合条件的非营利性组织的收入。

国债利息收入,是指企业持有国务院财政部门发行的国债取得的利息收入。

免税收入是不需要纳税的收入,因此,企业在条件许可的情况下应尽可能多地获得免税收入。当然,获得免税收入都是需要一定条件的,企业只有满足税法所规定的条件才能享受免税待遇。例如,国债利息免税,当企业选择国债或者其他债券进行投资时,就应当将免税作为一个重要的因素予以考虑。再例如,直接投资的股息所得免税,与此相关的是,企业的股权转让所得要纳税。因此,当企业进行股权转让时尽量将该股权所代表的未分配股息分配以后再转让。

根据《企业所得税法》及其实施条例的规定,企业国债投资业务企业所得税处理政策如下:
(1)国债利息收入时间确认。根据《企业所得税法实施条例》第 18 条的规定,企业投资国债从国务院财政部门（简称发行者）取得的国债利息收入，应以国债发行时约定应付利息的日期，确认利息收入的实现。企业转让国债，应在国债转让收入确认时确认利息收入的实现。

（2）国债利息收入计算。企业到期前转让国债，或者从非发行者投资购买的国债，其持有期间尚未兑付的国债利息收入，按以下公式计算确定：

$$国债利息收入 = 国债金额 \times (适用年利率 \div 365) \times 持有天数$$

上述公式中的"国债金额"，按国债发行面值或发行价格确定；"适用年利率"按国债票面年利率或折合年收益率确定；如果企业不同时间多次购买同一品种国债，"持有天数"可按平均持有天数计算确定。

（3）国债利息收入免税问题。根据《企业所得税法》第 26 条的规定，企业取得的国债利息收入，免征企业所得税。具体按以下规定执行：企业从发行者直接投资购买的国债持有至到期，其从发行者取得的国债利息收入，全额免征企业所得税。企业到期前转让国债，或者从非发行者投资购买的国债，其按上述计算的国债利息收入，免征企业所得税。

（4）国债转让收入时间确认。企业转让国债应在转让国债合同、协议生效的日期，或者国债移交时确认转让收入的实现。企业投资购买国债，到期兑付的，应在国债发行时约定的应付利息的日期，确认国债转让收入的实现。

（5）国债转让收益（损失）计算。企业转让或到期兑付国债取得的价款，减除其购买国债成本，并扣除其持有期间按照上述计算的国债利息收入以及交易过程中相关税费后的余额，为企业转让国债收益（损失）。

（6）国债转让收益（损失）征税问题。根据《企业所得税法实施条例》第 16 条规定，企业转让国债，应作为转让财产，其取得的收益（损失）应作为企业应纳税所得额计算纳税。

（7）关于国债成本确定问题。通过支付现金方式取得的国债，以买入价和支付的相关税费为成本；通过支付现金以外的方式取得的国债，以该资产的公允价值和支付的相关税费为成本。

（8）关于国债成本计算方法问题。企业在不同时间购买同一品种国债的，其转让时的成本计算方法，可在先进先出法、加权平均法、个别计价法中选用一种。计价方法一经选用，不得随意改变。

法律政策依据

（1）《中华人民共和国企业所得税法》（2007 年 3 月 16 日第十届全国人民代表大会第五次会议通过，2017 年 2 月 24 日第十二届全国人民代表大会常务委员会第二十六次会议第一次修正，2018 年 12 月 29 日第十三届全国人民代表大会常务委员会第七次会议第二次修正）第 26 条。

（2）《中华人民共和国企业所得税法实施条例》（2007 年 12 月 6 日国务院令第 512 号公布，根据 2019 年 4 月 23 日《国务院关于修改部分行政法规的决定》修订）第 82 条。

（3）《国家税务总局关于企业国债投资业务企业所得税处理问题的公告》（国家税务总局公告 2011 年第 36 号）。

纳税筹划图

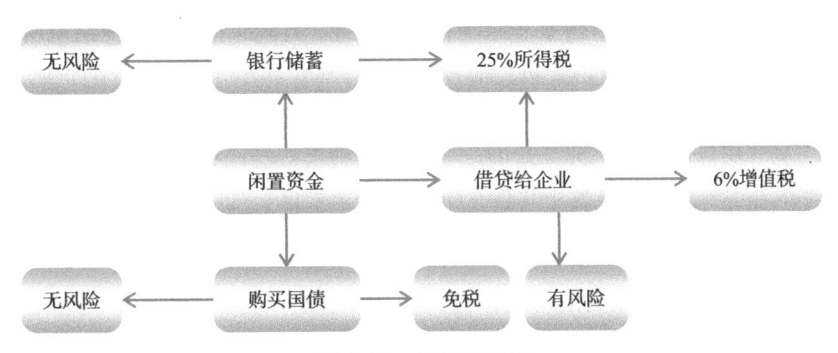

图 1-12 纳税筹划图

纳税筹划案例

【例 1-15】 某公司拥有 100 万元闲置资金,准备用于获得利息。假设五年期国债年利率为 4%,银行五年期定期存款年利率为 5%,向其他企业贷款五年期年利率为 6%。请为该公司进行纳税筹划。

筹划方案

(1) 如果购买国债,年利息为 4 万元(100×4%),税后利息为 4 万元。
(2) 如果存入银行,年利息为 5 万元(100×5%),税后利息为 3.75 万元(5-5×25%)。
(3) 如果借给企业,年利息为 6 万元(100×6%),增值税为 0.36 万元(6×6%),税后利息为 4.23 万元[(6-0.36)×(1-25%)]。

从税后利息来看,存入银行的利息最小,不足取,购买国债的利息高于储蓄利息但低于借给企业的利息,但由于购买国债风险较小,借给企业风险较大,该公司应当在充分考虑借给企业的风险以后确定是否选择借给企业。

13. 利用小型微利企业低税率优惠政策的纳税筹划

纳税筹划思路

根据我国现行的企业所得税政策,符合条件的小型微利企业,减按 20% 的税率征收企业所得税。

自 2019 年 1 月 1 日至 2021 年 12 月 31 日,对小型微利企业年应纳税所得额不超过 100 万元的部分,减按 25% 计入应纳税所得额,按 20% 的税率缴纳企业所得税;对年应纳税所得额超过 100 万元但不超过 300 万元的部分，减按 50%计入应纳税所得额，按 20%的税率缴纳企业所得税。自 2021 年 1 月 1 日至 2022 年 12 月 31 日，对小型微利企业年应纳税所得额不超过 100 万元的部分，减按 12.5%计入应纳税所得额，按 20%的税率缴纳企业所得税。

上述小型微利企业是指从事国家非限制和禁止行业，且同时符合年度应纳税所得额不超过 300 万元、从业人数不超过 300 人、资产总额不超过 5 000 万元等三个条件的企业。

从业人数，包括与企业建立劳动关系的职工人数和企业接受的劳务派遣用工人数。所称从业人数和资产总额指标，应按企业全年的季度平均值确定。具体计算公式如下：

$$季度平均值=（季初值+季末值）\div 2$$

$$全年季度平均值=全年各季度平均值之和\div 4$$

年度中间开业或者终止经营活动的，以其实际经营期作为一个纳税年度确定上述相关指标。

小型微利企业无论按查账征收方式或核定征收方式缴纳企业所得税，均可享受上述优惠政策。小型微利企业所得税统一实行按季度预缴。预缴企业所得税时，小型微利企业的资产总额、从业人数、年度应纳税所得额指标，暂按当年度截至本期申报所属期末的情况进行判断。其中，资产总额、从业人数指标比照"全年季度平均值"的计算公式，计算截至本期申报所属期末的季度平均值；年度应纳税所得额指标暂按截至本期申报所属期末不超过 300 万元的标准判断。企业预缴企业所得税时已享受小型微利企业所得税减免政策，汇算清缴企业所得税时不符合小型微利企业规定的，应当按照规定补缴企业所得税税款。

国家需要重点扶持的高新技术企业，减按 15%的税率征收企业所得税。国家需要重点扶持的高新技术企业，是指拥有核心自主知识产权，并同时符合下列条件的企业：

（1）产品（服务）属于《国家重点支持的高新技术领域》规定的范围。

（2）研究开发费用占销售收入的比例不低于规定比例。

（3）高新技术产品（服务）收入占企业总收入的比例不低于规定比例。

（4）科技人员占企业职工总数的比例不低于规定比例。

（5）高新技术企业认定管理办法规定的其他条件。

根据《高新技术企业认定管理办法》（国科发火〔2016〕32 号）的规定，高新技术企业认定须同时满足以下条件：

（1）企业申请认定时须注册成立一年以上。

（2）企业通过自主研发、受让、受赠、并购等方式，获得对其主要产品（服务）在技术上发挥核心支持作用的知识产权的所有权。

（3）对企业主要产品（服务）发挥核心支持作用的技术属于《国家重点支持的高新技术领域》规定的范围。

（4）企业从事研发和相关技术创新活动的科技人员占企业当年职工总数的比例不低于 10%。

（5）企业近三个会计年度（实际经营期不满三年的按实际经营时间计算，下同）的研究开发费用总额占同期销售收入总额的比例符合如下要求：最近一年销售收入小于 5 000 万元（含）的企业，比例不低于 5%；最近一年销售收入在 5 000 万元至 2 亿元（含）的企业，比例不低于 4%；最近一年销售收入在 2 亿元以上的企业，比例不低于 3%。其中，企业在中国境内发生的研究开发费用总额占全部研究开发费用总额的比例不低于60%。

（6）近一年高新技术产品（服务）收入占企业同期总收入的比例不低于60%。

（7）企业创新能力评价应达到相应要求。

（8）企业申请认定前一年内未发生重大安全、重大质量事故或严重环境违法行为。

利用小型微利企业以及高科技企业的低税率优惠是进行纳税筹划的重要方法。由于享受上述低税率优惠政策都有严格的条件限制，例如，小型微利企业的规模比较小，不是所有的企业都能够享受，高科技企业的条件限制也非常严格，大部分企业都很难将自身改造成高科技企业，通过纳税筹划可以在一定程度上解决上述难题。企业可以通过设立子公司或者将部分分支机构转变为子公司来享受小型微利企业的低税率优惠。如果企业自身难以改造成高科技企业，可以考虑重新设立一个属于高科技企业的子公司或者将某一分支机构改造成高科技企业。

法律政策依据

（1）《中华人民共和国企业所得税法》（2007年3月16日第十届全国人民代表大会第五次会议通过，2017年2月24日第十二届全国人民代表大会常务委员会第二十六次会议第一次修正，2018年12月29日第十三届全国人民代表大会常务委员会第七次会议第二次修正）第28条。

（2）《中华人民共和国企业所得税法实施条例》（2007年12月6日国务院令第512号公布，根据2019年4月23日《国务院关于修改部分行政法规的决定》修订）第92条。

（3）《财政部 国家税务总局关于小型微利企业有关企业所得税政策的通知》（财政部 国家税务总局2009年12月2日发布，财税〔2009〕133号）。

（4）《国家税务总局关于小型微利企业所得税预缴问题的通知》（国税函〔2008〕251号）。

（5）《高新技术企业认定管理办法》（科技部 财政部 国家税务总局2016年1月29日发布，国科发火〔2016〕32号）。

（6）《财政部 国家税务总局关于执行企业所得税优惠政策若干问题的通知》（财税〔2009〕69号）。

（7）《财政部 税务总局关于实施小微企业普惠性税收减免政策的通知》（财税〔2019〕13号）。

（8）《国家税务总局关于实施小型微利企业普惠性所得税减免政策有关问题的公告》（国家税务总局公告2019年第2号）。

（9）《财政部 税务总局关于实施小微企业和个体工商户所得税优惠政策的公告》（财政部 税务总局公告2021年第12号）。

（10）《国家税务总局关于落实支持小型微利企业和个体工商户发展所得税优惠政策有关事项的公告》（国家税务总局公告2021年第8号）。

纳税筹划图

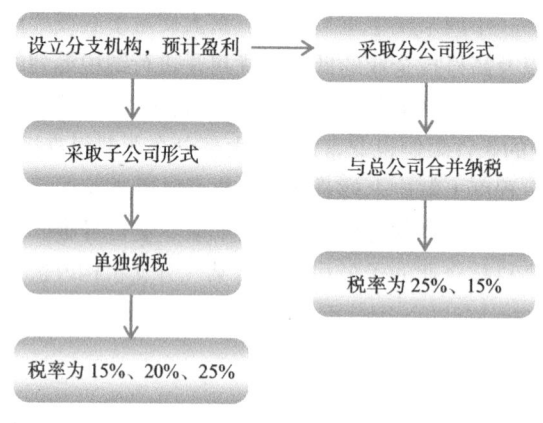

图 1-13　纳税筹划图

纳税筹划案例

【例 1-16】　某公司在外地设立一分公司，该分公司第一年盈利 80 万元，第二年盈利 90 万元，第三年盈利 100 万元。由于分公司没有独立法人资格，需要与总公司合并纳税。假设某公司三年全部盈利，适用企业所得税税率为 25%。该分公司三年实际上缴纳了企业所得税：（80+90+100）×25%=67.5（万元）。请针对此情况提出纳税筹划方案。

筹划方案

假设该公司在设立分支机构之前进行了纳税筹划，认为该分支机构在前两年可以盈利，且盈利额不会太大，符合《企业所得税法》小型微利企业的标准，因此设立了子公司。由于小型子公司和分公司形式的差异对于生产经营活动不会产生较大影响，因此我们假设该子公司三年盈利水平与分公司相似，这样，子公司三年所缴纳的企业所得税额：（80+90+100）×12.5%×20%=6.75（万元）。通过纳税筹划节约税款：67.5-6.75=60.75（万元）。设立子公司的成本相对高一些，但只要这一成本之差小于节约的所得税额，这一纳税筹划就是有价值的。

第 2 章

个人所得税制度下企业的纳税筹划

1. 充分利用专项扣除的纳税筹划

纳税筹划思路

根据《个人所得税法》第 3 条的规定，综合所得（包括工资薪金所得、劳务报酬所得、稿酬所得和特许权使用费所得），适用 3%至 45%的超额累进税率，具体税率如表 2-1 所示。该表所称全年应纳税所得额，是指依照《个人所得税法》第 6 条的规定，居民个人取得综合所得以每一纳税年度收入额减除费用 6 万元以及专项扣除、专项附加扣除和依法确定的其他扣除后的余额。

表 2-1　综合所得个人所得税税率表

级　数	全年应纳税所得额	税率（%）	速算扣除数
1	不超过 36 000 元的	3	0
2	超过 36 000 元至 144 000 元的部分	10	2 520
3	超过 144 000 元至 300 000 元的部分	20	16 920
4	超过 300 000 元至 420 000 元的部分	25	31 920
5	超过 420 000 元至 660 000 元的部分	30	52 920
6	超过 660 000 元至 960 000 元的部分	35	85 920
7	超过 960 000 元的部分	45	181 920

企业和事业单位根据国家有关政策规定的办法和标准，为在本单位任职或受雇的全体职工缴付的企业年金或职业年金单位缴费部分，在计入个人账户时，个人暂不缴纳个人所得税。个人根据国家有关政策规定缴付的年金个人缴费部分，在不超过本人缴费工资计税基数的 4%标准内的部分，暂从个人当期的应纳税所得额中扣除。由于目前事业单位强制设立职业年金，而企业年金的设立是自愿的，广大企业可以充分利用这一优惠，帮助员工减轻个人所得税负担。

自 2017 年 7 月 1 日起，对个人购买符合规定的商业健康保险产品的支出，允许在当年（月）计算应纳税所得额时予以税前扣除，扣除限额为 2 400 元每年（200 元每月）。单位统一为员工购买符合规定的商业健康保险产品的支出，应分别计入员工个人工资薪金，视同个人购买，按上述限额予以扣除。2 400 元每年（200 元每月）的限额扣除为个人所得税法规定减除费用标准之外的扣除。企业为员工统一购买商业健康保险既为员工提供了福利，也可以起到节税的作用。

自 2018 年 5 月 1 日起，在上海市、福建省（含厦门市）和苏州工业园区实施个人税收递延型商业养老保险试点。对试点地区个人通过个人商业养老资金账户购买符合规定的商业养老保险产品的支出，允许在一定标准内税前扣除；计入个人商业养老资金账户的投资收益，暂不征收个人所得税；个人领取商业养老金时再征收个人所得税。取得工资薪金、连续性劳务报酬所得的个人，其缴纳的保费准予在申报扣除当月计算应纳税所得额时予以限额据实扣除，扣除限额按照当月工资薪金、连续性劳务报酬收入的 6% 和 1 000 元孰低办法确定。位于试点地区的企业可以为员工统一购买税收递延型养老保险，在当期降低个人所得税负担。

法律政策依据

（1）《中华人民共和国个人所得税法》（1980 年 9 月 10 日第五届全国人民代表大会第三次会议通过，2018 年 8 月 31 日第十三届全国人民代表大会常务委员会第五次会议第七次修正）。

（2）《中华人民共和国个人所得税法实施条例》（1994 年 1 月 28 日中华人民共和国国务院令第 142 号发布，2018 年 12 月 18 日中华人民共和国国务院令第 707 号第四次修订）。

（3）《财政部 人力资源社会保障部 国家税务总局关于企业年金、职业年金个人所得税有关问题的通知》（财税〔2013〕103 号）。

（4）《财政部 税务总局 保监会关于将商业健康保险个人所得税试点政策推广到全国范围实施的通知》（财税〔2017〕39 号）。

（5）《财政部 税务总局 人力资源社会保障部 中国银行保险监督管理委员会 证监会关于开展个人税收递延型商业养老保险试点的通知》（财税〔2018〕22 号）。

纳税筹划图

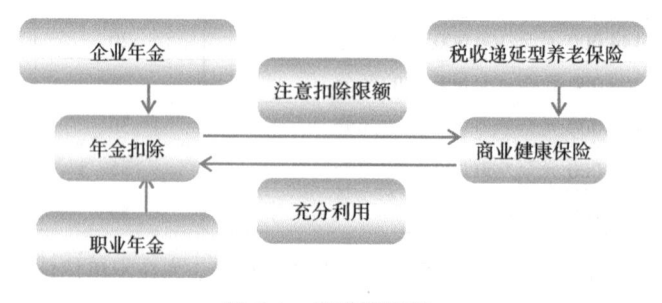

图 2-1 纳税筹划图

第 2 章 个人所得税制度下企业的纳税筹划

纳税筹划案例

【例 2-1】 甲公司共有员工 1 万余人,人均年薪 20 万元,人均年个人所得税税前扣除标准为 12 万元,人均年应纳税所得额为 8 万元,人均年应纳个人所得税=80 000×10%−2 520=5 480(元)。请为甲公司提出纳税筹划方案。

筹划方案

如甲公司为全体员工设立企业年金,员工人均年缴费 8 000 元(即 200 000×4%),符合税法规定,可以税前扣除。由此,人均年应纳个人所得税=(80 000−8 000)×10%−2 520=4 680(元)。人均节税=5 480−4 680=800(元)。甲公司全体员工年节税=800×1=800(万元)。

纳税筹划案例

【例 2-2】 乙公司共有员工 1 万余人,人均年薪 20 万元,人均年个人所得税税前扣除标准为 12 万元,人均年应纳税所得额为 8 万元,人均年应纳个人所得税=80 000×10%−2 520=5 480(元)。请为乙公司提出纳税筹划方案。

筹划方案

如乙公司从员工的应发工资中为全体员工统一购买符合税法规定的商业健康保险,员工人均年缴费 2 400 元,可以税前扣除。由此,人均年应纳个人所得税=(80 000−2 400)×10%−2 520=5 240(元)。人均节税=5 480−5 240=240(元)。乙公司全体员工年节税=240×1=240(万元)。

纳税筹划案例

【例 2-3】 位于上海的丙公司共有员工 1 万余人,人均年薪 20 万元,人均年个人所得税税前扣除标准为 12 万元,人均年应纳税所得额为 8 万元,人均年应纳个人所得税=80 000×10%−2 520=5 480(元)。请为丙公司提出纳税筹划方案。

筹划方案

如丙公司从员工的应发工资中为全体员工统一购买符合税法规定的税收递延型商业养老保险,员工人均年缴费 1.2 万元,可以税前扣除。由此,人均年应纳个人所得税=(80 000−12 000)×10%−2 520=4 280(元)。人均节税=5 480−4 280=1 200(元)。丙公司全体员工在当期年节税=1 200×1=1 200(万元)。

2. 充分利用专项附加扣除的纳税筹划

纳税筹划思路

根据税法规定，纳税人的子女接受全日制学历教育的相关支出，按照每个子女每月1 000元的标准定额扣除。学历教育包括义务教育（小学、初中教育）、高中阶段教育（普通高中、中等职业、技工教育）、高等教育（大学专科、大学本科、硕士研究生、博士研究生教育）。年满3岁至小学入学前处于学前教育阶段的子女，按上述规定执行。父母可以选择由其中一方按扣除标准的100%扣除，也可以选择由双方分别按扣除标准的50%扣除，具体扣除方式在一个纳税年度内不能变更。凡是家庭中有3岁至28岁接受教育的子女，应积极申报。如果夫妻二人均需要缴纳个人所得税，子女教育扣除应由税率高的一方全额申报，税率低的一方不申报。

根据税法规定，在一个纳税年度内，纳税人发生的与基本医保相关的医药费用支出，扣除医保报销后个人负担（医保目录范围内的自付部分）累计超过15 000元的部分，由纳税人在办理年度汇算清缴时，在80 000元限额内据实扣除。纳税人发生的医药费用支出可以选择由本人或其配偶扣除；未成年子女发生的医药费用支出可以选择由其父母一方扣除。纳税人及其配偶、未成年子女发生的医药费用支出，按上述规定分别计算扣除额。纳税人发生符合上述规定的医疗费时，应积极申报扣除。对纳税人未成年子女发生的符合上述规定的医疗费，应由税率最高的父母一方申报扣除。

根据税法规定，纳税人赡养一位及以上被赡养人的赡养支出，统一按照以下标准定额扣除：① 纳税人为独生子女的，按照每月2 000元的标准定额扣除；② 纳税人为非独生子女的，由其与兄弟姐妹分摊每月2 000元的扣除额度，每人分摊的额度不能超过每月1 000元。可以由赡养人均摊或约定分摊，也可以由被赡养人指定分摊。约定或指定分摊的须签订书面分摊协议，指定分摊优先于约定分摊。具体分摊方式和额度在一个纳税年度内不能变更。被赡养人，是指年满60岁的父母，以及子女均已去世的年满60岁的祖父母、外祖父母。凡是有60岁以上被赡养人的纳税人均应积极申报赡养老人专项附加扣除。对多兄弟姐妹而言，应由税率最高的两位分别申报1 000元。

法律政策依据

（1）《中华人民共和国个人所得税法》（1980年9月10日第五届全国人民代表大会第三次会议通过，2018年8月31日第十三届全国人民代表大会常务委员会第五次会议第七次修正）。

（2）《中华人民共和国个人所得税法实施条例》（1994年1月28日中华人民共和国国务院令第142号发布，2018年12月18日中华人民共和国国务院令第707号第四次修订）。

（3）《个人所得税专项附加扣除暂行办法》（2018年12月13日国务院印发，国发〔2018〕41号）。

第 2 章 个人所得税制度下企业的纳税筹划

纳税筹划图

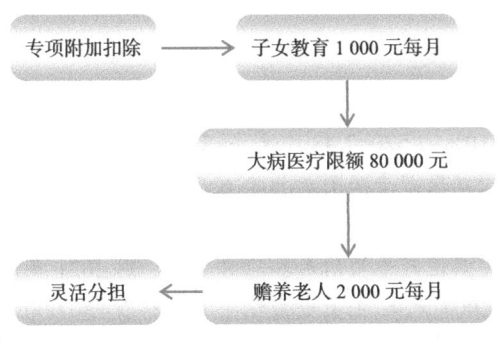

```
专项附加扣除 → 子女教育 1 000 元每月
                      ↓
              大病医疗限额 80 000 元
                      ↓
灵活分担 ← 赡养老人 2 000 元每月
```

图 2-2 纳税筹划图

纳税筹划案例

【例 2-4】 张先生和张太太有一儿一女，儿子读小学一年级，女儿读小学六年级。2021年度，张先生的应纳税所得额为 10 万元（尚未考虑子女教育专项附加扣除），张太太的应纳税所得额为 3 万元（尚未考虑子女教育专项附加扣除）。请提出纳税筹划方案。

筹划方案

如果张先生与张太太因疏忽而忘记申报子女教育专项附加扣除，则 2021 年度，张先生应纳个人所得税=100 000×10%–2 520=7 480（元）；张太太应纳个人所得税=30 000×3%=900（元）。

如果由张太太申报两个子女的教育专项附加扣除 2.4 万元，则 2021 年度，张先生应纳个人所得税=100 000×10%–2 520=7 480（元）；张太太应纳个人所得税=（30 000–24 000）×3%=180（元）。节税=900–180=720（元）。

如果由张先生和张太太各申报一个子女的教育专项附加扣除 1.2 万元，2021 年度，张先生应纳个人所得税=（100 000–12 000）×10%–2 520=6 280（元）；张太太应纳个人所得税=（30 000–12 000）×3%=540（元）。节税=7 480–6 280+900–540=1 560（元）。

如果由张先生申报两个子女的教育专项附加扣除 2.4 万元，则 2021 年度，张先生应纳个人所得税=（100 000–24 000）×10%–2 520=5 080（元）；张太太应纳个人所得税=30 000×3%=900（元）。节税=7 480–5 080=2 400（元）。

对张先生夫妇而言，2.4 万元的子女教育专项附加扣除抵税的最大额度就是 2 400 元。

纳税筹划案例

【例 2-5】 王先生和王太太 2021 年喜添千金，但因女儿有先天性疾病，当年花费医疗费 100 万元，全部自负，王先生和王太太本人当年并未产生自负医疗费。2021 年度，张先生的应纳税所得额为10万元(尚未考虑大病医疗专项附加扣除),张太太的应纳税所得额为3万元(尚未考虑大病医疗专项附加扣除)。请提出纳税筹划方案。

筹划方案

如果王先生与王太太因疏忽而忘记申报大病医疗专项附加扣除,则2021年度,王先生应纳个人所得税=100 000×10%−2 520=7 480(元);王太太应纳个人所得税=30 000×3%=900(元)。

如果由王太太申报大病医疗专项附加扣除8万元,则2021年度,王先生应纳个人所得税=100 000×10%−2 520=7 480(元);王太太应纳个人所得税0元。节税900元。

如果由王先生申报大病医疗专项附加扣除8万元,则2021年度,王先生应纳个人所得税=(100 000−80 000)×3%=600(元);王太太应纳个人所得税=30 000×3%=900(元)。节税=7 480−600=6 880(元)。

对王先生夫妇而言,8万元的大病医疗专项附加扣除抵税的最大额度就是6 880元。

纳税筹划案例

【例2-6】 秦先生和秦太太均年满60岁,其三个子女分别为秦一、秦二和秦三。2021年度,秦一的应纳税所得额为10万元,秦二的应纳税所得额为3万元,秦三的应纳税所得额为0,以上数额均未考虑赡养老人专项附加扣除。请提出纳税筹划方案。

筹划方案

如果三位子女因疏忽未申报赡养老人专项附加扣除,则2021年度,秦一应纳个人所得税=100 000×10%−2 520=7 480(元);秦二应纳个人所得税=30 000×3%=900(元);秦三应纳个人所得税0元。

如果由秦二一人申报赡养老人专项附加扣除1.2万元,则2021年度,秦一应纳个人所得税=100 000×10%−2 520=7 480(元);秦二应纳个人所得税=(30 000−12 000)×3%=540(元);秦三应纳个人所得税0元。节税=900−540=360(元)。

如果由秦一一人申报赡养老人专项附加扣除1.2万元,则2021年度,秦一应纳个人所得税=(100 000−12 000)×10%−2 520=6 280(元);秦二应纳个人所得税=30 000×3%=900(元);秦三应纳个人所得税0元。节税=7 480−6 280=1 200(元)。

如果由秦一和秦二各申报赡养老人专项附加扣除1.2万元,则2021年度,秦一应纳个人所得税=(100 000−12 000)×10%−2 520=6 280(元);秦二应纳个人所得税=(30 000−12 000)×3%=540(元);秦三应纳个人所得税0元。节税=7 480−6 280+900−540=1 560(元)。

对秦家兄妹三人而言,2.4万元的赡养老人专项附加扣除抵税的最大额度就是1 560元。

第 2 章 个人所得税制度下企业的纳税筹划

3. 外籍人员充分利用各项优惠的纳税筹划

纳税筹划思路

根据《个人所得税法》第 1 条的规定，在中国境内无住所又不居住，或者无住所而一个纳税年度内在中国境内居住累计不满 183 天的个人，为非居民个人。非居民个人从中国境内取得的所得，依照《个人所得税法》规定缴纳个人所得税。非居民个人的工资、薪金所得，以每月收入额减除费用 5 000 元后的余额为应纳税所得额；劳务报酬所得、稿酬所得、特许权使用费所得，以每次收入额为应纳税所得额。劳务报酬所得、稿酬所得、特许权使用费所得以收入减除 20% 的费用后的余额为收入额。稿酬所得的收入额减按 70% 计算。根据非居民个人适用税率表（见表 2-2）计算个人所得税应纳税额。

表 2-2 非居民个人所得税税率表

级　数	应纳税所得额	税率（%）	速算扣除数
1	不超过 3 000 元的	3	0
2	超过 3 000 元至 12 000 元的部分	10	210
3	超过 12 000 元至 25 000 元的部分	20	1 410
4	超过 25 000 元至 35 000 元的部分	25	2 660
5	超过 35 000 元至 55 000 元的部分	30	4 410
6	超过 55 000 元至 80 000 元的部分	35	7 160
7	超过 80 000 元的部分	45	15 160

根据《中华人民共和国个人所得税法实施条例》（简称《个人所得税法实施条例》）第 5 条的规定，在中国境内无住所的个人，在一个纳税年度内在中国境内居住累计不超过 90 天的，其来源于中国境内的所得，由境外雇主支付并且不由该雇主在中国境内的机构、场所负担的部分，免予缴纳个人所得税。如果境外个人在境外的税负比较轻，在条件允许时，可以将在中国境内累计居住天数控制在 90 天以内，从而享受部分所得免于在中国纳税的优惠。

根据《个人所得税法实施条例》第 4 条的规定，在中国境内无住所的个人，在中国境内居住累计满 183 天的年度连续不满六年的，经向主管税务机关备案，其来源于中国境外且由境外单位或者个人支付的所得，免予缴纳个人所得税；在中国境内居住累计满 183 天的任一年度中有一次离境超过 30 天的，其中国境内居住累计满 183 天的年度的连续年限重新起算。对于短期来华人员，如果每年停留时间均超过 183 天，则应充分利用短期居民个人的税收优惠，在第六年一次离境达到 31 天即可永远保持短期居民个人的身份。

根据《财政部 税务总局关于个人所得税法修改后有关优惠政策衔接问题的通知》（财税〔2018〕164 号）第 7 条的规定，2019 年 1 月 1 日至 2021 年 12 月 31 日期间，外籍个人符合居民个人条件的，可以选择享受个人所得税专项附加扣除，也可以选择按照《财政部 国家税务总局关于个人所得税若干政策问题的通知》（财税〔1994〕020号）、《国家税务总局关于外籍个人取得有关补贴征免个人所得税执行问题的通知》（国税发〔1997〕54号）和《财政部 国家税务总局关于外籍个人取得港澳地区住房等补贴征免个人所得税的通知》（财税〔2004〕29号）规定，享受住房补贴、语言训练费、子女教育费等津补贴免税优惠政策，但不得同时享受。外籍个人一经选择，在一个纳税年度内不得变更。自2022年1月1日起，外籍个人不再享受住房补贴、语言训练费、子女教育费津补贴免税优惠政策，应按规定享受专项附加扣除。

根据《财政部 国家税务总局关于个人所得税若干政策问题的通知》（财税〔1994〕020号）的规定，下列所得，暂免征收个人所得税：① 外籍个人以非现金形式或实报实销形式取得的住房补贴、伙食补贴、搬迁费、洗衣费；② 外籍个人按合理标准取得的境内、外出差补贴；③ 外籍个人取得的探亲费、语言训练费、子女教育费等，经当地税务机关审核批准为合理的部分；④ 外籍个人从外商投资企业取得的股息、红利所得。

对于外籍个人而言，应综合考量专项附加扣除与各项免税补贴之间的关系，选择可以最大减轻税收负担的扣除方式。

根据《个人所得税法》第2条的规定，非居民个人取得工资、薪金所得，劳务报酬所得，稿酬所得，特许权使用费所得，按月或按次分项计算个人所得税。工资、薪金所得适用超额累进税率，如果某个月的工资过高，则会适用较高的税率，从而增加税收负担，只有平均发放工资，才能实现最低的税负。

根据《财政部 税务总局关于在中国境内无住所的个人居住时间判定标准的公告》（财政部 税务总局公告2019年第34号）第2条的规定，无住所个人一个纳税年度内在中国境内累计居住天数，按照个人在中国境内累计停留的天数计算。在中国境内停留的当天满24小时的，计入中国境内居住天数，在中国境内停留的当天不足24小时的，不计入中国境内居住天数。根据上述制度，运用多次离境的方式就可以降低在中国境内居住的天数。

法律政策依据

（1）《中华人民共和国个人所得税法》（1980年9月10日第五届全国人民代表大会第三次会议通过，2018年8月31日第十三届全国人民代表大会常务委员会第五次会议第七次修正）。

（2）《中华人民共和国个人所得税法实施条例》（1994年1月28日中华人民共和国国务院令第142号发布，2018年12月18日中华人民共和国国务院令第707号第四次修订）。

（3）《财政部 国家税务总局关于个人所得税若干政策问题的通知》（财税〔1994〕020号）。

（4）《财政部 税务总局关于个人所得税法修改后有关优惠政策衔接问题的通知》（财税〔2018〕164号）。

（5）《财政部 税务总局关于在中国境内无住所的个人居住时间判定标准的公告》（财政部 税务总局公告2019年第34号）。

第 2 章 个人所得税制度下企业的纳税筹划

纳税筹划图

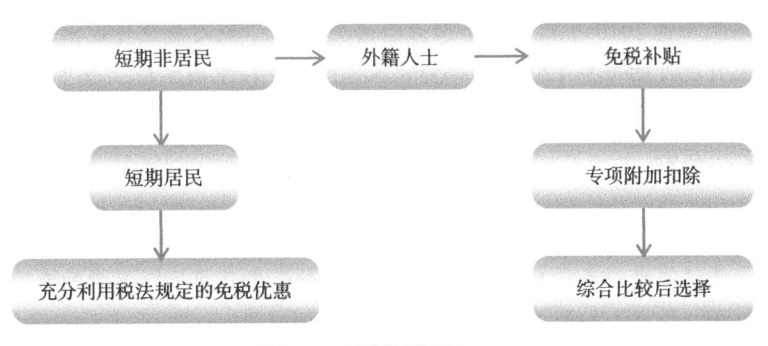

```
短期非居民 → 外籍人士 → 免税补贴
    ↓                        ↓
短期居民                  专项附加扣除
    ↓                        ↓
充分利用税法规定的免税优惠    综合比较后选择
```

图 2-3 纳税筹划图

纳税筹划案例

【例 2-7】 李女士为香港永久居民，就职于香港甲公司。2021 年度，甲公司计划安排李女士在深圳的代表处工作 180 天（六个月）。2021 年度李女士每月工资为 2 万元，六个月的工资总额为 12 万元，由于其在香港可以享受的各项扣除比较多，税负接近零。请提出纳税筹划方案。

筹划方案

如果不进行筹划，李女士来源于中国境内的六个月的工资需要在中国纳税。每月应纳个人所得税=（20 000–5 000）×20%–1 410=1 590（元）；六个月合计应纳个人所得税=1 590×6=9 540（元）。

甲公司可以选派两位员工轮流到深圳工作，每人工作 90 天，每月工资均为 2 万元。由此可以享受短期非居民个人的税收优惠，即该两位员工在深圳工作期间取得的工资，可以在香港纳税（实际税负为零），不需要在深圳缴纳个人所得税。由此，可以为两位员工节税 9 540 元。

纳税筹划案例

【例 2-8】 赵先生为香港永久居民，在深圳创办了甲公司，每年在中国境内停留时间约 360 天。自 2019 年度起，每年境内应纳税所得额约 50 万元，境外年房租收入 120 万元。请提出纳税筹划方案。

筹划方案

如果不进行筹划，自 2019 年度起，赵先生来自境外的房租收入可以免税五年。自第六年起，赵先生来自境外的租金收入需要在中国缴纳个人所得税，每月应纳个人所得税=100 000×

（1–20%）×20%=16 000（元）；全年应纳个人所得税=16 000×12=192 000（元）。如果赵先生在境外已经就该 120 万的租金收入缴纳了个人所得税，可以从上述 19.2 万的应纳税额中扣除。假设赵先生在境外实际纳税 10 万元，则赵先生还应在中国补税 9.2 万元。

如果赵先生在自 2019 年起的每个第六年离境 31 天，则赵先生可以永久保持短期居民个人的身份，其来自境外的每年 120 万的租金收入可以免于在中国纳税，每年可以节税 9.2 万元。

纳税筹划案例

【例 2-9】 孙先生为外籍人士，因工作需要，长期在中国境内居住。2021 年度，按税法规定可以享受免税优惠的各项补贴总额为 8 万元。孙先生目前可以享受的专项附加扣除为两个子女的教育费和一位老人的赡养费。请提出纳税筹划方案。

筹划方案

如果孙先生选择居民纳税人的专项附加扣除，则扣除总额=1 000×12×2+1 000×12=36 000（元）；如果孙先生选择免税补贴优惠，则扣除总额为 8 万元，可以多扣除=80 000–36 000=44 000（元）。如果孙先生综合所得适用的最高税率为 20%，则每年最高可以节税=44 000×20%=8 800（元）。

纳税筹划案例

【例 2-10】 刘女士为外籍人士，属于中国非居民个人。因工作需要，每年在中国停留四个月，领取四个月的工资。公司原计划按工作绩效发工资，假设 2021 年领取的四个月工资分别为 3 000 元、6 000 元、4 000 元和 20 000 元，总额为 33 000 元。刘女士 2021 年度在中国应纳个人所得税=（6 000–5 000）×3%+（20 000–5 000）×20%–1 410=1 620（元）。请提出纳税筹划方案。

筹划方案

如果刘女士预先估计四个月的工资总额在 3 万元左右，可以先按平均数发放，最后一个月汇总计算。即前三个月工资按照 8 000 元发放，第四个月按照 9 000 元（33 000–8 000×3）发放。刘女士 2021 年度在中国应纳个人所得税=（8 000–5 000）×3%×3+（9 000–5 000）×10%–210=460（元）。节税=1 620–460=1 160（元）。

纳税筹划案例

【例 2-11】 马先生是香港永久居民，就职于香港甲公司。甲公司在深圳设立了分公司，需要派驻一位经理。公司原计划在深圳为马先生租赁一套公寓，预计 2021 年度马先生在深圳停留的天数约 200 天。马先生将成为中国内地居民纳税人。

筹划方案

如果马先生能增加回香港的次数，每回香港一次将减少在内地停留的天数，这样，马先生就能将 2021 年度在内地停留的天数降低为 182 天，就可以非居民个人的身份在内地缴纳个人所得税。

如果马先生能够几乎天天回香港，即工作在深圳，但居住在香港，只是偶尔居住在深圳，这样，马先生就能将 2021 年度在内地停留的天数降低为 90 天，就可以不在内地缴纳个人所得税，仅仅在香港缴纳相关税费。

4．公益捐赠与利用海南自贸港优惠的纳税筹划

纳税筹划思路

工资与职工福利的使用范围存在一定程度的重合，如员工取得工资后需要支付的交通费、通信费、餐饮费、房租以及部分设备购置费等均可以由公司来提供，公司在为员工提供上述福利以后，可以相应减少其应发的工资，由此，不仅可以为员工节税，还可以为公司节省社保费的支出。

自 2020 年 1 月 1 日起执行至 2024 年 12 月 31 日，对在海南自由贸易港工作的高端人才和紧缺人才，其个人所得税实际税负超过 15% 的部分，予以免征。享受上述优惠政策的所得包括来源于海南自由贸易港的综合所得（包括工资薪金、劳务报酬、稿酬、特许权使用费四项所得）、经营所得以及经海南省认定的人才补贴性所得。纳税人在海南省办理个人所得税年度汇算清缴时享受上述优惠政策。对享受上述优惠政策的高端人才和紧缺人才实行清单管理，由海南省商财政部、税务总局制定具体管理办法。

对于灵活用工以及企业高管等纳税人可以利用上述税收优惠政策进行税收筹划，减轻税收负担。根据《个人所得税法》的规定，个人将其所得对教育、扶贫、济困等公益慈善事业进行捐赠，捐赠额未超过纳税人申报的应纳税所得额 30% 的部分，可以从其应纳税所得额中扣除；国务院规定对公益慈善事业捐赠实行全额税前扣除的，从其规定。根据《财政部 国家税务总局关于企业等社会力量向红十字事业捐赠有关所得税政策问题的通知》（财税〔2000〕30 号）的规定，个人通过非营利性的社会团体和国家机关（包括中国红十字会）向红十字事业的捐赠，在计算缴纳个人所得税时准予全额扣除。利用公益慈善事业捐赠进行纳税筹划应注意三个问题：第一，通过有资格接受捐赠的组织进行公益捐赠，不能直接向受赠者捐赠，否则，无法税前扣除；第二，一般公益捐赠的税前扣除具有限额，特殊公益捐赠的税前扣除没有限额，尽量选择可以全额税前扣除的项目；第二，在个人需要纳税的年度进行公益捐赠可以起到抵税的作用，如个人在某个年度不需要纳税，公益捐赠无法起到抵税的作用。

法律政策依据

（1）《中华人民共和国个人所得税法》（1980年9月10日第五届全国人民代表大会第三次会议通过，2018年8月31日第十三届全国人民代表大会常务委员会第五次会议第七次修正）。

（2）《中华人民共和国个人所得税法实施条例》（1994年1月28日中华人民共和国国务院令第142号发布，2018年12月18日中华人民共和国国务院令第707号第四次修订）。

（3）《财政部 国家税务总局关于企业等社会力量向红十字事业捐赠有关所得税政策问题的通知》（财税〔2000〕30号）。

（4）《财政部 税务总局关于海南自由贸易港高端紧缺人才个人所得税政策的通知》（财税〔2020〕32号）。

纳税筹划图

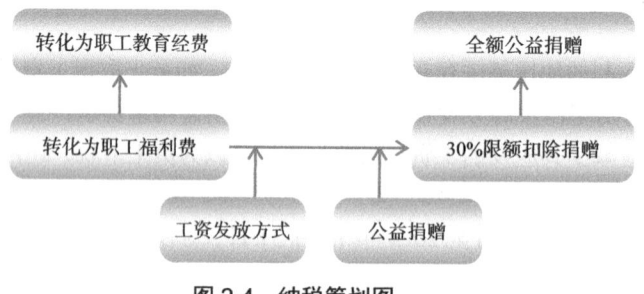

图2-4　纳税筹划图

纳税筹划案例

【例2-12】　甲公司共有员工1万余人，目前没有给员工提供任何职工福利，该公司员工的年薪比同行业其他公司略高，平均为20万元。其中，税法允许的税前扣除额人均约13万元，人均应纳税所得额为7万元。人均应纳税额=70 000×10%-2 520=4 480（元）。请提出纳税筹划方案。

筹划方案

如甲公司充分利用税法规定的职工福利费、职工教育经费等，为职工提供上下班交通工具、工作餐、工作手机及相应通信费、工作个人计算机、职工宿舍、职工培训费、差旅补贴等选项，由每位职工根据自身需求选用。选用公司福利的员工，其工资适当调低，以弥补公司提供上述福利的成本。假设通过上述方式，该公司50%的员工年薪由此降低1万元，则人均应纳税额=60 000×10%-2 520=3 480（元），人均节税=4 480-3 480=1 000（元），5 000名员工节税总额为500万元。假设甲公司为员工缴纳"五险一金"的比例为工资总额的30%，则该项筹划为甲公司节约"五险一金"=1×5 000×30%=1 500（万元）。

第 2 章 个人所得税制度下企业的纳税筹划

纳税筹划案例

【例 2-13】 甲公司有一批高技术人才实行灵活用工,主要在家里网上办公,全年综合所得超过 100 万元,综合税负约 35%。如何利用海南自贸港优惠政策进行纳税筹划?

筹划方案

甲公司可以在海南自贸港设立全资子公司乙公司,作为集团的研发中心和技术服务中心,相关人员的劳动关系转移至乙公司,由乙公司向其支付工资薪金。这样,相关人员在个人所得税汇算清缴时就可以享受超过 15% 的部分予以退税的优惠,其个人所得税负担从 35% 降低至 15%。

纳税筹划案例

【例 2-14】 李先生为某地企业家,为提高自身形象与知名度,决定以个人名义长期开展一些公益捐赠。假设李先生每年综合所得应纳税所得额为 1 000 万元,某筹划公司为李先生设计了三种筹划方案。方案一:每年直接向若干所希望小学捐赠 500 万元;方案二:通过某地民政局向贫困地区每年捐赠 500 万元;方案三:每年向中国红十字会捐赠 500 万元。请提出纳税筹划方案。

筹划方案

如果不进行公益捐赠,李先生综合所得每年应纳税额=1 000×45%-18.19=431.81(万元)。

如果按照方案一进行公益捐赠,李先生综合所得每年应纳税额与上述情形相同,即无法税前扣除,公益捐赠起不到抵税的作用。

如果按照方案二进行公益捐赠,李先生综合所得每年应纳税额=(1 000-1 000×30%)×45%-18.19=296.81(万元)。节税=431.81-296.81=135(万元)。

如果按照方案三进行公益捐赠,李先生综合所得每年应纳税额=(1 000-500)×45%-18.19=206.81(万元)。节税=431.81-206.81=225(万元)。

5. 年终奖与股票期权所得的纳税筹划

纳税筹划思路

全年一次性奖金,是指行政机关、企事业单位等扣缴义务人根据其全年经济效益和对雇员全年工作业绩的综合考核情况,向雇员发放的一次性奖金。上述一次性奖金也包括年终加薪、实行年薪制和绩效工资办法的单位根据考核情况兑现的年薪和绩效工资。

在一个纳税年度内，对每个纳税人，该计税办法只允许采用一次。实行年薪制和绩效工资的单位，个人取得年终兑现的年薪和绩效工资按上述规定执行。

雇员取得除全年一次性奖金以外的其他各种名目奖金，如半年奖、季度奖、加班奖、先进奖、考勤奖等，一律与当月工资、薪金收入合并，按税法规定缴纳个人所得税。对无住所个人取得上述各种名目奖金，如果该个人当月在我国境内没有纳税义务，或者该个人由于出入境原因导致当月在我国工作时间不满一个月的，仍按照《国家税务总局关于在我国境内无住所的个人取得奖金征税问题的通知》（国税发〔1996〕183号）计算纳税。

居民个人取得全年一次性奖金，符合《国家税务总局关于调整个人取得全年一次性奖金等计算征收个人所得税方法问题的通知》（国税发〔2005〕9号）规定的，在2021年12月31日前，不并入当年综合所得，以全年一次性奖金收入除以12个月得到的数额，按照该通知所附按月换算后的综合所得税税率表（简称月度税率表，如表2-3所示），确定适用税率和速算扣除数，单独计算纳税。计算公式为：

$$应纳税额=全年一次性奖金收入\times 适用税率-速算扣除数$$

表2-3 按月换算后的综合所得税税率表

级 数	全月应纳税所得额	税率（%）	速算扣除数
1	不超过3 000元的	3	0
2	超过3 000元至12 000元的部分	10	210
3	超过12 000元至25 000元的部分	20	1 410
4	超过25 000元至35 000元的部分	25	2 660
5	超过35 000元至55 000元的部分	30	4 410
6	超过55 000元至80 000元的部分	35	7 160
7	超过80 000元的部分	45	15 160

居民个人取得全年一次性奖金，也可以选择并入当年综合所得计算纳税。自2022年1月1日起，居民个人取得全年一次性奖金，应并入当年综合所得计算缴纳个人所得税。

中央企业负责人取得年度绩效薪金延期兑现收入和任期奖励，符合《国家税务总局关于中央企业负责人年度绩效薪金延期兑现收入和任期奖励征收个人所得税问题的通知》（国税发〔2007〕118号）规定的，在2021年12月31日前，参照上述规定执行；2022年1月1日之后的政策另行明确。

为建立中央企业负责人薪酬激励与约束的机制，根据《中央企业负责人经营业绩考核暂行办法》《中央企业负责人薪酬管理暂行办法》规定，国务院国有资产监督管理委员会对中央企业负责人的薪酬发放采取按年度经营业绩和任期经营业绩考核的方式，具体办法是：中央企业负责人薪酬由基薪、绩效薪金和任期奖励构成，其中基薪和绩效薪金的60%在当年度发放，绩效薪金的40%和任期奖励于任期结束后发放。中央企业负责人任期结束后取得的绩效薪金40%部分和任期奖励，按照《国家税务总局关于调整个人取得全年一次性奖金等计算征收个人所得税方法问题的通知》（国税发〔2005〕9号）第2条规定的方法，合并计算缴纳个人所得税。根据《中央企业负责人经营业绩考核暂行办法》等规定，该通知后附的《国资委管理的中央企业名单》中的下列人员，适用上述规定，其他人员不得比照执行：① 国有独资企业和未设董事会的国有独资公司的总经理（总裁）、副总经理（副总裁）、总会计师；② 设董事会的国有独资公司（国资委确定的董事会试点企业除外）的董事长、副董事长、董事、总经理（总裁）、副总经理（副总裁）、总会计师；③ 国有控股公司国有股权代表出任的董事长、副董事长、董事、总经理（总裁），列入国资委党委管理的副总经理（副总裁）、总会计师；④ 国有独资企业、国有独资公司和国有控股公司党委（党组）书记、副书记、常委（党组成员）、纪委书记（纪检组长）。

年终奖单独计税相当于给纳税人额外提供了一次可以低税率纳税的方法，综合所得应纳税额超过3.6万元的纳税人应充分利用。利用年终奖单独计税进行纳税筹划应注意两个问题：第一，年终奖适用的税率不能超过综合所得适用的最高税率，否则，无法起到节税的效果；第二，年终奖的计算方法实际上是全额累进，因此，应特别注意在两个税率过渡阶段的纳税筹划。原则上，如果某笔年终奖的适用税率刚刚超过某个档次时，适当降低年终奖的数额，使其适用低一档次的税率可以起到节税的效果。

实施股票期权计划企业授予该企业员工的股票期权所得，应按《个人所得税法》及其实施条例有关规定征收个人所得税。企业员工股票期权（简称股票期权），是指上市公司按照规定的程序授予本公司及其控股企业员工的一项权利，该权利允许被授权员工在未来时间内以某一特定价格购买本公司一定数量的股票。上述"某一特定价格"被称为"授予价"或"施权价"，即根据股票期权计划可以购买股票的价格，一般为股票期权授予日的市场价格或该价格的折扣价格，也可以是按照事先设定的计算方法约定的价格；"授予日"，也称"授权日"，是指公司授予员工上述权利的日期；"行权"，也称"执行"，是指员工根据股票期权计划选择购买股票的过程；员工行使上述权利的当日为"行权日"，也称"购买日"。

员工接受实施股票期权计划企业授予的股票期权时，除另有规定外，一般不作为应税所得征税。员工行权时，其从企业取得股票的实际购买价（施权价）低于购买日公平市场价（该股票当日的收盘价，下同）的差额，是因员工在企业的表现和业绩情况而取得的与任职、受雇有关的所得，应按"工资、薪金所得"适用的规定计算缴纳个人所得税。对因特殊情况，员工在行权日之前将股票期权转让的，以股票期权的转让净收入作为工资薪金所得征收个人所得税。

股票期权形式的工资薪金应纳税所得额=（行权股票的每股市场价-
员工取得该股票期权支付的每股施权价）×股票数量

员工将行权后的股票再转让时获得的高于购买日公平市场价的差额，是因个人在证券二级市场上转让股票等有价证券而获得的所得，应按照"财产转让所得"适用的征免规定计算缴纳个人所得税。员工因拥有股权而参与企业税后利润分配取得的所得，应按照"利息、股息、红利所得"适用的规定计算缴纳个人所得税。

按照《国家税务局关于在中国境内无住所个人以有价证券形式取得工资薪金所得确定纳税义务有关问题的通知》（国税函〔2000〕190号）有关规定，需对员工因参加企业股票期权计划而取得的工资薪金所得确定境内或境外来源的，应按照该员工据以取得上述工资薪金所得的境内、外工作期间月份数比例计算划分。

员工因参加股票期权计划而从中国境内取得的所得，按上述规定应按工资薪金所得计算纳税的，对该股票期权形式的工资薪金所得可区别于所在月份的其他工资薪金所得，单独计算当月应纳税款。

对于员工转让股票等有价证券取得的所得，应按现行税法和政策规定征免个人所得税。个人将行权后的境内上市公司股票再行转让而取得的所得，暂不征收个人所得税；个人转让境外上市公司的股票而取得的所得，应按税法的规定计算应纳税所得额和应纳税额，依法缴纳税款。

员工因拥有股权参与税后利润分配而取得的股息、红利所得，除依照有关规定可以免税或减税的外，应全额按规定税率计算纳税。

实施股票期权计划的境内企业为个人所得税的扣缴义务人，应按税法规定履行代扣代缴个人所得税的义务。员工从两处或两处以上取得股票期权形式的工资薪金所得和没有扣缴义务人的，该个人应在个人所得税法规定的纳税申报期限内自行申报缴纳税款。实施股票期权计划的境内企业，应在股票期权计划实施之前，将企业的股票期权计划或实施方案、股票期权协议书、授权通知书等资料报送主管税务机关；应在员工行权之前，将股票期权行权通知书和行权调整通知书等资料报送主管税务机关。扣缴义务人和自行申报纳税的个人在申报纳税或代扣代缴税款时，应在税法规定的纳税申报期限内，将个人接受或转让的股票期权以及认购的股票情况（包括种类、数量、施权价格、行权价格、市场价格、转让价格等）报送主管税务机关。实施股票期权计划的企业和因股票期权计划而取得应税所得的自行申报员工，未按规定报送上述有关报表和资料，未履行申报纳税义务或者扣缴税款义务的，按《中华人民共和国税收征收管理法》及其实施细则的有关规定进行处理。

根据《财政部 税务总局关于个人所得税法修改后有关优惠政策衔接问题的通知》（财税〔2018〕164号）第1条的规定，居民个人取得股票期权、股票增值权、限制性股票、股权奖励等股权激励（简称股权激励），符合《财政部 国家税务总局关于个人股票期权所得征收个人所得税问题的通知》（财税〔2005〕35号）、《财政部 国家税务总局关于股票增值权所得和限制性股票所得征收个人所得税有关问题的通知》（财税〔2009〕5号）、《财政部 国家税务总局关于将国家自主创新示范区有关税收试点政策推广到全国范围实施的通知》（财税〔2015〕116号）第4条、《财政部 国家税务总局关于完善股权激励和技术入股有关所得税政策的通知》（财税〔2016〕101号）第4条第（1）项规定的相关条件的，在2021年12月31日前，不并入当年综合所得，全额单独适用综合所得税税率表，计算纳税。计算公式为：

$$应纳税额=股权激励收入\times 适用税率-速算扣除数$$

居民个人一个纳税年度内取得两次以上（含两次）股权激励的，应合并按上述规定计算纳税。2022年1月1日之后的股权激励政策另行明确。

股票期权等股票激励所得单独计税为纳税人提供了将一年的综合所得分为两次纳税的机会，凡是综合所得应纳税所得额超过3.6万元的纳税人，在满足适用条件的前提下，均可以利用股票期权所得单独计税的政策进行纳税筹划。最佳的节税方案就是将综合所得应纳税所得额的一半分配至股票期权所得。

在条件允许的前提下，纳税人如能充分且合理利用多种税收优惠政策，如综合利用年终奖与股票期权所得单独计税的政策，可以最大限度地降低整体税收负担。筹划的具体方法为，股权期权与综合所得适用相同的税率，年终奖适用的税率比综合所得适用的税率低一个档次。

第 2 章　个人所得税制度下企业的纳税筹划

法律政策依据

（1）《中华人民共和国个人所得税法》（1980 年 9 月 10 日第五届全国人民代表大会第三次会议通过，2018 年 8 月 31 日第十三届全国人民代表大会常务委员会第五次会议第七次修正）。

（2）《中华人民共和国个人所得税法实施条例》（1994 年 1 月 28 日中华人民共和国国务院令第 142 号发布，2018 年 12 月 18 日中华人民共和国国务院令第 707 号第四次修订）。

（3）《国家税务总局关于调整个人取得全年一次性奖金等计算征收个人所得税方法问题的通知》（国税发〔2005〕9 号）。

（4）《财政部　国家税务总局关于个人股票期权所得征收个人所得税问题的通知》（财税〔2005〕35 号）。

（5）《国家税务总局关于中央企业负责人年度绩效薪金延期兑现收入和任期奖励征收个人所得税问题的通知》（国税发〔2007〕118 号）。

（6）《财政部　税务总局关于个人所得税法修改后有关优惠政策衔接问题的通知》（财税〔2018〕164 号）。

纳税筹划图

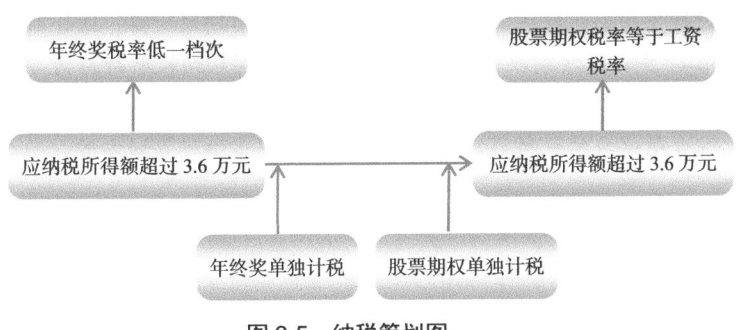

图 2-5　纳税筹划图

纳税筹划案例

【例 2-15】　刘先生 2021 年度综合所得应纳税所得额为 100 万元，全部来自工资薪金。单位为其提供了五种方案供其选择：方案一，全部通过工资薪金发放，不发放年终奖；方案二，发放 3.6 万年终奖，综合所得应纳税所得额为 96.4 万元；方案三，发放 14.4 万年终奖，综合所得应纳税所得额为 85.6 万元；方案四，发放 43 万年终奖，综合所得应纳税所得额为 57 万元；方案五，发放 42 万年终奖，综合所得应纳税所得额为 58 万元。请提出纳税筹划方案。

筹划方案

在方案一下，刘先生应纳税额=100×45%−18.19=26.81（万元）。

在方案二下，刘先生综合所得应纳税额=96.4×45%–18.19=25.19（万元）；年终奖应纳税额=3.6×3%=0.11（万元）；合计应纳税额=25.19+0.11=25.3（万元）。方案二比方案一节税=26.81–25.3=1.51（万元）。

在方案三下，刘先生综合所得应纳税额=85.6×35%–8.59=21.37（万元）；年终奖应纳税额=14.4×10%–0.02=1.42（万元）；合计应纳税额=21.37+1.42=22.79（万元）。方案三比方案二节税=25.3–22.79=2.51（万元）；方案三比方案一节税=26.81–22.79=4.02（万元）。

在方案四下，刘先生综合所得应纳税额=57×30%–5.29=11.81（万元）；年终奖应纳税额=43×30%–0.44=12.46（万元）；合计应纳税额=11.81+12.46=24.27（万元）。方案四比方案三多纳税=24.27–22.79=1.48（万元）；方案四比方案二节税=25.3–24.27=1.03（万元）；方案四比方案一节税=26.81–24.27=2.54（万元）。

在方案五下，刘先生综合所得应纳税额=58×30%–5.29=12.11（万元）；年终奖应纳税额=42×25%–0.27=10.23（万元）；合计应纳税额=12.11+10.23=22.34（万元）。方案五比方案四节税=24.27–22.34=1.93（万元）；方案五比方案三节税=22.79–22.34=0.45（万元）；方案五比方案二节税=25.3–22.34=2.96（万元）；方案五比方案一节税=26.81–22.34=4.47（万元）。

纳税筹划案例

【例2-16】 董女士为某上市公司老总，预计2021年度综合所得应纳税所得额为500万元。公司为董女士设计了四套纳税方案：方案一，不发放股票期权所得，综合所得应纳税所得额为500万元；方案二，发放股票期权所得3.6万元，综合所得应纳税所得额为496.4万元；方案三，发放股票期权所得14.4万元，综合所得应纳税所得额为485.6万元；方案四，发放股票期权所得250万元，综合所得应纳税所得额为250万元。请提出纳税筹划方案。

筹划方案

在方案一下，董女士应纳税额=500×45%–18.19=206.81（万元）。

在方案二下，董女士股票期权应纳税额=3.6×3%=0.11（万元）；综合所得应纳税额=496.4×45%–18.19=205.19（万元）；合计应纳税额=0.11+205.19=205.3（万元）。方案二比方案一节税=206.81–205.3=1.51（万元）。

在方案三下，董女士股票期权应纳税额=14.4×10%–0.252=1.188（万元）；综合所得应纳税额=485.6×45%–18.19=200.33（万元）；合计应纳税额=1.188+200.33=201.518（万元）。方案三比方案二节税=205.3–201.518=3.782(万元)；方案三比方案一节税=206.81–201.518=5.292(万元)。

在方案四下，董女士股票期权应纳税额=250×45%–18.19=94.31（万元）；综合所得应纳税额=250×45%–18.19=94.31（万元）；合计应纳税额=94.31+94.31=188.62（万元）。方案四比方案三节税=200.76–188.62=12.14（万元）；方案四比方案二节税=205.3–188.62=16.68（万元）；方案四比方案一节税=206.81–188.62=18.19（万元）。

第 2 章 个人所得税制度下企业的纳税筹划

纳税筹划案例

【例 2-17】 马先生为某上市公司老总,预计 2021 年度综合所得应纳税所得额为 600 万元。公司为马先生设计了四套纳税方案:方案一,不发放年终奖与股票期权所得,综合所得应纳税所得额为 600 万元;方案二,发放年终奖 3.6 万元、股票期权所得 3.6 万元,综合所得应纳税所得额为 592.8 万元;方案三,发放年终奖 200 万元、股票期权所得 200 万元,综合所得应纳税所得额为 200 万元;方案四,发放年终奖 96 万元、股票期权所得 252 万元,综合所得应纳税所得额为 252 万元。请提出纳税筹划方案。

筹划方案

在方案一下,马先生应纳税额=600×45%–18.19=251.81(万元)。

在方案二下,马先生年终奖应纳税额=3.6×3%=0.11(万元);股票期权应纳税额=3.6×3%=0.11(万元);综合所得应纳税额=592.8×45%–18.19=248.57(万元);合计应纳税额=0.11+0.11+248.57=248.79(万元)。方案二比方案一节税=251.81–248.79=3.02(万元)。

在方案三下,马先生年终奖应纳税额=200×45%–1.52=88.48(万元);股票期权应纳税额=200×45%–18.19=71.81(万元);综合所得应纳税额=200×45%–18.19=71.81(万元);合计应纳税额=88.48+71.81+71.81=232.1(万元)。方案三比方案二节税=248.79–232.1=16.69(万元);方案三比方案一节税=251.81–232.1=19.71(万元)。

在方案四下,马先生年终奖应纳税额=96×35%–0.72=32.88(万元);股票期权应纳税额=252×45%–18.19=95.21(万元);综合所得应纳税额=252×45%–18.19=95.21(万元);合计应纳税额=32.88+95.21+95.21=223.3(万元)。方案四比方案三节税=232.1–223.3=8.8(万元);方案四比方案二节税=248.79–223.3=25.49(万元);方案四比方案一节税=251.81–223.3=28.51(万元)。

6. 劳务报酬所得的纳税筹划

纳税筹划思路

劳务报酬所得虽然应并入综合所得综合计征个人所得税,但在实际征管中采取的是预缴与汇算清缴相结合的方法。扣缴义务人向居民个人支付劳务报酬所得时,应当按照以下方法按次或者按月扣预扣预缴税款:① 劳务报酬所得以收入减除费用后的余额为收入额。② 预扣预缴税款时,劳务报酬所得每次收入不超过 4 000 元的,减除费用按 800 元计算;每次收入 4 000 元以上的,减除费用按收入的 20%计算。③ 劳务报酬所得以每次收入额为预扣预缴应纳税所得额,计算应预扣预缴税额。劳务报酬所得适用个人所得税预扣率表二(见表 2-4)。④ 居民个人办理年度综合所得汇算清缴时,应当依法计算劳务报酬所得的收入额,并入年度综合所得计算应纳税款,税款多退少补。根据这一预扣预缴方法,纳税人应尽量降低每次取得劳务报酬的数量,从而可以降低预扣预缴税款的数额。

表 2-4 居民个人劳务报酬所得个人所得税预扣率表

级数	预扣预缴应纳税所得额	预扣率(%)	速算扣除数
1	不超过 20 000 元的	20	0
2	超过 20 000 元至 50 000 元的部分	30	2 000
3	超过 50 000 元的部分	40	7 000

在预扣预缴劳务报酬的税款时,劳务报酬所得每次收入不超过 4 000 元的,减除费用按 800 元计算;每次收入 4 000 元以上的,减除费用按收入的 20% 计算。这种固定数额与固定比例的扣除模式导致花费成本较高的劳务报酬税负较高,为此,纳税人在取得劳务报酬时,原则上应将各类成本转移至被服务单位。由此可以降低劳务报酬的表面数额,从而降低劳务报酬的整体税收负担。

劳务报酬所得按照每个纳税人取得的数额分别计征个人所得税,因此,在纳税人的劳务实际上是由若干人提供的情况下,可以通过将部分劳务报酬分散至他人的方式来减轻税收负担。

自 2021 年 4 月 1 日至 2022 年 12 月 31 日,对月销售额 15 万元以下(含本数)的增值税小规模纳税人,免征增值税。对小型微利企业年应纳税所得额不超过 100 万元的部分,减按 25% 计入应纳税所得额,按 20% 的税率缴纳企业所得税;对年应纳税所得额超过 100 万元但不超过 300 万元的部分,减按 50% 计入应纳税所得额,按 20% 的税率缴纳企业所得税。对于频繁取得劳务报酬且数额较大的个人,可以考虑成立公司来提供相关劳务,从而将个人劳务报酬所得转变为公司所得,由于小微企业可以享受较多税收优惠,这种转变可以大大降低个人的税收负担。

法律政策依据

(1)《中华人民共和国个人所得税法》(1980 年 9 月 10 日第五届全国人民代表大会第三次会议通过,2018 年 8 月 31 日第十三届全国人民代表大会常务委员会第五次会议第七次修正)。

(2)《中华人民共和国个人所得税法实施条例》(1994 年 1 月 28 日中华人民共和国国务院令第 142 号发布,2018 年 12 月 18 日中华人民共和国国务院令第 707 号第四次修订)。

(3)《个人所得税扣缴申报管理办法(试行)》(国家税务总局公告 2018 年第 61 号)。

(4)《财政部 税务总局关于实施小微企业普惠性税收减免政策的通知》(财税〔2019〕13 号)。

(5)《财政部 税务总局关于明确增值税小规模纳税人免征增值税政策的公告》(财政部 税务总局公告 2021 年第 11 号)。

第 2 章 个人所得税制度下企业的纳税筹划

纳税筹划图

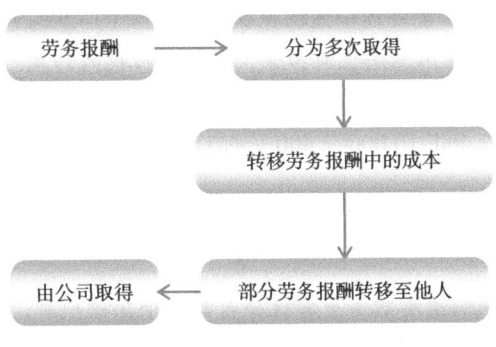

图 2-6 纳税筹划图

纳税筹划案例

【例 2-18】 秦先生为某大学教授，2021 年度为甲公司担任税务顾问，合同约定了两种支付方案：方案一，甲公司在 2021 年一次性向秦先生支付全年顾问费 6 万元；方案二，甲公司在 2021 年分 12 次向秦先生支付全年顾问费，每次为 5 000 元。假设秦先生 2021 年度综合所得应纳税所得额（已经计算 6 万元顾问费）为 10 万元，除该顾问费以外，尚未预缴税款。请提出纳税筹划方案。

筹划方案

在方案一下，甲公司在支付顾问费时应预扣预缴税款=60 000×(1−20%)×30%−2 000=12 400（元）。秦先生 2021 年度综合所得应纳税额=100 000×10%−2 520=7 480（元）。秦先生应申请退税=12 400−7 480=4 920（元）。

在方案二下，甲公司在支付顾问费时应预扣预缴税款=5 000×(1−20%)×20%×12=9 600（元）。秦先生 2021 年度综合所得应纳税额=100 000×10%−2 520=7 480（元）。秦先生应申请退税=9 600−7 480=2 120（元）。方案二比方案一少占用秦先生资金=4 920−2 120=2 800（元）。

纳税筹划案例

【例 2-19】 吴先生是全国著名的税法专家，每年在全国各地巡回讲座几十次。每次讲座课酬的支付方式有两种：方案一，邀请单位支付课酬 6 万元，各种费用均由吴先生自己负担，（假设每次讲座的交通费、住宿费、餐饮费等必要费用为 1 万元）；方案二，邀请单位支付课酬 5 万元，各种费用均由邀请单位负担。请提出纳税筹划方案。

筹划方案

在方案一下，邀请单位需要预扣预缴税款=60 000×（1–20%）×30%–2 000=12 400（元）。吴先生自负的1万元各类费用无法税前扣除，起不到抵税的作用。

在方案二下，邀请单位需要预扣预缴税款=50 000×（1–20%）×30%–2 000=10 000（元）。方案二比方案一节税=12 400–10 000=2 400（元）。

纳税筹划案例

【例2-20】 某影视明星承担了甲影视公司的某个拍摄项目，整个拍摄工作在3个月内完成，甲影视公司需要支付劳务报酬120万元。甲公司设计了三套发放方案：方案一，拍摄任务完成后，一次性支付120万元劳务报酬；方案二，根据拍摄项目进度，每个月发放劳务报40万元；方案三，由于该影视明星雇用了10名工作人员为其服务，平均每月劳务报酬为2万元，甲公司每月向该10名工作人员每人支付2万元劳务报酬，每月向该明星支付20万元劳务报酬。请提出纳税筹划方案。

筹划方案

在方案一下，甲公司需要预扣预缴税款=120×（1–20%）×40%–0.7=37.7（万元）。

在方案二下，甲公司每月需要预扣预缴税款=40×（1–20%）×40%–0.7=12.1（万元）；合计预扣预缴税款=12.1×3=36.3（万元）。方案二比方案一少预扣税款=37.7–36.3=1.4（万元）。

在方案三下，甲公司每月需要为该明星预扣预缴税款=20×（1–20%）×40%–0.7=5.7（万元）；甲公司每月需要为该工作人员预扣预缴税款=2×（1–20%）×20%×10=3.2（万元）；合计预扣预缴税款=（5.7+3.2）×3=26.7（万元）。方案三比方案二少预扣税款=36.3–26.7=9.6（万元）。方案三比方案一少预扣税款=37.7–26.7=11（万元）。

纳税筹划案例

【例2-21】 孙先生为某大学教授，其收入主要为所在大学的工资以及在某培训机构讲课的课酬。2021年度，其所在大学发放工资总额为20万元，不考虑其他收入，由此计算的综合所得应纳税所得额为3.6万元。培训机构每月支付孙先生课酬8万元，如考虑该课酬，孙先生2021年度的综合所得应纳税所得额将提高至80.4万元（3.6+8×12×80%）。某筹划公司为孙先生提供了两套方案：方案一，延续以往模式，由培训机构向孙先生每月支付课酬8万元；方案二，孙先生成立甲公司，每月向培训机构开具8万元培训费发票，由甲公司取得8万元收入。请提出纳税筹划方案。

筹划方案

在方案一下，孙先生综合所得应纳税额=80.4×35%–8.59=19.55（万元）。

在方案二下，孙先生综合所得应纳税额=3.6×3%=0.11（万元）；甲公司每月取得 8 万元培训费，根据小微企业增值税优惠政策，不需要缴纳增值税及其附加，根据小微企业所得税优惠政策，甲公司需要缴纳企业所得税=8×12×25%×20%=4.8（万元）。合计纳税=0.11+4.8=4.91（万元）。方案二比方案一节税=19.55–4.91=14.64（万元）。

7. 稿酬与特许权使用费所得的纳税筹划

纳税筹划思路

扣缴义务人向居民个人支付稿酬所得时，应当按照以下方法按次或按月预扣预缴税款：① 稿酬所得以收入减除费用后的余额为收入额；稿酬所得的收入额减按70%计算。② 预扣预缴税款时，稿酬所得每次收入不超过 4 000 元的，减除费用按 800 元计算；每次收入 4 000 元以上的，减除费用按收入的 20%计算。③ 稿酬所得以每次收入额为预扣预缴应纳税所得额，计算应预扣预缴税额。稿酬所得适用 20%的比例预扣率。④ 居民个人办理年度综合所得汇算清缴时，应当依法计算稿酬所得的收入额，并入年度综合所得计算应纳税款，税款多退少补。稿酬所得的筹划除采取工资薪金所得、劳务报酬所得的筹划方法以外，最主要的方法就是多分次数，分给多个纳税人，降低预扣预缴税款的数额，如纳税人的年度综合所得数额有较大变化，可以在不同年度之间进行调节。

扣缴义务人向居民个人支付特许权使用费所得时，应当按照以下方法按次或按月预扣预缴税款：① 特许权使用费所得以收入减除费用后的余额为收入额。② 预扣预缴税款时，特许权使用费所得每次收入不超过 4 000 元的，减除费用按 800 元计算；每次收入 4 000 元以上的，减除费用按收入的20%计算。③ 特许权使用费所得，以每次收入额为预扣预缴应纳税所得额，计算应预扣预缴税额。特许权使用费所得适用 20%的比例预扣率。④ 居民个人办理年度综合所得汇算清缴时，应当依法计算特许权使用费所得的收入额，并入年度综合所得计算应纳税款，税款多退少补。特许权使用费所得的纳税筹划，除灵活运用上述工资薪金所得、劳务报酬所得、稿酬所得的筹划方法以外，最重要的就是尽量选择按年度支付特许权使用费，而不要按两年或多年支付特许权使用费。

法律政策依据

（1）《中华人民共和国个人所得税法》（1980 年 9 月 10 日第五届全国人民代表大会第三次会议通过，2018 年 8 月 31 日第十三届全国人民代表大会常务委员会第五次会议第七次修正）。

（2）《中华人民共和国个人所得税法实施条例》（1994 年 1 月 28 日中华人民共和国国务院

令第142号发布，2018年12月18日中华人民共和国国务院令第707号第四次修订）。

（3）《个人所得税扣缴申报管理办法（试行）》（国家税务总局公告2018年第61号）。

纳税筹划图

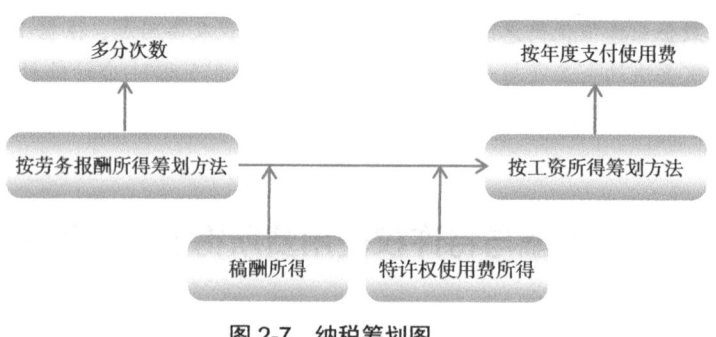

图2-7 纳税筹划图

纳税筹划案例

【例2-22】 赵女士在甲出版社出版了一本小说，稿酬总额为10万元。已知赵女士2020年度综合所得应纳税所得额为3.6万元，2021年度综合所得应纳税所得额为0元，同时还有5万元的费用允许税前扣除。关于该笔稿酬发放的时间，甲出版社提供了两个方案：方案一，2020年底支付10万元稿酬；方案二，2021年初支付10万元稿酬。请提出纳税筹划方案。

筹划方案

在方案一下，该笔稿酬应当缴纳个人所得税=100 000×70%×（1–20%）×10%=5 600（元）。

在方案二下，该笔稿酬应当缴纳个人所得税=［100 000×70%×（1–20%）–50 000］×3%=180（元）。方案二比方案一节税=5 600–180=5 420（元）。

纳税筹划案例

【例2-23】 周先生为甲公司工程师，每年综合所得应纳税所得额为3.6万元。2021年度，周先生取得一项专利，授予乙公司使用十年，专利费总额为100万元。关于专利费支付方式，乙公司设计了三套方案：方案一：每五年支付专利费50万元，共支付两次；方案二，每两年支付专利费20万元，共支付五次；方案三，每年支付专利费10万元，共支付十次。请提出纳税筹划方案。

筹划方案

在方案一下，周先生取得50万元专利费需要缴纳个人所得税=（14.4–3.6）×10%+（30–14.4）

×20%+(42–30)×25%+(53.6–42)×30%=10.68(万元);合计缴纳个人所得税=10.68×2=21.36(万元)。

在方案二下,周先生取得 20 万元专利费需要缴纳个人所得税=(14.4–3.6)×10%+(23.6–14.4)×20%=2.92(万元);合计缴纳个人所得税=2.92×5=14.6(万元)。方案二比方案一节税=21.36–14.6=6.76(万元)。

在方案三下,周先生取得 10 万元专利费需要缴纳个人所得税=10×10%=1(万元);合计缴纳个人所得税=1×10=10(万元)。方案三比方案二节税=14.6–10=4.6(万元)。方案三比方案一节税=21.36–10=11.36(万元)。

8. 经营所得的纳税筹划

纳税筹划思路

根据《个人所得税法》第 2 条的规定,经营所得应当缴纳个人所得税。根据《个人所得税法实施条例》第 6 条的规定,经营所得,是指:① 个体工商户从事生产、经营活动取得的所得,个人独资企业投资人、合伙企业的个人合伙人来源于境内注册的个人独资企业、合伙企业生产、经营的所得;② 个人依法从事办学、医疗、咨询以及其他有偿服务活动取得的所得;③ 个人对企业、事业单位承包经营、承租经营以及转包、转租取得的所得;④ 个人从事其他生产、经营活动取得的所得。

根据《个人所得税法实施条例》第 15 条的规定,成本、费用,是指生产、经营活动中发生的各项直接支出和分配计入成本的间接费用以及销售费用、管理费用、财务费用;损失,是指生产、经营活动中发生的固定资产和存货的盘亏、毁损、报废损失,转让财产损失,坏账损失,自然灾害等不可抗力因素造成的损失以及其他损失。取得经营所得的个人,没有综合所得的,计算其每一纳税年度的应纳税所得额时,应当减除费用 6 万元、专项扣除、专项附加扣除以及依法确定的其他扣除。专项附加扣除在办理汇算清缴时减除。

根据《个人所得税法》第 3 条的规定,经营所得,适用 5%至 35%的超额累进税率,具体税率如表 2-5 所示。该表所称全年应纳税所得额,是指依照《个人所得税法》第 6 条的规定,以每一纳税年度的收入总额减除成本、费用以及损失后的余额。

表 2-5 个人经营所得税税率表

级 数	全年应纳税所得额	税率(%)	速算扣除数
1	不超过 30 000 元的	5	0
2	超过 30 000 元至 90 000 元的部分	10	1 500
3	超过 90 000 元至 300 000 元的部分	20	10 500
4	超过 300 000 元至 500 000 元的部分	30	40 500
5	超过 500 000 元的部分	35	65 500

个体工商户经营所得按照收入总额减去税法允许扣除的各项费用后的余额计算,因此,个

体工商户在计算经营所得的应纳税所得额时,应尽量充分利用税法规定的各项扣除,尽量减少应纳税所得额,从而降低税收负担。

随着我国对小微企业的所得实行更低的税率,小微企业的税负已经低于个体工商户。因此,个体工商户将其性质转变为一人有限责任公司可以降低税收负担。

合伙企业,是指依照中国法律、行政法规成立的合伙企业。合伙企业以每个合伙人为纳税义务人。合伙企业合伙人是自然人的,缴纳个人所得税;合伙人是法人和其他组织的,缴纳企业所得税。合伙企业生产经营所得和其他所得采取"先分后税"的原则。具体应纳税所得额的计算按照《关于个人独资企业和合伙企业投资者征收个人所得税的规定》(财税〔2000〕91号)及《财政部 国家税务总局关于调整个体工商户个人独资企业和合伙企业个人所得税税前扣除标准有关问题的通知》(财税〔2008〕65号)的有关规定执行。生产经营所得和其他所得,包括合伙企业分配给所有合伙人的所得和企业当年留存的所得(利润)。

合伙企业的合伙人是法人和其他组织的,合伙人在计算其缴纳企业所得税时,不得用合伙企业的亏损抵减其盈利。

合伙企业经营所得应纳税所得额的计算方法与个体工商户相同,略有区别的是,合伙企业的应纳税所得额会按照比例分配给每个合伙人,由合伙人计算缴纳个人所得税。由于增加一个合伙人就可以增加基本扣除6万元,合伙企业的合伙人越多,每个合伙人缴纳的个人所得税就越少。

合伙企业的合伙人按照下列原则确定应纳税所得额:① 合伙企业的合伙人以合伙企业的生产经营所得和其他所得,按照合伙协议约定的分配比例确定应纳税所得额。② 合伙协议未约定或者约定不明确的,以全部生产经营所得和其他所得,按照合伙人协商决定的分配比例确定应纳税所得额。③ 协商不成的,以全部生产经营所得和其他所得,按照合伙人实缴出资比例确定应纳税所得额。④ 无法确定出资比例的,以全部生产经营所得和其他所得,按照合伙人数量平均计算每个合伙人的应纳税所得额。由于合伙人应纳税所得额适用的是超额累进税率,在全体合伙人平均分配合伙企业利润的情形下可以实现整体税负的最轻。

自2021年1月1日至2022年12月31日,对个体工商户经营所得年应纳税所得额不超过100万元的部分,在现行优惠政策基础上,再减半征收个人所得税。个体工商户不区分征收方式,均可享受。个体工商户在预缴税款时即可享受,其年应纳税所得额暂按截至本期申报所属期末的情况进行判断,并在年度汇算清缴时按年计算、多退少补。若个体工商户从两处以上取得经营所得,需在办理年度汇总纳税申报时,合并个体工商户经营所得年应纳税所得额,重新计算减免税额,多退少补。个体工商户按照以下方法计算减免税额:

减免税额=(个体工商户经营所得应纳税所得额不超过100万元部分的应纳税额-其他政策减免税额×个体工商户经营所得应纳税所得额不超过100万元部分÷经营所得应纳税所得额)×(1-50%)

个体工商户需将按上述方法计算得出的减免税额填入对应经营所得纳税申报表"减免税额"栏次,并附报《个人所得税减免税事项报告表》。对于通过电子税务局申报的个体工商户,税务机关将提供该优惠政策减免税额和报告表的预填服务。实行简易申报的定期定额个体工商户,税务机关按照减免后的税额进行税款划缴。

根据《个人所得税法实施条例》第15条的规定,从事生产、经营活动,未提供完整、准确的纳税资料,不能正确计算应纳税所得额的,由主管税务机关核定应纳税所得额或者应纳税额。目前多数地方对个人经营所得都有核定征税政策,灵活运用这一政策可以大大降低经营所得的税收负担。

法律政策依据

(1)《中华人民共和国个人所得税法》(1980年9月10日第五届全国人民代表大会第三次会议通过,2018年8月31日第十三届全国人民代表大会常务委员会第五次会议第七次修正)。

(2)《中华人民共和国个人所得税法实施条例》(1994年1月28日中华人民共和国国务院令第142号发布,2018年12月18日中华人民共和国国务院令第707号第四次修订)。

(3)《财政部 国家税务总局关于合伙企业合伙人所得税问题的通知》(财税〔2008〕159号)。

(4)《个体工商户个人所得税计税办法》(2014年12月27日国家税务总局令第35号公布,根据2018年6月15日《国家税务总局关于修改部分税务部门规章的决定》修正)。

(5)《财政部 税务总局关于实施小微企业和个体工商户所得税优惠政策的公告》(财政部 税务总局公告2021年第12号)。

(6)《国家税务总局关于落实支持小型微利企业和个体工商户发展所得税优惠政策有关事项的公告》(国家税务总局公告2021年第8号)。

纳税筹划图

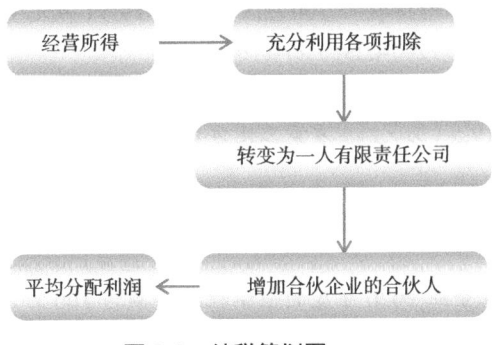

图2-8 纳税筹划图

纳税筹划案例

【例2-24】 2020年度,秦先生注册了一家个体工商户从事餐饮,每月销售额为10万元,按税法规定允许扣除的各项费用为2万元。秦先生的妻子也在该餐馆帮忙,但考虑是一家人,并未领取工资。2021年度,秦先生有两个方案可供选择:方案一,继续2020年度的经营模式,即其妻子继续在餐馆帮忙,但不领取工资;方案二,秦先生的妻子每月领取5 000元的工资。请提出纳税筹划方案。

筹划方案

在方案一下，秦先生2021年度经营所得应纳税所得额=（10–2）×12=96（万元）。秦先生应当缴纳个人所得税=（96×35%–6.55）×50%=13.53（万元）。

在方案二下，秦先生2021年度经营所得应纳税所得额=（10–2–0.5）×12=90（万元）。秦先生应当缴纳个人所得税=（90×35%–6.55）×50%=12.48（万元）。方案二比方案一节税=13.53–12.48=1.05（万元）。

纳税筹划案例

【例2-25】 李女士响应政府号召返乡创业，在某小学附近开办了"小饭桌"，性质为个体工商户。每年可以取得经营所得应纳税所得额100万元。2021年度，李女士有三个方案可供选择：方案一，该"小饭桌"继续保持个体工商户的性质；方案二，将"小饭桌"注册为一人有限责任公司，税后利润全部分配；方案三，将"小饭桌"注册为一人有限责任公司，税后利润保留在公司，不做分配。请提出纳税筹划方案。

筹划方案

在方案一下，李女士需要缴纳个人所得税=（100×35%–6.55）×50%=14.23（万元）。

在方案二下，"小饭桌"公司需要缴纳企业所得税=100×12.5%×20%=2.5（万元）。李女士取得税后利润需要缴纳个人所得税=（100–2.5）×20%=19.5（万元）。合计纳税=2.5+19.5=22（万元）。方案一比方案二节税=22–14.23=7.77（万元）。

在方案三下，"小饭桌"公司需要缴纳企业所得税=100×12.5%×20%=2.5（万元）。方案三比方案二节税=22–2.5=19.5（万元）。方案三比方案一节税=14.23–2.5=11.73（万元）。

纳税筹划案例

【例2-26】 甲合伙企业2020年度的应纳税所得额为100万元，平均分配给2个合伙人。2021年度甲合伙企业有两个方案可供选择：方案一，仍然保持2个合伙人；方案二，2个合伙人均将自己的配偶或者其他直系亲属1人增加为合伙人，合伙企业的应纳税所得额平均分配给4个合伙人。假设该4个合伙人均未取得除合伙企业利润以外的其他所得，每个合伙人的基本扣除标准均为6万元。请提出纳税筹划方案。

筹划方案

在方案一下，每个合伙人需要缴纳个人所得税=（50–6）×30%–4.05=9.15（万元）。合计缴纳个人所得税=9.15×2=18.3（万元）。

在方案二下，每个合伙人需要缴纳个人所得税=（25–6）×20%–1.05=2.75（万元）。合计缴

第 2 章 个人所得税制度下企业的纳税筹划

纳个人所得税=2.75×4=11（万元）。方案二比方案一节税=18.3–11=7.3（万元）。

纳税筹划案例

【例 2-27】 甲合伙企业 2021 年度的应纳税所得额为 100 万元（假设已经扣除合伙人的个人扣除额）。甲合伙企业共有 4 个合伙人，有三个分配方案：方案一，4 个合伙人的分配数额分别为 3 万元、3 万元、3 万元和 82 万元；方案二，4 个合伙人的分配数额分别为 3 万元、9 万元、30 万元和 58 万元；方案四，4 个合伙人平均分配，每人均为 25 万元。请提出纳税筹划方案。

筹划方案

在方案一下，全体合伙人应当缴纳个人所得税=3×5%×3+82×35%–6.55=22.6（万元）。

在方案二下，全体合伙人应当缴纳个人所得税=3×5%+9×10%–0.15+30×20%–1.05+58×35%–6.55=19.6（万元）。方案二比方案一节税=22.6–19.6=3（万元）。

在方案三下，全体合伙人应当缴纳个人所得税=（25×20%–1.05）×4=15.8（万元）。方案三比方案二节税=19.6–15.8=3.8（万元）。方案三比方案一节税=22.6–15.8=6.8（万元）。

纳税筹划案例

【例 2-28】 赵女士准备创办一家个人独资企业，为社会提供教育咨询等服务，预计该个人独资企业每年收入约 130 万元，各项扣除约 30 万元。有两个方案可供选择：方案一，在甲地设立个人独资企业，查账征收个人所得税；方案二，在乙地设立个人独资企业，核定征收个人所得税，应税所得率为 10%。赵女士应选择哪一方案？

筹划方案

在方案一下，赵女士应当缴纳个人所得税=（130–30）×35%–6.55=28.45（万元）。

在方案二下，赵女士应当缴纳个人所得税=130×10%×20%–1.05=1.55（万元）。方案二比方案一节税=28.45–1.55=26.9（万元）。因此，赵女士应当选择方案二。

9. 不动产转让所得的纳税筹划

纳税筹划思路

根据《财政部 国家税务总局关于个人所得税若干政策问题的通知》（财税〔1994〕020号）的规定，个人转让自用达五年以上，并且是唯一的家庭生活用房取得的所得，暂免征收个人所得税。根据《财政部 国家税务总局 建设部关于个人出售住房所得征收个人所得税有关问题的通知》（财税〔1999〕278号）的规定，对个人转让自用5年以上，并且是家庭唯一生活用房取得的所得，继续免征个人所得税。如果纳税人满足上述税收优惠政策的条件，应尽量享受该税收优惠政策。需要注意的是，上述"五年"的起算点是取得房产证或缴纳契税之日，因此，纳税人购买房产以后应尽快缴纳契税。

根据《财政部 国家税务总局关于个人无偿受赠房屋有关个人所得税问题的通知》（财税〔2009〕78号）的规定，以下情形的房屋产权无偿赠予，对当事双方不征收个人所得税：① 房屋产权所有人将房屋产权无偿赠予配偶、父母、子女、祖父母、外祖父母、孙子女、外孙子女、兄弟姐妹；② 房屋产权所有人将房屋产权无偿赠予对其承担直接抚养或者赡养义务的抚养人或者赡养人；③ 房屋产权所有人死亡，依法取得房屋产权的法定继承人、遗嘱继承人或者受遗赠人。除上述情形以外，房屋产权所有人将房屋产权无偿赠予他人的，受赠人因无偿受赠房屋取得的受赠所得，按照20%的税率缴纳个人所得税。对受赠人无偿受赠房屋计征个人所得税时，其应纳税所得额为房地产赠予合同上标明的赠予房屋价值减除赠予过程中受赠人支付的相关税费后的余额。受赠人转让受赠房屋的，以其转让受赠房屋的收入减除原捐赠人取得该房屋的实际购置成本以及赠予和转让过程中受赠人支付的相关税费后的余额，为受赠人的应纳税所得额，依法计征个人所得税。纳税人可以充分利用上述直系亲属房产赠予免税的优惠政策进行纳税筹划。

根据《中华人民共和国民法典》的规定，居住权人有权按照合同约定，对他人的住宅享有占有、使用的用益物权，以满足生活居住的需要。居住权无偿设立，但是当事人另有约定的除外。设立居住权的，应当向登记机构申请居住权登记。居住权自登记时设立。居住权不得转让、继承。设立居住权的住宅不得出租，但是当事人另有约定的除外。居住权期限届满或者居住权人死亡的，居住权消灭。居住权消灭的，应当及时办理注销登记。

对住房转让所得征收个人所得税时，以实际成交价格为转让收入。纳税人申报的住房成交价格明显低于市场价格且无正当理由的，征收机关依法有权根据有关信息核定其转让收入，但必须保证各税种计税价格一致。纳税人未提供完整、准确的房屋原值凭证，不能正确计算房屋原值和应纳税额的，税务机关可根据《中华人民共和国税收征收管理法》的规定，对其实行核定征税，即按纳税人住房转让收入的一定比例核定应纳个人所得税额。具体比例由省级地方税务局或者省级地方税务局授权的地市级地方税务局根据纳税人出售住房的所处区域、地理位置、建造时间、房屋类型、住房平均价格水平等因素，在住房转让收入1%~3%的幅度内确定。如果纳税人转让房产的购置年代较久、增值较高，税务机关不掌握该房产的购买成本信息，纳税人可以申请税务机关核定征收个人所得税。

个人以非货币性资产投资，属于个人转让非货币性资产和投资同时发生。对个人转让非货币性资产的所得，应按照"财产转让所得"项目，依法计算缴纳个人所得税。个人以非货币性资产投资，应按评估后的公允价值确认非货币性资产转让收入。非货币性资产转让收入减除该资产原值及合理税费后的余额为应纳税所得额。个人应在发生上述应税行为的次月15日内向主管税务机关申报纳税。纳税人一次性缴税有困难的，可合理确定分期缴纳计划并报主管税务机关备案后，自发生上述应税行为之日起不超过5个公历年度内分期缴纳个人所得税。纳税人在使用自有不动产投资创办公司时，可以充分利用上述分期缴纳个人所得税的优惠政策。

第 2 章　个人所得税制度下企业的纳税筹划

法律政策依据

（1）《中华人民共和国个人所得税法》（1980年9月10日第五届全国人民代表大会第三次会议通过，2018年8月31日第十三届全国人民代表大会常务委员会第五次会议第七次修正）。

（2）《中华人民共和国个人所得税法实施条例》（1994年1月28日中华人民共和国国务院令第142号发布，2018年12月18日中华人民共和国国务院令第707号第四次修订）。

（3）《财政部 国家税务总局关于个人所得税若干政策问题的通知》（财税〔1994〕020号）。

（4）《国家税务总局关于个人住房转让所得征收个人所得税有关问题的通知》（国税发〔2006〕108号）。

（5）《财政部 国家税务总局关于个人无偿受赠房屋有关个人所得税问题的通知》（财税〔2009〕78号）。

（6）《财政部 国家税务总局 建设部关于个人出售住房所得征收个人所得税有关问题的通知》（财税〔1999〕278号）。

（7）《财政部 国家税务总局关于个人非货币性资产投资有关个人所得税政策的通知》（财税〔2015〕41号）。

（8）《中华人民共和国民法典》（2020年5月28日第十三届全国人民代表大会第三次会议通过）。

纳税筹划图

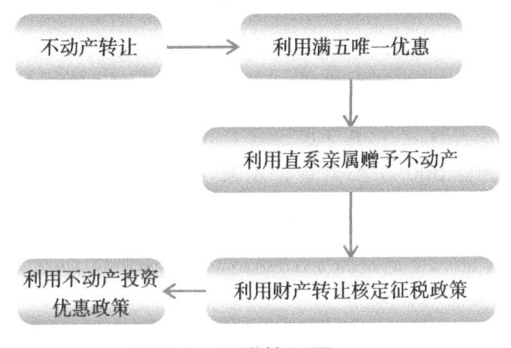

图 2-9　纳税筹划图

纳税筹划案例

【例2-29】　郑先生2014年1月以300万元购买了家庭第一套住房且当月缴纳了契税；2021年2月，郑先生计划购买家庭第二套住房并出售第一套住房。关于家庭住房的换购，郑先生有两套方案可供选择：方案一，先购置第二套住房，待搬家以后，再以500万元转让第一套住房；方案二，先以500万元转让第一套住房，临时租房安置家具，再购买第二套住房。仅考虑个人所得税，不考虑其他税费。请提出纳税筹划方案。

69

筹划方案

在方案一下，郑先生转让第一套住房需要缴纳个人所得税=（500-300）×20%=40（万元）。

在方案二下，郑先生转让第一套住房可以享受免征个人所得税的优惠政策。方案二比方案一节税40万元。

纳税筹划案例

【例2-30】 魏先生夫妇名下各有一套住房，均为2013年在甲市购买，购买价格均为300万元，目前市场价格均为1 000万元。魏先生夫妇计划离开甲市去某海滨城市养老，有两套转让方案可供选择：方案一，魏先生夫妇直接转让甲市两套住房，取得售房款后去海滨城市购买别墅；方案二，魏先生夫妇先办理离婚手续，再转让每人名下的一套房产。仅考虑个人所得税，不考虑其他税费。请提出纳税筹划方案。

筹划方案

在方案一下，魏先生夫妇需要缴纳个人所得税=（1 000-300）×20%×2=280（万元）。

在方案二下，魏先生夫妇可以分别享受免征个人所得税的优惠政策。方案二比方案一节税280万元。

纳税筹划案例

【例2-31】 彭大妈老伴去世多年，名下仅有一套住房，该套住房为10年前购置，购买价格为100万元，目前市场价格为500万元。彭大妈计划将该套住房转给其独子，未来由其儿子再将该套住房转让。有两个转移方案可供选择：方案一，彭大妈将该套住房赠予其独子，三年后，其儿子再将该套住房以600万元出售；方案二，彭大妈将该套住房以500万元的价格卖给其独子，三年后，其儿子再将该套住房以600万元出售。仅考虑个人所得税，不考虑其他税费。请提出纳税筹划方案。

筹划方案

在方案一下，彭大妈将该套住房赠予其独子可以享受免税政策，彭大妈的儿子出售该套住房需要缴纳个人所得税=（600-100）×20%=100（万元）。

在方案二下，彭大妈将该套住房卖给其独子可以享受免税政策，彭大妈的儿子出售该套住房需要缴纳个人所得税=（600-500）×20%=20（万元）。方案二比方案一节税=100-20=80（万元）。

第 2 章 个人所得税制度下企业的纳税筹划

纳税筹划案例

【例 2-32】 张先生准备将一套住房赠予其侄子,已知该套住房为张先生 5 年前以 200 万元购买,目前的市场价格为 500 万元。张先生有两套方案可供选择:方案一,张先生直接将该套住房赠予其侄子;方案二,张先生将该套住房赠予其弟弟,其弟弟再赠予其儿子(张先生的侄子)。仅考虑个人所得税,不考虑其他税费。请提出纳税筹划方案。

筹划方案

在方案一下,张先生的侄子需要缴纳个人所得税=(500−200)×20%=60(万元)。

在方案二下,张先生将该套住房赠予其弟弟可以享受免税优惠,其弟弟再赠予其儿子(张先生的侄子)也可以享受免税优惠。方案二比方案一节税 60 万元。

纳税筹划案例

【例 2-33】 赵先生准备将一套住房赠予其侄子,已知该套住房为赵先生 5 年前以 200 万元购买,目前的市场价格为 500 万元,赵先生的哥哥(赵先生侄子的父亲)已经去世,赵先生的侄子目前 30 周岁。赵先生有两套方案可供选择:方案一,赵先生直接将该套住房赠予其侄子;方案二,赵先生将该套住房的永久居住权赠予其侄子并办理公证,同时设立一份公证遗嘱"赵先生去世后,将该套住房遗赠给其侄子"。仅考虑个人所得税,不考虑其他税费。请提出纳税筹划方案。

筹划方案

在方案一下,赵先生的侄子需要缴纳个人所得税=(500−200)×20%=60(万元)。

在方案二下,赵先生将该套住房的永久居住权赠予其侄子不需要缴纳所得税,赵先生去世后将该套住房遗赠给其侄子可以享受免税优惠。方案二比方案一节税 60 万元。

纳税筹划案例

【例 2-34】 马先生 25 年前以 100 万元购置一套房产,目前准备以 800 万元出售。已知当地税务机关并不掌握马先生购置房产的成本信息。马先生有两套方案可供选择:方案一,按照实际成本计算缴纳个人所得税;方案二,声称房产购置发票、合同等凭证丢失,申请税务机关按照 3%的比率核定征收个人所得税。仅考虑个人所得税,不考虑其他税费。请提出纳税筹划方案。

筹划方案

在方案一下，马先生需要缴纳个人所得税=（800–100）×20%=140（万元）。

在方案二下，马先生需要缴纳个人所得税=800×3%=24（万元）。方案二比方案一节税=140–24=116（万元）。

纳税筹划案例

【例2-35】 朱先生计划将一套店铺投资设立一家有限责任公司，已知该店铺为5年前以200万元购置，目前的市场价为300万元。朱先生有两个方案可供选择：方案一，在店铺过户时一次性缴纳个人所得税；方案二，在店铺过户时分五年缴纳个人所得税，前四年每年缴税100元。仅考虑个人所得税，不考虑其他税费。请提出纳税筹划方案。

筹划方案

在方案一下，朱先生需要在当期缴纳个人所得税=（300–200）×20%=20（万元）。

在方案二下，朱先生仅需在当期象征性地缴纳100元税款，20万元的税款可以延期五年缴纳。假设五年贷款年利率为5%，方案二比方案一节税=20×5%×5=5（万元）。

10. 股权转让所得的纳税筹划

纳税筹划思路

个人转让股权适用的税率是20%，目前利润100万元以下的小微企业实际适用的所得税税率仅为2.5%，因此，如果能在最初投资时即设立双层公司，由上层小微企业作为转让股权的主体，利用小微企业的低税率优惠就可以最大限度地降低股权转让所得的税收负担。

根据《个人所得税法》的规定，个人取得股息需要缴纳20%的个人所得税。根据《企业所得税法》的规定，公司从子公司取得股息属于免税所得，不缴纳企业所得税。很多被转让股权的企业中都有较大数额的未分配利润，如果能利用双层公司的结构，在股权转让之前将未分配利润分配至上一层公司，就可以降低股权转让的价格，从而降低股权转让的所得税。

个人转让股权需要缴纳个人所得税，个人转让股权的收益权不需要缴纳个人所得税。纳税人可以通过股权代持的方式实现股权转让，待时机合适时再实际转让股权。

法律政策依据

（1）《中华人民共和国个人所得税法》（1980年9月10日第五届全国人民代表大会第三次会议通过，2018年8月31日第十三届全国人民代表大会常务委员会第五次会议第七次修正）。

第 2 章　个人所得税制度下企业的纳税筹划

（2）《中华人民共和国个人所得税法实施条例》（1994年1月28日中华人民共和国国务院令第142号发布，2018年12月18日中华人民共和国国务院令第707号第四次修订）。

（3）《中华人民共和国企业所得税法》（2007年3月16日第十届全国人民代表大会第五次会议通过，2017年2月24日第十二届全国人民代表大会常务委员会第二十六次会议修改）第30条。

（4）《财政部 税务总局关于实施小微企业普惠性税收减免政策的通知》（财税〔2019〕13号）。

纳税筹划图

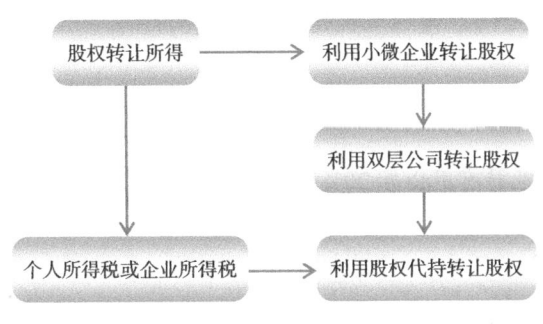

图 2-10　纳税筹划图

纳税筹划案例

【例 2-36】　周先生若干年前投资100万元获得甲公司10%的股权，现周先生准备以200万元的价格转让该10%的股权。周先生应当缴纳个人所得税=（200-100）×20%=20（万元）。

筹划方案

如果周先生在投资甲公司时采取双层公司结构，即周先生投资设立乙公司，乙公司投资100万元获得甲公司10%的股权，现乙公司以200万元的价格转让该10%的股权。乙公司应当缴纳企业所得税=（200-100）×12.5%×20%=2.5（万元）。节税=20-2.5=17.5（万元）。

如果周先生事先未设立双层公司架构，目前也可以先设立一个双层公司架构，然后将甲公司的股权低价转让给该双层公司架构，再采取上述筹划方法进行筹划。但将甲公司转让给双层公司架构的过程中需要纳税，整体节税效果会打一些折扣。

纳税筹划案例

【例 2-37】　吴先生于10年前投资100万元创办了甲公司，为减轻税收负担，甲公司10年的利润均未分配，目前已经累计达到1 000万元。现吴先生准备将甲公司的股权转让给他人，转让价为1 200万元。需要缴纳个人所得税=（1 200-100）×20%=220（万元）。

筹划方案

如果吴先生在10年前即创办双层公司，即吴先生投资110万元创办乙公司，乙公司再投资100万元设立甲公司。乙公司在转让甲公司之前，可以将甲公司1000万元的未分配利润分配至乙公司。由此，甲公司的股权转让价可以降低至200万元。乙公司需要缴纳企业所得税=（200–100）×12.5%×20%=2.5（万元）。除甲公司外，吴先生投资其他公司也通过乙公司进行，这样就可以将所有投资利润均留在乙公司层面。通过纳税筹划，节税=220–2.5=217.5（万元）。

如果吴先生事先未设立双层公司架构，目前也可以先设立一个双层公司架构，然后将甲公司的股权低价转让给该双层公司架构，再采取上述筹划方法进行筹划。但将甲公司转让给双层公司架构的过程中需要纳税，整体节税效果会打一些折扣。

纳税筹划案例

【例2-38】 刘先生持有甲公司20%的股权，该笔股权的投资成本为100万元，目前对应的公司净资产为200万元。刘先生准备以200万元转让给王先生，刘先生应当缴纳个人所得税=（200–100）×20%=20（万元）。请提出纳税筹划方案。

筹划方案

刘先生与王先生可签订股权代持协议，刘先生作为名义股东，王先生作为实际出资人。刘先生将该20%股权的一切权利均委托王先生代为行使，同时将股权质押给王先生，为此，王先生向刘先生支付200万元。王先生每年取得甲公司的分红。若干年后，因甲公司经营不善，出现亏损，甲公司20%股权对应的净资产仅为110万元。此时，刘先生再将该笔股权以110万元的名义价格（实际不需支付任何价款）转让给王先生，刘先生需要缴纳个人所得税=（110–100）×20%=2（万元）。通过纳税筹划，节税=20–2=18（万元）。

11. 股息与财产租赁所得的纳税筹划

纳税筹划思路

根据《财政部 国家税务总局关于规范个人投资者个人所得税征收管理的通知》（财税〔2003〕158号）的规定，纳税年度内个人投资者从其投资企业（个人独资企业、合伙企业除外）借款，在该纳税年度终了后既不归还，又未用于企业生产经营的，其未归还的借款可视为企业对个人投资者的红利分配，依照"利息、股息、红利所得"项目计征个人所得税。纳税人可以利用上述政策将利润留在投资公司，通过借款的方式取得公司未分配利润。

自2015年9月8日起，个人从公开发行和转让市场取得的上市公司股票，持股期限超过1年的，股息红利所得暂免征收个人所得税。个人从公开发行和转让市场取得的上市公司股票，持股期限在 1 个月以内（含 1 个月）的，其股息红利所得全额计入应纳税所得额；持股期限在 1 个月以上至 1 年（含 1 年）的，暂减按 50%计入应纳税所得额；上述所得统一适用 20%的税率计征个人所得税。纳税人在取得股息以后，应尽量延长持有股票的时间，以减轻上市公司股息的税收负担。

根据《个人所得税法》的规定，财产租赁所得，每次收入不超过 4 000 元的，减除费用 800 元；4 000 元以上的，减除 20%的费用，其余额为应纳税所得额。财产租赁所得适用 20%的比例税率。根据《个人所得税法实施条例》的规定，财产租赁所得，以一个月内取得的收入为一次。财产租赁所得的费用扣除实行定额与定率相结合的方法，如能将财产租赁所得多分几次，使得每次财产租赁所得均低于 4 000 元，可以起到节税的效果。

财产租赁所得适用 20%的税率。由于小微企业的实际所得税税率已经降低至 2.5%，对于长期经营的财产租赁而言，由公司作为经营主体更能起到节税的效果。

法律政策依据

（1）《中华人民共和国个人所得税法》（1980 年 9 月 10 日第五届全国人民代表大会第三次会议通过，2018 年 8 月 31 日第十三届全国人民代表大会常务委员会第五次会议第七次修正）。

（2）《中华人民共和国个人所得税法实施条例》（1994 年 1 月 28 日中华人民共和国国务院令第 142 号发布，2018 年 12 月 18 日中华人民共和国国务院令第 707 号第四次修订）。

（3）《财政部 国家税务总局关于规范个人投资者个人所得税征收管理的通知》（财税〔2003〕158 号）。

（4）《财政部 国家税务总局 证监会关于上市公司股息红利差别化个人所得税政策有关问题的通知》（财税〔2015〕101 号）。

（5）《财政部 税务总局关于实施小微企业普惠性税收减免政策的通知》（财税〔2019〕13 号）。

（6）《财政部 税务总局关于实施小微企业和个体工商户所得税优惠政策的公告》（财政部 税务总局公告 2021 年第 12 号）。

（7）《国家税务总局关于落实支持小型微利企业和个体工商户发展所得税优惠政策有关事项的公告》（国家税务总局公告 2021 年第 8 号）。

纳税筹划图

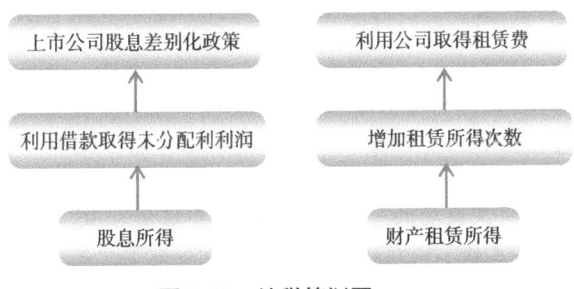

图 2-11　纳税筹划图

纳税筹划案例

【例2-39】 马先生投资设立了一人有限责任公司甲公司。甲公司每年产生100万元的未分配利润。关于该未分配利润的使用方式，马先生有三种方案可供选择：方案一，甲公司直接向马先生分配100万元的股息；方案二，马先生将甲公司的未分配利润以借款的形式取出，等公司解散时再归还；方案三，马先生在年初将甲公司的未分配利润借出，年底予以归还，第二年年初再将甲公司的未分配利润借出，年底再予以归还，循环往复。仅考虑该100万元未分配利润的个人所得税，不考虑其他税费。请提出纳税筹划方案。

筹划方案

在方案一下，马先生需要缴纳个人所得税=100×20%=20（万元）。

在方案二下，马先生需要缴纳个人所得税=100×20%=20（万元）。由于马先生不会主动缴纳税款，未来被税务机关查处时还面临每日万分之五的滞纳金（相当于年利息18.25%）以及罚款。

在方案三下，马先生不需要缴纳个人所得税。方案三比方案二、方案一节税20万元。

纳税筹划案例

【例2-40】 2020年12月10日，沈女士购买了甲上市公司的股票。2020年12月30日，沈女士获得了甲上市公司的股息10万元。沈女士有三种持股方案可供选择：方案一，沈女士在2021年1月10日之前转让甲公司的股票；方案二，沈女士在2021年1月11日以后、2021年12月10日以前转让甲公司的股票；方案三，沈女士在2021年12月11日以后转让甲公司的股票。仅考虑该10万股息的个人所得税，不考虑其他税费。请提出纳税筹划方案。

筹划方案

在方案一下，沈女士应当缴纳个人所得税=10×20%=2（万元）。

在方案二下，沈女士应当缴纳个人所得税=10×50%×20%=1（万元）。方案二比方案一节税=2−1=1（万元）。

在方案三下，沈女士免纳个人所得税。方案三比方案二节税1万元。方案三比方案一节税2万元。

纳税筹划案例

【例2-41】 关先生将某商场的一层对外出租，年租金为36万元。关先生有两个方案可供选择：方案一，将商场一层整个出租给某公司，月租金为3万元；方案二，将商场一层出租给10家个体工商户，每家每月租金为3 000元。仅考虑个人所得税，不考虑其他税费。请提出纳税筹划方案。

筹划方案

在方案一下，关先生每月需要缴纳个人所得税=30 000×（1–20%）×20%=4 800（元）。

在方案二下，关先生每月需要缴纳个人所得税=（3 000–800）×20%×10=4 400（元）。方案二比方案一节税=4 800–4 400=400（元）。

纳税筹划案例

【例 2-42】 张先生计划出资 1 000 万元购置一处门面房，出租给某银行，每年取得 100 万元租金。张先生有两种方案可供选择：方案一，由张先生购置该处门面房，由个人出租给银行；方案二，张先生成立甲公司，由甲公司购置该处门面房并出租给银行。仅考虑个人所得税，不考虑其他税费。甲公司每年提取门面房折旧 50 万元。请提出纳税筹划方案。

筹划方案

在方案一下，张先生需要缴纳个人所得税=100×（1–20%）×20%=16（万元）。

在方案二下，甲公司需要缴纳企业所得税=（100–50）×12.5%×20%=2.38（万元）。方案二比方案一节税=16–2.38=13.62（万元）。

第 3 章

增值税制度下企业的纳税筹划

1. 选择纳税人身份的纳税筹划

纳税筹划思路

根据《中华人民共和国增值税暂行条例》(简称《增值税暂行条例》)和《中华人民共和国增值税暂行条例实施细则》(简称《增值税暂行条例实施细则》)的规定,我国增值税的纳税人分为两类:一般纳税人和小规模纳税人。

对一般纳税人实行凭增值税专用发票抵扣税款的制度,对其会计核算水平要求较高,管理也较为严格;对小规模纳税人实行简易征收办法,对纳税人的管理水平要求不高。一般纳税人所适用的增值税税率为 13%、9% 和 6% 三档税率,小规模纳税人所适用的征收率为 3%(2020 年度和 2021 年度适用的优惠征收率为 1%)。一般纳税人的进项税税额可以抵扣,而小规模纳税人的进项税额不可以抵扣。

由于一般纳税人和小规模纳税人所使用的征税方法不同,因此就有可能导致二者的税收负担存在一定的差异。在一定情况下,小规模纳税人可以向一般纳税人转化,这就为具备相关条件的小规模纳税人提供了纳税筹划的空间。小规模纳税人向一般纳税人转化,除了必须考虑税收负担以外,还必须考虑会计成本,因为税法对一般纳税人的会计制度要求比较严格,小规模纳税人向一般纳税人转化会增加会计成本。比如,企业需要增设会计账簿、培养或聘请会计人员等。

企业为了减轻增值税税负,就需要综合考虑各种因素,从而决定如何在一般纳税人和小规模纳税人之间做出选择。一般来讲,企业可以根据三个标准来判断一般纳税人和小规模纳税人之间增值税税收负担的差异。

(1)增值率判别法。增值率是增值额占不含税销售额的比例。假设某工业企业某年度不含税的销售额为 M,不含税购进额为 N,增值率为 A。如果该企业为一般纳税人,其应纳增值税为 $M \times 13\% - N \times 13\%$;引入增值率计算,则为 $M \times A \times 13\%$;如果是小规模纳税人,应纳增值税为

$M\times 3\%$。令两类纳税人的税负相等,则有:

$$M\times A\times 13\%=M\times 3\%$$

$$A=23.08\%$$

也就是说,当增值率为 23.08%时,企业无论是选择成为一般纳税人还是小规模纳税人,增值税的税收负担是相等的;当增值率小于 23.08%时,企业作为一般纳税人的税负小于作为小规模纳税人的税负;当增值率大于 23.08%时,企业作为一般纳税人的税负大于作为小规模纳税人的税负。

需要指出的是,这里所考虑的仅仅是企业的增值税税收负担,而不包括其他因素。因此,在决定是选择一般纳税人还是小规模纳税人身份时,不能仅仅以增值率为标准,还要考虑企业对外经济活动的难易程度以及一般纳税人的会计成本等。由于后者难以量化,因此,纳税筹划更多地体现了一种创造性的智力活动,而不是一个简单的计算问题或者数字操作问题。

(2)购货额占销售额比重判别法。由于增值税税率和征收率存在多种税率,这里仅仅考虑一般情况,其他情况的计算方法与这里的计算方法是一致的。在一般情况下,一般纳税人适用 13%的税率,小规模纳税人适用 3%的税率。假定某工业企业不含税的销售额为 A,X 为购货额占销售额的比重,则购入货物的金额为 AX。如果该企业为一般纳税人,应纳增值税为 $A\times 13\%-AX\times 13\%$;如果是小规模纳税人,应纳增值税为 $A\times 3\%$。令两类纳税人的税负相等,则有:

$$A\times 13\%-AX\times 13\%=A\times 3\%$$

$$X=76.92\%$$

也就是说,当企业购货额占销售额的比重为 76.92%时,两种纳税人的增值税税收负担完全相同;当比重大于 76.92%时,一般纳税人的增值税税收负担轻于小规模纳税人;当比重小于 76.92%时,一般纳税人的增值税税收负担重于小规模纳税人。

(3)含税销售额与含税购货额比较法。假设 Y 为含增值税的销售额,X 为含增值税的购货额,且两者均为同期。令两类纳税人的税负相等,则有:

$$[Y\div(1+13\%)-X\div(1+13\%)]\times 13\%=Y\div(1+3\%)\times 3\%$$

$$X\div Y=74.68\%$$

可见,当企业的含税购货额为同期销售额的 74.68%时,两种纳税人的增值税税收负担相同;当企业的含税购货额大于同期销售额的 74.68%时,一般纳税人增值税税收负担轻于小规模纳税人;当企业含税购货额小于同期销售额的 74.68%时,一般纳税人增值税税收负担重于小规模纳税人。

企业在设立时,可以根据上述三个标准来判断其自身所负担的增值税,并根据对各种因素的综合考量,进行合理的纳税筹划。由于企业在成立之前就需要进行这种筹划,因此,企业对各种情况的估计就存在很大的不确定性,这种纳税筹划结果的确定性就比较小。对此,小型企业一般可以先选择小规模纳税人的身份,在生产经营过程中积累本企业的各项指标数据,然后再进行增值税的纳税筹划,这样,纳税筹划的结果就比较确定了。

在进行纳税筹划时需要注意小规模纳税人的标准和一般纳税人的登记制度。自 2018 年 5

月 1 日起，增值税小规模纳税人标准为年应征增值税销售额 500 万元及以下。自 2021 年 4 月 1 日至 2022 年 12 月 31 日，对月销售额 15 万元以下（含本数）的增值税小规模纳税人，免征增值税。

根据《增值税一般纳税人登记管理办法》的规定，自 2018 年 2 月 1 日起，增值税纳税人（简称"纳税人"），年应税销售额超过财政部、国家税务总局规定的小规模纳税人标准（简称"规定标准"）的，除另有规定外，应当向主管税务机关办理一般纳税人登记。年应税销售额，是指纳税人在连续不超过 12 个月或四个季度的经营期内累计应征增值税销售额，包括纳税申报销售额、稽查查补销售额、纳税评估调整销售额。销售服务、无形资产或不动产（简称"应税行为"）有扣除项目的纳税人，其应税行为年应税销售额按未扣除之前的销售额计算。纳税人偶然发生的销售无形资产、转让不动产的销售额，不计入应税行为年应税销售额。

年应税销售额未超过规定标准的纳税人，会计核算健全，能够提供准确税务资料的，可以向主管税务机关办理一般纳税人登记。会计核算健全，是指能够按照国家统一的会计制度规定设置账簿，根据合法、有效凭证进行核算。

下列纳税人不办理一般纳税人登记：① 按照政策规定，选择按照小规模纳税人纳税的；② 年应税销售额超过规定标准的其他个人。

纳税人应当向其机构所在地主管税务机关办理一般纳税人登记手续。纳税人办理一般纳税人登记的程序如下：① 纳税人向主管税务机关填报《增值税一般纳税人登记表》，如实填写固定生产经营场所等信息，并提供税务登记证件；② 纳税人填报内容与税务登记信息一致的，主管税务机关当场登记；③ 纳税人填报内容与税务登记信息不一致，或者不符合填列要求的，税务机关应当场告知纳税人需要补正的内容。

年应税销售额超过规定标准的纳税人按照政策规定，选择按照小规模纳税人纳税的，应当向主管税务机关提交书面说明。

纳税人在年应税销售额超过规定标准的月份（或季度）的所属申报期结束后 15 日内按照规定办理相关手续；未按规定时限办理的，主管税务机关应当在规定时限结束后 5 日内制作《税务事项通知书》，告知纳税人应当在 5 日内向主管税务机关办理相关手续；逾期仍不办理的，次月起按销售额依照增值税税率计算应纳税额，不得抵扣进项税额，直至纳税人办理相关手续为止。

纳税人自一般纳税人生效之日起，按照增值税一般计税方法计算应纳税额，财政部、国家税务总局另有规定的除外。生效之日，是指纳税人办理登记的当月 1 日或者次月 1 日，由纳税人在办理登记手续时自行选择。

纳税人登记为一般纳税人后，不得转为小规模纳税人，国家税务总局另有规定的除外。主管税务机关应当加强对税收风险的管理。对税收遵从度低的一般纳税人，主管税务机关可以实行纳税辅导期管理。

法律政策依据

（1）《中华人民共和国增值税暂行条例》（1993 年 12 月 13 日国务院令第 134 号公布，2008 年 11 月 5 日国务院第 34 次常务会议修订通过，根据 2016 年 2 月 6 日《国务院关于修改部分

第3章 增值税制度下企业的纳税筹划

行政法规的决定》第一次修订，根据2017年11月19日《国务院关于废止〈中华人民共和国营业税暂行条例〉和修改〈中华人民共和国增值税暂行条例〉的决定》第二次修订）。

（2）《中华人民共和国增值税暂行条例实施细则》（财政部 国家税务总局第50号令，根据2011年10月28日《关于修改〈中华人民共和国增值税暂行条例实施细则〉和〈中华人民共和国营业税暂行条例实施细则〉的决定》修订）。

（3）《增值税一般纳税人登记管理办法》（国家税务总局令第43号）。

（4）《财政部 税务总局关于统一增值税小规模纳税人标准的通知》（财税〔2018〕33号）。

（5）《财政部 税务总局关于实施小微企业普惠性税收减免政策的通知》（财税〔2019〕13号）。

（6）《财政部 税务总局关于支持个体工商户复工复业增值税政策的公告》（财政部 税务总局公告2020年第13号）。

（7）《财政部 税务总局关于延长小规模纳税人减免增值税政策执行期限的公告》（财政部 税务总局公告2020年第24号）。

（8）《财政部 税务总局关于明确增值税小规模纳税人免征增值税政策的公告》（财政部 税务总局公告2021年第11号）。

纳税筹划图

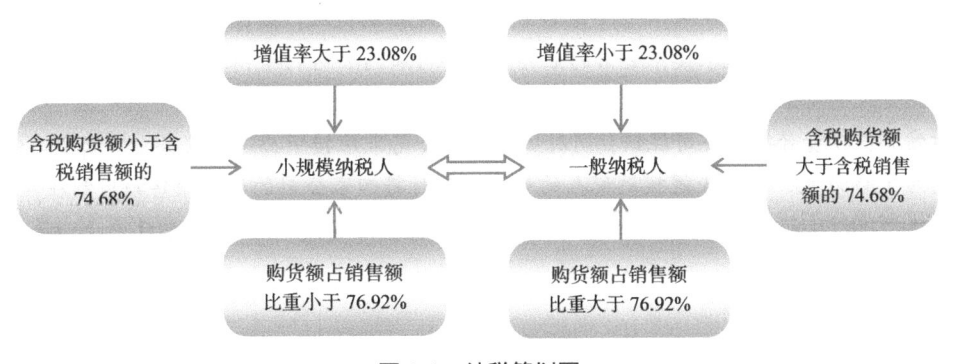

图 3-1 纳税筹划图

纳税筹划案例

【例3-1】 某生产型企业年应纳增值税销售额为900万元，会计核算制度也比较健全，符合一般纳税人的条件，属于增值税一般纳税人，适用13%的增值税税率。但是，该企业准予从销项税额中抵扣的进项税额较少，只占销项税额的20%。依照增值率判别法，增值率：（900−900×20%）÷900=80%＞23.08%。所以，该企业作为一般纳税人的增值税税负要远大于小规模纳税人。请提出纳税筹划方案（小规模纳税人按3%征收率计算）。

筹划方案

由于增值税小规模纳税人可以转化为一般纳税人，而增值税一般纳税人不能转化为小规模纳税人，因此，可以将该企业注销之后，重新成立两家企业，各自作为独立核算的单位。或者保留该企业，新设两家企业来承接该企业的业务。两家企业年应税销售额分别为450万元和450万元，并且符合小规模纳税人的其他条件，按照小规模纳税人的征收率征税。在这种情况下，两家企业总共缴纳增值税：(450+450)×3%=27（万元）。作为一般纳税人则需要缴纳增值税：900×80%×13%=93.6（万元）。通过纳税筹划，企业可以少纳增值税：93.6−27=66.6（万元）。

纳税筹划案例

【例3-2】 甲商贸公司为增值税一般纳税人，年销售额为600万元，由于可抵扣的进项税额较少，年实际缴纳增值税60万元，增值税税负较重。请为甲公司设计合理减轻增值税负担的筹划方案。

筹划方案

方案一：由于一般纳税人不允许直接变更为小规模纳税人，投资者可以将甲公司注销，同时成立乙公司和丙公司来承接甲公司的业务。乙公司和丙公司的年销售额均为300万元，符合小规模纳税人的标准。年应纳增值税=(300+300)×3%=18（万元）。

方案二：投资者将甲公司注销，同时成立四家公司来承接甲公司的业务。四家公司的年销售额均为150万元，符合小规模纳税人的标准。同时将四家公司的季度销售额控制在45万元以内，根据现行小规模纳税人季度销售额不超过45万元免征增值税的优惠政策，四家公司年应纳增值税为0元。

2. 巧选供货人类型以降低增值税负担的纳税筹划

纳税筹划思路

增值税一般纳税人和小规模纳税人不仅会影响自身的增值税负担，而且会影响采购它们的产品的企业的增值税负担，因为，增值税一般纳税人可以开具税率为13%、9%或者6%的增值税专用发票或者增值税普通发票，从一般纳税人处采购货物且取得增值税专用发票的纳税人可以抵扣其中所包含的增值税，增值税小规模纳税人只能开具征收率为3%的增值税专用发票或者增值税普通发票，从小规模纳税人处采购货物的纳税人只能抵扣较少的增值税或者无法抵扣增值税，但是，增值税一般纳税人的产品相对价格较高，这就有一个选择和比较的问题。很多企业都会遇到这样的问题：本厂需要的某材料一直由某一家企业供货，该企业属于增值税一般纳税人。同时，另外一家企业（属于工业小规模纳税人）也能够供货，而且愿意给予价格优惠，但不能提供增值税专用发票，因此该企业就想知道价格降到多少合适。与此相反的情况也会存在。问题的实质是：增值税一般纳税人产品的价格与增值税小规模纳税人产品的价格之比达到什么程度就会导致采购某种类型企业的产品比较合算。取得13%增值税税率专用发票与取得普通发票税收成本如何换算呢？

假定取得普通发票的购货单价为X，取得13%增值税税率专用发票的购货单价为Y，因为专用发票可以抵扣$Y÷1.13×13\%$的进项税，以及12%进项税的城建税、教育费附加和地方教育附加。令二者相等，得到下面的等式：

$$Y - Y÷1.13×13\% ×（1+12\%）= X$$

$$Y = 1.15 × X$$

也就是说，如果从增值税一般纳税人处的进价为Y，从小规模纳税人处的进价等于$Y÷1.15$，二者所导致的增值税负担就是相等的。如果大于$Y÷1.15$，则从小规模纳税人采购货物所导致的增值税负担较轻。

实务中比较简单的方法就是将取得增值税专用发票上的不含税价格与增值税普通发票上的含税价格直接比较，价格低者即应当选择的供货方。

法律政策依据

（1）《中华人民共和国增值税暂行条例》（1993年12月13日国务院令第134号公布，2008年11月5日国务院第34次常务会议修订通过，根据2016年2月6日《国务院关于修改部分行政法规的决定》第一次修订，根据2017年11月19日《国务院关于废止〈中华人民共和国营业税暂行条例〉和修改〈中华人民共和国增值税暂行条例〉的决定》第二次修订）。

（2）《中华人民共和国增值税暂行条例实施细则》（财政部 国家税务总局第50号令，根据2011年10月28日《关于修改〈中华人民共和国增值税暂行条例实施细则〉和〈中华人民共和国营业税暂行条例实施细则〉的决定》修订）。

（3）《增值税一般纳税人登记管理办法》（国家税务总局令第43号）。

（4）《国家税务总局关于增值税一般纳税人登记管理若干事项的公告》（国家税务总局公告2018年第6号）。

纳税筹划图

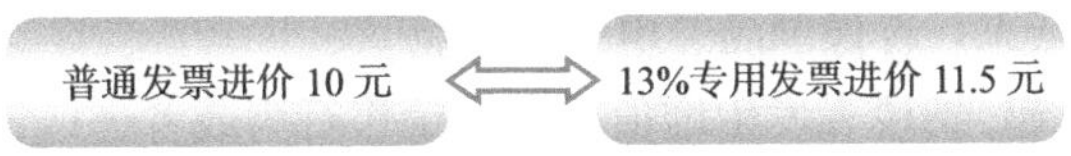

普通发票进价10元 ⇔ 13%专用发票进价11.5元

图3-2 纳税筹划图

纳税筹划案例

【例 3-3】 某企业属于增值税一般纳税人，其所使用的原材料有两种进货渠道：一种是从一般纳税人那里进货，含税价格为 116 元/件，可以开具 13% 的增值税专用发票；另一种是从小规模纳税人那里进货，含税价格为 100 元/件，不能开具增值税专用发票。该企业一直从一般纳税人那里进货，一共进货 10 万件。请提出该企业的纳税筹划方案。

筹划方案

由于从小规模纳税人那里购进货物，在取得普通发票时不能抵扣进项税额，因此，含税价格就是纳税人的进货成本；而从一般纳税人那里购进货物，在取得增值税专用发票时可以抵扣进项税额，因此，不含税价格是纳税人的进货成本。因此，只需要将从一般纳税人那里购进货物的不含税价格与从小规模纳税人那里购进货物的含税价格相比较，就可以判断从谁那里购进货物更便宜。根据上述标准来判断，如果开具增值税普通发票的价格为 100 元，与之相对应的增值税专用发票价格应为 115 元。本案中一般纳税人的含税价格为 116 元，因此，从一般纳税人那里购进货物的价格较高。该企业应当选择小规模纳税人为供货商。当然，选择购货伙伴除了考虑这里的增值税负担以外，还需要考虑其他因素，如企业信用、运输成本、洽谈成本等，因此，应当将这里的增值税负担标准与其他的标准综合考虑。

3. 兼营销售的纳税筹划

纳税筹划思路

根据《增值税暂行条例》第 3 条的规定，纳税人兼营不同税率的项目，应当分别核算不同税率项目的销售额；未分别核算销售额的，从高适用税率。所谓兼营不同税率的项目，是指纳税人生产或销售不同税率的货物，或者既销售货物又提供应税劳务、应税服务。因此，纳税人兼营不同税率的项目时，一定要分别核算，否则，会增加纳税人的税收负担。

自 2017 年 7 月 1 日起，简并增值税税率结构，取消 13% 的增值税税率。纳税人销售或进口下列货物，税率为 11%：农产品（含粮食）、自来水、暖气、石油液化气、天然气、食用植物油、冷气、热水、煤气、居民用煤炭制品、食用盐、农机、饲料、农药、农膜、化肥、沼气、二甲醚、图书、报纸、杂志、音像制品、电子出版物。

自 2018 年 5 月 1 日起，纳税人发生增值税应税销售行为或者进口货物，原适用 17% 和 11% 税率的，税率分别调整为 16%、10%。纳税人购进农产品，原适用 11% 扣除率的，扣除率调整为 10%。纳税人购进用于生产销售或委托加工 16% 税率货物的农产品，按照 12% 的扣除率计算进项税额。原适用 17% 税率且出口退税率为 17% 的出口货物，出口退税率调整至 16%。原适用 11% 税率且出口退税率为 11% 的出口货物、跨境应税行为，出口退税率调整至 10%。

自 2019 年 4 月 1 日起，增值税一般纳税人（以下称纳税人）发生增值税应税销售行为或者进口货物，原适用16%税率的，税率调整为13%；原适用10%税率的，税率调整为9%。纳税人购进农产品，原适用10%扣除率的，扣除率调整为9%。纳税人购进用于生产或者委托加工13%税率货物的农产品，按照10%的扣除率计算进项税额。原适用16%税率且出口退税率为16%的出口货物劳务，出口退税率调整为13%；原适用10%税率且出口退税率为10%的出口货物、跨境应税行为，出口退税率调整为9%。适用13%税率的境外旅客购物离境退税物品，退税率为11%；适用9%税率的境外旅客购物离境退税物品，退税率为8%。

法律政策依据

（1）《中华人民共和国增值税暂行条例》（1993年12月13日国务院令第134号公布，2008年11月5日国务院第34次常务会议修订通过，根据2016年2月6日《国务院关于修改部分行政法规的决定》第一次修订，根据2017年11月19日《国务院关于废止〈中华人民共和国营业税暂行条例〉和修改〈中华人民共和国增值税暂行条例〉的决定》第二次修订）。

（2）《中华人民共和国增值税暂行条例实施细则》（财政部 国家税务总局第50号令，根据2011年10月28日《关于修改〈中华人民共和国增值税暂行条例实施细则〉和〈中华人民共和国营业税暂行条例实施细则〉的决定》修订）。

（3）《财政部 国家税务总局关于简并增值税税率有关政策的通知》（财税〔2017〕37号）。

（4）《财政部 税务总局关于调整增值税税率的通知》（财税〔2018〕32号）。

（5）《财政部 税务总局 海关总署关于深化增值税改革有关政策的公告》（财政部 税务总局 海关总署公告2019年第39号）。

纳税筹划图

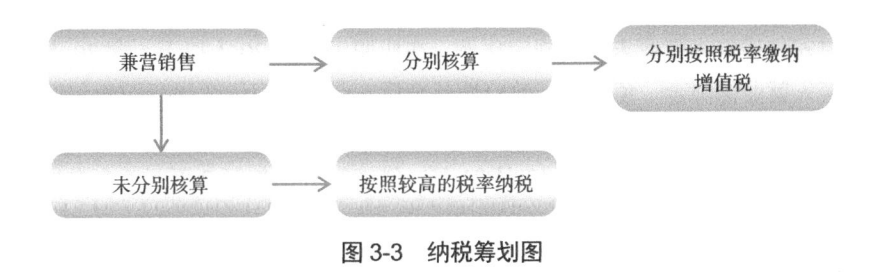

图 3-3 纳税筹划图

纳税筹划案例

【例3-4】 某钢材厂属于增值税一般纳税人。某月销售钢材，取得含税销售额1 800万元，同时又经营农机，取得含税销售额200万元。前项经营的增值税税率为13%，后项经营的增值税税率为9%。该厂对两种经营统一进行核算。请计算该厂应纳增值税税款，并提出纳税筹划方案。

筹划方案

在未分别核算的情况下，该厂应纳增值税：（1 800+200）÷（1+13%）×13%=230.09（万元）。由于两种经营的税率不同，分别核算对企业有利，建议该企业对两种经营活动分别核算。这样，该厂应纳增值税：1 800÷（1+13%）×13%+200÷（1+9%）×9%=223.59（万元）。分别核算和未分别核算之差：223.59–230.09=6.5（万元）。由此可见，分别核算可以为该钢材厂减轻增值税税负 6.5 万元。

4. 利用小微企业优惠政策的纳税筹划

纳税筹划思路

自 2013 年 8 月 1 日起，对增值税小规模纳税人中月销售额不超过 2 万元的企业或非企业性单位，暂免征收增值税；对营业税纳税人中月营业额不超过 2 万元的企业或非企业性单位，暂免征收营业税。

自 2014 年 10 月 1 日起至 2015 年 12 月 31 日，对月销售额 2 万元（含本数，下同）至 3 万元的增值税小规模纳税人，免征增值税；对月营业额 2 万元至 3 万元的营业税纳税人，免征营业税。上述增值税和营业税政策继续执行至 2017 年 12 月 31 日。

自 2015 年 1 月 1 日起至 2017 年 12 月 31 日，对按月纳税的月销售额或营业额不超过 3 万元（含 3 万元），以及按季纳税的季度销售额或营业额不超过 9 万元（含 9 万元）的缴纳义务人，免征教育费附加、地方教育附加、水利建设基金、文化事业建设费。自工商登记注册之日起 3 年内，对安排残疾人就业未达到规定比例、在职职工总数 20 人以下（含 20 人）的小微企业，免征残疾人就业保障金。免征上述政府性基金后，有关部门依法履行职能和事业发展所需经费，由同级财政预算予以统筹安排。

自 2018 年 1 月 1 日起至 2020 年 12 月 31 日，继续对月销售额 2 万元（含本数）至 3 万元的增值税小规模纳税人，免征增值税。

以一个季度为纳税期限的增值税小规模纳税人，季度销售额不超过 30 万元的，免征增值税。增值税小规模纳税人月销售额不超过 10 万元（按季纳税 30 万元）的，当期因代开增值税专用发票（含货物运输业增值税专用发票）已经缴纳的税款，在专用发票全部联次追回或者按规定开具红字专用发票后，可以向主管税务机关申请退还。

自 2019 年 1 月 1 日至 2021 年 12 月 31 日，对月销售额 10 万元以下（含本数）的增值税小规模纳税人，免征增值税。由省、自治区、直辖市人民政府根据本地区实际情况，以及宏观调控需要确定，对增值税小规模纳税人可以在 50% 的税额幅度内减征资源税、城市维护建设税、房产税、城镇土地使用税、印花税（不含证券交易印花税）、耕地占用税和教育费附加、地方教育附加。

自 2021 年 4 月 1 日至 2022 年 12 月 31 日，对月销售额 15 万元以下（含本数）的增值税小规模纳税人，免征增值税。

上述优惠政策类似于起征点优惠，可以适用于所有属于小规模纳税人的各种类型的企业。

如果小规模纳税人的季度销售额在 45 万元上下，就可以充分利用上述税收优惠政策进行纳税筹划。

法律政策依据

（1）《中华人民共和国增值税暂行条例》（1993 年 12 月 13 日国务院令第 134 号公布，2008 年 11 月 5 日国务院第 34 次常务会议修订通过，根据 2016 年 2 月 6 日《国务院关于修改部分行政法规的决定》第一次修订，根据 2017 年 11 月 19 日《国务院关于废止〈中华人民共和国营业税暂行条例〉和修改〈中华人民共和国增值税暂行条例〉的决定》第二次修订）。

（2）《中华人民共和国增值税暂行条例实施细则》（财政部 国家税务总局第 50 号令，根据 2011 年 10 月 28 日《关于修改〈中华人民共和国增值税暂行条例实施细则〉和〈中华人民共和国营业税暂行条例实施细则〉的决定》修订）。

（3）《财政部 国家税务总局关于暂免征收部分小微企业增值税和营业税的通知》（财税〔2013〕52 号）。

（4）《财政部 国家税务总局关于进一步支持小微企业增值税和营业税政策的通知》（财税〔2014〕71 号）。

（5）《财政部 国家税务总局关于继续执行小微企业增值税和营业税政策的通知》（财税〔2015〕96 号）。

（6）《国家税务总局关于小微企业免征增值税和营业税有关问题的公告》（国家税务总局公告 2014 年第 57 号）。

（7）《财政部 国家税务总局关于延续小微企业增值税政策的通知》（财税〔2017〕76 号）。

（8）《财政部 税务总局关于实施小微企业普惠性税收减免政策的通知》（财税〔2019〕13 号）。

（9）《财政部 税务总局关于明确增值税小规模纳税人免征增值税政策的公告》（财政部 税务总局公告 2021 年第 11 号）。

纳税筹划图

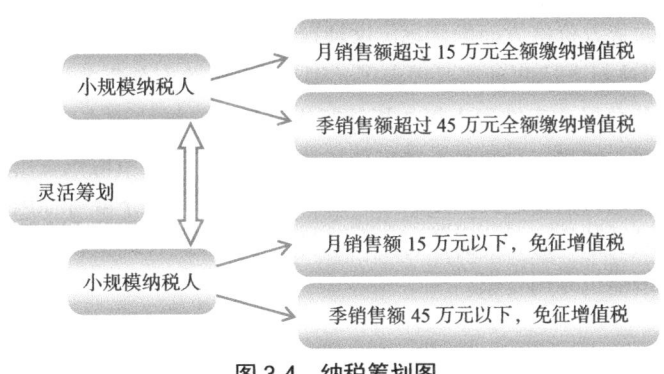

图 3-4　纳税筹划图

纳税筹划案例

【例3-5】 某咨询公司为增值税小规模纳税人，在"营改增"后，该公司从几家固定客户每季度收取含税咨询费共计 47 万元。请计算该咨询公司全年需要缴纳多少增值税并提出纳税筹划方案（小规模纳税人征收率按3%计算，季度免税额按45万元计算）。

筹划方案

该咨询公司季度不含税销售额为 47÷（1+3%）=45.63（万元），超过了 45 万元，需要缴纳增值税。该咨询公司全年需要缴纳增值税 47÷（1+3%）×3%×4=5.48（万元）。如果该企业能够与其固定客户协商，适当调节季度咨询费的数额，将前三季度的咨询费控制在每季度 46.35 万元，最后一个季度的咨询费为：47×4−46.35×3=48.95（元）。该咨询公司前三个季度不含税销售额为 45 万元，免征增值税，最后一个季度需要缴纳增值税：48.95÷（1+3%）×3%=1.43（万元）。节税额：5.48−1.43=4.05（万元）。

5. 折扣销售中的纳税筹划

纳税筹划思路

根据《增值税若干具体问题的规定》（国税发〔1993〕154号）第2条第（2）项的规定，纳税人采取折扣方式销售货物，如果销售额和折扣额在同一张发票上分别注明的，可按折扣后的销售额征收增值税；如果将折扣额另开发票，不论其在财务上如何处理，均不得从销售额中减除折扣额。根据《国家税务总局关于折扣额抵减增值税应税销售额问题通知》（国税函〔2010〕56号）的规定，纳税人采取折扣方式销售货物，销售额和折扣额在同一张发票上分别注明是指销售额和折扣额在同一张发票上的"金额"栏分别注明的，可按折扣后的销售额征收增值税。未在同一张发票"金额"栏注明折扣额，而仅在发票的"备注"栏注明折扣额的，折扣额不得从销售额中减除。

所谓折扣销售，是指售货方在销售货物或应税劳务时，因购货方购买数量较大或购买行为频繁等原因，给予购货方价格方面的优惠。这种行为在现实经济生活中很普遍，是企业销售策略的一部分。由于税法对上述两种情况规定了差别待遇，这就为企业进行纳税筹划提供了空间。

根据《国家税务总局关于纳税人折扣折让行为开具红字增值税专用发票问题的通知》（国税函〔2006〕1279号）的规定，纳税人销售货物并向购买方开具增值税专用发票后，由于购货方在一定时期内累计购买货物达到一定数量，或者由于市场价格下降等原因，销货方给予购货方相应的价格优惠或补偿等折扣、折让行为，销货方可按现行《增值税专用发票使用规定》的有关规定开具红字增值税专用发票。

第 3 章　增值税制度下企业的纳税筹划

法律政策依据

（1）《中华人民共和国增值税暂行条例》（1993 年 12 月 13 日国务院令第 134 号公布，2008 年 11 月 5 日国务院第 34 次常务会议修订通过，根据 2016 年 2 月 6 日《国务院关于修改部分行政法规的决定》第一次修订，根据 2017 年 11 月 19 日《国务院关于废止〈中华人民共和国营业税暂行条例〉和修改〈中华人民共和国增值税暂行条例〉的决定》第二次修订）。

（2）《中华人民共和国增值税暂行条例实施细则》（财政部　国家税务总局第 50 号令，根据 2011 年 10 月 28 日《关于修改〈中华人民共和国增值税暂行条例实施细则〉和〈中华人民共和国营业税暂行条例实施细则〉的决定》修订）。

（3）《增值税若干具体问题的规定》（国家税务总局 1993 年 12 月 28 日发布，国税发〔1993〕154 号）。

（4）《国家税务总局关于纳税人折扣折让行为开具红字增值税专用发票问题的通知》（国家税务总局 2006 年 12 月 29 日发布，国税函〔2006〕1279 号）。

（5）《国家税务总局关于折扣额抵减增值税应税销售额问题通知》（国家税务总局 2010 年 2 月 8 日发布，国税函〔2010〕56 号）。

纳税筹划图

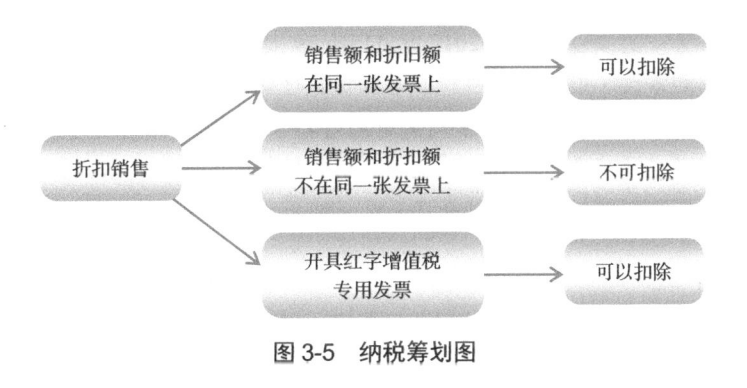

折扣销售 → 销售额和折旧额在同一张发票上 → 可以扣除

折扣销售 → 销售额和折扣额不在同一张发票上 → 不可扣除

折扣销售 → 开具红字增值税专用发票 → 可以扣除

图 3-5　纳税筹划图

纳税筹划案例

【例 3-6】　某企业为了促销，规定凡购买其产品在 6 000 件以上的，给予折扣 10%。该产品不含税单价 200 元，折扣后的不含税价格为 180 元。该企业未将销售额和折扣额在同一张发票上分别注明。请计算该企业应当缴纳的增值税，并提出纳税筹划方案。

筹划方案

由于该企业没有将折扣额写在同一张发票上，该企业缴纳增值税应当以销售额的全额计缴：200×6 000×13%=156 000（元）。如果企业熟悉税法的规定，将销售额和折扣额在同一张发票上分别注明,那么企业应纳增值税应当以折扣后的余额计缴:180×6 000×13%=140 400(元)。纳税筹划所导致的节税效果:156 000−140 400=15 600(元)。

6. 将实物折扣变成价格折扣的纳税筹划

纳税筹划思路

企业在运用折扣销售的方式进行纳税筹划时,还应当注意一个问题,即折扣销售的税收优惠仅适用于对货物价格的折扣,而不适用于实物折扣。如果销售者将资产、委托加工和购买的货物用于实物折扣,则该实物款额不仅不能从货物销售额中扣除,而且还应当对用于折扣的实物按照"视同销售货物"中的"赠送他人"项目,计征增值税。因此,企业在选择折扣方式时,尽量不选择实物折扣,在必须采用实物折扣方式时,企业可以在发票上通过适当调整而变为价格折扣。

法律政策依据

(1)《中华人民共和国增值税暂行条例》(1993年12月13日国务院令第134号公布,2008年11月5日国务院第34次常务会议修订通过,根据2016年2月6日《国务院关于修改部分行政法规的决定》第一次修订,根据2017年11月19日《国务院关于废止〈中华人民共和国营业税暂行条例〉和修改〈中华人民共和国增值税暂行条例〉的决定》第二次修订)。

(2)《中华人民共和国增值税暂行条例实施细则》(财政部 国家税务总局第50号令,根据2011年10月28日《关于修改〈中华人民共和国增值税暂行条例实施细则〉和〈中华人民共和国营业税暂行条例实施细则〉的决定》修订)。

纳税筹划图

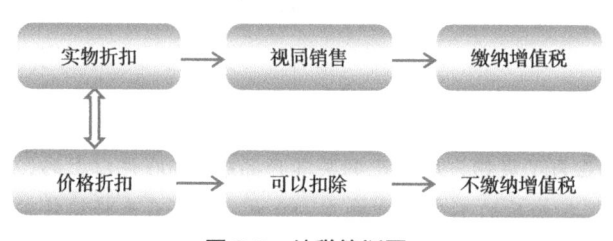

实物折扣 → 视同销售 → 缴纳增值税

价格折扣 → 可以扣除 → 不缴纳增值税

图 3-6 纳税筹划图

纳税筹划案例

【例 3-7】 某企业销售一批商品,共 10 000 件,每件不含税价格为 100 元,根据需要采取实物折扣的方式,即在 100 件商品的基础上赠送 10 件商品,实际赠送 1 000 件商品。请计算该企业应当缴纳的增值税并提出纳税筹划方案。

筹划方案

按照实物折扣的方式销售后，企业收取价款：10 000×100=1 000 000（元），收取增值税销项税额：10 000×100×13%=130 000（元），需要自己承担销项税额：1 000×100×13%=13 000（元）。如果该企业进行纳税筹划，将这种实物折扣在开发票时变成价格折扣，即按照出售 11 000 件商品计算，商品价格总额为 1 100 000 元，打折以后的价格为 1 000 000 元。这样，该企业就可以收取 1 000 000 元的价款，同时收取增值税税额：1 000 000×13%=130 000（元），不用自己负担增值税。通过纳税筹划，减轻税收负担 13 000 元。

7. 销售折扣中的纳税筹划

纳税筹划思路

销售折扣，是指企业在销售货物或提供应税劳务的行为发生后，为了尽快收回资金而给予债务方一定的价格上的优惠的形式。销售折扣通常采用 3/10、1/20、N/30 等符号。这三种符号的含义是：如果债务方在 10 天内付清款项，则折扣额为 3%；如果在 20 天内付清款项，则折扣额为 1%；如果在 30 天内付清款项，则应全额支付。由于销售折扣发生在销售货物之后，本身并不属于销售行为，而为一种融资性的理财行为，因此销售折扣不得从销售额中减除，企业应当按照全部销售额计缴增值税。销售折扣在实际发生时计入财务费用。

从企业税负角度考虑，折扣销售方式优于销售折扣方式。如果企业面对的是一个信誉良好的客户，销售货款回收的风险较小，那么企业可以考虑通过修改合同，将销售折扣方式改为折扣销售方式。

法律政策依据

（1）《中华人民共和国增值税暂行条例》（1993 年 12 月 13 日国务院令第 134 号公布，2008 年 11 月 5 日国务院第 34 次常务会议修订通过，根据 2016 年 2 月 6 日《国务院关于修改部分行政法规的决定》第一次修订，根据 2017 年 11 月 19 日《国务院关于废止〈中华人民共和国营业税暂行条例〉和修改〈中华人民共和国增值税暂行条例〉的决定》第二次修订）。

（2）《中华人民共和国增值税暂行条例实施细则》（财政部 国家税务总局第 50 号令，根据 2011 年 10 月 28 日《关于修改〈中华人民共和国增值税暂行条例实施细则〉和〈中华人民共和国营业税暂行条例实施细则〉的决定》修订）。

纳税筹划图

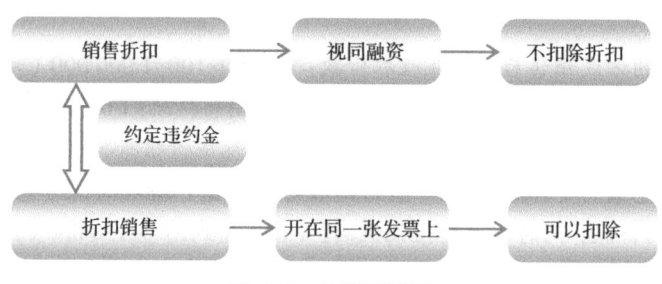

```
销售折扣 → 视同融资 → 不扣除折扣
   ↕
约定违约金
   ↕
折扣销售 → 开在同一张发票上 → 可以扣除
```

图3-7　纳税筹划图

纳税筹划案例

【例3-8】 企业与客户签订的合同约定不含税销售额为100 000元，合同中约定的付款期为40天。如果对方可以在20天内付款，将给予对方3%的销售折扣，即3 000元。由于企业采取的是销售折扣方式，折扣额不能从销售额中扣除，企业应按照100 000元的销售额计算增值税销项税额。这样，增值税销项税额：100 000×13%=13 000（元）。请提出该企业的纳税筹划方案。

筹划方案

该企业可以用两种方案实现纳税筹划。

方案一　企业在承诺给予对方3%的折扣的同时，将合同中约定的付款期缩短为20天，这样就可以在给对方开具增值税专用发票时，将以上折扣额与销售额开在同一张发票上，使企业按照折扣后的销售额计算销项增值税，增值税销项税额：100 000×(1-3%)×13%=12 610（元）。这样，企业收入没有降低，但节省了390元的增值税。当然，这种方法也有缺点，如果对方企业没有在20天之内付款，企业会遭受损失。

方案二　企业主动压低该批货物的价格，将合同金额降低为97 000元，相当于给予对方3%折扣之后的金额。同时在合同中约定，对方企业超过20天付款加收3 390元滞纳金（相当于3 000元销售额和390元增值税）。这样，企业的收入并没有受到实质影响。如果对方在20天之内付款，可以按照97 000元的价款给对方开具增值税专用发票，并计算12 610元的增值税销项税额。如果对方没有在20天之内付款，企业可向对方收取3 000元滞纳金和390元增值税，并以"全部价款和价外费用"100 000元计算增值税销项税额，也符合税法的要求。

8. 利用不同促销方式的纳税筹划

纳税筹划思路

不同的促销方式在增值税上所受的待遇是不同的,利用这些不同待遇就可以进行纳税筹划。在增值税法上,赠送行为视同销售行为征收增值税,因此,当企业计划采用赠送这种促销方式时,应当考虑将赠送的商品放入销售的商品中,与销售的商品一起进行销售,这样就把赠送行为隐藏在销售行为之中,避免了赠送商品所承担的税收。例如,市场上经常看到的"加量不加价"的促销方式就是运用这种纳税筹划方法的典型例子,如果采用在原数量和价格的基础上赠送若干数量商品的方法进行促销,则该赠送的商品就需要缴纳增值税,就加重了企业的税收负担。

法律政策依据

(1)《中华人民共和国增值税暂行条例》(1993年12月13日国务院令第134号公布,2008年11月5日国务院第34次常务会议修订通过,根据2016年2月6日《国务院关于修改部分行政法规的决定》第一次修订,根据2017年11月19日《国务院关于废止〈中华人民共和国营业税暂行条例〉和修改〈中华人民共和国增值税暂行条例〉的决定》第二次修订)。

(2)《中华人民共和国增值税暂行条例实施细则》(财政部 国家税务总局第50号令,根据2011年10月28日《关于修改〈中华人民共和国增值税暂行条例实施细则〉和〈中华人民共和国营业税暂行条例实施细则〉的决定》修订)。

纳税筹划图

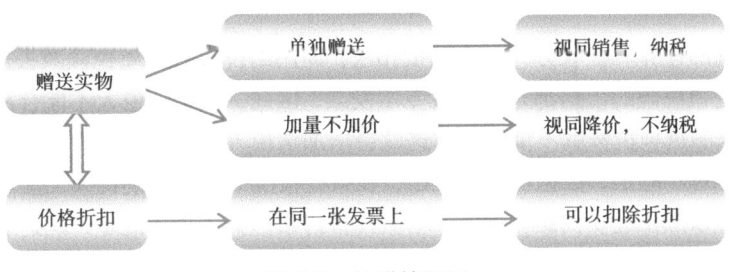

赠送实物 → 单独赠送 → 视同销售,纳税
赠送实物 → 加量不加价 → 视同降价,不纳税
价格折扣 → 在同一张发票上 → 可以扣除折扣

图3-8 纳税筹划图

纳税筹划案例

【例3-9】 甲公司计划在年底开展一次"买一赠一"的促销活动。原计划提供促销商品正常销售额2 000万元,实际收取销售额1 000万元。已知甲公司销售该商品适用增值税税率为

13%。请为甲公司设计合理减轻增值税负担的筹划方案。

筹划方案

由于甲公司无偿赠予价值1 000万元的商品,需要视同销售,为此增加增值税销项税额=1 000×13%=130(万元)。如果甲公司能将此次促销活动改为五折促销,或者采取"加量不加价"的方式组合销售,即花一件商品的钱买两件商品,就可以少负担增值税130万元。

纳税筹划案例

【例3-10】 某电信公司在"营改增"后采取预缴电话费送手机的促销活动,假设预缴两年5 000元话费送价值2 000元的手机。请计算该公司应当缴纳的增值税,并提出纳税筹划方案。

筹划方案

该电信公司收取的5 000元话费应该按照9%的税率缴纳增值税:5 000÷(1+9%)×9%=412.84(元)。对于赠送的手机应该按照视同销售行为和混合销售行为按照9%的征收率征收增值税:2 000÷(1+9%)×9%=165.14(元)。

如果经过纳税筹划,该电信公司采取"手机+两年话费=5 000元"的方式进行促销活动,则该电信公司仅需就5 000元的混合销售收入按照9%的税率缴纳增值税。因此,一次销售行为就节省增值税165.14元。

9. 分立公司、抵扣进项税额的纳税筹划

纳税筹划思路

我国增值税的计算和征收方式是税额抵扣法,即用纳税人的销项税额减去进项税额,而确定销项税额和进项税额的依据都是增值税专用发票,因此,如果纳税人不能合法取得增值税专用发票,纳税人的进项税额就不能抵扣。这就会增加纳税人的税收负担,使其在与同行业的竞争中处于不利地位。但是,根据税法的规定,在某些情况下,虽然纳税人无法取得增值税专用发票,但是也可以抵扣进项税额。例如《增值税暂行条例》第8条规定,购进农产品,除取得增值税专用发票或者海关进口增值税专用缴款书外,按照农产品收购发票或者销售发票上注明的农产品买价和9%或者10%的扣除率计算的进项税额(纳税人购进用于生产或者委托加工13%税率货物的农产品,按照10%的扣除率计算进项税额)。进项税额计算公式:

$$进项税额=买价×扣除率$$

企业应当充分利用上述政策,尽量多地取得可以抵扣进项税额的发票。

根据《增值税暂行条例》第15条的规定,农业生产者销售的自产农产品免征增值税,但

其他生产者销售的农产品不能享受免税待遇。农业,是指种植业、养殖业、林业、牧业、水产业。农业生产者,包括从事农业生产的单位和个人。农产品,是指初级农产品,具体范围由财政部、国家税务总局确定。因此,企业如果有自产农产品,可以考虑单独设立相关的子公司负责生产销售自产农产品,从而享受免税待遇。

法律政策依据

(1)《中华人民共和国增值税暂行条例》(1993 年 12 月 13 日国务院令第 134 号公布,2008 年 11 月 5 日国务院第 34 次常务会议修订通过,根据 2016 年 2 月 6 日《国务院关于修改部分行政法规的决定》第一次修订,根据 2017 年 11 月 19 日《国务院关于废止〈中华人民共和国营业税暂行条例〉和修改〈中华人民共和国增值税暂行条例〉的决定》第二次修订)。

(2)《中华人民共和国增值税暂行条例实施细则》(财政部 国家税务总局第 50 号令,根据 2011 年 10 月 28 日《关于修改〈中华人民共和国增值税暂行条例实施细则〉和〈中华人民共和国营业税暂行条例实施细则〉的决定》修订)。

(3)《财政部 税务总局 海关总署关于深化增值税改革有关政策的公告》(财政部 税务总局 海关总署公告 2019 年第 39 号)。

纳税筹划图

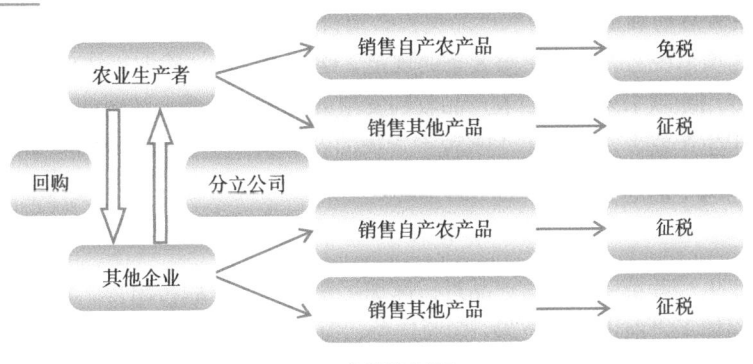

图 3-9 纳税筹划图

纳税筹划案例

【例 3-11】 某市牛奶公司主要生产流程如下:饲养奶牛生产牛奶,将产出的新鲜牛奶进行加工制成奶制品,再将奶制品销售给各大商业公司,或直接通过销售网络转销给该市及其他地区的居民。奶制品的增值税税率适用 13%,进项税额主要由两部分组成:一是向农民个人收购的草料部分可以抵扣 10% 的进项税额;二是公司水费、电费和修理用配件等按规定可以抵扣进项税额。与销项税额相比,这两部分进项税额数额较小,致使公司的增值税税负较高。已知全年从农民生产者手中购入的草料金额为 1 000 万元,允许抵扣的进项税额为 100 万元,其他水电费、修理用配件等进项税额为 80 万元,全年奶制品不含税销售收入为 5 000 万元。根据这种情况,请提出纳税筹划方案。

筹划方案

纳税筹划之前，该公司应纳增值税：5 000×13%－（100+80）=470（万元）。

该公司可以将整个生产流程分成饲养和牛奶制品加工两部分，饲养场由独立的子公司来经营，该公司仅负责奶制品加工厂。纳税筹划之后，假定饲养场销售给奶制品厂的鲜奶售价为4 000万元，其他条件不变。该公司应纳增值税：5 000×13%－4 000×10%－80=170（万元）。由于农业生产者销售的自产农产品免征增值税，饲养场销售鲜奶并不需要缴纳增值税。减轻增值税负担：470－170=300（万元）。

10. 充分利用农产品免税政策的纳税筹划

纳税筹划思路

根据《增值税暂行条例》第 15 条的规定，农业生产者销售的自产农产品免征增值税，但其他生产者销售的农产品不能享受免税待遇。农业，是指种植业、养殖业、林业、牧业、水产业。农业生产者，包括从事农业生产的单位和个人。农产品，是指初级农产品，具体范围由财政部、国家税务总局确定。销售农产品免税必须符合上述条件，否则，就无法享受免税的待遇。同时，根据《增值税暂行条例》第 8 条的规定，购进农产品，除取得增值税专用发票或者海关进口增值税专用缴款书外，按照农产品收购发票或者销售发票上注明的农产品买价和 9%（纳税人购进用于生产或者委托加工 13%税率货物的农产品，按照 10%的扣除率计算进项税额）的扣除率计算的进项税额。进项税额计算公式：

$$进项税额=买价\times扣除率$$

如果农业生产者希望自己对产品进行深加工使其增值以后再出售，就无法享受免税待遇，往往获得比深加工之前更差的效果，摆脱这种状况就需要通过适当的安排使得自己既能够享受免税待遇还可以有机会得以对初级农产品进行加工增值。

法律政策依据

（1）《中华人民共和国增值税暂行条例》（1993 年 12 月 13 日国务院令第 134 号公布，2008 年 11 月 5 日国务院第 34 次常务会议修订通过，根据 2016 年 2 月 6 日《国务院关于修改部分行政法规的决定》第一次修订，根据 2017 年 11 月 19 日《国务院关于废止〈中华人民共和国营业税暂行条例〉和修改〈中华人民共和国增值税暂行条例〉的决定》第二次修订）。

（2）《中华人民共和国增值税暂行条例实施细则》（财政部 国家税务总局第 50 号令，根据 2011 年 10 月 28 日《关于修改〈中华人民共和国增值税暂行条例实施细则〉和〈中华人民共和国营业税暂行条例实施细则〉的决定》修订）。

（3）《农业产品征税范围注释》（财政部 国家税务总局 1995 年 6 月 15 日发布，财税字

〔1995〕052号）。

（3）《财政部 税务总局 海关总署关于深化增值税改革有关政策的公告》（财政部 税务总局 海关总署公告2019年第39号）。

纳税筹划图

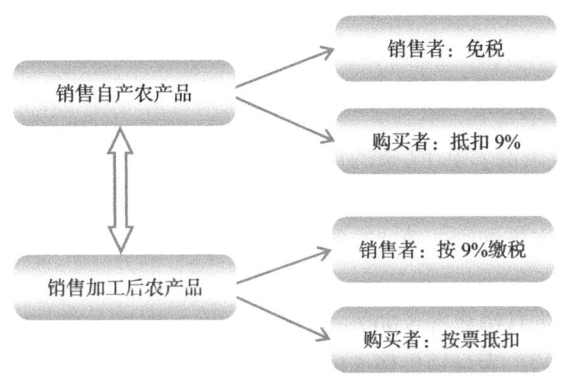

图3-10 纳税筹划图

纳税筹划案例

【例3-12】 在某乡镇农村，一些农户在田头、地角栽种了大量速生材，目前，已进入砍伐期。一些农户直接出售原木，每立方米价格为200元。另一些农户则不满足廉价出售原木，自己对原木进行深加工，如将原木加工成薄板、包装箱等再出售。假设加工每立方米原木需要耗用电力6元、人工费4元，因此，其出售价最低为210元。但是这个价格没有人愿意收购，深加工以后的原木反而要以比没有加工的原木更低的价格出售。请分析其中的原因并提出纳税筹划方案。

筹划方案

农户出售原木属免税农业产品，增值税一般纳税人收购后，可以抵扣10%（或者9%，以下按抵扣10%计算）的税款。因此，增值税一般纳税人收购200元的原木可抵扣20元税金，原材料成本只有180元。而农户深加工的产品出售给工厂，工厂不能计提进项税。增值税一般纳税人根据这种情况，只愿意以190元的价格收购深加工的产品（180元的原木成本加上加工所耗用的电力和人工费10元）。另外，深加工后的农产品已不属免税产品，农户还要纳增值税和所得税（如果达不到增值税起征点，可以免征增值税）。这样，深加工的农户最后收入反而达不到200元，仅为190元。在这种情况下，农户深加工农业产品是失败的，这既有不能享受税收优惠的原因，也有增值率太低的因素。

经过纳税筹划，可以采取另一种方式来避免出现以上情况，即农户将原木直接出售给工厂，工厂收购原木后雇用农户加工。通过改变加工方式，农户出售200元的原木可得收入200元，工厂雇用农户加工，6元的电费由工厂支付，还可以抵扣进项税额，工厂另外向农户支付人工费4元。这样，农户可得收入204元，比农户自行深加工增收了14元（204-190），企业也可抵扣农产品的20元税款以及电费所含进项税额，使成本得以降低。

11. 巧用起征点的纳税筹划

纳税筹划思路

根据《增值税暂行条例》第17条的规定，纳税人销售额未达到国务院财政、税务主管部门规定的增值税起征点的，免征增值税；达到起征点的，依照本条例规定全额计算缴纳增值税。根据《增值税暂行条例实施细则》第37条的规定，增值税起征点的适用范围限于个人。增值税起征点的幅度规定如下：

（1）销售货物的，为月销售额5 000～20 000元；
（2）销售应税劳务的，为月销售额5 000～20 000元；
（3）按次纳税的，为每次（日）销售额300～500元。

上述所称销售额，是指《增值税暂行条例实施细则》第30条第1款所称小规模纳税人的销售额，即不含税销售额。

省、自治区、直辖市财政厅（局）和国家税务局应在规定的幅度内，根据实际情况确定本地区适用的起征点，并报财政部、国家税务总局备案。

如果纳税人的不含税销售额位于当地规定的增值税起征点附近，应当尽量使自己的不含税销售额低于税法规定的起征点，从而享受免税的优惠待遇。但这一优惠仅能适用于个人和个体工商户，不能适用于个人独资企业、合伙企业、有限责任公司。

法律政策依据

（1）《中华人民共和国增值税暂行条例》（1993年12月13日国务院令第134号公布，2008年11月5日国务院第34次常务会议修订通过，根据2016年2月6日《国务院关于修改部分行政法规的决定》第一次修订，根据2017年11月19日《国务院关于废止〈中华人民共和国营业税暂行条例〉和修改〈中华人民共和国增值税暂行条例〉的决定》第二次修订）。

（2）《中华人民共和国增值税暂行条例实施细则》（财政部 国家税务总局第50号令，根据2011年10月28日《关于修改〈中华人民共和国增值税暂行条例实施细则〉和〈中华人民共和国营业税暂行条例实施细则〉的决定》修订）。

纳税筹划图

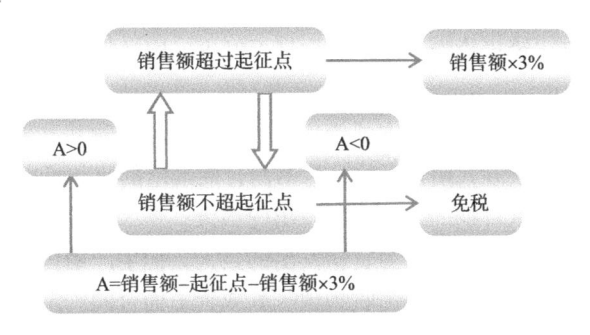

图 3-11　纳税筹划图

纳税筹划案例

【例 3-13】　某个体工商户（属于增值税小规模纳税人）销售水果、杂货，每月含税销售额为 20 600 元左右，当地财政厅和国家税务局规定的增值税起征点为 20 000 元。请计算该个体工商户全年应纳增值税税额，并提出纳税筹划方案。（不考虑小微企业免征增值税优惠，小规模纳税人征收率按 3%计算。）

筹划方案

该个体工商户每月不含税销售额：20 600÷（1+3%）=20 000（元），达到了增值税的起征点，应当缴纳增值税。全年应纳增值税：20 600÷（1+3%）×3%×12=7 200（元）。不考虑其他税费，该个体户每年收入：20 600×12−7 200=240 000（元）。如果该个体户进行纳税筹划，将其每月含税销售额降低为 20 500 元，则每月不含税销售额：20 500÷（1+3%）=19 902.91（元）。没有达到增值税的起征点，不需要缴纳增值税。不考虑其他税费，该个体户每年收入：20 500×12=246 000（元）。由此可见，虽然该个体户每月销售收入降低了，但全年收入反而增加了 6 000 元（246 000−240 000）。

12. 增值税结算方式的纳税筹划

纳税筹划思路

根据《增值税暂行条例》第 19 条的规定，增值税纳税义务发生时间：
（1）发生应税销售行为，为收讫销售款项或者取得索取销售款项凭据的当天；先开具发票的，为开具发票的当天。

（2）进口货物，为报关进口的当天。

根据《增值税暂行条例实施细则》第 38 条的规定，收讫销售款项或者取得索取销售款项凭据的当天，按销售结算方式的不同，具体为：

（1）采取直接收款方式销售货物，不论货物是否发出，均为收到销售款或者取得索取销售款凭据的当天；

（2）采取托收承付和委托银行收款方式销售货物，为发出货物并办妥托收手续的当天；

（3）采取赊销和分期收款方式销售货物，为书面合同约定的收款日期的当天，无书面合同的或者书面合同没有约定收款日期的，为货物发出的当天；

（4）采取预收货款方式销售货物，为货物发出的当天，但生产销售生产工期超过 12 个月的大型机械设备、船舶、飞机等货物，为收到预收款或者书面合同约定的收款日期的当天；

（5）委托其他纳税人代销货物，为收到代销单位的代销清单或者收到全部或者部分货款的当天。未收到代销清单及货款的，为发出代销货物满 180 天的当天；

（6）销售应税劳务，为提供劳务同时收讫销售款或者取得索取销售款的凭据的当天；

（7）纳税人发生视同销售货物行为，为货物移送的当天。

纳税人可以充分利用上述增值税纳税义务发生时间的规定，通过适当调整结算方式进行纳税筹划。例如，采取赊销和分期收款方式销售货物时，购买方在合同约定时间无法支付货款，则应当及时修改合同，以确保销售方在收到货款后再缴纳增值税，否则，销售方则需要在合同约定的付款日期（在该日期实际上并未收到货款）产生增值税的纳税义务并应当在随后的纳税期限到来后缴纳增值税。对于委托销售的，如果发出代销货物即将满 180 天仍然未收到代销清单及货款，则应当及时办理退货手续，否则就产生了增值税的纳税义务。

法律政策依据

（1）《中华人民共和国增值税暂行条例》（1993 年 12 月 13 日国务院令第 134 号公布，2008 年 11 月 5 日国务院第 34 次常务会议修订通过，根据 2016 年 2 月 6 日《国务院关于修改部分行政法规的决定》第一次修订，根据 2017 年 11 月 19 日《国务院关于废止〈中华人民共和国营业税暂行条例〉和修改〈中华人民共和国增值税暂行条例〉的决定》第二次修订）。

（2）《中华人民共和国增值税暂行条例实施细则》（财政部 国家税务总局第 50 号令，根据 2011 年 10 月 28 日《关于修改〈中华人民共和国增值税暂行条例实施细则〉和〈中华人民共和国营业税暂行条例实施细则〉的决定》修订）。

纳税筹划图

```
直接收款方式  →  销售款项或者索取凭据
    ↕
赊销和分期收款  →  书面合同约定
    ↕
委托其他纳税人  →  代销清单或者货款
代销货物        →  满 180 天
```

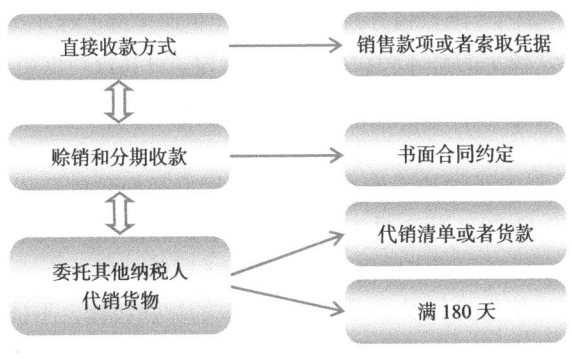

图 3-12　纳税筹划图

纳税筹划案例

【例 3-14】 甲公司委托乙公司代销一批货物。甲公司于 2021 年 1 月 1 日发出货物，2021 年 12 月 1 日收到乙公司的代销清单和全部货款 113 万元。甲公司是按月缴纳增值税的企业。甲公司应当在何时缴纳增值税，并提出纳税筹划方案。

筹划方案

甲公司应当在发出代销货物满 180 天的当天计算增值税的纳税义务，即 2021 年 6 月 29 日计算增值税，应纳增值税：113÷（1+13%）×13%=13（万元）。甲公司应当在 7 月 15 日之前缴纳 13 万元的增值税（如有进项税额，可以抵扣进项税额后再缴纳）。

经过纳税筹划，甲公司为了避免在发出货物满 180 天时产生增值税的纳税义务，可以在发出货物 179 天之时，即 2021 年 6 月 28 日，要求乙公司退还代销的货物，然后在 2021 年 6 月 29 日与乙公司重新办理代销货物手续。这样，甲公司就可以在实际收到代销清单及 113 万元的货款时计算 13 万元的增值税销项税额，并于 2022 年 1 月 15 日之前缴纳 13 万元的增值税。

13. 利用资产重组不征增值税政策的纳税筹划

纳税筹划思路

《国家税务总局关于转让企业全部产权不征收增值税问题的批复》（国税函〔2002〕420 号）规定，根据《增值税暂行条例》及其实施细则的规定，增值税的征收范围为销售货物或者提供加工、修理修配劳务及进口货物。转让企业全部产权是整体转让企业资产、债权、债务及劳动力的行为，因此，转让企业全部产权涉及的应税货物的转让，不属于增值税的征税范围，不征收增值税。

《国家税务总局关于纳税人资产重组有关增值税政策问题的批复》（国税函〔2009〕585号）规定，纳税人在资产重组过程中将所属资产、负债及相关权利和义务转让给控股公司，但保留上市公司资格的行为，不属于《国家税务总局关于转让企业全部产权不征收增值税问题的批复》（国税函〔2002〕420号）规定的整体转让企业产权行为。对其资产重组过程中涉及的应税货物转让等行为，应照章征收增值税。上述控股公司将受让获得的实物资产再投资给其他公司的行为，应照章征收增值税。

根据《国家税务总局关于纳税人资产重组有关增值税问题的公告》（国家税务总局公告2011年第13号）规定，自2011年3月1日起，纳税人在资产重组过程中，通过合并、分立、出售、置换等方式，将全部或部分实物资产及与其相关联的债权、负债和劳动力一并转让给其他单位和个人，不属于增值税的征税范围，其中涉及的货物转让，不征收增值税。《国家税务总局关于转让企业全部产权不征收增值税问题的批复》（国税函〔2002〕420号）、《国家税务总局关于纳税人资产重组有关增值税政策问题的批复》（国税函〔2009〕585号）、《国家税务总局关于中国直播卫星有限公司转让全部产权有关增值税问题的通知》（国税函〔2010〕350号）同时废止。

根据《国家税务总局关于纳税人资产重组增值税留抵税额处理有关问题的公告》（国家税务总局公告2012年第55号）的规定，增值税一般纳税人（简称"原纳税人"）在资产重组过程中，将全部资产、负债和劳动力一并转让给其他增值税一般纳税人（简称"新纳税人"），并按程序办理注销税务登记的，其在办理注销登记前尚未抵扣的进项税额可结转至新纳税人处继续抵扣。原纳税人主管税务机关应认真核查纳税人资产重组相关资料，核实原纳税人在办理注销税务登记前尚未抵扣的进项税额，填写《增值税一般纳税人资产重组进项留抵税额转移单》。《增值税一般纳税人资产重组进项留抵税额转移单》一式三份，原纳税人主管税务机关留存一份，交纳税人一份，传递新纳税人主管税务机关一份。新纳税人主管税务机关应将原纳税人主管税务机关传递来的《增值税一般纳税人资产重组进项留抵税额转移单》与纳税人报送资料进行认真核对，对原纳税人尚未抵扣的进项税额，在确认无误后，允许新纳税人继续申报抵扣。

根据《国家税务总局关于纳税人资产重组有关增值税问题的公告》（国家税务总局公告2013年第66号）的规定，纳税人在资产重组过程中，通过合并、分立、出售、置换等方式，将全部或部分实物资产及与其相关联的债权、负债经多次转让后，最终的受让方与劳动力接收方为同一单位和个人的，仍适用《国家税务总局关于纳税人资产重组有关增值税问题的公告》（国家税务总局公告2011年第13号）的相关规定，其中货物的多次转让行为均不征收增值税。资产的出让方需将资产重组方案等文件资料报其主管税务机关。本公告自2013年12月1日起施行。纳税人此前已发生并处理的事项，不再做调整；未处理的，按本公告规定执行。

纳税人可以利用上述优惠政策进行资产重组。

法律政策依据

（1）《国家税务总局关于纳税人资产重组有关增值税问题的公告》（国家税务总局公告2011年第13号）。

（2）《国家税务总局关于纳税人资产重组增值税留抵税额处理有关问题的公告》（国家税务总局公告 2012 年第 55 号）。

（3）《国家税务总局关于纳税人资产重组有关增值税问题的公告》（国家税务总局公告 2013 年第 66 号）。

纳税筹划案例

【例 3-15】 2009 年 8 月 25 日，大连市国家税务局《关于大连金牛股份有限公司资产重组过程中相关业务适用增值税政策问题的请示》（大国税函〔2009〕193 号）提供了大连金牛案例：大连金牛股份有限公司（简称大连金牛）是东北特钢集团有限责任公司（简称东特集团）控股子公司，于 1998 年 7 月 28 日成立，股本 30 053 万元，主要经营钢冶炼、钢压延加工。

大连金牛股份有限公司重组原因如下：

东特集团由大连金牛股份、抚顺特钢股份和北满特钢集团三大部分组成，集团除持有大连金牛 40.67% 的股权外，还持有上市公司抚顺特钢 44.88% 的股权、北满特钢 59% 的股权。大连金牛、抚顺特钢和北满特钢的经营范围都是特殊钢冶炼、特殊钢材产品压延加工业务，集团内部存在同业竞争问题。大连金牛和抚顺特钢又同为上市公司，集团内部存在多个上市公司，互相之间存在关联交易，与上市公司监管的有关规定相悖。东特集团为消除集团内部同业竞争、减少关联交易、整合内部上市公司资源，向辽宁省国有资产监督管理委员会申请进行资产重组，获国务院国有资产监督管理委员会批准，2009 年 5 月经中国证监会批准对大连金牛实施重组。

重组步骤如下。

第一步：转让股权至中南房地产。

东特集团以协议方式将持有的大连金牛 9 000 万股股份转让给中南房地产，股份转让价格为 9.489 元/股，股份转让总金额为 8.54 亿元，东特集团应收中南房地产 8.54 亿元。转让完成后，东特集团仍持有大连金牛 3 223.33 万股股份。

第二步：转让资产至东特集团。

大连金牛将原生产的全部实物资产及负债、业务及附属于上述资产、业务或与上述资产、业务有关的一切权利和义务全部转让给东特集团。经双方协商确定本次出售资产作价为 115 992 万元，东特集团以现金形式支付 30 591 万元，其余部分形成大连金牛应收东特集团 85 401 万元。

第三步：向中南房地产发行股份及购买资产。

大连金牛以"定向增发"的形式向中南房地产发行 4.78 亿股股票，每股 7.82 元，增发股票金额 37.38 亿元，中南房地产以资产作价 45.92 亿元注入大连金牛，注入的资产作价超过增发股份金额 8.54 亿元。

至此，东特集团出让股份给中南房地产形成的应收款 8.54 亿元，大连金牛整体出让全部资产及负债给东特集团形成的应收款 8.54 亿元，大连金牛购买中南房地产注入资产形成的应付款 8.54 亿元，上述往来款项通过抹账互相抵销。

第四步：东特集团成立新公司并注入资产。

东特集团于 2008 年成立新公司——东北特钢集团大连特殊钢有限责任公司（简称大连特

钢），承接大连金牛原有的全部生产经营业务。大连金牛与东特集团、大连特钢已与交割日 2009 年 5 月 31 日签署了《资产、负债、业务及人员移交协议》，并已向大连特钢移交全部资产、负债、业务及人员。

资产转移中的会计处理：

1. 大连金牛将全部资产转到东特集团

（1）借：其他应收款——东特集团　　　　　　　　36.95 亿
　　　　贷：各项资产（包括货币资金 3.06 亿元）　　36.95 亿

（2）借：各项负债　　　　　　　　　　　　　　　25.04 亿
　　　　贷：其他应收款——东特集团　　　　　　　25.04 亿

调整后，大连金牛报表列示三个科目：货币资金 3.06 亿元、其他应收款 8.84 亿元（合同额为 8.54 亿元，差额 0.3 亿元，主要为近期新增利润数）、净资产 11.9 亿元。

2. 东特集团将收回的大连金牛资产投入到大连特钢

借：长期投资——大连特钢
　　贷：长期投资——大连金牛
　　　　投资收益
　　　　应交税金——应缴增值税——销项税额

3. 大连特钢收到东特集团投资

借：各项资产
　　应交税金——应缴增值税——进项税额
　　贷：实收资本
　　　　各项负债

重组过程中所涉及的资产转移应如何征收增值税？

筹划方案

经过上述步骤最终实现了中南房地产"买壳上市"，东特集团将大连金牛的上市公司资格转让给中南房地产。东特集团收回大连金牛原有的资产和生产经营业务后再全部转移至大连特钢继续经营。根据协议和审计报告，大连金牛 2009 年 5 月 31 日财务报表数据显示，本次资产重组涉及大连金牛资产总额 36.95 亿元，上述资产发生了两次转移：

一是大连金牛将原生产的全部实物资产及负债、业务及附着于上述资产、业务或与上述资产、业务有关的一切权利和义务全部转让给东特集团。

二是东特集团将大连金牛转让的全部资产及负债、业务及附着于上述资产、业务或与上述资产、业务有关的一切权利和义务再投资到大连特钢。在此期间东特集团对大连金牛转来资产中的部分设备进行了评估并产生增值。

企业认为，第一次资产转移是大连金牛整体转让全部资产及债权、负债、业务及附着于上述资产、业务或与上述资产、业务有关的一切权利和义务给东特集团，属于企业整体转让，不属于增值税范围，不征收增值税。

大连市国家税务局认为，大连金牛资产重组过程中的各项业务应适用如下税收政策：

第3章 增值税制度下企业的纳税筹划

1. 对大连金牛将资产转让给东特集团的行为征收增值税

大连金牛将资产转移给东特集团的行为不属于《国家税务总局关于转让企业全部产权不征收增值税问题的批复》(国税函〔2002〕420号)所述的转让企业全部产权的行为,应当对其征收增值税。

2. 对东特集团将资产注入大连特钢的行为视同销售征收增值税

东特集团将资产注入大连特钢的行为属于投资行为,按照增值税暂行条例实施细则的规定应当视同销售征收增值税。

3. 对其转让资产中的固定资产按照不同时段适用税收政策

对企业资产转移过程中涉及的2004年7月1日以前购进的固定资产按照4%减半征收增值税,对其他固定资产和流动资产按照适用税率征收增值税。

《国家税务总局关于纳税人资产重组有关增值税政策问题的批复》(国税函〔2009〕585号)规定:纳税人在资产重组过程中将所属资产、负债及相关权利和义务转让给控股公司,但保留上市公司资格的行为,不属于《国家税务总局关于转让企业全部产权不征收增值税问题的批复》(国税函〔2002〕420号)规定的整体转让企业产权行为。对其资产重组过程中涉及的应税货物转让等行为,应照章征收增值税。上述控股公司将受让获得的实物资产再投资给其他公司的行为,应照章征收增值税。纳税人在资产重组过程中所涉及的固定资产征收增值税问题,应按照《财政部 国家税务总局关于全国实施增值税转型改革若干问题的通知》(财税〔2008〕170号)、《财政部 国家税务总局关于部分货物适用增值税低税率和简易办法征收增值税政策的通知》(财税〔2009〕9号)及相关规定执行。

如果上述资产重组是2011年3月1日以后进行的,就不需要缴纳增值税了。

纳税筹划案例

【例3-16】 甲上市公司准备与乙公司进行资产置换,甲公司名下的所有资产和负债均转移给乙公司,乙公司名下的全部资产和负债转移给甲公司,双方互不支付差价。已知,甲公司名下的货物正常销售额为5 000万元,乙公司名下的货物正常销售额为4 000万元,适用增值税税率均为13%。甲公司与乙公司原计划各自按照资产销售的方式来进行税务处理,请对甲公司与乙公司的交易提出纳税筹划方案。

筹划方案

如果按普通资产销售来进行税务处理,不考虑其他税费,仅销售货物部分就需要计算增值税销项税额 =(5 000+4 000)×13%=1 170(万元)。

如果甲公司和乙公司在资产重组的框架下开展资产置换并按照相关规定将资产重组方案等文件资料报其主管税务机关,则可以享受货物转让不征收增值税的优惠政策,免于计算增值税销项税额1 170万元。

14. 利用地方财政奖励减轻增值税负担的纳税筹划

纳税筹划思路

实务中，有些企业无法取得足够的进项税额，由此导致增值税负担比较重。某些地方的科技园区在企业招商引资中会给予其一定的财政奖励，奖励的主要标准是企业在当地缴纳增值税的税额。企业可以考虑在该科技园区设立中转企业，主要负责开具标准税率的增值税专用发票并依法缴纳增值税，由此为下游企业创造增值税进项税额。企业从当地财政获得奖励。

法律政策依据

（1）《中华人民共和国增值税暂行条例》（1993年12月13日国务院令第134号公布，2008年11月5日国务院第34次常务会议修订通过，根据2016年2月6日《国务院关于修改部分行政法规的决定》第一次修订，根据2017年11月19日《国务院关于废止〈中华人民共和国营业税暂行条例〉和修改〈中华人民共和国增值税暂行条例〉的决定》第二次修订）。

（2）《中华人民共和国增值税暂行条例实施细则》（财政部 国家税务总局第50号令，根据2011年10月28日《关于修改〈中华人民共和国增值税暂行条例实施细则〉和〈中华人民共和国营业税暂行条例实施细则〉的决定》修订）。

纳税筹划图

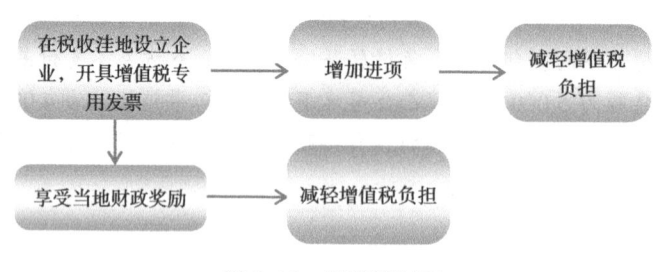

图 3-13　纳税筹划图

纳税筹划案例

【例 3-17】 甲公司采购大量废铁作为原材料，但无法取得发票，由此导致甲公司在进项税额抵扣和成本扣除方面遇到诸多困难。如何进行纳税筹划？

筹划方案

建议甲公司的投资者在可以享受财政奖励的税收洼地设立一家采购公司乙公司,专门负责采购废铁等无法取得发票的原材料,乙公司向甲公司开具增值税专用发票,甲公司抵扣。

甲乙公司的增值税负担不变。但乙公司可以在当地享受财政奖励,假设奖励幅度为乙公司实际缴纳增值税的 50%,如果乙公司实际缴纳增值税 1 000 万元,即可享受 500 万元的财政奖励。

第 4 章

消费税制度下企业的纳税筹划

1. 征收范围的纳税筹划

纳税筹划思路

根据《中华人民共和国消费税暂行条例》(简称《消费税暂行条例》)附录"消费税税目税率表"中规定的征收范围,我国目前对消费税的征收范围仅局限于 15 类商品,分别是烟、酒、高档化妆品、贵重首饰及珠宝玉石、鞭炮及焰火、成品油、摩托车、小汽车、高尔夫球及球具、高档手表、游艇、木制一次性筷子、实木地板、电池和涂料。即使在上述 15 类消费品的范围内,也有一些免税的消费品,如无汞原电池、金属氢化物镍蓄电池(又称"氢镍蓄电池"或"镍氢蓄电池")、锂原电池、锂离子蓄电池、太阳能电池、燃料电池和全钒液流电池以及电动汽车等。如果企业希望从源头上节税,不妨在投资决策的时候就避开上述消费品,而选择其他符合国家产业政策、在流转税及所得税方面有优惠措施的产品进行投资,如高档摄像机、高档组合音响、裘皮制品、移动电话、装饰材料。在市场前景看好的情况下,企业选择这类项目投资,也可以达到减轻消费税税收负担的目的。

法律政策依据

(1)《中华人民共和国消费税暂行条例》(国务院 1993 年 12 月 13 日颁布,国务院令〔1993〕第 135 号,2008 年 11 月 5 日国务院第 34 次常务会议修订通过)。

(2)《中华人民共和国消费税暂行条例实施细则》(财政部 国家税务总局第 51 号令)。

(3)《财政部 国家税务总局关于调整消费税政策的通知》(财税〔2014〕93 号)。

(4)《财政部 国家税务总局关于对电池、涂料征收消费税的通知》(财税〔2015〕16 号)。

(5)《财政部 国家税务总局关于调整化妆品消费税政策的通知》(财税〔2016〕103 号)。

第 4 章 消费税制度下企业的纳税筹划

纳税筹划图

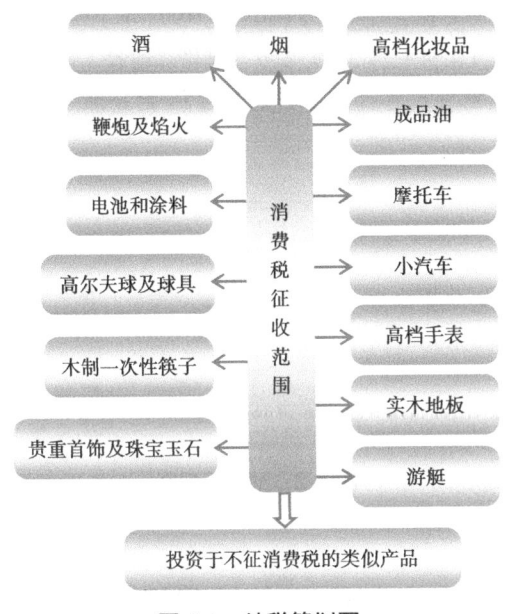

图 4-1 纳税筹划图

消费税征收范围包括：酒、烟、高档化妆品、鞭炮及焰火、成品油、电池和涂料、摩托车、高尔夫球及球具、小汽车、木制一次性筷子、高档手表、实木地板、贵重首饰及珠宝玉石、游艇。可投资于不征消费税的类似产品。

2. 计税依据的纳税筹划

纳税筹划思路

由于增值税属于价外税，增值税税款不应作为消费税的计税依据。根据《中华人民共和国消费税暂行条例实施细则》（简称《消费税暂行条例实施细则》）第 12 条的规定，销售额不包括应向购货方收取的增值税税款。如果纳税人应税消费品的销售额中未扣除增值税税款或者因不得开具增值税专用发票而发生价款和增值税税款合并收取的，在计算消费税时，应当换算为不含增值税税款的销售额。其换算公式为：

应税消费品的销售额=含增值税的销售额÷（1+增值税税率或征收率）

因此，在现实经济生活中，应该深刻理解增值税价外税的属性，如果直接将含增值税的销售额作为消费税的计税依据，显然增大了消费税的计税依据，增加了纳税人的税收负担。

这种情况属于正确计算消费税额的问题，在西方发达国家，纳税人计算出现错误，税务机关会给予指出，多缴纳的税款也可以退回或者抵扣以后月份的消费税款。在我国虽然也有这种规定，但是在具体实践中并不如此完善，因此，纳税人因计算错误而多缴纳的税款并不总是能够退回的，即使能够退回，其中所涉及的资金占用成本、与税务机关交涉成本、举证成本等都是巨大的，因此，在计算阶段就按照税法规定合理计算，不多缴纳税款也是一种纳税筹划的方法。

法律政策依据

（1）《中华人民共和国消费税暂行条例》（国务院1993年12月13日颁布，国务院令〔1993〕第135号，2008年11月5日国务院第34次常务会议修订通过）。

（2）《中华人民共和国消费税暂行条例实施细则》（财政部 国家税务总局第51号令）。

纳税筹划图

$$消费税 = 销售额 \times 税率$$

$$含增值税的销售额 \div (1+增值税税率或征收率)$$

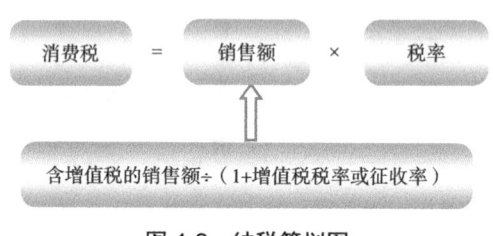

图4-2 纳税筹划图

3. 利用生产制作环节纳税规定的纳税筹划

纳税筹划思路

我国税法规定，生产应税消费品的，于销售时纳税，但企业可以通过降低商品价值，通过"物物交换"进行纳税筹划，也可以改变和选择某种对企业有利的结算方式推迟纳税时间，获得资金使用利益。

我国的消费税除金银首饰改在零售环节课税，烟在批发环节额外征收一道消费税以外，其他应税消费都在生产制作环节或者委托加工环节课税。这样的规定主要是从方便征管的角度考虑的，因为在生产制作环节纳税人数量较少，征管对象明确，便于控制税源，降低征管成本。由于生产制作环节不是商品实现消费以前的最后一个流转环节，在这个环节之后还存在批发、零售等若干个流转环节，这就为纳税人进行纳税筹划提供了空间。纳税人可以用分设独立核算的经销部、销售公司，以较低的价格向它们供货，再以正常价格对外销售，由于消费税主要在生产制作环节征收，纳税人的税收负担会因此减轻许多。

以较低的销售价格将应税消费品销售给其独立核算的销售分公司，由于处在销售环节，只缴纳增值税不缴纳消费税，可使纳税人的整体消费税税负下降，但这种方法并不影响纳税人的增值税税负。目前，这种在纳税环节进行的纳税筹划在生产化妆品、烟、酒、摩托车、小汽车的行业里得到了较为普遍的应用。但是，应当指出的是：首先，根据《消费税暂行条例》第10条的规定，纳税人应税消费品的计税价格明显偏低并无正当理由的，由主管税务机关核定其计税价格。因此，生产厂家向销售分公司出售应税消费品时，只能适度压低价格，如果压低的幅度过大，就构成了《消费税暂行条例》所称"计税价格明显偏低"的情况，税务机关可以行使价格调整权。其次,这种行为有避税的嫌疑,国家有可能出台相关的税收法规来防止纳税人采用这种方式进行纳税筹划。例如,国家税务总局对中国第一汽车集团公司及上海大众汽车有限公司等大型汽车生产企业的消费税征收环节进行了调整,由在生产环节对纳税人征税,改为推延至经销环节征税。这样,该纳税人就无法采取这种方式进行纳税筹划了,但是对于广大中小纳税人而言,这种纳税筹划方法仍然得到广泛的适用。

另外还需要注意的是,2009年7月17日,国家税务总局发布了《关于加强白酒消费税征收管理的通知》(国税函〔2009〕380号),规定了白酒消费税最低计税价格核定管理的最新政策。白酒生产企业销售给销售单位的白酒,生产企业消费税计税价格低于销售单位对外销售价格(不含增值税,下同)70%以下的,税务机关应核定消费税最低计税价格。因此,白酒生产企业采取这种方式节税应当注意节税的空间。

法律政策依据

(1)《中华人民共和国消费税暂行条例》(国务院1993年12月13日颁布,国务院令〔1993〕第135号,2008年11月5日国务院第34次常务会议修订通过)。

(2)《中华人民共和国消费税暂行条例实施细则》(财政部 国家税务总局第51号令)。

(3)《国家税务总局关于加强白酒消费税征收管理的通知》(国家税务总局2009年7月17日发布,国税函〔2009〕380号)。

纳税筹划图

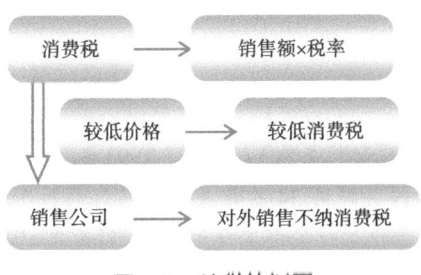

图 4-3 纳税筹划图

纳税筹划案例

【例4-1】 某化妆品生产厂家生产的高档化妆品,假设正常生产环节的不含增值税售价为每套400元,适用消费税税率为15%,则该厂应纳消费税:400×15%=60(元)。假设生产成本为 X,则该企业税前利润:400−60−X=340−X。根据以上信息,请提出该厂的纳税筹划方案。

筹划方案

倘若该厂经过纳税筹划,设立一个独立核算的子公司负责对外销售,向该子公司供货时不含增值税价格定为每套 200 元,则该厂在转移产品时须缴纳消费税:200×15%=30(元)。该子公司对外零售商品时不需要缴纳消费税,没有消费税负担。假设生产成本为 X,则该企业(包括子公司)税前利润:400–30–X=370–X。通过这种纳税筹划,该企业每套商品可少纳消费税 30 元。

可见,以较低的销售价格将应税消费品销售给其独立核算的销售子公司,由于处在销售环节,只缴纳增值税不缴纳消费税,可使纳税人的整体消费税税负下降,但这种方法并不影响纳税人的增值税税负。

4. 利用连续生产不纳税规定的纳税筹划

纳税筹划思路

根据《消费税暂行条例》第 4 条的规定,纳税人自产自用的应税消费品,用于连续生产应税消费品的,不纳税。这一规定就为纳税人在纳税环节进行纳税筹划提供了一定的空间。因此,当两个或者两个以上的纳税人分别生产某项最终消费品的不同环节产品时,可以考虑组成一个企业,这样就可以运用这里所规定的连续生产不纳税的政策,减轻自己的消费税负担。由于企业使用外购应税消费品继续生产应税消费品,一般情况下可以扣除外购消费品已纳的消费税,因此,利用连续生产不纳税的规定在大多数情况下只能起到延缓纳税的作用。另外,纳税人利用外购酒精生产白酒时,外购酒精已纳消费税不能扣除,此时,纳税人外购酒精生产白酒的消费税负担就会高于自己直接生产白酒的消费税负担。

法律政策依据

(1)《中华人民共和国消费税暂行条例》(国务院 1993 年 12 月 13 日颁布,国务院令〔1993〕第 135 号,2008 年 11 月 5 日国务院第 34 次常务会议修订通过)第 4 条。

(2)《中华人民共和国消费税暂行条例实施细则》(财政部 国家税务总局第 51 号令)。

纳税筹划图

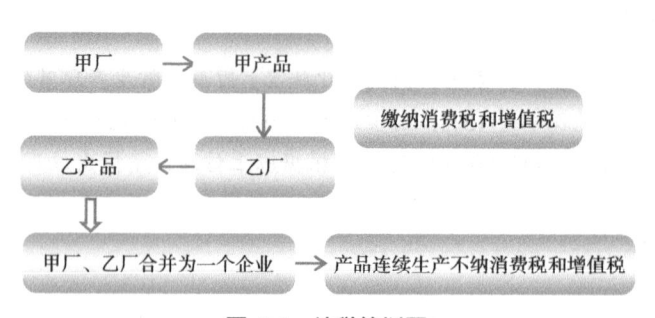

图 4-4 纳税筹划图

5. 利用外购已税消费品可以扣除规定的纳税筹划

> 纳税筹划思路

根据消费税法的规定，对于用外购或委托加工的已税消费品连续生产应税消费品，在计征消费税时可以扣除外购已税消费品的买价或委托加工已税消费品代收代缴的消费税。此项按规定可以扣除的买价或消费税，是指当期所实际耗用的外购或委托加工的已税消费品的买价或代收代缴的消费税。

根据现行的消费税政策，下列应税消费品准予从消费税应纳税额中扣除原料已纳的消费税税款：

（1）以外购或委托加工收回的已税烟丝生产的卷烟。
（2）以外购或委托加工收回的已税化妆品生产的化妆品。
（3）以外购或委托加工收回的已税珠宝玉石生产的贵重首饰及珠宝玉石。
（4）以外购或委托加工收回的已税鞭炮、焰火生产的鞭炮、焰火。
（5）以外购或委托加工收回的已税摩托车生产的摩托车（如将外购的两轮摩托车改装为三轮摩托车）。
（6）以外购或委托加工收回的已税杆头、杆身和握把为原料生产的高尔夫球杆。
（7）以外购或委托加工收回的已税木制一次性筷子为原料生产的木制一次性筷子。
（8）以外购或委托加工收回的已税实木地板为原料生产的实木地板。
（9）以外购或委托加工收回的已税石脑油为原料生产的应税消费品。
（10）以外购或委托加工收回的已税汽油、柴油为原料生产的汽油、柴油。
（11）以外购或委托加工收回的已税润滑油为原料生产的润滑油。

对既有自产应税消费品，同时又购进与自产应税消费品同样的应税消费品进行销售的工业企业，对其销售的外购应税消费品应当征收消费税，同时可以扣除外购应税消费品的已纳税款。

扣除消费税的计算公式如下：

当前准予扣除的税款=当期准予扣除的应税消费品的买价或者数量×
外购或委托加工应税消费品的适用税率或者税额

当期准予扣除的应税消费品的买价或者数量=期初库存的应税消费品的买价
或者数量+当期购进或收回的应税消费品的买价或者数量−
期末库存的应税消费品的买价或者数量

纳税人用外购的或者委托加工收回的已税珠宝玉石生产的改在零售环节征收消费税的金银首饰（镶嵌首饰）、钻石首饰，在计税时，一律不得扣除外购或者委托加工收回的珠宝玉石的已纳税款。

法律政策依据

(1)《中华人民共和国消费税暂行条例》(国务院1993年12月13日颁布,国务院令〔1993〕第135号,2008年11月5日国务院第34次常务会议修订通过)。

(2)《中华人民共和国消费税暂行条例实施细则》(财政部 国家税务总局第51号令)。

(3)《国家税务总局关于消费税若干征税问题的通知》(国家税务总局1997年5月21日发布,国税发〔1997〕84号)。

纳税筹划图

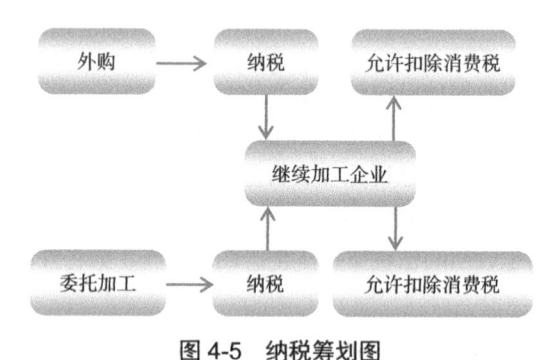

图4-5 纳税筹划图

6. 利用委托加工由受托方收税规定的纳税筹划

纳税筹划思路

根据《消费税暂行条例》第4条的规定,委托加工的应税消费品,除受托方为个人外,由受托方在向委托方交货时代收代缴税款。根据《消费税暂行条例实施细则》第7条的规定,委托加工的应税消费品,是指由委托方提供原料和主要材料,受托方只收取加工费和代垫部分辅助材料加工的应税消费品。对于由受托方提供原材料生产的应税消费品,或者受托方先将原材料卖给委托方,然后再接受加工的应税消费品,以及由受托方以委托方名义购进原材料生产的应税消费品,不论在财务上是否做销售处理,都不得作为委托加工应税消费品,而应当按照销售自制应税消费品缴纳消费税。委托加工的应税消费品直接出售的,不再缴纳消费税。委托个人加工的应税消费品,由委托方收回后缴纳消费税。根据《国家税务总局关于消费税若干征税问题的通知》(国税发〔1994〕130号)的规定,对消费者个人委托加工的金银首饰及珠宝玉石,可暂按加工费征收消费税。纳税人可根据上述规定,采取与受托方联营的方式,改变受托与委托关系,从而节省此项消费税。

在其他条件相同的情况下,自行加工方式的税后利润最少,税负最重。而彻底的委托加工方式又比委托加工后再自行加工后销售税负更低。原因在于:委托加工的应税消费品与自行加

第4章 消费税制度下企业的纳税筹划

工的应税消费品的税基不同,委托加工时,受托方代收代缴税款,税基为组成计税价格或同类产品销售价格;自行加工时,计税的税基为产品销售价格。在通常情况下,委托方收回委托加工的应税消费品,要以高于成本的价格售出以求盈利。不论委托加工费大于或小于自行加工成本,只要收回的应税消费品的计税价格低于收回后的直接出售价格,委托加工应税消费品的税负就会低于自行加工的税负。对委托方而言,其产品对外售价高于收回委托加工应税消费品的计税价格部分,实际上并未纳税。另外,消费税是价内税,在计算应税所得时,可以作为扣除项目。因此,消费税的多少,又会进一步影响所得税,进而影响企业的税后利润和所有者权益。

法律政策依据

(1)《中华人民共和国消费税暂行条例》(国务院 1993 年 12 月 13 日颁布,国务院令〔1993〕第 135 号,2008 年 11 月 5 日国务院第 34 次常务会议修订通过)。

(2)《中华人民共和国消费税暂行条例实施细则》(财政部 国家税务总局第 51 号令)。

(3)《国家税务总局关于消费税若干征税问题的通知》(国家税务总局 1994 年 5 月 26 日发布,国税发〔1994〕130 号)。

纳税筹划图

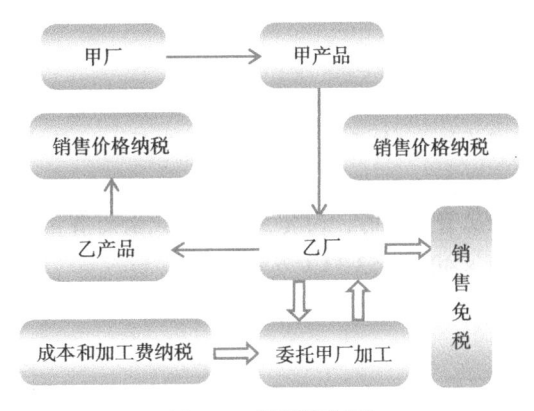

图 4-6 纳税筹划图

纳税筹划案例

【例 4-2】 A 卷烟厂委托 B 卷烟厂将一批价值为 100 万元的烟叶加工成烟丝,协议规定加工费 50 万元(不含增值税);加工的烟丝运回 A 厂后,A 厂继续加工成乙类卷烟,加工成本、分摊费用共计 70 万元,该批卷烟不含增值税销售收入为 500 万元。假设烟丝消费税税率为 30%,乙类卷烟消费税税率为 40%。请计算两家企业分别应当缴纳的消费税和增值税,并提出纳税筹划方案。

筹划方案

方案一

（1）A厂向B厂支付加工费的同时，向B厂支付其代收代缴的消费税：

消费税组成计税价格=（100+50）÷（1–30%）=214.3（万元）

应缴消费税=214.3×30%=64.3（万元）

（2）A厂销售卷烟后，应缴消费税：

500×40%–64.3=135.7（万元）

（3）B厂应当缴纳增值税（此项增值税由A厂承担）：

50×13%=6.5（万元）

（4）A厂销售卷烟后，应计算增值税销项税额（此项增值税由消费者负担）：

500×13%=65（万元）

（5）A厂的税后利润（所得税税率为25%）（忽略城市建设税和教育费附加等附加税费，下同）：

（500–100–50–64.3–70–135.7）×（1–25%）=60（万元）

（6）B厂的税后利润（假设B厂的加工成本为40万元）：

（50–40）×（1–25%）=7.5（万元）

方案二

如果进行纳税筹划，可以考虑A厂委托B厂将烟叶加工成乙类卷烟，烟叶成本不变，加工费用为130万元（不含增值税）；加工完毕后，运回A厂，A厂对外不含增值税销售收入仍为500万元。

（1）A厂向B厂支付加工费的同时，向其支付代收代缴的消费税：

（100+130）÷（1–40%）×40%=153.33（万元）

（2）B厂应当计算增值税销项税额（此项增值税由A厂承担）：

130×13%=16.9（万元）

（3）A厂应当计算增值税销项税额（此项增值税由消费者承担）：

500×13%=65（万元）

（4）由于委托加工应税消费品直接对外销售，A厂在销售时，不必再缴消费税。其税后利润为（所得税税率为25%）：

（500–100–130–153.33）×（1–25%）=87.50（万元）

（5）B厂的税后利润（税率假设同上）：

（130–40–70）×（1–25%）=15（万元）

由此可见，在被加工材料成本相同、最终售价相同的情况下，纳税筹划的方案（方案二）比案例中的方案（方案一）对两家企业都有利。而且在一般情况下，在方案二中，支付的加工费又比方案一中支付的加工费（向受托方支付自己发生的加工费之和）要少，因为B厂连续加工不需要缴纳消费税，而且其中减少了运输成本以及其他成本，其继续加工成本应该比A厂低，当然，前提是两家企业加工技术和能力相同。

方案三

当然，该企业也可以尝试自行加工的方式。上述条件仍不变，A厂将购入的价值100万元的烟叶自行加工成乙类卷烟，假设加工成本、分摊费用共计125万元，不含增值税销售收入为500万元。

应缴消费税= 500×40%=200（万元）

增值税销项税额=500×13%=65（万元）（此项增值税由消费者承担）

税后利润=（500–100–125–200）×（1–25%）= 56.25（万元）

如果A厂加工费用降低到120万元，则A厂税后利润为（企业所得税税率为25%）：

（500–100–120–200）×（1–25%）= 60（万元）

由此可见，当A厂自行加工的成本等于支付给B厂的费用加上继续自行加工的成本时，方案三与方案一对于A厂的税收负担是相同的，如果A厂自行加工的费用高于120万元，则采用方案一比较有利，如果A厂自行加工的费用低于120万元，则自己加工比较有利。但是与方案二相比，税收负担仍然比较重。

当然，这里面存在这样一个值得关注的问题，即现实中的这种企业一般存在一定的关系，否则，上述案例中的B厂不会以这么低的价格将加工以后的产品销售给A厂，它自己直接对外销售所获得的利润更大。因此，这种企业之间的委托加工所收取的费用应当与其他没有关联关系的企业所收取的费用大体相当，否则会被税务机关以转移定价为由进行调整，这样就达不到纳税筹划的目的了。

7. 兼营行为的纳税筹划

纳税筹划思路

根据《消费税暂行条例》第3条的规定，纳税人兼营不同税率的应当缴纳消费税的消费品（简称应税消费品），应当分别核算不同税率应税消费品的销售额、销售数量；未分别核算销售额、销售数量，或者将不同税率的应税消费品组成成套消费品销售的，从高适用税率。税法的上述规定要求纳税人必须注意分别核算不同税率的应税消费品的生产情况，这一纳税筹划方法看似简单，但如果纳税人不了解税法的这一规定，而没有分别核算的话，在缴纳消费税的时候就会吃亏。因此，纳税人在进行纳税申报的时候，必须要注意消费品的组合问题，没有必要成套销售的，就不宜采用这种销售方式。

法律政策依据

（1）《中华人民共和国消费税暂行条例》（国务院1993年12月13日颁布，国务院令〔1993〕第135号，2008年11月5日国务院第34次常务会议修订通过）第3条。

（2）《中华人民共和国消费税暂行条例实施细则》（财政部 国家税务总局第51号令）。

（3）《财政部 国家税务总局关于调整化妆品消费税政策的通知》（财税〔2016〕103号）。

纳税筹划图

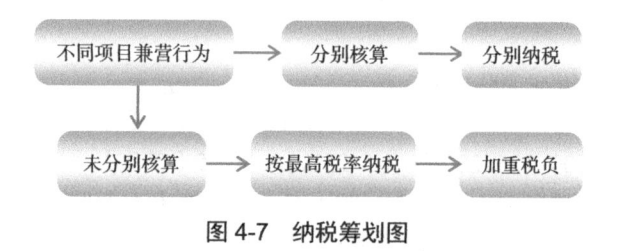

```
不同项目兼营行为 → 分别核算 → 分别纳税
        ↓
未分别核算 → 按最高税率纳税 → 加重税负
```

图 4-7　纳税筹划图

纳税筹划案例

【例 4-3】　某公司既生产经营化妆品，又生产经营护肤护发品，高档化妆品的消费税税率为 15%，护肤护发品不征收消费税。2021 年度，该公司化妆品的不含税销售额为 200 万元，护肤护发品的不含税销售额为 100 万元，如果该公司没有分别核算或者将化妆品与护肤护发品组成成套商品销售。请计算该公司应当缴纳的消费税，并提出纳税筹划方案。

筹划方案

由于该公司未分别核算销售额，应当一律按高档化妆品的税率 15% 征收消费税。如果该公司将化妆品与护肤护发品组成成套消费品销售，全部销售额也要适用 15% 的税率，这两种做法显然都会加重护肤护发品的税收负担。2021 年度该公司应纳消费税额：（200+100）×15%=45（万元）。如果该公司事先进行纳税筹划，分别核算两种经营项目。则该公司 2021 年度应纳消费税额：200×15%=30（万元）。减轻税收负担：45-30=15（万元）。同时，纳税人在进行纳税申报的时候，必须注意消费品的组合问题，没有必要成套销售的，就不宜采用这种销售方式。

8. 白酒消费税最低计税价格的纳税筹划

纳税筹划思路

根据《国家税务总局关于加强白酒消费税征收管理通知》（国税函〔2009〕380 号），白酒生产企业销售给销售单位的白酒，生产企业消费税计税价格低于销售单位对外销售价格（不含增值税，下同）70% 以下的，税务机关应核定消费税最低计税价格。

销售单位，是指销售公司、购销公司及委托境内其他单位或个人包销本企业生产白酒的商业机构。销售公司、购销公司，是指专门购进并销售白酒生产企业生产的白酒，并与该白酒生产企业存在关联性质。包销，是指销售单位依据协定价格从白酒生产企业购进白酒，同时承担大部分包装材料等成本费用，并负责销售白酒。

白酒生产企业应将各种白酒的消费税计税价格和销售单位销售价格，在主管税务机关规定的时限内填报。白酒消费税最低计税价格由白酒生产企业自行申报,税务机关核定。

主管税务机关应将白酒生产企业申报的销售给销售单位的消费税计税价格低于销售单位对外销售价格 70% 以下、年销售额 1 000 万元以上的各种白酒,在规定的时限内逐级上报至国家税务总局。税务总局选择其中部分白酒核定消费税最低计税价格。除税务总局已核定消费税最低计税价格的白酒外,其他需要核定消费税最低计税价格的白酒,消费税最低计税价格由各省、自治区、直辖市和计划单列市国家税务局核定。

白酒消费税最低计税价格核定标准如下:

(1)白酒生产企业销售给销售单位的白酒,生产企业消费税计税价格高于销售单位对外销售价格 70%(含 70%)以上的,税务机关暂不核定消费税最低计税价格。

(2)白酒生产企业销售给销售单位的白酒,生产企业消费税计税价格低于销售单位对外销售价格 70% 以下的,消费税最低计税价格由税务机关根据生产规模、白酒品牌、利润水平等情况在销售单位对外销售价格 50% 至 70% 范围内自行核定。其中生产规模较大,利润水平较高的企业生产的需要核定消费税最低计税价格的白酒,税务机关核价幅度原则上应选择在销售单位对外销售价格 60% 至 70% 范围内。

已核定最低计税价格的白酒,生产企业实际销售价格高于消费税最低计税价格的,按实际销售价格申报纳税;实际销售价格低于消费税最低计税价格的,按最低计税价格申报纳税。

已核定最低计税价格的白酒,销售单位对外销售价格持续上涨或下降时间达到 3 个月以上、累计上涨或下降幅度在 20%(含)以上的白酒,税务机关重新核定最低计税价格。

对于已经核定白酒最低计税价格的企业而言,尽量按照白酒最低计税价格来确定自己的实际销售价格,这样可以按照最低的计税价格来纳税。

法律政策依据

(1)《中华人民共和国消费税暂行条例》(国务院 1993 年 12 月 13 日颁布,国务院令〔1993〕第 135 号,2008 年 11 月 5 日国务院第 34 次常务会议修订通过)。

(2)《中华人民共和国消费税暂行条例实施细则》(财政部 国家税务总局第 51 号令)。

(3)《国家税务总局关于加强白酒消费税征收管理通知》(国家税务总局 2009 年 7 月 17 日发布,国税函〔2009〕380 号)。

纳税筹划图

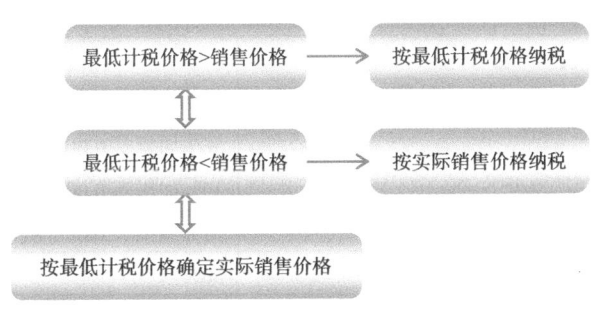

图 4-8　纳税筹划图

纳税筹划案例

【例 4-4】 某白酒生产企业所生产的 A 类白酒经过税务机关核定的最低计税价格为每斤 50 元,该企业批发给自己设立的销售公司的价格为每斤 49 元,批发给其他商贸公司的价格为每斤 55 元。2021 年度该企业向其他商贸公司销售白酒 10 000 斤。请针对该情况提出纳税筹划方案。

筹划方案

根据上述情况,10 000 斤 A 类白酒应当缴纳消费税:10 000×0.5+55×10 000×20%=115 000(元)。如果该企业将 A 类白酒统一批发给其设立的销售公司,再由销售公司统一对外批发和零售,则应当缴纳消费税:10 000×0.5+50×10 000×20%=105 000(元)。少缴纳消费税:115 000–105 000=10 000(元)。

9. 利用联合企业的纳税筹划

纳税筹划思路

根据《消费税暂行条例》的规定,消费税是按不同产品分别设计高低不同的税率,税率档次较多。纳税人可以利用这种多层次的税率进行纳税筹划,即将分散的企业联合成企业集团,或者将独立的企业分解成由若干分公司或者子公司组成的企业联合体,进而通过合理确定企业内部定价,从整体上减轻企业的税收负担。当企业为一个大的联合企业或企业集团时,内部各分厂及所属的商店、劳动服务公司等,在彼此间购销商品,进行连续加工或销售时,通过内部定价,便可以巧妙而有效地达到减轻整个联合企业税负的目的。当适用高税率的分厂将其产品卖给适用低税率的分厂时,通过制定较低的内部价,就把商品原有的一部分价值由税率高的部门转到税率低的部门。适用高税率的企业,销售收入减少,应纳税额减少;而适用税率低的企业,产品收入不变,应纳税额不变,但由于它得到了低价的原材料,就可以降低成本,增加利润。消费税税目、税率表如表 4-1 所示。

表 4-1 消费税税目、税率表

税　　目	税率(税额)
一、烟	
1. 甲类卷烟	56%加每支 0.003 元(生产环节)
2. 乙类卷烟	36%加每支 0.003 元(生产环节)
3. 卷烟批发	11%加每支 0.005 元
4. 雪茄烟	36%
5. 烟丝	30%

续表

税　　目	税率（税额）
二、酒	
1. 白酒	20%加 0.5 元/斤或 500 毫升
2. 黄酒	240 元/吨
3. 甲类啤酒	250 元/吨
4. 乙类啤酒	220 元/吨
5. 其他酒	10%
三、高档化妆品	15%
四、贵重首饰及珠宝玉石	10%
1. 金、银首饰，钻石、钻石饰品	5%
2. 其他贵重首饰、珠宝玉石	10%
五、鞭炮、焰火	15%
六、成品油	
1. 汽油	1.52 元/升
2. 柴油	1.20 元/升
3. 石脑油	1.52 元/升
4. 溶剂油	1.52 元/升
5. 润滑油	1.52 元/升
6. 燃料油	1.20 元/升
7. 航空煤油	1.20 元/升
七、摩托车	
1. 排气量 250 毫升的	3%
2. 排气量超过 250 毫升的	10%
八、小汽车	
1. 乘用车	
排气量不超过 1.0 升的	1%
排气量超过 1.0 升，不超过 1.5 升的	3%
排气量超过 1.5 升，不超过 2.0 升的	5%
排气量超过 2.0 升，不超过 2.5 升的	9%
排气量超过 2.5 升，不超过 3.0 升的	12%
排气量超过 3.0 升，不超过 4.0 升的	25%
排气量超过 4.0 升的	40%
2. 中轻型商用客车	5%
3. 超豪华小汽车	零售环节加征 10%
九、高尔夫球及球具	10%
十、高档手表	20%

续表

税　　目	税率（税额）
十一、游艇	10%
十二、木制一次性筷子	5%
十三、实木地板	5%
十四、电池	4%
十五、涂料	4%

法律政策依据

（1）《中华人民共和国消费税暂行条例》（国务院1993年12月13日颁布，国务院令〔1993〕第135号，2008年11月5日国务院第34次常务会议修订通过）。

（2）《中华人民共和国消费税暂行条例实施细则》（财政部　国家税务总局第51号令）。

（3）《财政部　国家税务总局关于调整消费税政策的通知》（财税〔2014〕93号）。

（4）《财政部　国家税务总局关于提高成品油消费税的通知》（财税〔2014〕94号）。

（5）《财政部　国家税务总局关于继续提高成品油消费税的通知》（财税〔2015〕11号）。

（6）《财政部　国家税务总局关于对电池、涂料征收消费税的通知》（财税〔2015〕16号）。

（7）《财政部　国家税务总局关于调整卷烟消费税的通知》（财税〔2015〕60号）。

（8）《财政部　国家税务总局关于调整化妆品消费税政策的通知》（财税〔2016〕103号）。

纳税筹划图

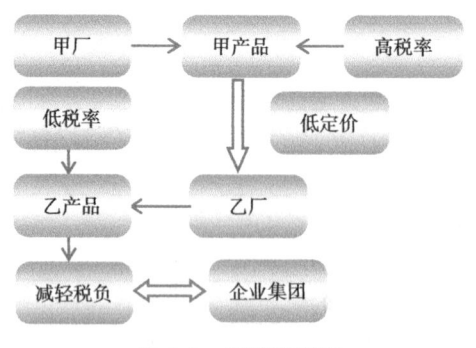

图4-9　纳税筹划图

纳税筹划案例

【例4-5】　某集团公司由甲、乙两个企业组成，甲企业产品为乙企业的原料。若甲企业产品适用消费税税率为30%，乙企业产品适用消费税税率为20%。假设，甲企业以130万元（不含增值税）的价格销售一批商品给乙企业，乙企业加工以后以200万元（不含增值税）的价格对外销售该产品。请计算该集团公司应当缴纳的消费税，并提出纳税筹划方案。

筹划方案

甲企业应纳消费税额：130×30%=39（万元），乙企业应纳消费税额：200×20%=40（万元），合计应纳消费税额：39+40=79（万元）。

如果甲企业适当降低产品价格，假设以100万元的价格销售该批产品，乙企业加工以后以200万元的价格对外销售该产品，则甲企业应纳消费税额：100×30%=30（万元），乙企业应纳消费税额：200×20%=40（万元），合计应纳消费税额：30+40=70（万元）。

甲企业通过降低售价而减少的利润及消费税均通过乙企业的购料成本形成了乙企业的利润。从集团公司的总体来说，其利益不受影响，却通过改变内部定价，减轻了消费税的总体税负，形成了更多的利润。至于乙企业方面的损失，可通过其他方式，在集团公司内部进行调剂。

如果乙企业可以扣除原材料中所包含的消费税，则筹划前，乙企业需要缴纳消费税：40-39=1（万元）；筹划后，乙企业需要缴纳消费税：40-30=10（万元）。从集团公司缴纳消费税的总额来看，并未发生变化，但筹划之后实现了迟延纳税，取得了迟延纳税的利息。

10. 出口应税消费品的纳税筹划

纳税筹划思路

根据《消费税暂行条例》第11条的规定，对纳税人出口应税消费品，免征消费税；国务院另有规定的除外。出口应税消费品的免税办法，由国务院财政、税务主管部门规定。已经缴纳消费税的商品出口时，在出口环节可以享受退税的待遇。从纳税筹划的角度出发，纳税人开拓国际市场，也是一种重要的纳税筹划方式。

根据《消费税暂行条例实施细则》第22条的规定，出口的应税消费品办理退税后，发生退关，或者国外退货进口时予以免税的，报关出口者必须及时向其机构所在地或者居住地主管税务机关申报补缴已退的消费税税款。纳税人直接出口的应税消费品办理免税后，发生退关或者国外退货，进口时已予以免税的，经机构所在地或者居住地主管税务机关批准，可暂不办理补税，待其转为国内销售时，再申报补缴消费税。因此，在发生出口货物退关或者退货时，适当调节办理补税的时间，可以在一定时期占用消费税税款，相当于获得了一笔无息贷款。

法律政策依据

（1）《中华人民共和国消费税暂行条例》（国务院1993年12月13日颁布，国务院令〔1993〕第135号，2008年11月5日国务院第34次常务会议修订通过）第11条。

（2）《中华人民共和国消费税暂行条例实施细则》（财政部 国家税务总局第51号令）第22条。

纳税筹划图

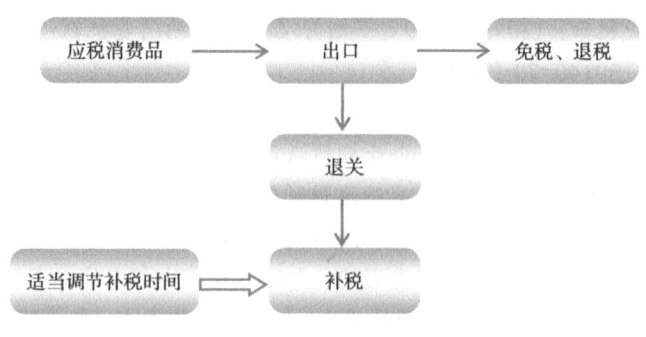

图 4-10 纳税筹划图

11. 以外汇结算应税消费品的纳税筹划

纳税筹划思路

根据《消费税暂行条例》第 5 条的规定，纳税人销售的应税消费品，以人民币计算销售额。纳税人以人民币以外的货币结算销售额的，应当折合成人民币计算。根据《消费税暂行条例实施细则》第 11 条的规定，纳税人销售的应税消费品，以人民币以外的货币结算销售额的，其销售额的人民币折合率可以选择销售额发生的当天或者当月 1 日的人民币汇率中间价。纳税人应在事先确定采用何种折合率，确定后一年内不得变更。从纳税筹划的角度看，人民币折合率既可以采用结算当天的国家外汇牌价；也可以用当月月初的外汇牌价。一般来说，外汇市场波动越大，通过选择折合率进行纳税筹划的必要性越大，越是以较低的人民币汇率计算应纳税额，越有利于纳税筹划。

需要指出的是，由于汇率的折算方法一经确定，一年内不得随意变动。因此，在选择汇率折算方法的时候，需要纳税人对未来的经济形势及汇率走势做出恰当的判断。同时，这一限制也对这一纳税筹划方法的效果产生很大限制，当然，纳税筹划应当体现在点点滴滴的税负减轻之中，纳税筹划更体现为一种意识，在某一方面节税效果不是很明显，但是对于一个涉及众多税种，进行众多经营的大型企业来讲，纳税筹划的效果是不能小视的。

法律政策依据

（1）《中华人民共和国消费税暂行条例》（国务院 1993 年 12 月 13 日颁布，国务院令〔1993〕第 135 号，2008 年 11 月 5 日国务院第 34 次常务会议修订通过）第 5 条。

（2）《中华人民共和国消费税暂行条例实施细则》（财政部 国家税务总局第 51 号令）第 11 条。

纳税筹划图

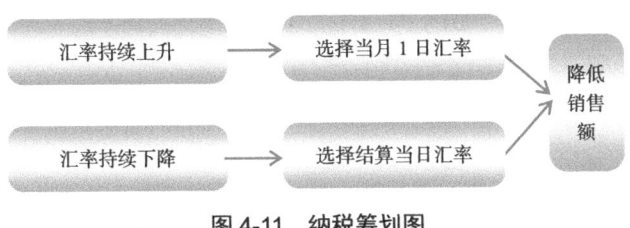

图 4-11　纳税筹划图

纳税筹划案例

【例 4-6】　某企业某年 4 月 15 日取得 10 万美元销售额，4 月 1 日的国家外汇牌价为 1 美元：6.7 元人民币，4 月 15 日的外汇牌价为 1 美元：6.6 元人民币。企业按照每月 1 日的外汇牌价来计算，请提出纳税筹划方案。

筹划方案

该企业如果采用 4 月 1 日的汇率，10 万美元折合成人民币为 67 万元；如果采用结算当日的汇率，折合成人民币为 66 万元。两种方法相比较，前者比后者计税依据少 1 万元人民币。假定消费税税率为 40%，则后一种情况可以节税：1×40%=0.4（万元）。

12. 利用临界点的纳税筹划

纳税筹划思路

根据《财政部　国家税务总局关于调整酒类产品消费税政策的通知》（财税〔2001〕84 号）的规定，每吨啤酒出厂价格（含包装物及包装物押金）在 3 000 元（含 3 000 元，不含增值税）以上的，单位税额 250 元/吨；每吨啤酒出厂价格在 3 000 元（不含 3 000 元，不含增值税）以下的，单位税额 220 元/吨。娱乐业、饮食业自制啤酒，单位税额 250 元/吨。啤酒消费税的税率为从量定额税率，同时根据啤酒的单位价格实行全额累进。全额累进税率的一个特点是：在临界点，税收负担变化比较大，会出现税收负担的增加大于计税依据的增加的情况。在这种情况下，巧妙运用临界点的规定适当降低产品价格反而能够增加税后利润。

法律政策依据

（1）《中华人民共和国消费税暂行条例》（国务院 1993 年 12 月 13 日颁布，国务院令〔1993〕

第135号，2008年11月5日国务院第34次常务会议修订通过）。

（2）《中华人民共和国消费税暂行条例实施细则》（财政部 国家税务总局第51号令）。

（3）《财政部 国家税务总局关于调整酒类产品消费税政策的通知》（财政部 国家税务总局2001年5月11日发布，财税〔2001〕84号）。

纳税筹划图

```
                ┌─ 价格在 3 000 元以上 ──→ 250 元/吨
                │
    啤酒 ←──→ ─┼─ 定价不要落在 2 970～3 030 元
                │
                └─ 价格在 3 000 元以下 ──→ 220 元/吨
```

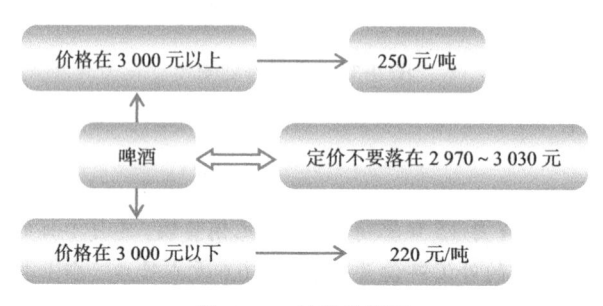

图 4-12　纳税筹划图

纳税筹划案例

【例4-7】　某啤酒厂2020年生产销售某品牌啤酒，每吨出厂价格为2 990元（不包括增值税）。2021年，该厂对该品牌啤酒的生产工艺进行了改进，使该种啤酒的质量得到了较大提高。该厂准备将价格提到3 010元。根据以上信息，请提出该厂的纳税筹划方案。

筹划方案

根据《财政部 国家税务总局关于调整酒类产品消费税政策的通知》（财税〔2001〕84号）的规定，如果将啤酒的价格提高到3 010元，每吨啤酒需要缴纳消费税250元，每吨啤酒扣除消费税后的利润：3 010-250=2 760（元）。

该厂经过纳税筹划，认为适当降低产品的价格不仅能够获得更大的税后利润，而且可以增加产品在市场上的竞争力，于是该厂将2021年啤酒的出厂价格仍然定为2 990元，这样，每吨啤酒需要缴纳消费税220元，每吨啤酒扣除消费税后的利润：2 990-220=2 770（元）。

由此可见，这种纳税筹划方法实现了"一箭双雕"，既增加了企业的利润，又增强了本厂产品在价格上的竞争能力。

13. 包装物的纳税筹划

纳税筹划思路

根据《消费税暂行条例实施细则》第13条的规定，应税消费品连同包装物销售的，无论包装物是否单独计价及在会计上如何核算，均应并入应税消费品的销售额中缴纳消费税。如果包装物不作价随同产品销售，而是收取押金，此项押金则不应并入应税消费品的销售额中征税。但对因逾期未收回的包装物不再退还的或者已收取的时间超过 12 个月的押金，应并入应税消费品的销售额，按照应税消费品的适用税率缴纳消费税。对既作价随同应税消费品销售，又另外收取押金的包装物的押金，凡纳税人在规定的期限内没有退还的，均应并入应税消费品的销售额，按照应税消费品的适用税率缴纳消费税。因此，企业如果想在包装物上节省消费税，关键是包装物不能作价随同产品出售，而应采取收取"押金"的形式，这样"押金"就不并入销售额计算消费税额。即使在经过 1 年以后，需要将押金并入应税消费品的销售额，按照应税消费品的适用税率征收消费税，也使企业获得了该笔消费税的 1 年的免费使用权。

这种纳税筹划在会计上的处理方法，根据《财政部关于消费税会计处理的规定》(财会〔1993〕83 号)的规定，随同产品出售但单独计价的包装物，按规定应缴纳的消费税，借记"其他业务支出"科目，贷记"应交税费——应交消费税"科目。企业逾期未退还的包装物押金，按规定应缴纳的消费税，借记"其他业务支出""其他应付款"等科目，贷记"应交税费——应交消费税"科目。

值得注意的是，根据《财政部 国家税务总局关于酒类产品包装物押金征税问题的通知》(财税〔1995〕53 号)及《国家税务总局关于印发〈消费税问题解答〉的通知》(国税函发〔1997〕306 号)的规定，从 1995 年 6 月 1 日起，对销售除啤酒、黄酒外的其他酒类产品而收取的包装物押金，无论是否返还以及会计上如何核算，均应并入当期销售额征税(之所以将啤酒和黄酒除外，是因为对酒类包装物押金征税的规定只适用于实行从价定率办法征收消费税的酒类，而啤酒和黄酒产品是实行从量定额办法征收消费税的，因此，无法适用这一规定)。这在一定程度上限制了经营酒类产品的企业利用包装物纳税筹划的可能性。同时，财政部和税务总局的上述规定也从反面说明了企业大量使用这种纳税筹划方法，导致企业节约了大量税款，相应导致国家税款流失。

根据《财政部 国家税务总局关于调整金银首饰消费税纳税环节有关问题的通知》(财税〔1994〕95 号)的规定，金银首饰连同包装物销售的，无论包装是否单独计价，也无论会计上如何核算，均应并入金银首饰的销售额，计征消费税。根据这一规定，金银首饰生产企业仍然可以通过把包装物变成押金的方式进行纳税筹划。在会计处理上，根据《财政部关于调整金银首饰消费税纳税环节后有关会计处埋规定的通知》(财会字〔1995〕9 号)的规定，随同金银首饰出售但单独计价的包装物，按规定应缴纳的消费税，借记"其他业务支出"科目，贷记"应交税费——应交消费税"科目。

法律政策依据

(1)《中华人民共和国消费税暂行条例》(国务院 1993 年 12 月 13 日颁布，国务院令〔1993〕第 135 号，2008 年 11 月 5 日国务院第 34 次常务会议修订通过)。

(2)《中华人民共和国消费税暂行条例实施细则》(财政部 国家税务总局第 51 号令)第 13 条。

(3)《财政部 国家税务总局关于酒类产品包装物押金征税问题的通知》(财政部 国家税务总局 1995 年 6 月 9 日发布，财税〔1995〕53 号)。

(4)《国家税务总局关于印发〈消费税问题解答〉的通知》(国家税务总局1997年5月21日发布,国税函〔1997〕306号)。

(5)《财政部关于消费税会计处理的规定》(财政部1993年12月30日发布,财会〔1993〕83号)。

(6)《财政部 国家税务总局关于调整金银首饰消费税纳税环节有关问题的通知》(财政部 国家税务总局1994年12月24日发布,财税〔1994〕95号)。

(7)《财政部关于调整金银首饰消费税纳税环节后有关会计处理规定的通知》(财政部 1995年2月14日发布,财会字〔1995〕9号)。

纳税筹划图

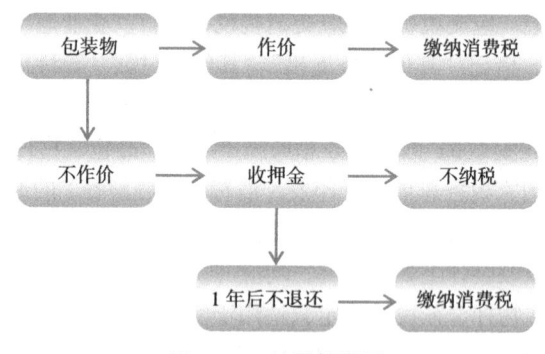

图4-13 纳税筹划图

纳税筹划案例

【例4-8】 某焰火厂生产一批焰火共10 000箱,每箱价值200元,其中包含包装物价值15元,该月销售额:200×10 000=2 000 000(元)。焰火的消费税税率为15%。请计算该厂该月应当缴纳的消费税,并提出纳税筹划方案。

筹划方案

根据《消费税暂行条例实施细则》第13条的规定,该月应纳消费税税额:200×15%=30(万元)。

根据《消费税暂行条例实施细则》第13条的规定,如果包装物不作价随同产品销售,而是收取押金,此项押金则不应并入应税消费品的销售额中征税。但对因逾期未收回的包装物不再退还的和已收取1年以上的押金,应并入应税消费品的销售额,按照应税消费品的适用税率征收消费税。

通过纳税筹划,该焰火厂以每箱185元的价格销售,并收取15元押金,同时规定,包装物如有损坏则从押金中扣除相应修理费用直至全部扣除押金(这种规定与直接销售包装物大体相当),这样,该厂应纳消费税降低277 500元(10 000×185×15%)。1年以后,如果该批包装物的押金没有退回,则该企业应当补缴消费税:(10 000×15×15%)=22 500 元。对于企业来讲,相当于获得了 22 500 元的 1 年无息贷款。

14. 自产自用消费品的纳税筹划

纳税筹划思路

根据《消费税暂行条例》第 7 条的规定,纳税人自产自用的应税消费品,按照纳税人生产的同类消费品的销售价格计算纳税;没有同类消费品销售价格的,按照组成计税价格计算纳税。实行从价定率办法计算纳税的组成计税价格计算公式为:

组成计税价格 =(成本+利润)÷(1−比例税率)

实行复合计税办法计算纳税的组成计税价格计算公式为:

组成计税价格 =(成本+利润+自产自用数量×定额税率)÷(1−比例税率)

应税消费品的全国平均成本利润率如下:

甲类卷烟为 10%;乙类卷烟为 5%;雪茄烟为 5%;烟丝为 5%;粮食白酒为 10%;薯类白酒为 5%;其他酒为 5%;高档化妆品为 5%;鞭炮及焰火为 5%;贵重首饰及珠宝玉石为 6%;摩托车为 6%;高尔夫球及球具为 10%;高档手表为 20%;游艇为 10%;木制一次性筷子为 5%;实木地板为 5%;乘用车为 8%;中轻型商用客车为 5%;电池为 4%;涂料为 7%。

根据《消费税暂行条例实施细则》第 15 条的规定,同类消费品的销售价格,是指纳税人或者代收代缴义务人当月销售的同类消费品的销售价格,如果当月同类消费品各期销售价格高低不同,应按销售数量加权平均计算。但销售的应税消费品有下列情况之一的,不得列入加权平均计算:

(1)销售价格明显偏低并无正当理由的。

(2)无销售价格的。

如果当月无销售或者当月未完结,应按照同类消费品上月或最近月份的销售价格计算纳税。纳税人可以通过自产自用消费品计价方式的不同来选择税负最轻的纳税方式。

法律政策依据

(1)《中华人民共和国消费税暂行条例》(国务院 1993 年 12 月 13 日颁布,国务院令〔1993〕第 135 号,2008 年 11 月 5 日国务院第 34 次常务会议修订通过)第 4 条、第 7 条。

(2)《中华人民共和国消费税暂行条例实施细则》(财政部 国家税务总局第 51 号令)第 15 条。

(3)《财政部 国家税务总局关于调整和完善消费税政策的通知》(财政部 国家税务总局 2006 年 3 月 20 日发布,财税〔2006〕33 号)。

(4)《财政部 国家税务总局关于对电池 涂料征收消费税的通知》(财税〔2015〕16 号)。

纳税筹划图

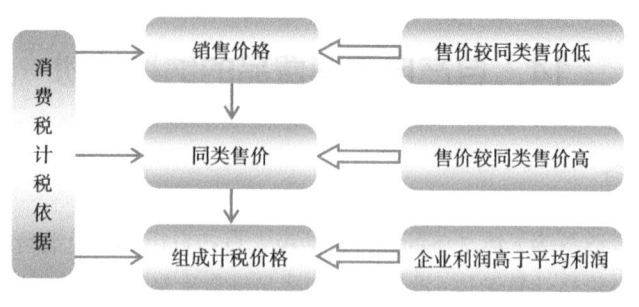

图 4-14 纳税筹划图

纳税筹划案例

【例 4-9】 某摩托车生产企业只生产一种品牌的摩托车,某月该企业将 100 辆摩托车作为年终奖发放给职工。当月生产的摩托车的销售价格为 5 000 元。该企业按照 5 000 元的价格销售了 400 辆,按照 5 500 元的价格销售了 400 辆。生产摩托车的成本为 4 500 元/辆,成本利润率为 6%,消费税税率为 10%。请计算 100 辆摩托车应当缴纳多少消费税,并给出纳税筹划方案。

筹划方案

如果该企业能够准确提供该批摩托车的销售价格,则按照销售价格确定消费税的税基。应纳消费税:5 000×100×10%=50 000(元)。如果不能准确提供该批摩托车的销售价格,即该批摩托车有两种销售价格,则应按销售数量加权平均计算。应纳消费税:(400×5 000+400×5 500)÷800×100×10%=52 500(元)。如果没有"同类消费品的销售价格",则应当按照组成计税价格计算纳税。应纳消费税:4 500×(1+6%)÷(1–10%)×100×10%=53 000(元)。由此可以看出,按照同类消费品的销售价格计算税负最轻,这就要求该企业健全会计核算制度,准确计算该批摩托车的销售价格。

15. 包装方式的纳税筹划

纳税筹划思路

根据《消费税暂行条例》第 3 条的规定,纳税人兼营不同税率的应税消费品,应当分别核算不同税率应税消费品的销售额、销售数量。未分别核算销售额、销售数量,或者将不同税率的应税消费品组成成套消费品销售的,从高适用税率。当纳税人需要将不同税率的商品组成套装进行销售时，应当尽量采取先销售后包装的方式进行核算，而不要采取先包装后销售的方式进行核算。

法律政策依据

（1）《中华人民共和国消费税暂行条例》（国务院 1993 年 12 月 13 日颁布，国务院令〔1993〕第 135 号，2008 年 11 月 5 日国务院第 34 次常务会议修订通过）第 3 条。

（2）《中华人民共和国消费税暂行条例实施细则》（财政部 国家税务总局第 51 号令）。

纳税筹划图

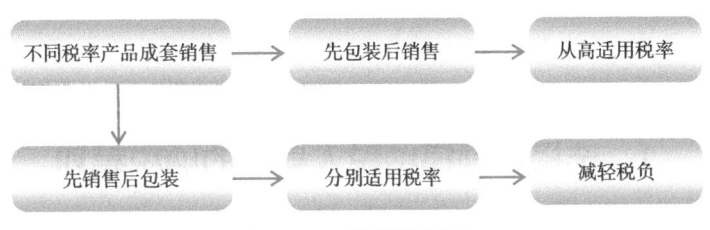

图 4-15 纳税筹划图

纳税筹划案例

【例 4-10】 某酒厂生产各种类型的酒，以适应不同消费者需求。春节来临，大部分消费者都以酒作为馈赠亲朋好友的礼品，针对这种市场情况，公司于 1 月初推出"组合装礼品酒"的促销活动，将白酒、白兰地酒和葡萄酒各一瓶组成价值 115 元的成套礼品酒进行销售，三种酒的出厂价分别为 50 元/瓶、40 元/瓶、25 元/瓶，白酒消费税税率是 0.5 元/斤加上出厂价的 20%，白兰地酒和葡萄酒消费税税率是销售额的 10%。假设这三种酒每瓶均为一斤装，该月共销售一万套礼品酒。该企业采取先包装后销售的方式促销。请计算该企业应当缴纳的消费税，并提出纳税筹划方案。

筹划方案

由于该企业采取先包装后销售的方式促销，属于混合销售行为，应当按照较高的税率计算消费税额，应纳消费税额：10 000×（3×0.5+115×20%）= 245 000（元）。由于三种酒的税率不同，因此，采取混合销售的方式增加了企业的税收负担。该企业可以采取先销售后包装的方式进行促销，应纳消费税额：10 000×（1×0.5+50×20%）+ 40×10 000×10%+25×10 000×10%=170 000（元）。减轻企业税收负担：245 000-170 000=75 000（元）。

第 5 章

企业营改增的纳税筹划

1. 选择小规模纳税人身份的纳税筹划

纳税筹划思路

营改增纳税人分为一般纳税人和小规模纳税人。应税行为的年应征增值税销售额（简称应税销售额）超过 500 万元的纳税人为一般纳税人，未超过 500 万元的纳税人为小规模纳税人。年应税销售额超过规定标准的其他个人不属于一般纳税人。年应税销售额超过规定标准但不经常发生应税行为的单位和个体工商户可选择按照小规模纳税人纳税。

年应税销售额未超过规定标准的纳税人，会计核算健全，能够提供准确税务资料的，可以向主管税务机关办理一般纳税人资格登记，成为一般纳税人。会计核算健全，是指能够按照国家统一的会计制度规定设置账簿，根据合法、有效凭证核算。

一般纳税人提供交通运输服务，税率为 9%。小规模纳税人适用的增值税征收率为 3%。

由于营改增之前营业税的最低税率为 3%，营改增之后小规模纳税人的征税率为 3%，所以，只要选择小规模纳税人身份，营改增纳税人的税负就不会上升，由于增值税是价外税，在计算增值税时还需要将取得的价款换算为不含税销售额，因此，选择小规模纳税人身份的营改增纳税人，其税负一定会下降。

如果营改增之后，纳税人的销售额超过了 500 万元，就必须申请成为一般纳税人，不能为了保持小规模纳税人的身份而一直不申请成为一般纳税人。根据《增值税暂行条例实施细则》第 34 条的规定，有下列情形之一者，应当按照销售额和增值税税率计算应纳税额，不得抵扣进项税额，也不得使用增值税专用发票：一般纳税人会计核算不健全，或者不能够提供准确税务资料的；应当办理一般纳税人资格登记而未办理的。如果纳税人的销售额超过了 500 万元却不办理一般纳税人资格登记，应当按照 13%、9%或 6%的税率缴纳增值税，而且不允许抵扣进项税额，纳税人的税负将会大大增加。

第 5 章　企业营改增的纳税筹划

法律政策依据

（1）《财政部 国家税务总局关于全面推开营业税改征增值税试点的通知》（财税〔2016〕36号）。

（2）《增值税一般纳税人登记管理办法》（国家税务总局令第43号）。

（3）《国家税务总局关于增值税一般纳税人登记管理若干事项的公告》（国家税务总局公告2018年第6号）。

纳税筹划案例

【例 5-1】 甲公司提供交通运输服务，年含税销售额为515万元，在营改增之后选择了一般纳税人身份。由于在营改增之前按照3%的税率缴纳营业税，而营改增之后按照9%的税率缴纳增值税，虽然可以抵扣一些进项税额，但整体税负仍然超过了营改增之前，请提出纳税筹划方案。

筹划方案

甲公司的销售额为5 150 000÷（1+3%）=5 000 000（元），由于并未超过500万元的标准，可以选择小规模纳税人的身份。在营改增之前，甲公司需要缴纳营业税：5 150 000×3%=154 500（元），税后营业收入：5 150 000–154 500=4 995 500（元）。营改增之后，如果选择小规模纳税人身份，甲公司需要缴纳增值税：5 150 000÷（1+3%）×3%=150 000（元），销售收入：5 150 000–150 000=5 000 000（元）。通过纳税筹划，增加销售收入：5 000 000–4 995 500=4 500（元）。

纳税筹划案例

【例 5-2】 亨先生经营一家餐馆和一家装修公司。营改增之前，该餐馆年营业额为300万元，适用5%的税率，缴纳营业税15万元；该装修公司年营业额为400万元，适用3%的税率，缴纳营业税12万元，合计缴纳营业税27万元。营改增之后，请为该餐馆和装修公司提出纳税筹划方案。（增值税小规模纳税人的征收率按3%计算，下同。）

筹划方案

营改增之后，如果两家企业选择一般纳税人，则餐馆适用6%的税率缴纳增值税，装修公司适用9%的税率缴纳增值税。由于可抵扣进项税额较少，其增值税负担会高于营业税负担。如果两家企业选择小规模纳税人，则需要缴纳增值税：（300+400）÷（1+3%）×3%=20.39（万元）。

2. 分立企业成为小规模纳税人的纳税筹划

纳税筹划思路

应税行为的年应税销售额超过 500 万元的纳税人为一般纳税人，未超过 500 万元的纳税人为小规模纳税人。

对于规模较大，年应税销售额超过 500 万元的营改增纳税人而言，如果其经营模式允许其分立，可以考虑通过分立企业，或者将分公司改制为子公司等形式保持小规模纳税人的身份，按照简易计税方法计算增值税，这样就可以将增值税税收负担率维持在 3% 的较低水平上。

法律政策依据

（1）《财政部 国家税务总局关于全面推开营业税改征增值税试点的通知》（财税〔2016〕36 号）。

（2）《增值税一般纳税人登记管理办法》（国家税务总局令第 43 号）。

（3）《国家税务总局关于增值税一般纳税人登记管理若干事项的公告》（国家税务总局公告 2018 年第 6 号）。

纳税筹划案例

【例 5-3】 甲公司为一家餐饮连锁企业，下设 100 家分公司，各家分公司的年销售额约为 500 万元。甲公司属于营改增一般纳税人，适用 6% 的税率，由于允许抵扣的进项税额比较少，增值税税收负担率（增值税应纳税额除以销售额）约为 5%。请提出纳税筹划方案。

筹划方案

甲公司将各家分公司改制为独立的子公司，同时确保各家子公司年销售额不超过 500 万元，这样，每家子公司都可以保持小规模纳税人的身份，按照 3% 的征收率缴纳增值税，增值税税收负担率从 5% 降低为 3%。

3. 公共交通运输服务企业选用简易计税方法的纳税筹划

纳税筹划思路

增值税的计税方法，包括一般计税方法和简易计税方法。简易计税方法的应纳税额，是指

按照销售额和增值税征收率计算的增值税税额,不得抵扣进项税额。应纳税额计算公式为:

$$应纳税额=销售额\times征收率$$

一般纳税人发生下列应税行为可以选择适用简易计税方法计税:公共交通运输服务,增值税征收率为3%。

根据前文所述,只要选择简易计税方法计税,营改增纳税人的税收负担都有所降低,因此,对于交通运输服务中的公共交通运输服务而言,原则上一定要选择简易计税方法计税。当然,如果有些公共交通运输企业的进项税额比较多,按照一般计税方法税负更低,可以考虑选择一般计税方法。

法律政策依据

(1)《财政部 国家税务总局关于全面推开营业税改征增值税试点的通知》(财税〔2016〕36号)。

(2)《增值税一般纳税人登记管理办法》(国家税务总局令第43号)。

(3)《国家税务总局关于增值税一般纳税人登记管理若干事项的公告》(国家税务总局公告2018年第6号)。

纳税筹划案例

【例5-4】 甲市公交公司年销售额约为5 000万元。营改增之后该公司作为一般纳税人要适用9%的税率缴纳增值税,其税负明显上升。请提出纳税筹划方案。

筹划方案

甲公司由于提供的是公共交通运输服务,所以可以选择简易计税方法计税。在营改增之前,甲公司需要缴纳营业税:5 000×3%=150(万元),税后营业收入:5 000–150=4 850(万元)。在营改增之后,甲公司需要缴纳增值税:5 000÷(1+3%)×3%=145.63(万元),销售收入:5 000–145.63=4 854.37(万元)。通过纳税筹划,增加销售收入:4 854.37–4 850=4.37(万元)。

4. 动漫企业选用简易计税方法的纳税筹划

纳税筹划思路

一般纳税人发生下列应税行为可以选择适用简易计税方法计税:经认定的动漫企业为开发动漫产品提供的动漫脚本编撰、形象设计、背景设计、动画设计、分镜、动画制作、摄制、描线、上色、画面合成、配音、配乐、音效合成、剪辑、字幕制作、压缩转码(面向网络动漫、手机动漫格式适配）服务，以及在境内转让动漫版权（包括动漫品牌、形象或者内容的授权及再授权）。

自2018年5月1日至2023年12月31日，对属于增值税一般纳税人的动漫企业销售其自主开发生产的动漫软件，按13%的税率征收增值税后，对其增值税实际税负超过3%的部分，实行即征即退政策。

属于增值税一般纳税人的动漫企业销售其自主开发生产的动漫软件，一直缴纳增值税，不属于营改增的范围，只有动漫企业提供的动漫服务和转让动漫版权属于营改增。该类企业在营改增之后应当单独核算两类经营业务，前者按照《财政部 国家税务总局关于动漫产业增值税和营业税政策的通知》（财税〔2013〕98号）规定的政策执行，后者可以选择适用简易计税方法计税。

法律政策依据

（1）《财政部 国家税务总局关于全面推开营业税改征增值税试点的通知》（财税〔2016〕36号）。

（2）《财政部 国家税务总局关于动漫产业增值税和营业税政策的通知》（财税〔2013〕98号）。

（3）《财政部、税务总局关于延续动漫产业增值税政策的通知》（财税〔2018〕38号）。

（4）《财政部 税务总局关于延长部分税收优惠政策执行期限的公告》（财政部 税务总局公告2021年第6号）。

纳税筹划案例

【例5-5】 甲公司为经过认定的动漫企业，除开发动漫产品以外，还为其他企业的动漫产品提供形象设计、动画设计等服务，偶尔也会转让动漫版权。甲公司为营改增增值税一般纳税人，适用税率为6%，由于进项税额较少，增值税税收负担率为4.8%。请提出纳税筹划方案。

筹划方案

甲公司销售动漫产品可以享受实际税负超过3%的部分实行即征即退的优惠政策，实际税负为3%。动漫服务和转让动漫版权实际税负较高，可以就该部分进行单独核算并选择适用简易计税方法计税，这样，动漫服务和转让动漫版权部分的实际税负也为3%。甲公司的整体增值税负担率可以降为3%。

5. 其他企业选用简易计税方法的纳税筹划

纳税筹划思路

一般纳税人发生下列应税行为可以选择适用简易计税方法计税：电影放映服务、仓储服务、装卸搬运服务、收派服务和文化体育服务；以纳入营改增试点之日前取得的有形动产为标的物提供的经营租赁服务；在纳入营改增试点之日前签订的尚未执行完毕的有形动产租赁合同。

对于既有在纳入营改增试点之日前签订的尚未执行完毕的有形动产租赁合同，又有在纳入营改增试点之日后签订的尚未执行完毕的有形动产租赁合同的属于增值税一般纳税人的企业而言，如果选择适用简易计税方法计税，应当将上述两类合同分开核算，前者可以选择适用简易计税方法计税，后者不能选择适用简易计税方法计税。

法律政策依据

（1）《财政部 国家税务总局关于全面推开营业税改征增值税试点的通知》（财税〔2016〕36号）。

（2）《增值税一般纳税人登记管理办法》（国家税务总局令第43号）。

（3）《国家税务总局关于增值税一般纳税人登记管理若干事项的公告》（国家税务总局公告2018年第6号）。

纳税筹划案例

【例5-6】 甲公司在营改增试点之日前签订了长达5年的挖掘机租赁合同，适用13%的税率，由于进项税额较少，增值税税收负担率达到了6%。请提出纳税筹划方案。

筹划方案

甲公司可以单独核算在纳入营改增试点之日前签订的尚未执行完毕的有形动产租赁合同，对该类合同取得的销售额选择适用简易计税方法计税，这样该部分的增值税税收负担率可以降为3%。

纳税筹划案例

【例5-7】 甲电影公司营改增之前年营业额为8 000万元，适用3%的税率，缴纳营业税240万元。营改增之后，适用6%的税率，由于其进项税额较少，税负较营改增之前有所提高。请为甲电影公司提出纳税筹划方案。

筹划方案

甲电影公司虽然已经达到一般纳税人的标准，但仍可以选择适用简易计税方法，按照3%的征收率计算增值税应纳税额：8 000÷（1+3%）×3%=233.01（万元）。与营改增之前相比，其税收负担有所下降。

6. 利用免税亲属转赠住房的纳税筹划

纳税筹划思路

个人将住房无偿赠予配偶、父母、子女、祖父母、外祖父母、孙子女、外孙子女、兄弟姐妹免征增值税、个人所得税。

房屋产权所有人将房屋产权无偿赠予配偶、父母、子女、祖父母、外祖父母、孙子女、外孙子女、兄弟姐妹以外的人，受赠人因无偿受赠房屋取得的受赠所得，按照"偶然所得"项目缴纳个人所得税，税率为20%，即无偿赠予的受赠人为近亲属以外的人时，受赠人须缴纳20%的个人所得税。

对受赠人无偿受赠房屋计征个人所得税时，其应纳税所得额为房地产赠予合同上标明的赠予房屋价值减除赠予过程中受赠人支付的相关税费后的余额。赠予合同标明的房屋价值明显低于市场价格或房地产赠予合同未标明赠予房屋价值的，税务机关可依据受赠房屋的市场评估价格或采取其他合理方式确定受赠人的应纳税所得额。

根据我国现行税收政策，亲属之间住房赠予免税的范围仅限于配偶、父母、子女、祖父母、外祖父母、孙子女、外孙子女、兄弟姐妹，其他亲属之间赠予住房不能享受免税待遇，此时，如果一定要赠予上述亲属以外的亲属，可以通过上述亲属进行转赠。例如，赠予侄子、侄女、外甥、外甥女，可以通过兄弟姐妹转赠；赠予岳父母、公婆、弟妹、小叔子、小舅子等，可以通过配偶转赠。

法律政策依据

（1）《财政部 国家税务总局关于全面推开营业税改征增值税试点的通知》（财税〔2016〕36号）。

（2）《财政部 国家税务总局关于个人无偿受赠房屋有关个人所得税问题的通知》（财税〔2009〕78号）。

（3）《财政部 税务总局关于个人取得有关收入适用个人所得税应税所得项目的公告》（财政部 税务总局公告2019年第74号）。

（4）《中华人民共和国契税法》（2020年8月11日第十三届全国人民代表大会常务委员会第二十一次会议通过）。

第 5 章 企业营改增的纳税筹划

纳税筹划案例

【例 5-8】 王女士想为自己的儿子在北京购买一套住房，由于他们均无北京户籍，而在北京缴纳社保和个人所得税的时间刚满 4 年，不具备在北京购买住房的资格。王女士便以其哥哥（具有北京户籍）的名义在北京购房，1 年之后，等自己与儿子具备在北京买房资格后再过户到儿子名下。假设所涉住房购买时的价款为 300 万元，过户到王女士儿子名下时的市场价格为 500 万元。该套住房过户时，王女士的哥哥需要缴纳增值税：500÷（1+5%）×5%=23.81（万元），需要缴纳城市维护建设税、教育费附加和地方教育附加：23.81×（7%+3%+2%）=2.86（万元）；王女士的儿子需要缴纳契税：500×3%=15（万元），需要缴纳个人所得税：（500−15）×20%=97（万元），合计税收负担：23.81+2.86+15+97=138.67（万元）。请提出纳税筹划方案。

筹划方案

王女士的哥哥可以将房产先赠予王女士，由于两者是兄妹关系，根据现行税收政策，可以免征增值税和个人所得税。在过户时，王女士需要缴纳契税：500×3%=15（万元）。随后，王女士可以再将住房赠予自己的儿子，由于两者是母子关系，根据现行税收政策，可以免征增值税和个人所得税。在过户时，王女士的儿子需要缴纳契税：500×3%=15（万元）。合计税收负担：15+15=30（万元）。通过纳税筹划，减轻税收负担：138.67−30=108.67（万元）。

7. 利用赡养关系免税的纳税筹划

纳税筹划思路

个人将住房无偿赠予对其承担直接抚养或赡养义务的抚养人或赡养人免征增值税、个人所得税。

原则上，抚养和赡养关系并不要求具备亲属关系，但一般而言，亲属之间存在抚养和赡养关系的可能性较大一些。如果不具备亲属关系，双方可以签订赡养协议，以此来证明双方之间存在赡养关系。

法律政策依据

（1）《财政部 国家税务总局关于全面推开营业税改征增值税试点的通知》（财税〔2016〕36 号）。

（2）《财政部 国家税务总局关于个人无偿受赠房屋有关个人所得税问题的通知》（财税〔2009〕78 号）。

（3）《中华人民共和国契税法》（2020 年 8 月 11 日第十三届全国人民代表大会常务委员会

第二十一次会议通过)。

纳税筹划案例

【例5-9】 李先生准备将一套市场价格为200万元的住房赠予侄子,原本希望通过自己的弟弟转赠,但自己的弟弟已经在一场车祸中去世,无法转赠。如果直接赠予,由于李先生持有该房产的时间不足2年,李先生需要缴纳增值税:200÷(1+5%)×5%=9.52(万元),需要缴纳城市维护建设税、教育费附加和地方教育附加:9.52×(7%+3%+2%)=1.14(万元);李先生的侄子需要缴纳契税:200×3%=6(万元),需要缴纳个人所得税:(200−6)×20%=38.8(万元),合计税收负担:9.52+1.14+6+38.8=55.46(万元)。请提出纳税筹划方案。

筹划方案

李先生可以到当地乡镇政府或者街道办开具自己与侄子具有抚养或赡养关系的证明,持该证明到税务机关办理免征增值税和个人所得税手续。在赠予过户时,李先生的侄子需要缴纳契税:200×3%=6(万元)。通过纳税筹划,减轻税收负担:55.46−6=49.46(万元)。

8. 利用遗赠免税的纳税筹划

纳税筹划思路

房屋产权所有人死亡,法定继承人、遗嘱继承人或者受遗赠人依法取得房屋产权免征增值税、个人所得税。

对于通过遗赠的方式赠予住房而言,法律并不要求双方有任何特别的关系。当然,为了能够在生前就在事实上将住房赠予对方,可以通过公证赠予的方式先将住房的永久居住权赠予对方,同时制作公证遗嘱,保证未来通过遗赠的方式将住房赠予对方。由于公证赠予是不能反悔的,因此,赠予住房的永久居住权之后就无法收回了,但公证遗嘱是可以变更的。因此,受赠人未来是否一定可以取得住房的所有权尚有不确定因素。

法律政策依据

(1)《财政部 国家税务总局关于全面推开营业税改征增值税试点的通知》(财税〔2016〕36号)。

(2)《财政部 国家税务总局关于个人无偿受赠房屋有关个人所得税问题的通知》(财税〔2009〕78号)。

(3)《中华人民共和国契税法》(2020年8月11日第十三届全国人民代表大会常务委员会第二十一次会议通过)。

纳税筹划案例

【例 5-10】 赵先生和妻子感情不和,已经分居多年,由于各种原因,赵先生暂时无法办理离婚手续。在分居期间,赵先生与李女士共同生活在一起,李女士在赵先生生病期间悉心照料,赵先生准备将属于自己个人的一套住房赠予李女士,如果直接赠予,赵先生需要缴纳增值税、城市维护建设税、教育费附加和地方教育附加,李女士需要缴纳契税和个人所得税。请提出纳税筹划方案。

筹划方案

赵先生可以先将该套住房的永久居住权赠予李女士,并办理赠予公证,同时立下遗嘱,在自己去世以后将该套房产遗赠给李女士,也办理遗嘱公证。这样,在赵先生生前,李女士可以一直使用该套住房,在赵先生去世之后,可以持公证遗嘱办理过户手续,在过户时,李女士只需要缴纳契税。

9. 持有满 2 年后再转让住房的纳税筹划

纳税筹划思路

个人将购买不足 2 年的住房对外销售的,按照 5%的征收率全额缴纳增值税;个人将购买 2 年以上(含 2 年)的非普通住房对外销售的,以销售收入减去购买住房价款后的差额按照 5%的征收率缴纳增值税;个人将购买 2 年以上(含 2 年)的普通住房对外销售的,免征增值税。上述政策仅适用于北京市、上海市、广州市和深圳市。

个人将购买不足 2 年的住房对外销售的,按照 5%的征收率全额缴纳增值税;个人将购买 2 年以上(含 2 年)的住房对外销售的,免征增值税。上述政策适用于北京市、上海市、广州市和深圳市之外的地区。

个人购买住房以取得的房屋产权证或契税完税证明上注明的时间作为其购买房屋的时间。"契税完税证明上注明的时间"指契税完税证明上注明的填发日期。纳税人申报时,同时出具房屋产权证和契税完税证明且两者所注明的时间不一致的,按照"孰先"的原则确定购买房屋的时间,即房屋产权证上注明的时间早于契税完税证明上注明的时间的,以房屋产权证注明的时间为购买房屋的时间;契税完税证明上注明的时间早于房屋产权证上注明的时间的,以契税完税证明上注明的时间为购买房屋的时间。个人购买住房以后要及时缴纳契税并办理房产证,否则,未来出售时会因为持有时间不满 2 年而享受不了相关优惠政策。

法律政策依据

（1）《财政部 国家税务总局关于全面推开营业税改征增值税试点的通知》（财税〔2016〕36号）。

（2）《国家税务总局关于加强房地产交易个人无偿赠予不动产税收管理有关问题通知》（国税发〔2006〕144号）。

纳税筹划案例

【例5-11】 吴先生2020年1月10日在上海市区购买了一套普通住房，总价款为400万元。2021年7月1日，吴先生准备将该套住房以500万元的价格转让给他人。如果此时转让，需要缴纳增值税：500÷（1+5%）×5%=23.81（万元），需要缴纳城市维护建设税、教育费附加和地方教育附加：23.81×（7%+3%+2%）=2.86（万元），合计税收负担：23.81+2.86=26.67（万元）。请提出纳税筹划方案。

筹划方案

如果吴先生能够再持有房产一段时间，在2022年1月10日进行房产过户，此时，吴先生已经持有该套房产满2年，可以免征增值税。减轻税收负担26.67万元。（暂时不考虑个人所得税负担）

10. 通过抵押贷款延迟办理房产过户的纳税筹划

纳税筹划思路

个人将购买不足2年的住房对外销售的，按照5%的征收率全额缴纳增值税；个人将购买2年以上（含2年）的非普通住房对外销售的，以销售收入减去购买住房价款后的差额按照5%的征收率缴纳增值税；个人将购买2年以上（含2年）的普通住房对外销售的，免征增值税。上述政策仅适用于北京市、上海市、广州市和深圳市。

个人将购买不足2年的住房对外销售的，按照5%的征收率全额缴纳增值税；个人将购买2年以上（含2年）的住房对外销售的，免征增值税。上述政策适用于北京市、上海市、广州市和深圳市之外的地区。

迟延办理过户手续是常用的筹划方案，但应注意确保买卖双方的合法权益并预防道德风险。除了上文所阐述的抵押贷款的方式以外，还可以采取先租赁后销售的方式，但也应注意防止房产所有人"一房二卖"及未来拒绝过户的风险。

法律政策依据

（1）《财政部 国家税务总局关于全面推开营业税改征增值税试点的通知》（财税〔2016〕36号）。

（2）《中华人民共和国城市维护建设税暂行条例》（1985年2月8日国务院发布，根据2011年1月8日国务院令第588号《国务院关于废止和修改部分行政法规的决定》修订）。

纳税筹划案例

【例5-12】 刘先生2020年1月10日在北京市区购买了一套普通住房，总价款为480万元。2021年7月1日，刘先生因急需用钱，准备将该套住房以500万元的价格转让给他人。如果此时转让，需要缴纳增值税：500÷（1+5%）×5%=23.81（万元），需要缴纳城市维护建设税、教育费附加和地方教育附加：23.81×（7%+3%+2%）=2.86（万元），合计税收负担：23.81+2.86=26.67（万元）。请提出纳税筹划方案。

筹划方案

由于刘先生急需用钱，此时已经无法等到持有满2年再销售住房了。为了享受满2年免增值税的政策，刘先生可以先实际销售住房，等待满2年后再办理房产过户手续。为保证购房者的利益并预防刘先生未来再将住房销售给他人或者不办理房产过户手续，双方可以先签订一个抵押借款协议。刘先生向购房者借款500万元，以该套住房作为抵押，并办理抵押登记。这样，不经过购房者同意，刘先生是不可能再将住房销售给他人的。其次，刘先生与购房者签订一个购买该套住房的协议，协议约定住房办理过户的日期为2022年1月10日。如果刘先生拖延办理住房过户手续，可以约定每拖延一日支付一定数额的违约金。如果刘先生拒绝办理住房过户手续，可以约定一个比较高的违约金，这样就可以预防刘先生再以高价将住房出售给他人。通过上述筹划，可以减轻税收负担26.67万元。（暂时不考虑个人所得税负担）

11. 将亲子房产赠予改为买卖的纳税筹划

纳税筹划思路

个人将住房无偿赠予配偶、父母、子女、祖父母、外祖父母、孙子女、外孙子女、兄弟姐妹免征增值税、个人所得税。

对受赠人无偿受赠房屋计征个人所得税时，其应纳税所得额为房地产赠予合同上标明的赠予房屋价值减除赠予过程中受赠人支付的相关税费后的余额。赠予合同标明的房屋价值明显低于市场价格或房地产赠予合同未标明赠予房屋价值的，税务机关可依据受赠房屋的市场评估价格或采取其他合理方式确定受赠人的应纳税所得额。

受赠人转让受赠房屋的,以其转让受赠房屋的收入减除原捐赠人取得该房屋的实际购置成本以及赠予和转让过程中受赠人支付的相关税费后的余额,为受赠人的应纳税所得额,依法计征个人所得税。受赠人转让受赠房屋价格明显偏低且无正当理由的,税务机关可以依据该房屋的市场评估价格或其他合理方式确定的价格核定其转让收入。

个人将购买不足 2 年的住房对外销售的,按照 5%的征收率全额缴纳增值税;个人将购买 2 年以上(含 2 年)的住房对外销售的,免征增值税。

对个人转让自用 5 年以上且是家庭唯一生活用房取得的所得,继续免征个人所得税。"家庭唯一生活用房",是指在同一省、自治区、直辖市范围内纳税人(有配偶的为夫妻双方)仅拥有一套住房。

一般人认为亲子之间房产过户以赠予的形式税负最轻,这仅仅是一种表面现象。也就是说,如果仅仅考虑赠予本身,其税负的确是最轻的,但如果考虑到未来子女再将房产出售,其税负就比较高了。由于很多父母名下只有一套住房,而且持有时间也比较长,如果出售给子女,往往也是不需要缴纳增值税和个人所得税的,其税负与赠予的税负基本一致。由于是亲子之间的买卖,往往只是形式的买卖,实际并不支付价款,因此,房屋买卖与房屋赠予相比并不会增加子女的负担。如果子女取得房产以后在较短的时间内就将其出售,就不如由父母直接将房产出售,再将出售房产的货币赠予子女更能降低税收负担。目前,亲子之间货币的赠予是没有任何税收负担的。

法律政策依据

(1)《财政部 国家税务总局关于全面推开营业税改征增值税试点的通知》(财税〔2016〕36 号)。

(2)《财政部 国家税务总局关于个人所得税若干政策问题的通知》(财税〔1994〕020 号)。

(3)《财政部 国家税务总局 建设部关于个人出售住房所得征收个人所得税有关问题的通知》(财税〔1999〕278 号)。

纳税筹划案例

【例 5-13】 陈女士准备将自己名下的唯一一套住房过户给儿子,由于儿子名下已经有多套住房,未来儿子还准备将该套住房再次出售。陈女士当初购买该套住房的价格为 100 万元,已经持有该套房产 15 年。目前,该套住房的市场价格为 400 万元。如果陈女士将房产赠予儿子,在赠予时,其儿子需要缴纳契税:400×3%=12(万元)。假设其儿子持有 2 年以后(如不足 2 年则需要缴纳增值税及其附加)再以 500 万元的价格将该套住房出售,在出售时需要缴纳个人所得税:(500–100–12)×20%=77.6(万元)。合计税收负担:12+77.6=89.6(万元)。请提出纳税筹划方案。

第 5 章　企业营改增的纳税筹划

筹划方案

陈女士将该套住房以 400 万元的价格出售给儿子，未来儿子再以 500 万元的价格对外出售。出售时，陈女士持有该房产已满 2 年，不需要缴纳增值税，该套房产为陈女士唯一生活用房且持有时间超过 5 年，不需要缴纳个人所得税，陈女士的儿子需要缴纳契税：400×3%=12（万元）。陈女士的儿子持有该套住房满 2 年以后再出售，在出售时需要缴纳个人所得税：（500-400-12）×20%=17.6（万元）。合计税收负担：12+17.6=29.6（万元）。通过纳税筹划，减轻税收负担：89.6-29.6=60（万元）。

12. 通过打折优惠将销售额控制在起征点以下的纳税筹划

纳税筹划思路

个人发生应税行为的销售额未达到增值税起征点的，免征增值税；达到起征点的，全额计算缴纳增值税。增值税起征点不适用于登记为一般纳税人的个体工商户。增值税起征点幅度如下：① 按期纳税的，为月销售额 5 000~20 000 元（含本数）；② 按次纳税的，为每次（日）销售额 300~500 元（含本数）。

起征点中的销售额为不含税销售额，现实生活中，经营者收取的价款为含税销售额，应当换算为不含税销售额之后再去判断是否达到起征点。营改增起征点的税收优惠只能由个人中的小规模纳税人享受。增值税法中的个人包括自然人和个体工商户。自然人只能作为小规模纳税人，不能成为一般纳税人。个体工商户可以作为小规模纳税人，也可以成为一般纳税人。属于一般纳税人的个体工商户不能享受起征点的优惠政策。

法律政策依据

（1）《财政部 国家税务总局关于全面推开营业税改征增值税试点的通知》（财税〔2016〕36 号）。

（2）《中华人民共和国增值税暂行条例》（国务院 1993 年 12 月 13 日颁布，国务院令〔1993〕第 134 号，根据 2017 年 11 月 19 日《国务院关于废止〈中华人民共和国营业税暂行条例〉和修改〈中华人民共和国增值税暂行条例〉的决定》第二次修订）。

（3）《中华人民共和国增值税暂行条例实施细则》（财政部 国家税务总局第 50 号令，根据 2011 年 10 月 28 日《关于修改〈中华人民共和国增值税暂行条例实施细则〉和〈中华人民共和国营业税暂行条例实施细则〉的决定》修订）。

纳税筹划案例

【例 5-14】 李先生创办一家个体工商户，提供交通运输服务，月销售额为 2 万元左右，当地规定的营改增起征点为 2 万元。请提出纳税筹划方案。（不考虑小微企业免增值税优惠，小规模纳税人征收率按 3%计算。）

筹划方案

如果不进行筹划，假设李先生每月含税销售额为 20 600 元，则每月需要缴纳增值税：20 600÷（1+3%）×3%=600（元），全年需要缴纳增值税：600×12=7 200（元）。李先生全年销售收入：20 600×12−7 200=240 000（元）。

李先生通过打折优惠等方式，将每月含税销售额控制在 20 599 元，即销售额为 20 599÷（1+3%）= 19 999.03（元）。由于销售额未达到 2 万元的起征点，不需要缴纳增值税，李先生全年销售收入：20 599×12=247 188（元）。通过纳税筹划，增加销售收入：247 188−240 000=7 188（元）。

13. 通过调节销售额控制在起征点以下的纳税筹划

纳税筹划思路

增值税起征点幅度如下：① 按期纳税的，为月销售额 5 000~20 000 元（含本数）；② 按次纳税的，为每次（日）销售额 300~500 元（含本数）。

对于月销售额明显超过起征点的个人，可以考虑通过在月底调节销售额，将部分销售额调节至下一个月，从而可以在某一个月实现销售额不达到起征点，从而可以享受免征增值税的优惠。需要注意的是，这样调节应当符合增值税法关于增值税纳税义务发生时间的规定，最常用的方法就是通过签订赊销合同，推迟实现销售收入的时间及开具发票的时间。

法律政策依据

（1）《财政部 国家税务总局关于全面推开营业税改征增值税试点的通知》（财税〔2016〕36 号）。

（2）《中华人民共和国增值税暂行条例》（国务院 1993 年 12 月 13 日颁布，国务院令〔1993〕第 134 号，根据 2017 年 11 月 19 日《国务院关于废止〈中华人民共和国营业税暂行条例〉和修改〈中华人民共和国增值税暂行条例〉的决定》第二次修订）。

（3）《中华人民共和国增值税暂行条例实施细则》（财政部 国家税务总局第 50 号令，根据 2011 年 10 月 28 日《关于修改〈中华人民共和国增值税暂行条例实施细则〉和〈中华人民共和国营业税暂行条例实施细则〉的决定》修订)。

纳税筹划案例

【例5-15】 甲餐馆为个体工商户,每月含税销售额为4万元左右,其中有不少大客户的月结订单,每月需要缴纳增值税:40 000÷(1+3%)×3%=1 165.05(元),全年需要缴纳增值税:1 165.05×12=13 980.6(元)。已知当地增值税起征点为2万元,请提出纳税筹划方案。(不考虑小微企业免增值税优惠,小规模纳税人征收率按3%计算。)

筹划方案

由于甲餐馆的大客户订单比较多,可以考虑将某些订单改为赊销方式,即1月的餐费放在2月结算,这样可以实现在一个纳税年度中,有若干个月的含税销售额不到20 600元,也就是不含税销售额不到20 000元,这样该月就可以免缴增值税。假设有6个月的含税销售额控制为不到20 600元,则剩余月份的含税销售额:40 000×12−20 600×6=356 400(元)。甲餐馆全年需要缴纳增值税:356 400÷(1+3%)×3%=10 380.58(元),少纳增值税:13 980.6−10 380.58=3 600.02(元)。

14. 通过调节销售额利用小微企业免税优惠政策的纳税筹划

纳税筹划思路

自2019年1月1日至2021年3月31日,对月销售额10万元以下(含本数)的增值税小规模纳税人,免征增值税。自2021年4月1日至2022年12月31日,对月销售额15万元以下(含本数)的增值税小规模纳税人,免征增值税。

这种筹划方案主要适用于季度销售额在45万元左右的企业,对于超过45万元的季度,企业应注意在季度末调控销售收入,尽量保证其中一个季度的销售额不超过45万元,临近季度的销售额可以超过45万元,这样就可以保证一个季度不纳税,另一个季度纳税,这样也可以适当降低税收负担。在筹划中应当注意增值税纳税义务的发生时间,不能为了少缴税而少申报销售额,这样可能会构成偷税,从而产生税务风险。

对于季度销售额明显超过45万元的小规模纳税人,可以通过分立企业的形式来使其季度销售额不超过45万元,从而可以享受免征增值税的优惠。企业分立应当具有合理商业目的,否则,有可能会被税务机关认定为避税行为,从而无法享受相关税收优惠。分立企业还应注意避免企业客户流失。

法律政策依据

（1）《财政部 国家税务总局关于全面推开营业税改征增值税试点的通知》（财税〔2016〕36号）。

（2）《财政部 税务总局关于实施小微企业普惠性税收减免政策的通知》（财税〔2019〕13号）。

（3）《财政部 税务总局关于明确增值税小规模纳税人免征增值税政策的公告》（财政部 税务总局公告2021年第11号）。

纳税筹划案例

【例5-16】 甲公司为营改增小规模纳税人，提供交通运输业劳务，每季度含税销售额为45万元左右。请提出纳税筹划方案。

筹划方案

如果不进行纳税策划，假设甲公司每季度含税销售额为46.5万元，则其季度不含税销售额：46.5÷（1+3%）=45.14（万元）。由于超过了45万元的优惠标准，因此每季度应当依法缴纳增值税：46.5÷（1+3%）×3%=1.35（万元），全年需要缴纳增值税：1.35×4=5.4（万元）。

甲公司通过合理控制每季度含税销售额以及发票开具等方式，将三个季度含税销售额控制在46.35万元。其中，一个季度的含税销售额为46.95元，全年含税销售额：46.35×3+46.95=186（万元），与筹划前的全年含税销售额保持一致。由于其三个季度的含税销售额均为46.35万元，即不含税销售额为46.35÷（1+3%）=45（万元），由于没有超过45万元，可以享受免征增值税的优惠。其中一个季度应当缴纳增值税：46.95÷（1+3%）×3%=1.37（万元）。通过纳税筹划，减轻增值税负担：5.4–1.37=4.03（万元）。

15. 通过分立企业利用小微企业免税优惠政策的纳税筹划

纳税筹划思路

自2019年1月1日至2021年3月31日，对月销售额10万元以下（含本数）的增值税小规模纳税人，免征增值税。自2021年4月1日至2022年12月31日，对月销售额15万元以下（含本数）的增值税小规模纳税人，免征增值税。

对于季度销售额明显超过45万元的小规模纳税人，可以通过分立企业的形式来使其季度销售额不超过45万元，从而可以享受免征增值税的优惠。企业分立应当具有合理商业目的，否则，有可能会被税务机关认定为避税行为，从而无法享受相关税收优惠。分立企业还应注意避免企业客户流失。

法律政策依据

（1）《财政部 国家税务总局关于全面推开营业税改征增值税试点的通知》（财税〔2016〕36号）。

（2）《财政部 税务总局关于实施小微企业普惠性税收减免政策的通知》（财税〔2019〕13号）。

（3）《财政部 税务总局关于明确增值税小规模纳税人免征增值税政策的公告》（财政部 税务总局公告2021年第11号）。

纳税筹划案例

【例5-17】 甲咨询公司为营改增小规模纳税人，自2021年4月1起，每季度销售额为90万元，每季度需要缴纳增值税：90×1%=0.9（万元）。已知甲咨询公司的主要客户为一些固定的老客户，请提出纳税筹划方案。

筹划方案

甲咨询公司的客户是固定的老客户，企业分立不会导致客户资源流失。甲咨询公司分立为两家咨询公司，相关老客户也分别划归两家咨询公司。如企业分立比较烦琐，也可以由甲咨询公司的股东再成立一家咨询公司，或者由甲咨询公司成立一家全资子公司，将甲咨询公司的一半业务转移至新成立的公司。每家咨询公司季度销售额为45万元，可以免征增值税。通过纳税筹划，甲咨询公司每季度可减轻增值税负担0.9万元。

16. 利用资产重组的纳税筹划

纳税筹划思路

在资产重组过程中，通过合并、分立、出售、置换等方式，将全部或部分实物资产以及与其相关联的债权、负债和劳动力一并转让给其他单位和个人，其中涉及的不动产、土地使用权转让行为不征收增值税。

纳税人在资产重组过程中，通过合并、分立、出售、置换等方式，将全部或部分实物资产以及与其相关联的债权、负债和劳动力一并转让给其他单位和个人，不属于增值税的征税范围，其中涉及的货物转让，不征收增值税。

资产重组，是指企业资产的拥有者、控制者与企业外部的经济主体进行的，对企业资产的分布状态进行重新组合、调整、配置的过程，或对设在企业资产上的权利进行重新配置的过程。

只要在企业资产重组的大前提下,进行资产置换才有可能免征增值税。

法律政策依据

(1)《财政部 国家税务总局关于全面推开营业税改征增值税试点的通知》(财税〔2016〕36号)。

(2)《国家税务总局关于纳税人资产重组有关增值税问题的公告》(国家税务总局公告2011年第13号)。

纳税筹划案例

【例5-18】 甲公司准备与乙公司进行资产互换,其中涉及的不动产、土地使用权转让以及机器设备等转让的销售额约为1亿元,需要缴纳增值税约400万元。请提出纳税筹划方案。

筹划方案

甲公司和乙公司将简单的资产互换设计为资产置换,不仅将全部实物资产互换,其中所涉及的债权、负债和劳动力也一并互换,这样,其中所涉及的货物转让、不动产转让和土地使用权转让均不征收增值税。通过纳税筹划,减轻增值税负担约400万元。

纳税筹划案例

【例5-19】 甲公司计划使用部分不动产、无形资产、货物等实物出资,成立一家全资子公司,其中所涉及的不动产价值为2 000万元,无形资产价值为1 000万元。请为甲公司提出纳税筹划方案。

筹划方案

如果采取实物出资的方式设立子公司,则计算出的增值税销项税额:(2 000+1 000)×11%=330(万元)。如果在资产重组的框架中,采取公司分立的方式设立一家新公司,将相关资产及债权、债务和人员转移至新设立的公司,可以免纳增值税。

17. 利用股权转让的纳税筹划

纳税筹划思路

股权转让不征收增值税。通过股权转让进行纳税筹划应当提前规划,并且应具有合理的商业目的，不能单纯地为了少纳税或不纳税而设立公司并转让公司股权，否则，税务机关有可能对其股权转让行为进行反避税调查。

法律政策依据

（1）《财政部 国家税务总局关于全面推开营业税改征增值税试点的通知》（财税〔2016〕36号）。

（2）《中华人民共和国增值税暂行条例》（国务院1993年12月13日颁布，国务院令〔1993〕第134号，根据2017年11月19日《国务院关于废止〈中华人民共和国营业税暂行条例〉和修改〈中华人民共和国增值税暂行条例〉的决定》第二次修订）。

（3）《中华人民共和国增值税暂行条例实施细则》（财政部 国家税务总局第50号令，根据2011年10月28日《关于修改〈中华人民共和国增值税暂行条例实施细则〉和〈中华人民共和国营业税暂行条例实施细则〉的决定》修订）。

纳税筹划案例

【例5-20】 甲公司准备将一些无形资产、不动产和货物转让给乙公司，但该行为并不符合资产重组的定义，经初步核算，上述资产转让的应税销售额约为2 000万元，需要缴纳增值税约100万元。请提出纳税筹划方案。

筹划方案

甲公司可以分立出A公司，将这些准备转让的无形资产、不动产和货物划入A公司，然后将A公司的股权转让给乙公司，可以免纳增值税约100万元。未来，如果乙公司不想保留A公司，可以通过资产重组与A公司合并，此时发生的资产转让行为也不征收增值税。

18. 清包工提供建筑服务的纳税筹划

纳税筹划思路

一般纳税人以清包工方式提供的建筑服务，可以选择适用简易计税方法计税。以清包工方式提供建筑服务，是指施工方不采购建筑工程所需的材料或只采购辅助材料，并收取人工费、管理费或其他费用的建筑服务。

一般纳税人只有以清包工方式提供的建筑服务才可以选择适用简易计税方法计税，以包工包料的形式提供的建筑服务不能选择适用简易计税方法计税。因此，广大装修公司可以通过核算建筑工程所需的材料能够抵扣的进项税额来比较哪种提供建筑服务的方式税负较轻，从而在签订装修合同时，与客户协商采取该种方式。

法律政策依据

（1）《财政部 国家税务总局关于全面推开营业税改征增值税试点的通知》（财税〔2016〕36号）。

（2）《中华人民共和国增值税暂行条例》（国务院1993年12月13日颁布，国务院令〔1993〕第134号，根据2017年11月19日《国务院关于废止〈中华人民共和国营业税暂行条例〉和修改〈中华人民共和国增值税暂行条例〉的决定》第二次修订）。

（3）《中华人民共和国增值税暂行条例实施细则》（财政部 国家税务总局第50号令，根据2011年10月28日《关于修改〈中华人民共和国增值税暂行条例实施细则〉和〈中华人民共和国营业税暂行条例实施细则〉的决定》修订）。

纳税筹划案例

【例5-21】 甲装修公司主要以清包工方式提供装修服务，年含税销售额约为3 000万元，属于营改增一般纳税人，适用9%的税率，全年进项税额约为50万元，需要缴纳增值税：3 000÷（1+9%）×9%–50=197.71（万元）。请提出纳税筹划方案。

筹划方案

甲装修公司独立核算以清包工方式提供的建筑服务，并选择适用简易计税方法计税。全年需要缴纳增值税：3 000÷（1+3%）×3%=87.38(元)。通过纳税筹划，少纳增值税：197.71–87.38=110.33（万元）。

19．甲供工程提供建筑服务的纳税筹划

纳税筹划思路

一般纳税人为甲供工程提供的建筑服务，可以选择适用简易计税方法计税。甲供工程，是指全部或部分设备、材料、动力由工程发包方自行采购的建筑工程。

一般纳税人只有采取甲供工程的方式提供建筑服务才能选择适用简易计税方法计税，否则，应当按照一般计税方法计税。当然，具体哪种方式更加节税，应综合考虑工程所使用的设备、材料、动力中能够抵扣的进项税额的多少。多数情形下，选择适用简易计税方法计税可以实现最低税负。

第5章　企业营改增的纳税筹划

法律政策依据

（1）《财政部　国家税务总局关于全面推开营业税改征增值税试点的通知》（财税〔2016〕36号）。

（2）《中华人民共和国增值税暂行条例》（国务院1993年12月13日颁布，国务院令〔1993〕第134号，根据2017年11月19日《国务院关于废止〈中华人民共和国营业税暂行条例〉和修改〈中华人民共和国增值税暂行条例〉的决定》第二次修订）。

（3）《中华人民共和国增值税暂行条例实施细则》（财政部　国家税务总局第50号令，根据2011年10月28日《关于修改〈中华人民共和国增值税暂行条例实施细则〉和〈中华人民共和国营业税暂行条例实施细则〉的决定》修订）。

纳税筹划案例

【例5-22】　甲安装公司主要通过甲供工程的方式提供建筑服务，年销售额约为2 000万元，属于营改增一般纳税人，适用9%的税率，全年进项税额约为40万元，需要缴纳增值税：2 000÷（1+9%）×9%–40=125.14（万元）。请提出纳税筹划方案。

筹划方案

甲安装公司独立核算以甲供工程的方式提供的建筑服务，并选择适用简易计税方法计税。全年需要缴纳增值税：2 000÷（1+3%）×3%=58.25（元）。通过纳税筹划，少纳增值税：125.14–58.25=66.89（万元）。

20. 为老项目提供建筑服务的纳税筹划

纳税筹划思路

一般纳税人为建筑工程老项目提供的建筑服务，可以选择适用简易计税方法计税。

建筑工程老项目包括：①《建筑工程施工许可证》注明的合同开工日期在2016年4月30日前的建筑工程项目；② 未取得《建筑工程施工许可证》的，建筑工程承包合同注明的开工日期在2016年4月30日前的建筑工程项目。2016年5月1日以后开工的项目不能选择适用简易计税方法计税。

法律政策依据

（1）《财政部　国家税务总局关于全面推开营业税改征增值税试点的通知》（财税〔2016〕

36号）。

（2）《中华人民共和国增值税暂行条例》（国务院1993年12月13日颁布，国务院令〔1993〕第134号，根据2017年11月19日《国务院关于废止〈中华人民共和国营业税暂行条例〉和修改〈中华人民共和国增值税暂行条例〉的决定》第二次修订）。

（3）《中华人民共和国增值税暂行条例实施细则》（财政部 国家税务总局第50号令，根据2011年10月28日《关于修改〈中华人民共和国增值税暂行条例实施细则〉和〈中华人民共和国营业税暂行条例实施细则〉的决定》修订）。

纳税筹划案例

【例5-23】 甲建筑公司属于营改增一般纳税人，适用9%的税率，2021年6月，为一建筑工程老项目提供建筑服务，该项目销售额约为1 000万元，预计能够取得进项税额约20万元，需要缴纳增值税：1 000÷（1+9%）×9%-20=62.57（万元）。请提出纳税筹划方案。

筹划方案

甲建筑公司独立核算该项为建筑工程老项目提供的建筑服务，并选择适用简易计税方法计税。需要缴纳增值税：1 000÷（1+3%）×3%=29.13（元）。通过纳税筹划，少纳增值税：62.57-29.13=33.44（万元）。

21. 利用学生勤工俭学提供服务的纳税筹划

纳税筹划思路

学生勤工俭学提供的服务免征增值税。聘请学生开展勤工俭学的公司可以将聘请关系改为代理关系，由学生直接提供勤工俭学服务，公司仅收取中介代理费。代理公司还可以通过保持小规模纳税人身份来节税。

由于增值税一般纳税人是不能直接变更为增值税小规模纳税人的，因此，超过小规模纳税人标准的只能先解散，再重新成立一家公司，该新设公司在年销售额不超过500万元的前提下可以选择增值税小规模纳税人身份。

法律政策依据

（1）《财政部 国家税务总局关于全面推开营业税改征增值税试点的通知》（财税〔2016〕36号）。

（2）《中华人民共和国增值税暂行条例》（国务院1993年12月13日颁布，国务院令〔1993〕第134号，根据2017年11月19日《国务院关于废止〈中华人民共和国营业税暂行条例〉和修改〈中华人民共和国增值税暂行条例〉的决定》第二次修订）。

（3）《中华人民共和国增值税暂行条例实施细则》（财政部 国家税务总局第 50 号令，根据 2011 年 10 月 28 日《关于修改〈中华人民共和国增值税暂行条例实施细则〉和〈中华人民共和国营业税暂行条例实施细则〉的决定》修订）。

纳税筹划案例

【例 5-24】 甲教育公司从各高校聘请了大量本科生和研究生提供教育服务，原经营模式为由甲公司与客户签订合同，甲公司收取费用后向其聘请的学生发放劳务报酬。由于甲公司为营改增一般纳税人，适用税率为 6%。甲公司年含税销售额为 1 000 万元，可以抵扣的进项税额为 2 万元，实际缴纳增值税：1 000÷（1+6%）×6%-2=54.60（万元）。已知发放给学生的劳务费为 700 万元。请提出纳税筹划方案。

筹划方案

甲公司将上述由本公司提供教育服务的经营模式改为中介服务模式，即由其聘请的学生以勤工俭学的形式直接与客户签订合同，提供教育劳务，原由甲公司向学生发放的劳务报酬由客户直接支付给学生，甲公司以中介服务的身份收取一定的服务费。假设经营效益不发生变化，则甲公司可以取得含税服务费 300 万元（1 000-700），实际缴纳增值税：300÷（1+6%）×6%-2=14.98（万元）。通过纳税筹划，少纳增值税：54.60-14.98=39.62（万元）。

如果甲公司年销售额一直保持在 500 万元以下，也可以考虑以小规模纳税人的身份缴纳增值税，这样实际缴纳增值税：300÷（1+3%）×3%=8.74（万元），税负更轻。如果设立三家公司来从事该项中介服务，每家公司的季度销售额保持在 45 万元以内，则可以免纳增值税。

22．利用残疾人提供服务的纳税筹划

纳税筹划思路

残疾人本人为社会提供的服务免征增值税。

只有残疾人本人为社会提供的服务才能免征增值税，残疾人创办个体工商户、个人独资企业、合伙企业、公司等组织形式并通过这些组织为社会提供的服务不能免征增值税。

法律政策依据

（1）《财政部 国家税务总局关于全面推开营业税改征增值税试点的通知》（财税〔2016〕36 号）。

（2）《中华人民共和国增值税暂行条例》（国务院 1993 年 12 月 13 日颁布，国务院令〔1993〕

第 134 号，根据 2017 年 11 月 19 日《国务院关于废止〈中华人民共和国营业税暂行条例〉和修改〈中华人民共和国增值税暂行条例〉的决定》第二次修订）。

（3）《中华人民共和国增值税暂行条例实施细则》（财政部 国家税务总局第 50 号令，根据 2011 年 10 月 28 日《关于修改〈中华人民共和国增值税暂行条例实施细则〉和〈中华人民共和国营业税暂行条例实施细则〉的决定》修订）。

纳税筹划案例

【例 5-25】 王先生为残疾人，由于掌握了一门特殊手艺，其提供的服务很受社会欢迎。王先生计划创办一家公司提供生活服务，预计年含税销售额为 600 万元，可以抵扣的进项税额为 2 万元，实际缴纳增值税：600÷（1+6%）×6%-2=31.96（万元）。请提出纳税筹划方案。

筹划方案

王先生虽然是残疾人，但其创办的公司不能享受免征增值税的优惠，因此，王先生应当注销公司，或者该公司从事其他经营，而由王先生本人为社会提供服务。假设其年销售额不发生变化，则每年可以少纳增值税 31.96 万元。

23. 利用家政服务优惠的纳税筹划

纳税筹划思路

家政服务企业由员工制家政服务员提供家政服务取得的收入免征增值税。家政服务企业，是指在企业营业执照的规定经营范围中包括家政服务内容的企业。

员工制家政服务员必须同时符合下列三个条件：① 依法与家政服务企业签订半年及半年以上的劳动合同或服务协议，且在该企业实际上岗工作；② 家政服务企业为其按月足额缴纳了企业所在地人民政府根据国家政策规定的基本养老保险、基本医疗保险、工伤保险、失业保险等社会保险；③ 家政服务企业通过金融机构向其实际支付不低于企业所在地适用的经省级人民政府批准的最低工资标准的工资。

法律政策依据

（1）《财政部 国家税务总局关于全面推开营业税改征增值税试点的通知》（财税〔2016〕36 号）。

（2）《中华人民共和国增值税暂行条例》（国务院 1993 年 12 月 13 日颁布，国务院令〔1993〕第 134 号，根据 2017 年 11 月 19 日《国务院关于废止〈中华人民共和国营业税暂行条例〉和修改〈中华人民共和国增值税暂行条例〉的决定》第二次修订）。

（3）《中华人民共和国增值税暂行条例实施细则》（财政部 国家税务总局第 50 号令，根据 2011 年 10 月 28 日《关于修改〈中华人民共和国增值税暂行条例实施细则〉和〈中华人民共和国营业税暂行条例实施细则〉的决定》修订）。

纳税筹划案例

【例 5-26】 甲家政服务公司为营改增一般纳税人，年销售额为 1 060 万元，适用税率为 6%，可以抵扣的进项税额为 10 万元，实际缴纳增值税：1 060÷（1+6%）×6%-10=50（万元）。请提出纳税筹划方案。

筹划方案

甲家政服务公司转型为由员工制家政服务员提供家政服务，由此取得的收入可以享受免征增值税的优惠，每年可以少纳增值税 50 万元。

24. 利用应收未收利息优惠政策的纳税筹划

纳税筹划思路

金融企业发放贷款后，自结息日起 90 天内发生的应收未收利息按现行规定缴纳增值税，自结息日起 90 天后发生的应收未收利息暂不缴纳增值税，待实际收到利息时按规定缴纳增值税。

上述所称金融企业，是指银行（包括国有、集体、股份制、合资、外资银行及其他所有制形式的银行）、城市信用社、农村信用社、信托投资公司、财务公司。另外，只有超过 90 天以后再发生的应收未收利息才能暂时不纳税，90 天之内的应收未收利息仍然根据权责发生制原则确认收入。

法律政策依据

（1）《财政部 国家税务总局关于全面推开营业税改征增值税试点的通知》（财税〔2016〕36 号）。

（2）《中华人民共和国增值税暂行条例》（国务院 1993 年 12 月 13 日颁布，国务院令〔1993〕第 134 号，根据 2017 年 11 月 19 日《国务院关于废止〈中华人民共和国营业税暂行条例〉和修改〈中华人民共和国增值税暂行条例〉的决定》第二次修订）。

（3）《中华人民共和国增值税暂行条例实施细则》（财政部 国家税务总局第 50 号令，根据 2011 年 10 月 28 日《关于修改〈中华人民共和国增值税暂行条例实施细则〉和〈中华人民共和国营业税暂行条例实施细则〉的决定》修订）。

纳税筹划案例

【例5-27】 某农村信用社每年产生的自结息日超过90天后发生的应收未收利息有5 000万元，其中有相当一部分是无法收回的，按照之前的营业税政策，需要缴纳营业税及其附加：5 000×5%×（1+7%+3%+2%）=280（万元）。请提出营改增后的纳税筹划方案。

筹划方案

按照2016年5月1日以后的政策，上述5 000万元应收未收利息可以暂时不缴纳增值税，待实际收到利息时再缴纳增值税。这样就可以节省一大笔税款支出，同时也取得了延期纳税的利益。

25. 利用个人买卖金融商品免税的纳税筹划

纳税筹划思路

个人从事金融商品转让业务取得的收入免征增值税。个人包括个体工商户及其他个人，即自然人。个人成立公司、个人独资企业或合伙企业从事金融商品转让业务不能免征增值税。

法律政策依据

（1）《财政部 国家税务总局关于全面推开营业税改征增值税试点的通知》（财税〔2016〕36号）。

（2）《中华人民共和国增值税暂行条例》（国务院1993年12月13日颁布，国务院令〔1993〕第134号，根据2017年11月19日《国务院关于废止〈中华人民共和国营业税暂行条例〉和修改〈中华人民共和国增值税暂行条例〉的决定》第二次修订）。

（3）《中华人民共和国增值税暂行条例实施细则》（财政部 国家税务总局第50号令，根据2011年10月28日《关于修改〈中华人民共和国增值税暂行条例实施细则〉和〈中华人民共和国营业税暂行条例实施细则〉的决定》修订）。

纳税筹划案例

【例5-28】 张先生计划成立一家公司从事外汇、有价证券、非货物期货和其他金融商品买卖业务，预计年应税销售额约1 000万元，需要缴纳增值税约50万元。请提出纳税筹划方案。

筹划方案

张先生可以成立一家个体工商户从事上述金融商品买卖业务,这样就可以免纳增值税,每年可以减轻增值税负担约 50 万元。

26. 利用农村金融机构可选择 3%的简易计税方法的纳税筹划

纳税筹划思路

农村信用社、村镇银行、农村资金互助社、由银行业机构全资发起设立的贷款公司、法人机构在县(县级市、区、旗)及县以下地区的农村合作银行和农村商业银行提供金融服务收入,可以选择适用简易计税方法按照 3%的征收率计算缴纳增值税。

村镇银行,是指经中国银行业监督管理委员会依据有关法律、法规批准,由境内外金融机构、境内非金融机构企业法人、境内自然人出资,在农村地区设立的主要为当地农民、农业和农村经济发展提供金融服务的银行业金融机构。

农村资金互助社,是指经银行业监督管理机构批准,由乡(镇)、行政村农民和农村小企业自愿入股组成,为社员提供存款、贷款、结算等业务的社区互助性银行业金融机构。

由银行业机构全资发起设立的贷款公司,是指经中国银行业监督管理委员会依据有关法律、法规批准,由境内商业银行或农村合作银行在农村地区设立的专门为县域农民、农业和农村经济发展提供贷款服务的非银行业金融机构。

县(县级市、区、旗),不包括直辖市和地级市所辖城区。

法律政策依据

(1)《财政部 国家税务总局关于全面推开营业税改征增值税试点的通知》(财税〔2016〕36 号)。

(2)《中华人民共和国增值税暂行条例》(国务院 1993 年 12 月 13 日颁布,国务院令〔1993〕第 134 号,根据 2017 年 11 月 19 日《国务院关于废止〈中华人民共和国营业税暂行条例〉和修改〈中华人民共和国增值税暂行条例〉的决定》第二次修订)。

(3)《中华人民共和国增值税暂行条例实施细则》(财政部 国家税务总局第 50 号令,根据 2011 年 10 月 28 日《关于修改〈中华人民共和国增值税暂行条例实施细则〉和〈中华人民共和国营业税暂行条例实施细则〉的决定》修订)。

纳税筹划案例

【例 5-29】 甲农村信用社为营改增一般纳税人,适用增值税税率 6%,由于进项税额较少,实际增值税税负为5%。请提出纳税筹划方案。

筹划方案

甲农村信用社提供金融服务收入可以选择适用简易计税方法按照3%的征收率计算缴纳增值税,这样就可以将其增值税实际税负从5%降为3%。

27. 利用免税货物运输代理服务的纳税筹划

纳税筹划思路

纳税人提供的直接或间接国际货物运输代理服务免税。纳税人提供直接或间接国际货物运输代理服务,向委托方收取的全部国际货物运输代理服务收入,以及向国际运输承运人支付的国际运输费用,必须通过金融机构进行结算。

纳税人为大陆与香港、澳门、台湾地区之间的货物运输提供的货物运输代理服务参照国际货物运输代理服务有关规定执行。委托方索取发票的,纳税人应当就国际货物运输代理服务收入向委托方全额开具增值税普通发票。

法律政策依据

(1)《财政部 国家税务总局关于全面推开营业税改征增值税试点的通知》(财税〔2016〕36号)。

(2)《中华人民共和国增值税暂行条例》(国务院1993年12月13日颁布,国务院令〔1993〕第134号,根据2017年11月19日《国务院关于废止〈中华人民共和国营业税暂行条例〉和修改〈中华人民共和国增值税暂行条例〉的决定》第二次修订)。

(3)《中华人民共和国增值税暂行条例实施细则》(财政部 国家税务总局第50号令,根据2011年10月28日《关于修改〈中华人民共和国增值税暂行条例实施细则〉和〈中华人民共和国营业税暂行条例实施细则〉的决定》修订)。

纳税筹划案例

【例5-30】 甲公司主要提供国际货物运输代理服务,年销售额约为2 000万元。由于其部分费用未通过金融机构进行结算,无法享受免征增值税的优惠,需要缴纳增值税约60万元。请提出纳税筹划方案。

第 5 章　企业营改增的纳税筹划

筹划方案

甲公司提供国际货物运输代理服务，本来可以享受免征增值税优惠，只是由于其部分收入并未通过金融机构进行结算而无法享受，因此，其可以加强财务管理，严格要求所有免税收入均通过金融机构进行结算，这样就可以享受免征增值税的优惠，每年减轻增值税负担约 60 万元。

28. 利用管道运输优惠政策的纳税筹划

纳税筹划思路

一般纳税人提供管道运输服务，对其增值税实际税负超过 3%的部分实行增值税即征即退政策。增值税实际税负，是指纳税人当期提供应税服务实际缴纳的增值税税额占纳税人当期提供应税服务取得的全部价款和价外费用的比例。

法律政策依据

（1）《财政部 国家税务总局关于全面推开营业税改征增值税试点的通知》（财税〔2016〕36 号）。

（2）《中华人民共和国增值税暂行条例》（国务院 1993 年 12 月 13 日颁布，国务院令〔1993〕第 134 号，根据 2017 年 11 月 19 日《国务院关于废止〈中华人民共和国营业税暂行条例〉和修改〈中华人民共和国增值税暂行条例〉的决定》第二次修订）。

（3）《中华人民共和国增值税暂行条例实施细则》（财政部 国家税务总局第 50 号令，根据 2011 年 10 月 28 日《关于修改〈中华人民共和国增值税暂行条例实施细则〉和〈中华人民共和国营业税暂行条例实施细则〉的决定》修订）。

纳税筹划案例

【例 5-31】 甲公司主要提供管道运输服务，适用 9%的增值税税率，并且进项税额相对较少，导致其增值税实际税负达到了 6%。请提出纳税筹划方案。

筹划方案

甲公司对管道运输服务单独核算，可以享受增值税实际税负超过 3%的部分实行增值税即征即退政策，这样，其增值税税负就可以从 6%降为 3%。

29. 利用退役士兵税收优惠的纳税筹划

纳税筹划思路

自 2019 年 1 月 1 日至 2021 年 12 月 31 日，自主就业退役士兵从事个体经营的，自办理个体工商户登记当月起，在 3 年（36 个月，下同）内按每户每年 12 000 元为限额依次扣减其当年实际应缴纳的增值税、城市维护建设税、教育费附加、地方教育附加和个人所得税。限额标准最高可上浮 20%，各省、自治区、直辖市人民政府可根据本地区实际情况在此幅度内确定具体的限额标准。

纳税人年度应缴纳税款小于上述扣减限额的，减免税额以其实际缴纳的税款为限；大于上述扣减限额的，以上述扣减限额为限。纳税人的实际经营期不足 1 年的，应当按月换算其减免税限额。换算公式为：

$$减免税限额 = 年度减免税限额 \div 12 \times 实际经营月数$$

城市维护建设税、教育费附加、地方教育附加的计税依据是享受本项税收优惠政策前的增值税应纳税额。

企业招用自主就业退役士兵，与其签订 1 年以上期限劳动合同并依法缴纳社会保险费的，自签订劳动合同并缴纳社会保险当月起，在 3 年内按实际招用人数予以定额依次扣减增值税、城市维护建设税、教育费附加、地方教育附加和企业所得税优惠。定额标准为每人每年 6 000 元，最高可上浮 50%，各省、自治区、直辖市人民政府可根据本地区实际情况在此幅度内确定具体的定额标准。

企业按招用人数和签订的劳动合同时间核算企业减免税总额，在核算减免税总额内每月依次扣减增值税、城市维护建设税、教育费附加和地方教育附加。企业实际应缴纳的增值税、城市维护建设税、教育费附加和地方教育附加小于核算减免税总额的，以实际应缴纳的增值税、城市维护建设税、教育费附加和地方教育附加为限；实际应缴纳的增值税、城市维护建设税、教育费附加和地方教育附加大于核算减免税总额的，以核算减免税总额为限。

纳税年度终了，如果企业实际减免的增值税、城市维护建设税、教育费附加和地方教育附加小于核算减免税总额，企业在企业所得税汇算清缴时以差额部分扣减企业所得税。当年扣减不完的，不再结转以后年度扣减。

自主就业退役士兵在企业工作不满 1 年的，应当按月换算减免税限额。计算公式为：

$$企业核算减免税总额 = \Sigma 每名自主就业退役士兵本年度在本单位工作月份 \div 12 \times 具体定额标准$$

城市维护建设税、教育费附加、地方教育附加的计税依据是享受本项税收优惠政策前的增值税应纳税额。

上述自主就业退役士兵，是指依照《退役士兵安置条例》（国务院 中央军委令第 608 号）的规定退出现役并按自主就业方式安置的退役士兵。上述企业，是指属于增值税纳税人或企业所得税纳税人的企业等单位。

自主就业退役士兵从事个体经营的，在享受税收优惠政策进行纳税申报时，注明其退役军人身份，并将《中国人民解放军义务兵退出现役证》和《中国人民解放军士官退出现役证》或《中国人民武装警察部队义务兵退出现役证》和《中国人民武装警察部队士官退出现役证》留存备查。

企业招用自主就业退役士兵享受税收优惠政策的，将以下资料留存备查：① 招用自主就业退役士兵的《中国人民解放军义务兵退出现役证》和《中国人民解放军士官退出现役证》或《中国人民武装警察部队义务兵退出现役证》和《中国人民武装警察部队士官退出现役证》；② 企业与招用自主就业退役士兵签订的劳动合同（副本），为职工缴纳的社会保险费记录；③ 自主就业退役士兵本年度在企业的工作时间表。

企业招用自主就业退役士兵既可以适用上述规定的税收优惠政策，又可以适用其他扶持就业专项税收优惠政策的，企业可以选择适用最优惠的政策，但不得重复享受。

法律政策依据

（1）《财政部 国家税务总局关于全面推开营业税改征增值税试点的通知》（财税〔2016〕36号）。

（2）《财政部 税务总局 退役军人部关于进一步扶持自主就业退役士兵创业就业有关税收政策的通知》（财税〔2019〕21号）。

纳税筹划案例

【例5-32】 赵先生是自主就业退役士兵，原计划要创办一家运输公司，预计年销售额为200万元，按照小规模纳税人纳税，需要缴纳增值税约6万元。请提出纳税筹划方案。

筹划方案

赵先生可以创办个体工商户从事运输服务，这样每年可以扣减增值税1.2万元，3年可以扣减增值税3.6万元。

30. 巧妙转化服务性质的纳税筹划

纳税筹划思路

营改增后设置了13%、9%、6%三档税率，不同性质的服务适用不同的税率。对于性质接近或类似但适用税率不同的服务，可以通过巧妙转化服务性质来适用较低税率，从而降低增值税负担。例如，不动产租赁与仓储、会议等生活服务性质接近，但分别适用9%和6%的税率，存在转化的空间；有形动产租赁与其他服务业也存在诸多类似之处，由于其适用16%的最高税率，也可以适当转化。

法律政策依据

（1）《财政部 国家税务总局关于全面推开营业税改征增值税试点的通知》（财税〔2016〕36号）。

（2）《中华人民共和国增值税暂行条例》（国务院1993年12月13日颁布，国务院令〔1993〕第134号，根据2017年11月19日《国务院关于废止〈中华人民共和国营业税暂行条例〉和修改〈中华人民共和国增值税暂行条例〉的决定》第二次修订）。

（3）《中华人民共和国增值税暂行条例实施细则》（财政部 国家税务总局第50号令，根据2011年10月28日《关于修改〈中华人民共和国增值税暂行条例实施细则〉和〈中华人民共和国营业税暂行条例实施细则〉的决定》修订）。

纳税筹划案例

【例5-33】 甲公司因会议与培训需要，租用乙培训学校的礼堂一周，租金为11万元，原计划签订教室租赁合同，按照不动产租赁服务开具增值税普通发票。请为乙培训学校提出纳税筹划方案。

筹划方案

按照原计划，乙培训学校需要计算增值税销项税额：110 000÷（1+9%）×9%=9 082.57（元）。如果双方签订培训合同或会议服务合同，乙培训学校增加打扫卫生等服务，收费不变，则乙培训学校需要计算增值税销项税额：110 000÷（1+6%）×6%=6 226.42（元）。减轻增值税负担：9 082.57–6 226.42=2 856.15（万元）。

31. 提高物化劳动所占比重的纳税筹划

纳税筹划思路

增值税以增值额为计税依据，而人的劳动是增值额的重要组成部分，因此，如果活化劳动占的比重过高，必然导致增值税负担过重。

原征收营业税的七个行业，活化劳动所占比重都比较高，从长远来看，营改增之后，这些行业都应当逐步提高物化劳动所占比重，从而逐步降低增值税负担。

法律政策依据

（1）《财政部 国家税务总局关于全面推开营业税改征增值税试点的通知》（财税〔2016〕

36号）。

（2）《中华人民共和国增值税暂行条例》（国务院 1993 年 12 月 13 日颁布，国务院令〔1993〕第 134 号，根据 2017 年 11 月 19 日《国务院关于废止〈中华人民共和国营业税暂行条例〉和修改〈中华人民共和国增值税暂行条例〉的决定》第二次修订）。

（3）《中华人民共和国增值税暂行条例实施细则》（财政部 国家税务总局第 50 号令，根据 2011 年 10 月 28 日《关于修改〈中华人民共和国增值税暂行条例实施细则〉和〈中华人民共和国营业税暂行条例实施细则〉的决定》修订）。

纳税筹划案例

【例 5-34】 甲建筑公司活化劳动所占比重较高，增值税负担也较重。由于大量的建筑劳动可以由机器来代替人工，经测算，该部分每年需负担机器购置租赁等支出约 5 000 万元（含税），该部分支付的工资与之大体相当。请为甲建筑公司提出纳税筹划方案。

筹划方案

如能将该部分劳动由活化劳动全部转为物化劳动，则可以增加增值税进项税额：5 000÷（1+13%）×13%=575.22（万元）。

第 6 章

其他税种制度下企业的纳税筹划

1. 租赁、仓储房产税的纳税筹划

纳税筹划思路

根据《中华人民共和国房产税暂行条例》(简称《房产税暂行条例》)及有关政策规定,租赁业房产税与仓储业房产税的计税方法不同。房产自用的,其房产税依照房产余值的 1.2% 计算缴纳,即:

$$应纳税额=房产原值×(1-扣除比例)×1.2\%$$

房产原值的扣除比例各省、市、自治区可能略有不同,从 10%到 30%不等。

房产用于租赁的,其房产税依照租金收入的 12% 计算缴纳,即:

$$应纳税额=租金收入金额×12\%$$

由于房产税计税公式的不同,必然导致应纳税额的差异,这就为纳税筹划提供了空间。根据《房产税暂行条例》的规定,房产用于出租的,必须按租金计算缴纳房产税。因此,为了能够按照房产余值计算缴纳房产税,需要将出租转化为其他形式。租赁业与仓储业在营改增之后缴纳增值税的税率也不相同,由于增值税具有转嫁性,大多数情况下,其税负可以转嫁出去,这里暂不考虑其增值税负担的比较。

法律政策依据

(1)《中华人民共和国增值税暂行条例》(1993 年 12 月 13 日国务院令第 134 号公布,2008 年 11 月 5 日国务院第 34 次常务会议修订通过,根据 2016 年 2 月 6 日《国务院关于修改部分行政法规的决定》第一次修订,根据 2017 年 11 月 19 日《国务院关于废止〈中华人民共和国营业税暂行条例〉和修改〈中华人民共和国增值税暂行条例〉的决定》第二次修订)。

（2）《中华人民共和国房产税暂行条例》（国务院 1986 年 9 月 15 日颁布，国发〔1986〕90 号，根据 2011 年 1 月 8 日国务院令第 588 号《国务院关于废止和修改部分行政法规的决定》修订）。

纳税筹划图

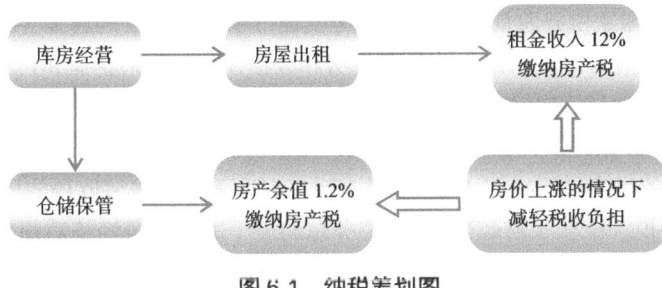

图 6-1　纳税筹划图

纳税筹划案例

【例 6-1】　某商业公司是从计划经济时期发展过来的，在计划经济时期，商品较为短缺。该公司作为商业批发零售兼营企业，为了"发展经济，保障供给"，千方百计圈地建库，尽可能多地储存商品。现在商品极大丰富了，公司逐步向零库存发展，库房大量闲置。近年来，部分闲置的库房用于出租，但是，租赁过程的综合税负约为 20%，企业负担过重。是否有可能通过纳税筹划减轻税收负担呢？

筹划方案

假设该公司用于出租的库房有三栋，其房产原值为 2 000 万元，年租金收入为 400 万元，则应纳房产税：400×12%=48（万元）。由于增值税及其附加、印花税、企业所得税等不影响筹划结果，这里暂不考虑房产税以外的其他税费。

假设对该公司的上述经营活动进行纳税筹划。如果年底合同到期，公司派代表与客户进行友好协商，继续利用库房为客户存放商品，但将租赁合同改为仓储保管合同，增加服务内容，配备保管人员，为客户提供 24 小时服务。这样，该公司需要增加费用支出，假设增加支出 15 万元。如果该公司在增加的服务上不盈利，即收取的仓储费为房屋租赁费加 15 万元，则客户会非常欢迎这种做法。这样，该公司提供仓储服务的收入仍然约为 400 万元，收入不变，则应纳房产税：2 000×（1−30%）×1.2%=16.8（万元）。不考虑其他税费，每年节约税款：48−16.8=31.2（万元）。需要注意的是，收入性质的转化必须具有真实性、合法性，同时能够满足客户的利益要求，否则，该项性质的转化是行不通的。

2. 减免名义租金降低房产税的纳税筹划

纳税筹划思路

根据《财政部 国家税务总局关于调整住房租赁市场税收政策的通知》（财税〔2000〕125号）的规定，对按政府规定价格出租的公有住房和廉租住房，包括企业和自收自支事业单位向职工出租的单位自有住房，房管部门向居民出租的公有住房，落实私房政策中带户发还产权并以政府规定租金标准向居民出租的私有住房等，暂免征收房产税。对个人按市场价格出租的居民住房，其应缴纳的房产税暂减按 4% 的税率征收。对个人出租房屋取得的所得暂减按 10% 的税率征收个人所得税。根据《财政部 国家税务总局关于廉租住房经济适用住房和住房租赁有关税收政策的通知》（财税〔2008〕24号）的规定，自 2008 年 3 月 1 日起，对个人出租住房，不区分用途，按 4% 的税率征收房产税，免征城镇土地使用税。对企事业单位、社会团体以及其他组织按市场价格向个人出租用于居住的住房，减按 4% 的税率征收房产税。对个人出租、承租住房签订的租赁合同，免征印花税。

根据《财政部 国家税务总局关于全面推开营业税改征增值税试点的通知》（财税〔2016〕36号）所附《营业税改征增值税试点有关事项的规定》，个人出租住房，应按照 5% 的征收率减按 1.5% 计算应纳税额。需要注意的是，营改增之后，房产出租的，计征房产税的租金收入不含增值税。免征增值税的，确定计税依据时，成交价格、租金收入、转让房地产取得的收入不扣减增值税税额。

个人出租住房收取的租金应当缴纳 4% 的房产税，由于税率是不能改变的，因此，只能从租金数额上找纳税筹划的空间。如果出租人和承租人有可以互相交换的物品、劳务，出租人可以一方面降低租金，另一方面通过获得承租人的物品或者劳务来获得一定的补偿，这样，出租人获得的实际利益是相同的，但是降低了租金，减轻了房产税负担。

法律政策依据

（1）《财政部 国家税务总局关于调整住房租赁市场税收政策的通知》（财政部 国家税务总局 2000 年 12 月 7 日发布，财税〔2000〕125 号）。

（2）《中华人民共和国房产税暂行条例》（国务院 1986 年 9 月 15 日颁布，国发〔1986〕90号，根据 2011 年 1 月 8 日国务院令第 588 号《国务院关于废止和修改部分行政法规的决定》修订）。

（3）《财政部 国家税务总局关于廉租住房经济适用住房和住房租赁有关税收政策的通知》（财政部 国家税务总局 2008 年 3 月 3 日发布，财税〔2008〕24 号）。

（4）《财政部 国家税务总局关于全面推开营业税改征增值税试点的通知》（财税〔2016〕36 号）。

（5）《财政部 国家税务总局关于营改增后契税 房产税 土地增值税 个人所得税计税依据

问题的通知》(财税〔2016〕43号)。

纳税筹划图

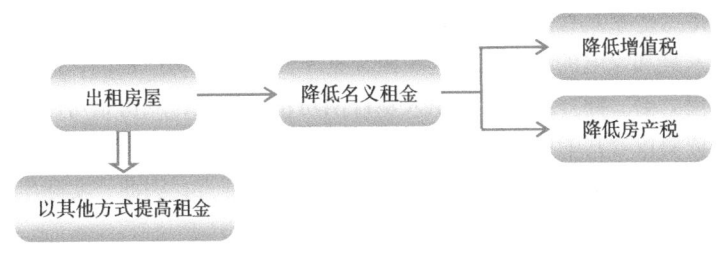

图6-2 纳税筹划图

纳税筹划案例

【例6-2】 王先生有一套房屋出租,每月租金收入3 000元,承租人是三位研究生。王先生同时还为自己的孩子聘请英语家教,每月家教费2 000元。请计算王先生应当缴纳的税款,并提出纳税筹划方案。

筹划方案

王先生每月需要缴纳房产税:3 000×4%=120(元)。由于其每月收入没有超过2万元的起征点,不需要缴纳增值税及其附加,需要缴纳个人所得税:(3 000-120-800)×10%=208(元),合计纳税:120+208=328(元)。需要代扣代缴个人所得税:(2 000-800)×20%=240(元)。

王先生可以考虑由该三位研究生作为其孩子的英语家教,这样,每月只需要收取1 000元的房租。王先生每月需要缴纳房产税:1 000×4%=40(元),需要缴纳个人所得税:(1 000-40-800)×10%=16(元),合计纳税:40+16=56(元)。不需要代扣代缴任何个人所得税。对于王先生和三位研究生而言都有利。

如果三位研究生不适合作为英语家教,也可以考虑由三位研究生将自己使用过的书本等学习用品赠予出租人的孩子,或者购买一些学习用品赠予该出租人的孩子,出租人适当降低一些租金。

3. 减少出租房屋的附属设施降低租金的纳税筹划

纳税筹划思路

很多出租的房屋都附带很多家具和家电,租金相对比较高,而缴纳房产税时是按照收取的租金的全额来征收的,而实际上,租金中的很大一部分是家具和家电的租金,而出租家具是不需要缴纳房产税的,这样,纳税人无形之中就增加了自己的房产税税收负担。因此,出租人可以通过减少出租房屋的附属设施来降低租金。如果出租房屋内的家具和家电无法处理或者承租人就希望有丰富的家具和家电,此时,可以通过两种方法来解决。第一种方法是与承租人签订一个买卖协议,即先将家具和家电出售给承租人,出租人收取的仅仅是房屋的租金,租赁期满以后,出租人再将这些家具和家电以比较低的价格购买回来,这样,通过买卖差价,出租人就收回了出租这些家具和家电的租金,而这些租金是不需要缴纳房产税的,这样就降低了出租人的房产税税收负担。第二种方法是与承租人签订两份租赁协议,一份是房屋租赁协议,一份是家具和家电的租赁协议。其中,房屋租赁需要缴纳房产税和增值税,家具和家电租赁仅需要缴纳增值税。一般情况下,出租房屋的租金收入都达不到起征点,因此,实际生活中是不需要缴纳增值税的。

法律政策依据

(1)《财政部 国家税务总局关于调整住房租赁市场税收政策的通知》(财政部 国家税务总局 2000 年 12 月 7 日发布,财税〔2000〕125 号)。

(2)《中华人民共和国增值税暂行条例》(1993 年 12 月 13 日国务院令第 134 号公布,2008 年 11 月 5 日国务院第 34 次常务会议修订通过,根据 2016 年 2 月 6 日《国务院关于修改部分行政法规的决定》第一次修订,根据 2017 年 11 月 19 日《国务院关于废止〈中华人民共和国营业税暂行条例〉和修改〈中华人民共和国增值税暂行条例〉的决定》第二次修订)。

(3)《中华人民共和国房产税暂行条例》(国务院 1986 年 9 月 15 日颁布,国发〔1986〕90 号,根据 2011 年 1 月 8 日国务院令第 588 号《国务院关于废止和修改部分行政法规的决定》修订)。

(4)《财政部 国家税务总局关于廉租住房经济适用住房和住房租赁有关税收政策的通知》(财政部 国家税务总局 2008 年 3 月 3 日发布,财税〔2008〕24 号)。

纳税筹划图

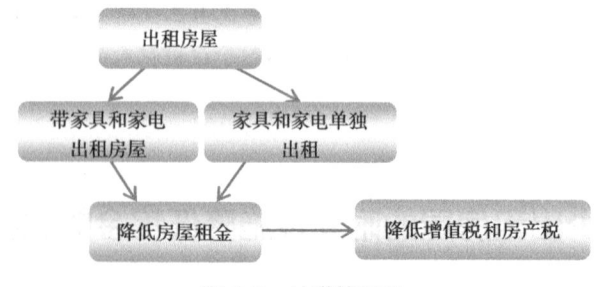

图 6-3 纳税筹划图

纳税筹划案例

【例 6-3】 王先生有一套房屋出租,每年租金收入 40 000 元。出租的房屋中有彩电一台、洗衣机一台、冰箱一台、煤气灶一台、油烟机一台、写字台一个、空调两台、双人床一张等家具和家电。现在王先生找到了一个承租人，双方签约一年，租金一次付清。请计算王先生每年应当缴纳的房产税和个人所得税，并提出纳税筹划方案。

筹划方案

王先生每年需要缴纳房产税：40 000×4%=1 600（元）。由于平均每月租金收入没有达到起征点，因此不需要缴纳增值税及其附加。在计算房产税时，租金收入也不需要扣除增值税，需要缴纳个人所得税：（40 000÷12-1 600÷12-800）×10%×12=2 880（元）。出租房屋的纯所得：40 000-1 600-2 880=35 520（元）。

王先生可以和承租人约定，将房间内的家具和家电以30 000元的价格卖给承租人。另外，承租人每月支付租金1 000元，租赁期满以后，王先生再以2 000元的价格买回该家具和家电。这样，王先生一年需要缴纳房产税：1 000×12×4%=480（元），需要缴纳个人所得税：（1 000-480÷12-800）×10%×12=192（元）。由于房间内家具和家电的原价超过了30 000元，因此王先生出售该家具不需要缴纳个人所得税，销售个人使用过的物品也不需要缴纳增值税。一年以后，承租人将该家具以2 000元的价格卖给王先生同样不需要缴纳任何税款。这样，王先生的税后所得：1 000×12+30 000-2 000-480-192=39 328（元）。通过纳税筹划，王先生增加了税后利润：39 328-35 520=3 808（元）。承租人支付的总租金为1 000×12+30 000-2 000=40 000（元），并未增加承租人的负担。当然，王先生也可以适当降低租金，以取得承租人的配合与支持。

4. 自建自用房产的纳税筹划

纳税筹划思路

根据税法的规定，企业购入或者以支付土地出让金的方式取得的土地使用权，在尚未开发或者建造自用房产之前，作为无形资产核算，并按税法规定的期限分期摊销。在建造房产以后，企业应将土地使用权的账面价值全部转入在建工程成本，在结转时，企业应当对房产占用的土地面积按比例结转，对于非房产占用的土地，应当予以摊销，这样可以减少房产的价值，从而减轻房产税的负担。

法律政策依据

（1）《企业会计制度》（财政部2000年12月29日发布，财会〔2000〕25号）第47条。
（2）《中华人民共和国房产税暂行条例》（国务院1986年9月15日颁布，国发〔1986〕90号，根据2011年1月8日国务院令第588号《国务院关于废止和修改部分行政法规的决定》修订）。

纳税筹划图

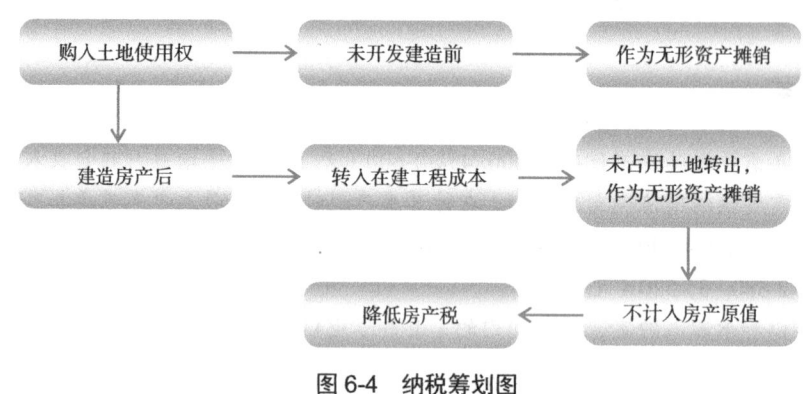

```
购入土地使用权 → 未开发建造前 → 作为无形资产摊销
      ↓
建造房产后 → 转入在建工程成本 → 未占用土地转出，作为无形资产摊销
                                        ↓
              降低房产税 ← 不计入房产原值
```

图 6-4　纳税筹划图

纳税筹划案例

【例 6-4】 某公司在 2020 年年初新建了一栋办公楼，工程建设成本为 8 000 万元，本次建设土地账面价值为 2 000 万元（该办公楼占据该土地的一半），全部工程完成后办公楼的成本为 10 000 万元。该办公楼的计划使用期限为 50 年。请计算该办公楼 50 年应当缴纳的房产税，并提出纳税筹划方案。

筹划方案

该公司每年应当缴纳房产税：10 000×（1−30%）×1.2%=84（万元），50 年应当缴纳房产税：84×50=4 200（万元）。由于该办公楼仅仅占该土地的一半，因此，可以将另一半土地单独作为无形资产予以摊销，这样，该办公楼的成本就变为 9 000 万元。每年应当缴纳房产税：9 000×（1−30%）×1.2%=75.6（万元），50 年应当缴纳房产税：75.6×50=3 780（万元）。减轻税收负担：4 200−3 780=420（万元）。

5. 车辆购置税的纳税筹划

纳税筹划思路

根据《中华人民共和国车辆购置税法》（简称《车辆购置税法》）的规定，在中华人民共和国境内购置汽车、有轨电车、汽车挂车、排气量超过一百五十毫升的摩托车（统称应税车辆）的单位和个人，为车辆购置税的纳税人。车辆购置税实行一次性征收。购置已征车辆购置税的车辆，不再征收车辆购置税。

第6章 其他税种制度下企业的纳税筹划

车辆购置税的税率为10%。车辆购置税的应纳税额按照应税车辆的计税价格乘以税率计算。

应税车辆的计税价格，按照下列规定确定：① 纳税人购买自用应税车辆的计税价格，为纳税人实际支付给销售者的全部价款，不包括增值税税款；② 纳税人进口自用应税车辆的计税价格，为关税完税价格加上关税和消费税；③ 纳税人自产自用应税车辆的计税价格，按照纳税人生产的同类应税车辆的销售价格确定，不包括增值税税款；④ 纳税人以受赠、获奖或者其他方式取得自用应税车辆的计税价格，按照购置应税车辆时相关凭证载明的价格确定，不包括增值税税款。

纳税人申报的应税车辆计税价格明显偏低，又无正当理由的，由税务机关依照《中华人民共和国税收征收管理法》的规定核定其应纳税额。

纳税人购买车辆时，其价格一般均高于最低计税价格，而只要不低于最低计税价格，在税务局看来都属于合理价格的范围之内，因此，纳税人可以按照最低计税价格纳税，这样可以最大限度地减轻自己的税收负担。

自2018年7月1日至2021年6月30日，对购置挂车减半征收车辆购置税。

法律政策依据

（1）《中华人民共和国车辆购置税法》（2018年12月29日第十三届全国人民代表大会常务委员会第七次会议通过）。

（2）《财政部 税务总局关于继续执行的车辆购置税优惠政策的公告》（财政部 税务总局公告2019年第75号）。

纳税筹划图

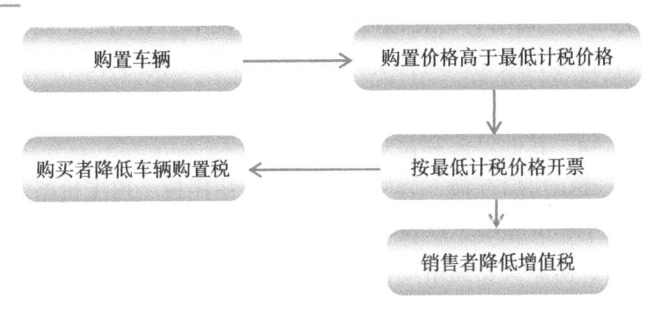

图6-5 纳税筹划图

纳税筹划案例

【例6-5】 某品牌型号的车辆的最低计税价格为200 000元。张先生购置了一辆该品牌型号的车辆，售价为250 000元。请计算张先生应当缴纳的车辆购置税，并提出纳税筹划方案。

筹划方案

根据《车辆购置税法》的规定,车辆购置税的计税价格不包括增值税税款,而纳税人购买的车辆是包括增值税税款的,因此,应当首先将包括增值税税款的价款换算为不含增值税的价款,然后才能计算车辆购置税。该车辆的不含增值税的价格:250 000÷(1+17%)= 213 675.2(元),应当缴纳车辆购置税:213 675.2×10%=21 367.5(元)。由于该品牌型号车辆的最低计税价格为 200 000 元,加上增值税以后的价格:200 000×(1+17%)= 234 000(元)。因此,张先生购买车辆时在发票上可以写 234 000 元,这样,张先生在按照发票缴纳车辆购置税时只需要缴纳:234 000÷(1+17%)×10%=20 000(元)。通过纳税筹划,少缴纳车辆购置税:21 367.5−20 000= 1 367.5(元)。

6. 契税的纳税筹划

纳税筹划思路

根据《中华人民共和国契税法》的规定,在中华人民共和国境内转移土地、房屋权属,承受的单位和个人为契税的纳税人,应当缴纳契税。契税税率为 3%~5%。契税的具体适用税率,由省、自治区、直辖市人民政府在前款规定的税率幅度内提出,报同级人民代表大会常务委员会决定,并报全国人民代表大会常务委员会和国务院备案。省、自治区、直辖市可以依照上述程序对不同主体、不同地区、不同类型的住房的权属转移确定差别税率。目前大部分地区实行的是 3%的税率,如北京、上海等,个别地区实行 4%的税率,如河北、辽宁、江苏、安徽、河南、湖北、湖南,只有吉林和黑龙江两省实行 5%的税率。契税的计税依据是:

(1)土地使用权出让、出售,房屋买卖,为土地、房屋权属转移合同确定的成交价格,包括应交付的货币以及实物、其他经济利益对应的价款。

(2)土地使用权互换、房屋互换,为所互换的土地使用权、房屋价格的差额。

(3)土地使用权赠予、房屋赠予以及其他没有价格的转移土地、房屋权属行为,为税务机关参照土地使用权出售、房屋买卖的市场价格依法核定的价格。

纳税人申报的成交价格、互换价格差额明显偏低且无正当理由的,由税务机关依照《中华人民共和国税收征收管理法》的规定核定。

由于契税的税率是确定的,因此纳税筹划只能从交易金额上下功夫。交易双方可以适当降低交易的价款,以减少契税的税收负担,但不能过于明显,否则会被税务机关认定为"明显低于市场价格",此时就无法达到减轻税收负担的目的了。

根据《财政部 国家税务总局关于调整房地产交易环节税收政策的通知》(财税〔2008〕137号)的规定,自 2008 年 11 月 1 日起,对个人首次购买 90 平方米及以下普通住房的,契税税率暂统一下调到 1%。对个人销售或购买住房暂免征收印花税。对个人销售住房暂免征收土地增值税。自 2016 年 2 月 22 日起,除北京市、上海市、广州市、深圳市以外,对个人购买家庭唯一住房（家庭成员范围包括购房人、配偶以及未成年子女，下同），面积为90平方米及以下的，减按1%的税率征收契税；面积为90平方米以上的，减按1.5%的税率征收契税。对个人购买家庭第二套改善性住房，面积为90平方米及以下的，减按1%的税率征收契税；面积为90平方米以上的，减按2%的税率征收契税。家庭第二套改善性住房是指已拥有一套住房的家庭，购买的家庭第二套住房。纳税人也可以充分利用这一税收优惠政策来减轻契税负担。

法律政策依据

（1）《中华人民共和国契税法》（2020年8月11日第十三届全国人民代表大会常务委员会第二十一次会议通过）。

（2）《财政部 国家税务总局关于调整房地产交易环节税收政策的通知》（财政部 国家税务总局2008年10月22日发布，财税〔2008〕137号）。

（3）《财政部 国家税务总局 住房城乡建设部关于调整房地产交易环节契税 营业税优惠政策的通知》（财政部 国家税务总局 住房城乡建设部2016年2月17日发布，财税〔2016〕23号）。

纳税筹划图

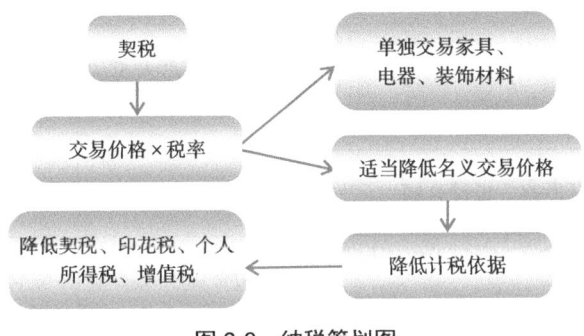

图6-6 纳税筹划图

纳税筹划案例

【例6-6】 李先生与王先生签订了房屋销售合同，李先生将一套房屋以100万元（不含增值税）的价格销售给王先生。当地契税税率为3%。请计算李先生应当缴纳的契税，并提出纳税筹划方案。

筹划方案

李先生应当缴纳契税：100×3%=3（万元）。为了减轻契税税收负担，王先生可以与李先生修改合同，约定以90万元的价格销售该房屋，王先生通过其他方式给予李先生10万元补偿。这样，李先生获得的总价款仍然是100万元，但王先生只需要缴纳契税：90×3%=2.7（万元）。通过纳税筹划，减轻税收负担：3-2.7=0.3（万元）。

7. 印花税的纳税筹划

纳税筹划思路

根据《中华人民共和国印花税暂行条例》的规定，在中华人民共和国境内书立、领受本条例所列举凭证的单位和个人，都是印花税的纳税义务人，应当按照该条例规定缴纳印花税。纳税人根据应纳税凭证的性质，分别按比例税率或者按件定额计算应纳税额。具体税率、税额的确定，依照该条例所附印花税税目税率表（见表 6-1）执行。根据《中华人民共和国印花税暂行条例施行细则》第 17 条的规定，同一凭证，因载有两个或者两个以上经济事项而适用不同税目税率，如分别记载金额的，应分别计算应纳税额，相加后按合计税额贴花；如未分别记载金额的，按税率高的计税贴花。当纳税人的一份合同涉及若干经济业务时，应当分别记载金额，这样可以减轻税收负担。

表6-1 印花税税目税率表（旧）

税 目	范 围	税 率	纳税义务人	说 明
1. 购销合同	包括供应、预购、采购、购销结合及协作、调剂、补偿、易货等合同	按购销金额 3‰ 贴花	立合同人	
2. 加工承揽合同	包括加工、定作、修缮、修理、印刷、广告、测绘、测试等合同	按加工或承揽收入 5‰ 贴花	立合同人	
3. 建设工程勘察设计合同	包括勘察、设计合同	按收取费用 5‰ 贴花	立合同人	
4. 建筑安装工程承包合同	包括建筑、安装工程承包合同	按承包金额 3‰ 贴花	立合同人	
5. 财产租赁合同	包括租赁房屋、船舶、飞机、机动车辆、机械、器具、设备等	按租赁金额 1‰ 贴花。税额不足 1 元的按 1 元贴花	立合同人	
6. 货物运输合同	包括民用航空、铁路运输、海上运输、内河运输、公路运输和联运合同	按运输费用 5‰ 贴花	立合同人	单据作为合同使用的，按合同贴花
7. 仓储保管合同	包括仓储、保管合同	按仓储保管费用 1‰ 贴花	立合同人	仓单或栈单作为合同使用的，按合同贴花
8. 借款合同	银行及其他金融组织和借款人（不包括银行同业拆借）所签订的借款合同	按借款金额 0.5‱ 贴花	立合同人	单据作为合同使用的，按合同贴花

续表

税　目	范　围	税　率	纳税义务人	说　明
9. 财产保险合同	包括财产、责任、保证、信用等保险合同	按保险费收入 1‰贴花	立合同人	单据作为合同使用的，按合同贴花
10. 技术合同	包括技术开发、转让、咨询、服务等合同	按所载金额3‰贴花	立合同人	
11. 产权转移书据	包括财产所有权和版权、商标专用、专利权、专有技术使用权等转移书据	按所载金额5‰贴花	立据人	
12. 营业账簿	生产经营用账册	记载资金的账簿，按固定资产原值与自有流动资金总额5‰贴花。其他账簿按件贴花5元	立账簿人	
13. 权利、许可证照	包括政府部门发给的房屋产权证、工商营业执照、商标注册证、专利证、土地使用证	按件贴花5元	领受人	

自2022年7月1日起，开始施行《中华人民共和国印花税法》（简称《印花税法》），在中国境内书立应税凭证、进行证券交易的单位和个人，为印花税的纳税人，应当依照《印花税法》规定缴纳印花税。在中国境外书立在境内使用的应税凭证的单位和个人，也应当依照《印花税法》规定缴纳印花税。印花税的税目、税率，依照《印花税法》所附印花税税目税率表（见表6-2）执行。同一应税凭证载有两个以上税目事项并分别列明金额的，按照各自适用的税目税率分别计算应纳税额；未分别列明金额的，从高适用税率。

表6-2 印花税税目税率表（新）

税　目		税　率	备　注
合同（书面合同）	借款合同	借款金额的0.05‰	指银行业金融机构、经国务院银行业监督管理机构批准设立的其他金融机构与借款人（不包括同业拆借）的借款合同
	融资租赁合同	租金的0.05‰	
	买卖合同	价款的0.3‰	指动产买卖合同（不包括个人书立的动产买卖合同）
	承揽合同	报酬的0.3‰	
	建设工程合同	价款的0.3‰	
	运输合同	运输费用的0.3‰	指货运合同和多式联运合同（不包括管道运输合同）
	技术合同	价款、报酬或者使用费的0.3‰	不包括专利权、专有技术使用权转让书据

177

续表

税　目		税　率	备　注
合同（书面合同）	租赁合同	租金的 1‰	
	保管合同	保管费的 1‰	
	仓储合同	仓储费的 1‰	
	财产保险合同	保险费的 1‰	不包括再保险合同
产权转移书据	土地使用权出让书据	价款的 0.5‰	转让包括买卖（出售）、继承、赠予、互换、分割
	土地使用权、房屋等建筑物和构筑物所有权转让书据（不包括土地承包经营权和土地经营权转移）	价款的 0.5‰	
	商标专用权、著作权、专利权、专有技术使用权转让书据	价款的 0.3‰	
营业账簿		实收资本（股本）、资本公积合计金额的 0.25‰	
证券交易		成交金额的 1‰	

法律政策依据

（1）《中华人民共和国印花税暂行条例》（国务院 1988 年 8 月 6 日颁布，国务院令〔1988〕第 011 号，根据 2011 年 1 月 8 日国务院令第 588 号《国务院关于废止和修改部分行政法规的决定》修订）。

（2）《中华人民共和国印花税暂行条例施行细则》（财政部 1988 年 9 月 29 日发布，财税〔1988〕255 号）第 17 条。

（3）《国家税务局关于改变保险合同印花税计税办法的通知》（国家税务局 1990 年 5 月 3 日发布，国税函发〔1990〕428 号）。

（4）《中华人民共和国印花税法》（2021 年 6 月 10 日第十三届全国人民代表大会常务委员会第二十九次会议通过）。

纳税筹划图

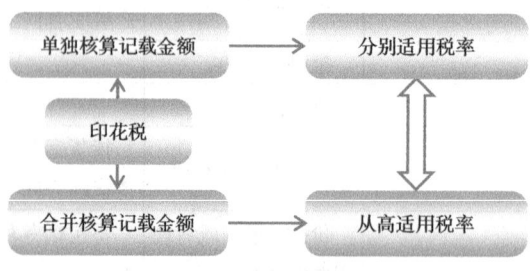

图 6-7　纳税筹划图

纳税筹划案例

【例 6-7】 甲公司和乙公司是长年业务合作单位。2021 年 2 月,甲公司的一批货物租用乙公司的仓库保管一年,约定仓储保管费为 120 万元;另约定甲公司购买乙公司的包装箱 1 000 个,每个 0.1 万元,合计 100 万元。在签订合同时,甲公司和乙公司签署了一份保管合同,其中约定了上述保管和购买包装箱的事项,但未分别记载相应金额,仅规定甲公司向乙公司支付款项 220 万元。请计算甲公司和乙公司应当缴纳的印花税,并提出纳税筹划方案。

筹划方案

由于上述两项交易没有分别记载金额,应当按照较高的税率合并缴纳印花税。购销合同的印花税税率为 3‰,仓储保管合同的印花税税率为 1‰。甲公司和乙公司应当分别按照 1‰ 的税率缴纳印花税,分别缴纳印花税:220×1‰=0.22(万元),合计缴纳印花税 0.44 万元(0.22×2)。

根据税法的规定,如果上述两项交易分别记载金额或者签订两个合同,则可以分别适用各自税率计算印花税。两个公司分别缴纳印花税:120×1‰+100×0.3‰=0.15(万元),合计缴纳印花税 0.3 万元(0.15×2)。减轻税收负担:0.44−0.3=0.14(万元)。

8. 二手房买卖中的纳税筹划

纳税筹划思路

二手房买卖中所涉及的税种比较多,卖方涉及的税种包括增值税及其附加、个人所得税、土地增值税和印花税,买方涉及的税种包括契税、印花税和土地出让金。

二手房转让中所涉及的各种税费如表 6-3 所示。

表 6-3 二手房转让税种一览

房屋类型		卖方税费支出				买方税费支出		
		增值税及其附加	个 税	土地增值税	印花税	契 税	印花税	土地出让金
二手商品房	满 2 年的普通住宅	暂无	(收入−原值−税费)×20%	暂无	暂无	第一套:90 平方米以下为 1%,90 平方米以上为 1.5%;第二套:分别为 1% 和 2%	暂无	无
	满 2 年的非普通住宅	(收入额−原购房价)×5.6%	(收入−原值−税费)×20%	暂无	暂无	同上	暂无	无

续表

房屋类型		卖方税费支出				买方税费支出		
		增值税及其附加	个 税	土地增值税	印花税	契 税	印花税	土地出让金
二手商品房	未满2年的住宅	收入额×5.6%	（收入-原值-税费）×20%	暂无	暂无	同上	暂无	无
二手经济适用房	满5年的经济适用房	无	（收入-原值-税费）×20%	暂无	暂无	同上	暂无	无
	未满5年的经济适用房禁止交易							
已购公房		无	（收入-原值-税费）×20%	暂无	暂无	同上	暂无	当年的房改本价×建筑面积×1%

根据《财政部 国家税务总局关于全面推开营业税改征增值税试点的通知》（财税〔2016〕36号）所附《营业税改征增值税试点过渡政策的规定》，个人将购买不足2年的住房对外销售的，按照5%的征收率全额缴纳增值税；个人将购买2年以上（含2年）的住房对外销售的，免征增值税。上述政策适用于北京市、上海市、广州市和深圳市之外的地区。

个人将购买不足2年的住房对外销售的，按照5%的征收率全额缴纳增值税；个人将购买2年以上（含2年）的非普通住房对外销售的，以销售收入减去购买住房价款后的差额按照5%的征收率缴纳增值税；个人将购买2年以上（含2年）的普通住房对外销售的，免征增值税。上述政策仅适用于北京市、上海市、广州市和深圳市。

办理免税的具体程序、购买房屋的时间、开具发票、非购买形式取得住房行为及其他相关税收管理规定，按照《国务院办公厅转发建设部等部门关于做好稳定住房价格工作意见的通知》（国办发〔2005〕26号）《国家税务总局 财政部 建设部关于加强房地产税收管理的通知》（国税发〔2005〕89号）和《国家税务总局关于房地产税收政策执行中几个具体问题的通知》（国税发〔2005〕172号）的有关规定执行。

纳税人在转让二手房时，应当充分利用这里所规定的减免税优惠政策，如果尚未达到相关条件的，则通过纳税筹划来创造条件，以享受税收优惠政策。如果期限没有达到，则可以先通过房屋租赁的方式租赁房屋，等期满了再办理房屋买卖手续，或者由卖方向买方借款，用房屋做抵押，借款期满，用房屋折价归还借款，实际上相当于先买卖房屋，后办理房屋过户手续。

第6章 其他税种制度下企业的纳税筹划

法律政策依据

（1）《中华人民共和国印花税暂行条例》（国务院1988年8月6日发布，国务院令〔1988〕第011号，根据2011年1月8日国务院令第588号《国务院关于废止和修改部分行政法规的决定》修订）。

（2）《中华人民共和国契税法》（2020年8月11日第十三届全国人民代表大会常务委员会第二十一次会议通过）。

（3）《财政部 国家税务总局关于印花税若干政策的通知》（财政部 国家税务总局2006年11月27日发布，财税〔2006〕162号）。

（4）《财政部 国家税务总局关于契税征收中几个问题的批复》（财政部 国家税务总局1998年5月29日发布，财税〔1998〕96号）。

（5）《国家税务总局关于离婚后房屋权属变化是否征收契税的批复》（国家税务总局 1999年6月3日发布，国税函〔1999〕391号）。

（6）《国家税务总局关于抵押贷款购买商品房征收契税的批复》（国家税务总局 1999年9月16日发布，国税函〔1999〕613号）。

（7）《财政部 国家税务总局关于公有制单位职工首次购买住房免征契税的通知》（财政部 国家税务总局2000年11月29日发布，财税〔2000〕130号）。

（8）《财政部 国家税务总局关于房屋附属设施有关契税政策的批复》（财政部 国家税务总局2004年7月23日发布，财税〔2004〕126号）。

（9）《财政部 国家税务总局关于城镇房屋拆迁有关税收政策的通知》（财政部 国家税务总局2005年3月22日发布，财税〔2005〕45号）。

（10）《国家税务总局关于承受装修房屋契税计税价格问题的批复》（国家税务总局2007年6月1日发布，国税函〔2007〕606号）。

（11）《中华人民共和国个人所得税法》（1980年9月10日第五届全国人民代表大会第三次会议通过，2018年8月31日第十三届全国人民代表大会常务委员会第五次会议第七次修正）。

（12）《中华人民共和国个人所得税法实施条例》（1994年1月28日中华人民共和国国务院令第142号发布，2018年12月18日中华人民共和国国务院令第707号第四次修订）。

（13）《财政部 国家税务总局关于全面推开营业税改征增值税试点的通知》（财税〔2016〕36号）。

（14）《征收教育费附加的暂行规定》（国务院1986年4月28日发布，根据2011年1月8日《国务院关于废止和修改部分行政法规的决定》第三次修订）。

（15）《中华人民共和国城市维护建设税暂行条例》（国务院1985年2月8日发布，国发〔1985〕19号，根据2011年1月8日国务院令第588号《国务院关于废止和修改部分行政法规的决定》修订）。

（16）《国务院办公厅转发建设部等部门关于做好稳定住房价格工作意见的通知》（国务院办公厅2006年5月24日发布，国办发〔2005〕26号）。

（17）《财政部 国家税务总局关于调整房地产交易环节税收政策的通知》（财政部 国家税

务总局 2008 年 10 月 22 日发布，财税〔2008〕137 号）。

纳税筹划图

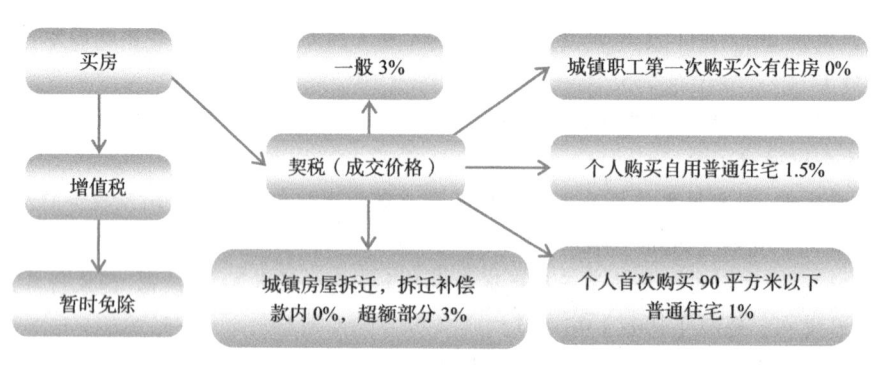

图 6-8　纳税筹划图

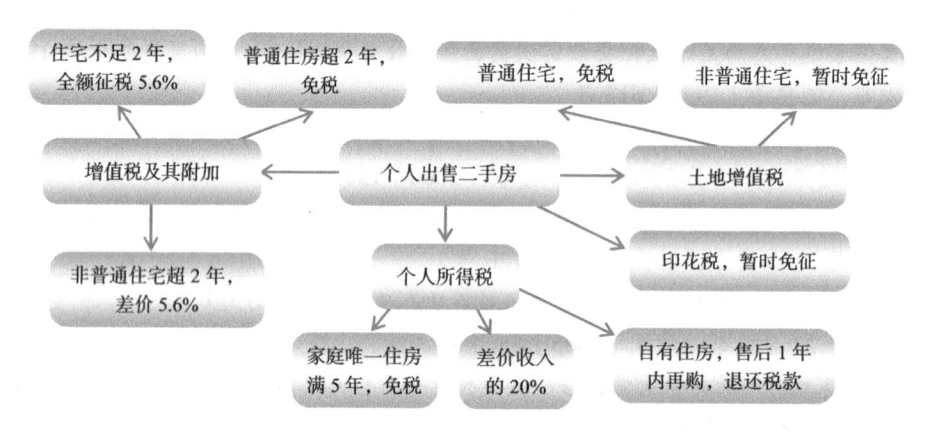

图 6-9　纳税筹划图

纳税筹划案例

【例 6-8】　张先生于 2019 年 2 月 1 日在北京购置了一套商品房，属于普通住宅，当时的购买价格为 700 万元，包括各种税费。2021 年 1 月 1 日，张先生将该商品房转让给李先生，价格为 1 000 万元。请计算张先生和李先生分别应当缴纳的税款，并提出纳税筹划方案。

筹划方案

张先生应当缴纳增值税及其附加：1 000÷（1+5%）×5.6%=53.33（万元），缴纳个人所得税：(1 000−700−53.33)×20%=49.33（万元），合计缴纳税款：53.33+49.33=102.66（万元），税后收入：1 000−700−102.66=197.37（万元）。

李先生应当缴纳契税：1 000÷（1+5%）×1%=9.52(万元)，实际支付价税：1 000+9.52=1 009.52（万元）。

张先生持有该房屋已经1年零11个月了,如果再持有1个月,则可以享受免征增值税的优惠政策。如果张先生必须此时出售该房屋,可以考虑双方先签订借款抵押合同,即张先生向李先生借款1 000万元,张先生以该房屋做抵押,借款期限为1个月,抵押期间,李先生可以居住该房屋,借款期满,张先生以该房屋折价1 000万元抵偿李先生的债权。为保障李先生的利益,可以在合同中约定,如果张先生不以该房屋折价抵偿李先生的债权,则应当支付100万元的利息。双方可以办理房屋抵押登记,如有必要可以进行公证。2020年2月1日,双方按照合同约定买卖该房屋,以1 000万元的价格过户,并办理产权过户手续。

此时,张先生需要缴纳个人所得税:(1 000–700)×20%=60(万元),税后收入:1 000–700–60=240(万元)。

李先生需要缴纳契税:1 000÷(1+5%)×1%=9.52(万元),实际支付价税:1 000+9.52=1 009.52(万元)。由于李先生缴纳契税的时间推迟了1个月,实际上可以获得延期纳税的利息。

通过纳税筹划,张先生多获得收入:240–197.37=42.63(万元)。

第 7 章

企业投资决策中如何进行纳税筹划

1. 投资产业的纳税筹划

纳税筹划思路

纳税筹划强调整体性,往往从投资伊始就要进行相应的筹划。投资决策中的纳税筹划往往是纳税筹划的第一步。投资决策是一个涉及面非常广的概念,从企业的设立到企业运营的整个过程都涉及投资决策的问题。投资决策中需要考虑的因素非常广泛,其中任何一个因素都有可能对投资决策的最终效果产生影响甚至是决定性的影响,因此,投资决策是企业(以及个人)的一项非常慎重的活动。

企业或者个人进行投资,首先需要选择的就是投资的产业。投资产业的选择需要考虑众多因素,仅就税收因素而言,国家对于不同产业的政策并不是一视同仁的,而是有所偏爱的。有些产业是国家重点扶持的,而有些产业则是国家限制发展甚至禁止发展的。国家对产业进行扶持或限制的主要手段之一就是税收政策。在税收政策中,最重要的是所得税政策,因为所得税是直接税,一般不能转嫁,国家减免所得税,其利益就直接进入了企业或个人的腰包。流转税由于是间接税,税负可以转嫁,国家一般不采取间接税的优惠措施,但由于流转税影响产品的成本,减免流转税同样可以刺激相关产业的发展,因此,也有个别间接税优惠措施。

目前,国家通过减免所得税的方式来扶持的产业主要包括以下几个方面:

(1)高新技术产业。根据现行企业所得税政策,国家需要重点扶持的高新技术企业,减按15%的税率征收企业所得税。国家需要重点扶持的高新技术企业,是指拥有核心自主知识产权,并同时符合下列条件的企业:产品(服务)属于《国家重点支持的高新技术领域》规定的范围;研究开发费用占销售收入的比例不低于规定比例;高新技术产品(服务)收入占企业总收入的比例不低于规定比例;科技人员占企业职工总数的比例不低于规定比例;高新技术企业认定管理办法规定的其他条件。

(2)农业。根据现行企业所得税政策,企业从事下列项目的所得,免征企业所得税:蔬菜、谷物、薯类、油料、豆类、棉花、麻类、糖料、水果、坚果的种植；农作物新品种的选育；中药材的种植；林木的培育和种植；牲畜、家禽的饲养；林产品的采集；灌溉、农产品初加工、兽医、农技推广、农机作业和维修等农、林、牧、渔服务业项目；远洋捕捞。企业从事下列项目的所得，减半征收企业所得税：花卉、茶以及其他饮料作物和香料作物的种植；海水养殖、内陆养殖。企业从事国家限制和禁止发展的项目，不得享受上述规定的企业所得税优惠。

（3）公共基础建设产业。根据现行企业所得税政策，企业从事国家重点扶持的公共基础设施项目投资经营的所得可以免征、减征企业所得税。国家重点扶持的公共基础设施项目，是指《公共基础设施项目企业所得税优惠目录》规定的港口码头、机场、铁路、公路、城市公共交通、电力、水利等项目。企业从事上述规定的国家重点扶持的公共基础设施项目的投资经营的所得，自项目取得第一笔生产经营收入所属纳税年度起，第一年至第三年免征企业所得税，第四年至第六年减半征收企业所得税。企业承包经营、承包建设和内部自建自用本条规定的项目，不得享受上述规定的企业所得税优惠。

（4）软件生产企业和集成电路生产企业。集成电路线宽小于0.8微米（含）的集成电路生产企业，经认定后，在2017年12月31日前自获利年度起计算优惠期，第一年至第二年免征企业所得税，第三年至第五年按照25%的法定税率减半征收企业所得税，并享受至期满为止。集成电路线宽小于0.25微米或投资额超过80亿元的集成电路生产企业，经认定后，减按15%的税率征收企业所得税，其中经营期在15年以上的，在2017年12月31日前自获利年度起计算优惠期，第一年至第五年免征企业所得税，第六年至第十年按照25%的法定税率减半征收企业所得税，并享受至期满为止。我国境内新办的集成电路设计企业和符合条件的软件企业，经认定后，在2017年12月31日前自获利年度起计算优惠期，第一年至第二年免征企业所得税，第三年至第五年按照25%的法定税率减半征收企业所得税，并享受至期满为止。国家规划布局内的重点软件企业和集成电路设计企业，如当年未享受免税优惠的，可减按10%的税率征收企业所得税。

（5）动漫产业。经认定的动漫企业自主开发、生产动漫产品，可申请享受国家现行鼓励软件产业发展的所得税优惠政策。

目前，国家通过间接税优惠政策来鼓励产业发展，主要包括增值税优惠、消费税优惠、关税优惠和出口退税优惠措施。

（1）为推进经济结构的战略性调整，促进产业升级，提高竞争力，国家计委和国家经贸委于2000年9月1日颁布了《当前国家重点鼓励发展的产业、产品和技术目录（2000年修订）》，其中规定："对符合本目录的国内投资项目，在投资总额内进口的自用设备，除《国内投资项目不予免税的进口商品目录（2000年修订）》所列商品外，免征关税和进口环节增值税。"这一目录中共列举了当前国家重点鼓励的28个领域，共526种产品、技术及部分基础设施和服务。这28个领域包括农业、林业及生态环境、水利、气象、煤炭、电力、核能、石油天然气、铁路、公路、水运、航空运输、信息产业、钢铁、有色金属、化工、石化、建材、医药、机械、汽车、船舶、航空航天、轻工纺织、建筑、城市基础设施及房地产、环境保护和资源综合利用、服务业。可以说，各行各业都有国家支持的重点产业、技术和产品，因此，各行各业都可以根据本企业的具体情况，综合考虑是否发展这些国家重点支持的产业。特别是其中有些产品或技术是具有一定标准的，如"60万千瓦及以上大型空冷机组制造""50万伏及以上超高压交直流输变电设备制造""单线能力3万吨/年及以上直接纺涤纶短纤维生产"等。如果企业目前所生产的产品或技术尚未符合这些标准,但已经接近这些标准,就可以在这方面进行纳税筹划。计算达到这些标准的成本,以及达到这些标准以后所能获得的税收利益,经过这种综合权衡以后,就可以做出对自己最有利的投资决策。2011年6月1日以后,按照《产业结构调整指导目录(2011年本)》鼓励类目录执行。

(2)我国现行消费税的征收范围比较窄,仅局限在特定种类的商品中。这些特定种类的应税消费品分别是烟、酒、高档化妆品、贵重首饰及珠宝玉石、鞭炮及焰火、成品油、摩托车、小汽车、高尔夫球及球具、高档手表、游艇、木制一次性筷子、实木地板、电池、涂料。不同消费品的税率是不同的,最高的如甲级卷烟税率为56%,最低的如某些小客车,税率仅为1%。消费税税率的高低也在某种程度上体现了国家对生产这种消费品产业的鼓励抑或限制的态度。企业在进入这些领域时,应当将消费税税率的高低作为一项重要的因素予以考虑。

(3)出口退税是为了使国内产品以不含税的价格进入国际市场,确保本国产品能在国际市场上公平竞争,而对出口产品已经征收的流转税予以退还的制度。原则上来讲,出口退税应当遵循"征多少、退多少"的原则,但由于国家的财政负担能力、国家对出口产品的政策等因素考虑,现实中并不遵循这一原则,出口退税率达不到13%(一般纳税人)或3%(小规模纳税人)的产品就要承担一部分流转税负担,其出口成本就相应大一些,因此,企业在生产出口产品时也应当将国家的出口退税政策作为一项重要因素予以考虑。

为贯彻落实《国务院关于印发新时期促进集成电路产业和软件产业高质量发展若干政策的通知》(国发〔2020〕8号),自2020年7月27日至2030年12月31日,对下列情形,免征进口关税:

(1)集成电路线宽小于65纳米(含,下同)的逻辑电路、存储器生产企业,以及线宽小于0.25微米的特色工艺(模拟、数模混合、高压、射频、功率、光电集成、图像传感、微机电系统、绝缘体上硅工艺)集成电路生产企业,进口国内不能生产或性能不能满足需求的自用生产性(含研发用,下同)原材料、消耗品,净化室专用建筑材料、配套系统和集成电路生产设备(包括进口设备和国产设备)零配件。

(2)集成电路线宽小于0.5微米的化合物集成电路生产企业和先进封装测试企业,进口国内不能生产或性能不能满足需求的自用生产性原材料、消耗品。

(3)集成电路产业的关键原材料、零配件(靶材、光刻胶、掩模版、封装载板、抛光垫、抛光液、8英寸及以上硅单晶、8英寸及以上硅片)生产企业,进口国内不能生产或性能不能满足需求的自用生产性原材料、消耗品。

(4)集成电路用光刻胶、掩模版、8英寸及以上硅片生产企业,进口国内不能生产或性能不能满足需求的净化室专用建筑材料、配套系统和生产设备(包括进口设备和国产设备)零配件。

(5)国家鼓励的重点集成电路设计企业和软件企业,以及符合上述第(1)(2)项的企业(集成电路生产企业和先进封装测试企业)进口自用设备,及按照合同随设备进口的技术(含软件)及配套件、备件,但《国内投资项目不予免税的进口商品目录》《外商投资项目不予免税的进口商品目录》《进口不予免税的重大技术装备和产品目录》所列商品除外。上述进口商品不占用投资总额,相关项目不需出具项目确认书。

第7章 企业投资决策中如何进行纳税筹划

法律政策依据

（1）《中华人民共和国企业所得税法》（2007年3月16日第十届全国人民代表大会第五次会议通过，2017年2月24日第十二届全国人民代表大会常务委员会第二十六次会议第一次修正，2018年12月29日第十三届全国人民代表大会常务委员会第七次会议第二次修正）第27条、第28条。

（2）《中华人民共和国企业所得税法实施条例》（2007年12月6日国务院令第512号公布，根据2019年4月23日《国务院关于修改部分行政法规的决定》修订）第86条、第87条、第93条。

（3）《财政部 国家税务总局关于扶持动漫产业发展有关税收政策问题的通知》（财税〔2009〕65号）。

（4）《财政部 国家税务总局关于进一步鼓励软件产业和集成电路产业发展企业所得税政策的通知》（财税〔2012〕27号）。

（5）《财政部 国家税务总局 发展改革委 工业和信息化部关于软件和集成电路产业企业所得税优惠政策有关问题的通知》（财税〔2016〕49号）。

（6）《财政部 海关总署 税务总局关于支持集成电路产业和软件产业发展进口税收政策的通知》（财关税〔2021〕4号）。

纳税筹划图

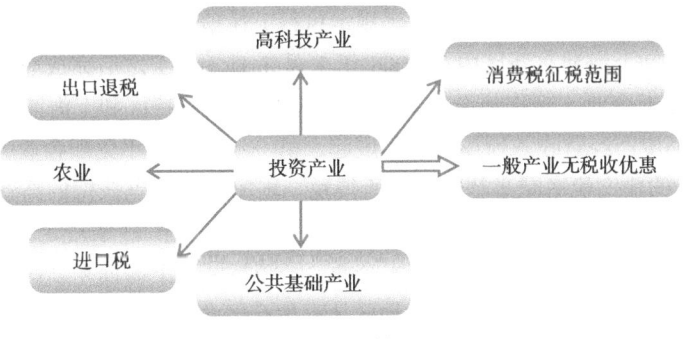

图 7-1 纳税筹划图

纳税筹划案例

【例7-1】 某企业准备投资5 000万元用于中药材的种植或香料作物的种植。预计种植中药材每年可以获得利润总额500万元，种植香料每年可以获得利润总额560万元。假设无纳税调整事项，从纳税筹划的角度出发，企业应选择哪个项目？

筹划方案

由于中药材种植可以享受免税优惠政策,企业投资中药材每年可以获得净利润500万元。由于香料作物种植可以享受减半征税的优惠政策,企业每年需要缴纳企业所得税:560×25%×50%=70(万元)。净利润:560-70=490(万元)。种植中药材的利润总额低于种植香料的利润总额,但种植中药材的净利润(税后利润)高于种植香料的净利润,企业应选择种植中药材。

2. 投资区域的纳税筹划

纳税筹划思路

投资的区域也是投资决策中需要考虑的一个重要因素,不同地区设立企业所享受的税收政策以及其他方面的政策是不同的。税收政策的不同也就相当于设立企业的税收成本是不同的,在进行投资决策的过程中应当将税收成本作为重要因素予以考虑。目前地区性的税收优惠政策主要包括经济特区和西部地区。

根据现行企业所得税政策,法律设置的发展对外经济合作和技术交流的特定地区内,以及国务院已规定执行上述地区特殊政策的地区内新设立的国家需要重点扶持的高新技术企业,可以享受过渡性税收优惠。法律设置的发展对外经济合作和技术交流的特定地区,是指深圳、珠海、汕头、厦门和海南经济特区;国务院已规定执行上述地区特殊政策的地区,是指上海浦东新区。对经济特区和上海浦东新区内在2008年1月1日(含)之后完成登记注册的国家需要重点扶持的高新技术企业(简称新设高新技术企业),在经济特区和上海浦东新区内取得的所得,自取得第一笔生产经营收入所属纳税年度起,第一年至第二年免征企业所得税,第三年至第五年按照25%的法定税率减半征收企业所得税。国家需要重点扶持的高新技术企业,是指拥有核心自主知识产权,同时符合《企业所得税法实施条例》第93条规定的条件,并按照《高新技术企业认定管理办法》认定的高新技术企业。经济特区和上海浦东新区内新设高新技术企业同时在经济特区和上海浦东新区以外的地区从事生产经营的,应当单独计算其在经济特区和上海浦东新区内取得的所得,并合理分摊企业的期间费用;没有单独计算的,不得享受企业所得税优惠。经济特区和上海浦东新区内新设高新技术企业在按照本通知的规定享受过渡性税收优惠期间,由于复审或抽查不合格而不再具有高新技术企业资格的,从其不再具有高新技术企业资格年度起,停止享受过渡性税收优惠;以后再次被认定为高新技术企业的,不得继续享受或者重新享受过渡性税收优惠。

自2011年1月1日起至2020年12月31日上,对设在西部地区以《西部地区鼓励类产业目录》中规定的产业项目为主营业务,并且其当年度主营业务收入占企业收入总额70%以上的企业,经企业申请,主管税务机关审核确认后,可减按15%税率缴纳企业所得税。上述所称收入总额,是指《企业所得税法》第6条规定的收入总额。企业应当在年度汇算清缴前向主管税

第 7 章　企业投资决策中如何进行纳税筹划

务机关提出书面申请并附送相关资料。第一年须报主管税务机关审核确认，第二年及以后年度实行备案管理。各省、自治区、直辖市和计划单列市税务机关可结合本地实际制定具体审核、备案管理办法，并报国家税务总局（所得税司）备案。凡对企业主营业务是否属于《西部地区鼓励类产业目录》难以界定的，税务机关应要求企业提供省级（含副省级）政府有关行政主管部门或其授权的下一级行政主管部门出具的证明文件。企业主营业务属于《西部地区鼓励类产业目录》范围的，经主管税务机关确认，可按照15%税率预缴企业所得税。年度汇算清缴时，其当年度主营业务收入占企业总收入的比例达不到规定标准的，应按税法规定的税率计算申报并进行汇算清缴。

在《西部地区鼓励类产业目录》公布前，企业符合《产业结构调整指导目录（2005年版）》、《产业结构调整指导目录（2011年版）》、《外商投资产业指导目录（2007年修订）》和《中西部地区优势产业目录（2008年修订）》范围的，经税务机关确认后，其企业所得税可按照15%税率缴纳。《西部地区鼓励类产业目录》公布后，已按15%税率进行企业所得税汇算清缴的企业，若不符合上述规定的条件，可在履行相关程序后，按税法规定的适用税率重新计算申报。

2010年12月31日前新办的交通、电力、水利、邮政、广播电视企业，凡已经按照《国家税务总局关于落实西部大开发有关税收政策具体实施意见的通知》（国税发〔2002〕47号）第2条第2款规定，取得税务机关审核批准的，其享受的企业所得税"两免三减半"优惠可以继续享受到期满为止；凡符合享受原西部大开发税收优惠规定条件，但由于尚未取得收入或尚未进入获利年度等原因，2010年12月31日前尚未按照国税发〔2002〕47号第2条规定完成税务机关审核确认手续的，可按照上述规定，履行相关手续后享受原税收优惠。

根据《财政部 国家税务总局关于执行企业所得税优惠政策若干问题的通知》（财税〔2009〕69号）第1条及第2条的规定，企业既符合西部大开发15%优惠税率条件，又符合《企业所得税法》及其实施条例和国务院规定的各项税收优惠条件的，可以同时享受。在涉及定期减免税的减半期内，可以按照企业适用税率计算的应纳税额减半征税。

总机构设在西部大开发税收优惠地区的企业，仅就设在优惠地区的总机构和分支机构（不含优惠地区外设立的二级分支机构在优惠地区内设立的三级以下分支机构）的所得确定适用15%优惠税率。在确定该企业是否符合优惠条件时，以该企业设在优惠地区的总机构和分支机构的主营业务是否符合《西部地区鼓励类产业目录》及其主营业务收入占其收入总额的比重加以确定，不考虑该企业设在优惠地区以外分支机构的因素。该企业应纳所得税额的计算和所得税缴纳，按照《国家税务总局关于印发〈跨地区经营汇总纳税企业所得税征收管理暂行办法〉的通知》（国税发〔2008〕28号）第16条和《国家税务总局关于跨地区经营汇总纳税企业所得税征收管理若干问题的通知》（国税函〔2009〕221号）第2条的规定执行。有关审核、备案手续向总机构主管税务机关申请办理。

总机构设在西部大开发税收优惠地区外的企业，其在优惠地区内设立的分支机构（不含仅在优惠地区内设立的三级以下分支机构），仅就该分支机构所得确定适用15%优惠税率。在确定该分支机构是否符合优惠条件时，仅以该分支机构的主营业务是否符合《西部地区鼓励类产业目录》及其主营业务收入占其收入总额的比重加以确定。该企业应纳所得税额的计算和所得税缴纳，按照国税发〔2008〕28号第16条和国税函〔2009〕221号第2条的规定执行。有关审核、备案手续向分支机构主管税务机关申请办理，分支机构主管税务机关需将该分支机构享受西部大开发税收优惠情况及时函告总机构所在地主管税务机关。

根据《财政部 国家税务总局关于赣州市执行西部大开发税收政策问题的通知》(财税〔2013〕4号)的规定,对赣州市内资鼓励类产业、外商投资鼓励类产业及优势产业的项目在投资总额内进口的自用设备,在政策规定范围内免征关税。自2012年1月1日起至2020年12月31日,对设在赣州市的鼓励类产业的内资企业和外商投资企业减按15%的税率征收企业所得税。鼓励类产业的内资企业是指以《产业结构调整指导目录》中规定的鼓励类产业项目为主营业务,且其主营业务收入占企业收入总额70%以上的企业。鼓励类产业的外商投资企业是指以《外商投资产业指导目录》中规定的鼓励类项目和《中西部地区外商投资优势产业目录》中规定的江西省产业项目为主营业务,并且其主营业务收入占企业收入总额70%以上的企业。

自2021年1月1日至2030年12月31日,对设在西部地区的鼓励类产业企业减按15%的税率征收企业所得税。鼓励类产业企业是指以《西部地区鼓励类产业目录》中规定的产业项目为主营业务,且其主营业务收入占企业收入总额60%以上的企业。税务机关在后续管理中,不能准确判定企业主营业务是否属于国家鼓励类产业项目时,可提请发展改革等相关部门出具意见。对不符合税收优惠政策规定条件的,由税务机关按税收征收管理法及有关规定进行相应处理。西部地区包括内蒙古自治区、广西壮族自治区、重庆市、四川省、贵州省、云南省、西藏自治区、陕西省、甘肃省、青海省、宁夏回族自治区、新疆维吾尔自治区和新疆生产建设兵团。湖南省湘西土家族苗族自治州、湖北省恩施土家族苗族自治州、吉林省延边朝鲜族自治州和江西省赣州市,可以比照西部地区的企业所得税政策执行。

某些地区性的税收优惠政策也值得关注。例如,根据《新疆维吾尔自治区促进股权投资类企业发展暂行办法》(新政办发〔2010〕187号)的规定,合伙制股权投资类企业的投资收益,依法可采取"先分后税"的方式,由合伙人分别依法缴纳个人所得税或企业所得税。合伙制股权投资类企业的合伙人应缴纳的个人所得税,由合伙制股权投资类企业代扣代缴。合伙制股权投资类企业的合伙人为自然人的,合伙人的投资收益,按照"利息、股息、红利所得"或者"财产转让所得"项目征收个人所得税,税率为20%。合伙人是法人或其他组织的,其投资收益按有关规定缴纳企业所得税。

根据《新疆金融工作办公室、经济和信息化委员会、工商行政管理局、国家税务局、地方税务局关于鼓励股权投资类企业迁入我区的通知》(新金函〔2010〕87号)的规定,为加快落实《新疆维吾尔自治区促进股权投资类企业发展暂行办法》(新政办发〔2010〕187号,简称《暂行办法》),鼓励股权投资类企业迁入我区发展,现就有关操作问题解释并通知如下:股权投资类企业迁入我区,是指我区以外的企业,为参与国家西部大开发和新疆跨越式发展,享受国家规定的鼓励政策,将企业迁入新疆,并将法定工商注册地变更至《暂行办法》第4条规定的喀什经济开发区、霍尔果斯经济开发区、乌鲁木齐经济技术开发区、乌鲁木齐高新技术开发区或者石河子经济技术开发区。迁入我区的公司制或者合伙制股权投资类企业,符合《暂行办法》规定的备案条件的,2010年至2020年,按照《暂行办法》第21条的规定,纳入自治区支持中小企业社会化服务体系,依法享受国家西部大开发各项优惠政策和《暂行办法》规定的各项鼓励政策。迁入我区的公司制股权投资类企业,公司的股权70%以上由自然人持有且自然人承诺选择我区作为其个人所得税缴纳地的,按照中发〔2010〕9号文件和自治区人民政府的有关规定,2010年至2020年,享受企业所得税"两免三减半"优惠政策。享受企业所得税"两免三减半"政策的公司向股东分红时，自然人股东缴纳个人所得税后，不再给予《暂行办法》第21条第（2）项规定的财政奖励。迁入我区的公司制股权投资类企业申请变更为合伙企业的，按照《自治区工商行政管理局关于有限责任公司变更为合伙企业的指导意见》(新工商企登〔2010〕172号）办理。迁入的公司符合企业所得税"两免三减半"政策条件的，迁入时可以直接变更登记为合伙企业。不符合企业所得税"两免三减半"政策条件的，先办理公司迁入手续，再按国家有关规定办理有限责任公司变更为合伙企业。

为推进新疆跨越式发展和长治久安，根据中共中央、国务院关于支持新疆经济社会发展的指示精神，新疆困难地区有关企业所得税优惠政策如下：

（1）2010年1月1日至2020年12月31日，对在新疆困难地区新办的属于《新疆困难地区重点鼓励发展产业企业所得税优惠目录》（简称《目录》）范围内的企业，自取得第一笔生产经营收入所属纳税年度起，第一年至第二年免征企业所得税，第三年至第五年减半征收企业所得税。

（2）新疆困难地区包括南疆三地州、其他国家扶贫开发重点县和边境县市。

（3）属于《目录》范围内的企业，是指以《目录》中规定的产业项目为主营业务，其主营业务收入占企业收入总额70%以上的企业。

（4）第一笔生产经营收入，是指新疆困难地区重点鼓励发展产业项目已建成并投入运营后所取得的第一笔收入。

（5）按照上述规定享受企业所得税定期减免税政策的企业，在减半期内，按照企业所得税25%的法定税率计算的应纳税额减半征收。

（6）财政部、国家税务总局会同有关部门研究制定《目录》，经国务院批准后公布实施，并根据新疆经济社会发展需要及企业所得税优惠政策实施情况适时调整。

（7）对难以界定是否属于《目录》范围的项目，税务机关应当要求企业提供省级以上（含省级）有关行业主管部门出具的证明文件，并结合其他相关材料进行认定。

为推进新疆跨越式发展和长治久安，贯彻落实《中共中央国务院关于推进新疆跨越式发展和长治久安的意见》（中发〔2010〕9号）和《国务院关于支持喀什霍尔果斯经济开发区建设的若干意见》（国发〔2011〕33号）精神，新疆喀什、霍尔果斯两个特殊经济开发区有关企业所得税优惠政策如下：

（1）2010年1月1日至2020年12月31日，对在新疆喀什、霍尔果斯两个特殊经济开发区内新办的属于《新疆困难地区重点鼓励发展产业企业所得税优惠目录》（简称《目录》）范围内的企业，自取得第一笔生产经营收入所属纳税年度起，五年内免征企业所得税。第一笔生产经营收入，是指产业项目已建成并投入运营后所取得的第一笔收入。

（2）属于《目录》范围内的企业，是指以《目录》中规定的产业项目为主营业务，其主营业务收入占企业收入总额70%以上的企业。

（3）对难以界定是否属于《目录》范围的项目，税务机关应当要求企业提供省级以上（含省级）有关行业主管部门出具的证明文件，并结合其他相关材料进行认定。

法律政策依据

（1）《中华人民共和国企业所得税法》（2007年3月16日第十届全国人民代表大会第五次会议通过，2017年2月24日第十二届全国人民代表大会常务委员会第二十六次会议第一次修正，2018年12月29日第十三届全国人民代表大会常务委员会第七次会议第二次修正）第57条。

（2）《中华人民共和国企业所得税法实施条例》（2007年12月6日国务院令第512号公布，根据2019年4月23日《国务院关于修改部分行政法规的决定》修订）。

（3）《国务院关于经济特区和上海浦东新区新设立高新技术企业实行过渡性税收优惠的通知》（国务院2007年12月26日发布，国发〔2007〕40号）。

（4）《财政部 国家税务总局关于执行企业所得税优惠政策若干问题的通知》（财税〔2009〕69号）。

（5）《国家税务总局关于深入实施西部大开发战略有关企业所得税问题的公告》（国家税务总局公告2012年第12号）。

（6）《财政部 国家税务总局关于赣州市执行西部大开发税收政策问题的通知》（财税〔2013〕4号）。

（7）《财政部 税务总局 国家发展改革委关于延续西部大开发企业所得税政策的公告》（财政部、税务总局、国家发展改革委公告2020年第23号）。

（8）《新疆维吾尔自治区促进股权投资类企业发展暂行办法》（新政办发〔2010〕187号）。

（9）《新疆金融工作办公室、经济和信息化委员会、工商行政管理局、国家税务局、地方税务局关于鼓励股权投资类企业迁入我区的通知》（新金函〔2010〕87号）。

（10）《财政部 国家税务总局关于新疆困难地区新办企业所得税优惠政策的通知》（财税〔2011〕53号）。

（11）《财政部 国家税务总局关于新疆喀什霍尔果斯两个特殊经济开发区企业所得税优惠政策的通知》（财税〔2011〕112号）。

（12）《国家税务总局关于执行〈西部地区鼓励类产业目录〉有关企业所得税问题的公告》（国家税务总局公告2015年第14号）。

纳税筹划图

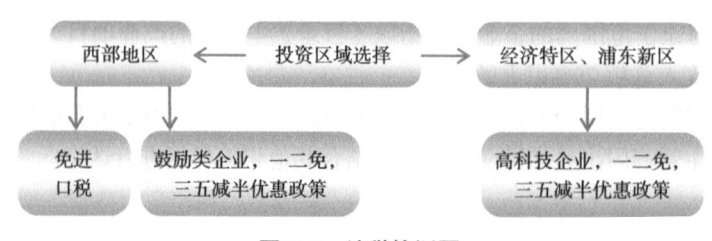

图7-2 纳税筹划图

纳税筹划案例

【例7-2】 某企业原计划在广州设立一高科技企业,该企业预计年盈利1 000万元。经过市场调研,该企业设在广州和深圳对于企业的盈利能力没有实质影响,该企业在深圳预计年盈利900万元。请对该企业的投资计划提出纳税筹划方案。

筹划方案

该企业可以在深圳设立高科技企业,因为高科技企业在经济特区内取得的所得,可以享受下列税收优惠政策:自取得第一笔生产经营收入所属纳税年度起,第一年至第二年免征企业所得税,第三年至第五年按照25%的法定税率减半征收企业所得税。按照该企业年盈利1 000万元计算,设在广州,该企业五年需要缴纳企业所得税:1 000×25%×5=1 250(万元),税后利润:1 000×5-1 250=3 750(万元)。如果设在深圳,该企业五年需要缴纳企业所得税:900×25%×50%×3=337.5(万元),税后利润:900×5-337.5=4 162.5(万元)。故应当设立在深圳。通过纳税筹划增加税后利润:4 162.5-3 750=412.5(万元)。

纳税筹划案例

【例7-3】 新疆股权投资企业优惠政策于2010年8月25日实施,当年主要进行宣传,迁移新疆和新注册的企业很少。2011年以后迁移入驻新疆的股权投资企业逐步增多,2013年形成了热潮。

亚太科技2013年1月13日的限售股份上市流通公告表明,公司第六大股东湖南唯通资产管理有限公司、第七大股东深圳兰石创业投资有限公司,已分别于2011年9月和2011年3月变更为新疆唯通股权投资管理合伙企业(有限合伙)与新疆兰石创业投资有限合伙企业,两企业分持亚太科技538.2万股和292.5万股,均已解禁流通。

长信科技第二大股东2011年3月进驻新疆,名称由芜湖润丰科技有限公司变更为新疆润丰股权投资企业(有限合伙)。

东方电热第四大股东上海东方世纪企业管理有限公司,根据3月8日公告,其名称已变更为新疆东方世纪股权投资合伙企业,其所持占东方电热9.9%的890万股,将于2012年5月18日解禁上市流通。

请分析上述企业迁移所带来的税收筹划利益。

筹划方案

根据上述新疆税收优惠政策,上述企业迁移前税负40%,迁移后税负28%,税负降低12%。

个人持有上市公司限售股,解禁后转让,需要就差价缴纳20%的个人所得税。投资公司持有上市公司限售股,解禁后转让,需要就差价缴纳25%的企业所得税,个人股东从该投资公司取得股息还要缴纳20%的个人所得税,综合税率为40%。

个人持有新疆合伙企业股权，合伙企业持有上市公司股权，解禁后个人按照5%~35%的税率缴纳个人所得税。地方退税20%。综合税率低于28%。

个人持有新疆公司股权，新疆公司持有上市公司股权，解禁转让后，新疆公司享受"两免三减半"优惠不纳税，个人取得股息缴纳20%个人所得税，地方退税20%，实际税负16%。

与个人直接持股上市公司相比：税负降低4%。

与个人通过公司间接持有上市公司相比：税负降低24%。

全国多数影视公司均在霍尔果斯设立了子公司，有超过一半的公司注册在了同一个地方：霍尔果斯市北京路以西、珠海路以南合作中心配套区查验业务楼8楼，同一楼层里超过100家公司办公。在霍尔果斯能享受如此优惠政策的不仅仅是影视传媒公司，凡是被列入《新疆困难地区重点鼓励发展产业企业所得税优惠目录》的行业都能享受以上优惠政策。

3. 投资项目的纳税筹划

纳税筹划思路

根据现行企业所得税政策，企业从事符合条件的环境保护、节能节水项目的所得可以免征、减征企业所得税。符合条件的环境保护、节能节水项目，包括公共污水处理、公共垃圾处理、沼气综合开发利用、节能减排技术改造、海水淡化等。企业从事上述符合条件的环境保护、节能节水项目的所得，自项目取得第一笔生产经营收入所属纳税年度起，第一年至第三年免征企业所得税，第四年至第六年减半征收企业所得税。

企业开发新技术、新产品、新工艺发生的研究开发费用可以在计算应纳税所得额时加计扣除。研究开发费用的加计扣除，是指企业为开发新技术、新产品、新工艺发生的研究开发费用，未形成无形资产计入当期损益的，在按照规定据实扣除的基础上，按照研究开发费用的50%加计扣除；形成无形资产的，按照无形资产成本的150%摊销。

为进一步激励中小企业加大研发投入，支持科技创新，提高科技型中小企业研究开发费用（简称研发费用）税前加计扣除比例政策如下：

（1）科技型中小企业开展研发活动中实际发生的研发费用，未形成无形资产计入当期损益的，在按规定据实扣除的基础上，在2017年1月1日至2019年12月31日期间，再按照实际发生额的75%在税前加计扣除；形成无形资产的，在上述期间按照无形资产成本的175%在税前摊销。

（2）科技型中小企业享受研发费用税前加计扣除政策的其他政策口径按照《财政部 国家税务总局 科技部关于完善研究开发费用税前加计扣除政策的通知》（财税〔2015〕119号）规定执行。

（3）科技型中小企业条件和管理办法由科技部、财政部和国家税务总局另行发布。科技、财政和税务部门应建立信息共享机制，及时共享科技型中小企业的相关信息，加强协调配合，保障优惠政策落实到位。

企业开展研发活动中实际发生的研发费用，未形成无形资产计入当期损益的，在按规定据实

第 7 章 企业投资决策中如何进行纳税筹划

实扣除的基础上,在 2018 年 1 月 1 日至 2023 年 12 月 31 日期间,再按照实际发生额的 75%在税前加计扣除;形成无形资产的,在上述期间按照无形资产成本的 175%在税前摊销。

企业综合利用资源,生产符合国家产业政策规定的产品所取得的收入,可以在计算应纳税所得额时减计收入。减计收入,是指企业以《资源综合利用企业所得税优惠目录》规定的资源作为主要原材料,生产国家非限制和禁止并符合国家和行业相关标准的产品取得的收入,减按 90% 计入收入总额。

企业购置用于环境保护、节能节水、安全生产等专用设备的投资额,可以按一定比例实行税额抵免。税额抵免,是指企业购置并实际使用《环境保护专用设备企业所得税优惠目录》《节能节水专用设备企业所得税优惠目录》和《安全生产专用设备企业所得税优惠目录》规定的环境保护、节能节水、安全生产等专用设备的,该专用设备的投资额的 10% 可以从企业当年的应纳税额中抵免;当年不足抵免的,可以在以后 5 个纳税年度结转抵免。享受上述规定的企业所得税优惠的企业,应当实际购置并自身实际投入使用上述规定的专用设备;企业购置上述专用设备在 5 年内转让、出租的,应当停止享受企业所得税优惠,并补缴已经抵免的企业所得税税款。

集成电路线宽小于 0.8 微米(含)的集成电路生产企业,经认定后,在 2017 年 12 月 31 日前自获利年度起计算优惠期,第一年至第二年免征企业所得税,第三年至第五年按照 25%的法定税率减半征收企业所得税,并享受至期满为止。集成电路线宽小于 0.25 微米或投资额超过 80 亿元的集成电路生产企业,经认定后,减按 15%的税率征收企业所得税,其中经营期在 15 年以上的,在 2017 年 12 月 31 日前自获利年度起计算优惠期,第一年至第五年免征企业所得税,第六年至第十年按照 25%的法定税率减半征收企业所得税,并享受至期满为止。我国境内新办的集成电路设计企业和符合条件的软件企业,经认定后,在 2017 年 12 月 31 日前自获利年度起计算优惠期,第一年至第二年免征企业所得税,第三年至第五年按照 25%的法定税率减半征收企业所得税,并享受至期满为止。国家规划布局内的重点软件企业和集成电路设计企业,如当年未享受免税优惠的,可减按 10%的税率征收企业所得税。符合条件的软件企业按照《财政部 国家税务总局关于软件产品增值税政策的通知》(财税〔2011〕100 号)规定取得的即征即退增值税税款,由企业专项用于软件产品研发和扩大再生产并单独进行核算,可以作为不征税收入,在计算应纳税所得额时从收入总额中减除。集成电路设计企业和符合条件软件企业的职工培训费用,应单独进行核算并按实际发生额在计算应纳税所得额时扣除。企业外购的软件,凡符合固定资产或无形资产确认条件的,可以按照固定资产或无形资产进行核算,其折旧或摊销年限可以适当缩短,最短可为 2 年(含)。集成电路生产企业的生产设备,其折旧年限可以适当缩短,最短可为 3 年(含)。集成电路生产企业,是指以单片集成电路、多芯片集成电路、混合集成电路制造为主营业务并同时符合下列条件的企业:

(1)依法在中国境内成立并经认定取得集成电路生产企业资质的法人企业;

(2)签订劳动合同关系且具有大学专科以上学历的职工人数占企业当年月平均职工总人数的比例不低于 40%,其中研究开发人员占企业当年月平均职工总数的比例不低于 20%;

(3)拥有核心关键技术,并以此为基础开展经营活动,并且当年度的研究开发费用总额占企业销售(营业)收入(主营业务收入与其他业务收入之和,下同)总额的比例不低于 5%;其中,企业在中国境内发生的研究开发费用金额占研究开发费用总额的比例不低于 60%;

(4)集成电路制造销售(营业)收入占企业收入总额的比例不低于 60%;

(5)具有保证产品生产的手段和能力,并获得有关资质认证(包括 ISO 质量体系认证、人力资源能力认证等);

(6)具有与集成电路生产相适应的经营场所、软硬件设施等基本条件。

自 2011 年 1 月 1 日起,对符合条件的节能服务公司实施合同能源管理项目,符合企业所得税税法有关规定的,自项目取得第一笔生产经营收入所属纳税年度起,第一年至第三年免征企业所得税,第四年至第六年按照 25% 的法定税率减半征收企业所得税。

企业可以充分利用上述税收优惠政策进行纳税筹划。

法律政策依据

(1)《中华人民共和国企业所得税法》(2007 年 3 月 16 日第十届全国人民代表大会第五次会议通过,2017 年 2 月 24 日第十二届全国人民代表大会常务委员会第二十六次会议第一次修正,2018 年 12 月 29 日第十三届全国人民代表大会常务委员会第七次会议第二次修正)。

(2)《中华人民共和国企业所得税法实施条例》(2007 年 12 月 6 日国务院令第 512 号公布,根据 2019 年 4 月 23 日《国务院关于修改部分行政法规的决定》修订)。

(3)《财政部 国家税务总局关于进一步鼓励软件产业和集成电路产业发展企业所得税政策的通知》(财税〔2012〕27 号)。

(4)《财政部 国家税务总局关于促进节能服务产业发展增值税、营业税和企业所得税政策问题的通知》(财税〔2010〕110 号)。

(5)《财政部 税务总局 科技部关于提高科技型中小企业研究开发费用税前加计扣除比例的通知》(财税〔2017〕34 号)。

(6)《财政部 税务总局关于实施小微企业普惠性税收减免政策的通知》(财税〔2019〕13 号)。

(7)《财政部 税务总局科技部关于提高研究开发费用税前加计扣除比例的通知》(财税〔2018〕99 号)。

(8)《财政部 税务总局关于延长部分税收优惠政策执行期限的公告》(财政部、税务总局公告 2021 年第 6 号)。

纳税筹划图

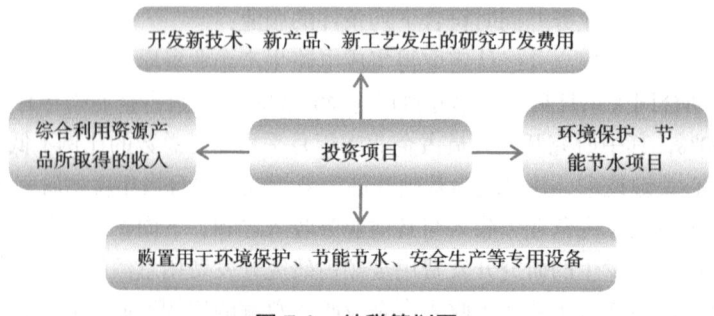

图 7-3 纳税筹划图

第 7 章 企业投资决策中如何进行纳税筹划

纳税筹划案例

【例 7-4】 2021 纳税年度，某科技型企业符合小型微利企业的从业人数和资产总额标准，但预计年应纳税所得额会达到 400 万元。该企业如何进行纳税策划？

筹划方案

该企业可以进行一项新产品的研发，投入研发资金 60 万元，该 60 万元研发费用可以直接计入当期成本，同时可以加计扣除 75% 的费用，也就是可以在当期扣除 105 万元的成本，这样，该企业的应纳税所得额就变成 300 万元，可以享受小型微利企业的低税率优惠政策。如果该企业不进行该税收策划，需要缴纳企业所得税：400×25%=100（万元），经过税收策划，需要缴纳企业所得税：100×25%×20%+（400−105−100）×50%×20%=24.5（万元）。减轻税收负担：100−24.5=75.5（万元）。

4. 企业组织形式的纳税筹划

纳税筹划思路

根据现行的个人所得税和企业所得税政策，个人独资企业和合伙企业不征收企业所得税，仅对投资者个人征收个人所得税。2019 年后，经营所得适用的税率如表 7-1 所示。公司需要缴纳 25% 的企业所得税，投资者个人从公司获得股息时还需要缴纳 20% 的个人所得税。由于个人投资公司需要缴纳两次所得税，因此，对于个人投资者准备设立不享受税收优惠的企业而言，最好设立个人独资企业或者合伙企业，设立公司的税收负担比较重。需要注意的是，由于小型微利企业可以享受诸多税收优惠，对于规模较小的企业而言，设立公司的税负可能更轻。

表 7-1 经营所得个人所得税税率表

级 数	全年应纳税所得额	税率（%）	速算扣除数
1	不超过 30 000 元的	5	0
2	超过 30 000 元至 90 000 元的部分	10	1 500
3	超过 90 000 元至 300 000 元的部分	20	10 500
4	超过 300 000 元至 500 000 元的部分	30	40 500
5	超过 500 000 元的部分	35	65 500

法律政策依据

（1）《中华人民共和国企业所得税法》（2007 年 3 月 16 日第十届全国人民代表大会第五次会议通过，2017 年 2 月 24 日第十二届全国人民代表大会常务委员会第二十六次会议第一次修正，2018 年 12 月 29 日第十三届全国人民代表大会常务委员会第七次会议第二次修正）。

（2）《中华人民共和国企业所得税法实施条例》（2007年12月6日国务院令第512号公布，根据2019年4月23日《国务院关于修改部分行政法规的决定》修订）。

（3）《中华人民共和国个人所得税法》（1980年9月10日第五届全国人民代表大会第三次会议通过，2018年8月31日第十三届全国人民代表大会常务委员会第五次会议第七次修正）。

（4）《中华人民共和国个人所得税法实施条例》（1994年1月28日中华人民共和国国务院令第142号发布，2018年12月18日中华人民共和国国务院令第707号第四次修订）。

纳税筹划图

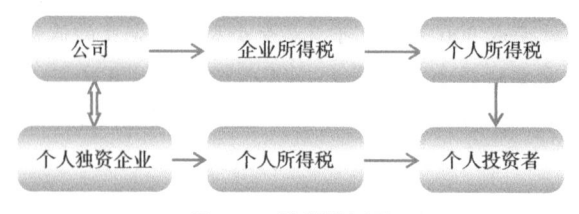

图7-4 纳税筹划图

纳税筹划案例

【例7-5】 李先生准备设立一个企业，预计该企业年盈利500万元。李先生原计划创办一家有限责任公司，公司的税后利润全部分配给股东。请提出纳税筹划方案。

筹划方案

如果设立有限责任公司，该公司需要缴纳企业所得税：500×25%=125（万元），税后利润：500–125=375（万元）。如果税后利润全部分配，李先生需要缴纳个人所得税：375×20%=75（万元），获得税后利润：375–75=300（万元）。综合税负：（125+75）÷500=40%。

李先生可以考虑设立个人独资企业，该企业本身不需要缴纳所得税，李先生需要缴纳个人所得税：500×35%–6.55=168.45（万元），税后利润：500–168.45=331.55（万元）。综合税负：168.45÷500=33.69%。

5. 设立分支机构中的纳税筹划

纳税筹划思路

企业设立分支机构主要有两种组织形式可供选择：一是分公司；二是子公司（严格来讲，子公司不属于分支机构，我们这里采用日常用语，把全资子公司视为分支机构）。两种不同的组织形式在所得税处理方式上是不同的。分公司不具有独立的法人资格，不能独立承担民事责任，在法律上与总公司视为同一主体。因此，在纳税方面，分公司同总公司是一个纳税主体，将其成本、损失和所得并入总公司共同纳税。而子公司具有独立的法人资格，可以独立承担民事责任，在法律上与总公司视为两个主体。因此，在纳税方面，子公司是同总公司相分离的，作为一个独立的纳税主体承担纳税义务。其成本、损失和所得全部独立核算，独立缴纳企业所得税和其他各项税收。

两种组织形式在法律地位上的不同导致了两种分支机构在税收方面各有利弊。分公司由于可以和总公司合并纳税，因此，分公司的损失可以抵消总公司的所得，从而降低公司整体的应纳税所得额，子公司则不享有这种优势。但子公司可以享受法律以及当地政府所规定的各种税收优惠政策，如减免企业所得税。因此，企业如何选择分支机构的形式需要综合考虑分支机构的盈利能力，尽量在分支机构亏损期间采取分公司的形式，而在分支机构盈利期间采取子公司的形式。

一般来讲，分支机构在设立初期需要大量投资，一般处于亏损状态，而经过一段时间的发展后则处于盈利状态。因此，一般在设立分支机构初期采取分公司的形式，而在分支机构盈利以后转而采取子公司的形式。这仅是一般情况，并不是绝对的。在某些情况下，当企业本身所适用的税率与准备设立的分支机构所适用的税率不同时，企业对其分支机构选择分公司还是子公司的形式差别很大。如果本企业所适用的税率高于分支机构所适用的税率，则选择子公司的形式比较有利，反之，则选择分公司的形式比较有利。

法律政策依据

（1）《中华人民共和国企业所得税法》（2007 年 3 月 16 日第十届全国人民代表大会第五次会议通过，2017 年 2 月 24 日第十二届全国人民代表大会常务委员会第二十六次会议第一次修正，2018 年 12 月 29 日第十三届全国人民代表大会常务委员会第七次会议第二次修正）第 50 条、第 52 条。

（2）《中华人民共和国企业所得税法实施条例》（2007 年 12 月 6 日国务院令第 512 号公布，根据 2019 年 4 月 23 日《国务院关于修改部分行政法规的决定》修订）第 125 条。

纳税筹划图

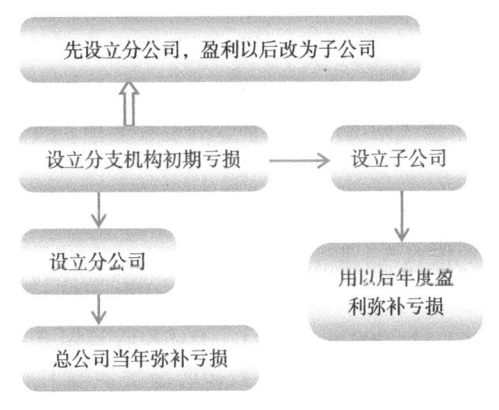

图 7-5　纳税筹划图

纳税筹划案例

【例 7-6】 某公司准备设立一个分支机构，原计划设立全资子公司。预计该子公司从 2021 年度至 2024 年度的应纳税所得额分别为 –1 000 万元、–500 万元、1 000 万元、2 000 万元。该子公司四年分别缴纳企业所得税为 0 万元、0 万元、0 万元、375 万元。请提出纳税筹划方案。

筹划方案

由于该子公司前期亏损、后期盈利，因此，可以考虑该公司先设立分公司，第三年再将分公司转变为子公司。由于分公司和全资子公司的盈利能力大体相当，可以认为该公司形式的变化不会影响该公司的盈利能力。因此，该分公司在 2021 年度和 2022 年度将分别亏损 1 000 万元和 500 万元，上述亏损可以弥补总公司的应纳税所得。由此，总公司在 2021 年度和 2022 年度将分别少纳企业所得税 250 万元和 125 万元。从第三年开始，该分公司变为子公司，需要独立纳税。2023 年度和 2024 年度，该子公司应纳税额分别为 250 万元、500 万元。从 2021 年度到 2024 年度，该分支机构无论是作为子公司还是分公司，纳税总额是相同的，都是 375 万元，但设立分公司可以在 2021 年度和 2022 年度弥补亏损，而设立子公司只能等到 2023 年度和 2024 年度再弥补亏损。设立分公司，使得该公司提前两年弥补了亏损，相当于获得了 250 万元和 125 万元的两年期无息贷款，其所节省的利息就是该纳税筹划的收益。

6. 利用特定股息不纳税以及亏损弥补政策的纳税筹划

纳税筹划思路

根据《企业所得税法》第 26 条的规定，符合条件的居民企业之间的股息、红利等权益性投资收益。符合条件的居民企业之间的股息、红利等权益性投资收益，是指居民企业直接投资于其他居民企业取得的投资收益，不包括连续持有居民企业公开发行并上市流通的股票不足 12 个月取得的投资收益。根据《企业所得税法》第 18 条的规定，企业纳税年度发生的亏损，准予向以后年度结转，用以后年度的所得弥补，但结转年限最长不得超过 5 年。企业在有亏损需要弥补，同时还将获得股息的情况下，应当尽量用应当纳税的所得去弥补亏损，而不要用免税的股息来弥补亏损，这样可以最大限度地减轻企业的税收负担。因为用免税股息来弥补亏损相当于对股息征税了。

《国家税务总局关于做好 2009 年度企业所得税汇算清缴工作的通知》（国税函〔2010〕148 号）规定："对企业取得的免税收入、减计收入以及减征、免征所得额项目，不得弥补当期及以前年度应税项目亏损；当期形成亏损的减征、免征所得额项目，也不得用当期和以后纳税年度应税项目所得抵补。"因此，自 2009 年度以后，上述税收筹划方式就不需要企业特别安排而可以直接享受。但应避免的是，由于企业自身对税收政策把握不准而错误地将免税股息用于弥补亏损。

法律政策依据

（1）《中华人民共和国企业所得税法》（2007年3月16日第十届全国人民代表大会第五次会议通过，2017年2月24日第十二届全国人民代表大会常务委员会第二十六次会议第一次修正，2018年12月29日第十三届全国人民代表大会常务委员会第七次会议第二次修正）第18条、第26条。

（2）《中华人民共和国企业所得税法实施条例》（2007年12月6日国务院令第512号公布，根据2019年4月23日《国务院关于修改部分行政法规的决定》修订）第83条。

（3）《国家税务总局关于做好2009年度企业所得税汇算清缴工作的通知》（国税函〔2010〕148号）。

纳税筹划图

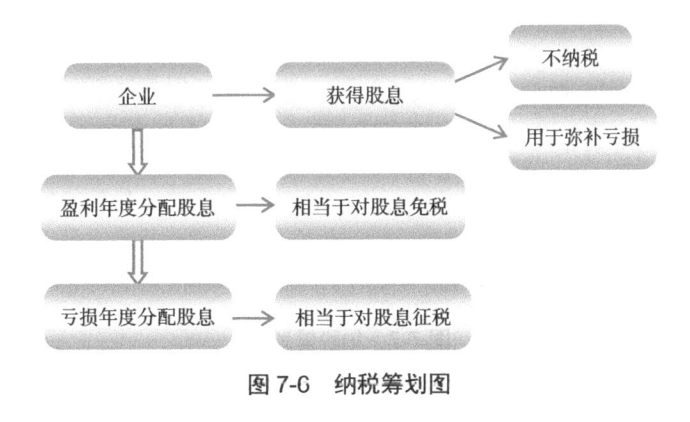

图 7-G　纳税筹划图

7. 投资回收方式中的纳税筹划

纳税筹划思路

根据现行个人所得税政策，个人从投资公司获得的股息要缴纳20%的个人所得税。根据现行企业所得税政策，企业从其投资的公司中获得的股息不需要纳税。如果个人投资者从公司取得的股息仍然用于投资，则可以考虑以成立公司的方式来减轻税收负担。成立公司以后可以将各类股息汇总到该公司，由于此时公司并不需要缴纳企业所得税，该公司就可以将免税所得用于各项投资。而如果由个人取得该股息，则应当首先缴纳20%的个人所得税，税后利润才能用于投资，这样就大大增加了投资的税收成本。

法律政策依据

（1）《中华人民共和国企业所得税法》（2007年3月16日第十届全国人民代表大会第五次会议通过，2017年2月24日第十二届全国人民代表大会常务委员会第二十六次会议第一次修正，2018年12月29日第十三届全国人民代表大会常务委员会第七次会议第二次修正）。

（2）《中华人民共和国企业所得税法实施条例》（2007年12月6日国务院令第512号公布，根据2019年4月23日《国务院关于修改部分行政法规的决定》修订）。

（3）《中华人民共和国个人所得税法》（1980年9月10日第五届全国人民代表大会第三次会议通过，2018年8月31日第十三届全国人民代表大会常务委员会第五次会议第七次修正）。

（4）《中华人民共和国个人所得税法实施条例》（1994年1月28日中华人民共和国国务院令第142号发布，2018年12月18日中华人民共和国国务院令第707号第四次修订）。

纳税筹划图

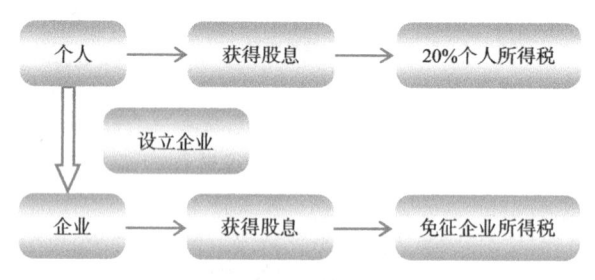

图 7-7　纳税筹划图

纳税筹划案例

【例7-7】　李先生拥有甲公司40%的股份，每年可以从该公司获得500万元的股息，根据我国现行个人所得税制度，李先生每年需要缴纳100万元的个人所得税。李先生所获得的股息全部用于股票投资或者直接投资于其他企业。李先生应当如何进行纳税筹划？

筹划方案

李先生可以用该股权以及部分现金投资设立一个个人公司乙，由乙公司持有甲公司40%的股权，这样，乙公司每年从甲公司获得的500万元股息就不需要缴纳企业所得税。李先生原定的用股息投资于股票或者其他的投资计划可以由乙公司来进行，乙公司投资于其他企业所获得的股息同样不需要缴纳企业所得税，这样就免除了李先生每次获得股息所得所应当承担的个人所得税纳税义务。

8. 分立企业享受小型微利企业优惠的纳税筹划

纳税筹划思路

根据现行企业所得税政策，符合条件的小型微利企业，减按20%的税率征收企业所得税。符合条件的小型微利企业，是指从事国家非限制和禁止行业，并符合下列条件的企业：

（1）工业企业，年度应纳税所得额不超过300万元，从业人数不超过100人，资产总额不超过3 000万元。

（2）其他企业，年度应纳税所得额不超过300万元，从业人数不超过80人，资产总额不超过1 000万元。

如果企业规模超过了上述标准，但企业各个机构之间可以相对独立地开展业务，则可以考虑采取分立企业的方式来享受小型微利企业的税收优惠政策。

自2017年1月1日起至2019年12月31日，将小型微利企业的年应纳税所得额上限由30万元提高至50万元，对年应纳税所得额低于50万元（含50万元）的小型微利企业，其所得减按50%计入应纳税所得额，按20%的税率缴纳企业所得税。自2019年1月1日至2021年12月31日，对小型微利企业年应纳税所得额不超过100万元的部分，减按25%计入应纳税所得额，按20%的税率缴纳企业所得税；对年应纳税所得额超过100万元但不超过300万元的部分，减按50%计入应纳税所得额，按20%的税率缴纳企业所得税。自2021年1月1日至2022年12月31日，对小型微利企业年应纳税所得额不超过100万元的部分，减按12.5%计入应纳税所得额，按20%的税率缴纳企业所得税。

自2019年1月1日起，小型微利企业执行以下标准：小型微利企业是指从事国家非限制和禁止行业，且同时符合年度应纳税所得额不超过300万元、从业人数不超过300人、资产总额不超过5000万元等三个条件的企业。

从业人数，包括与企业建立劳动关系的职工人数和企业接受的劳务派遣用工人数。所称从业人数和资产总额指标，应按企业全年的季度平均值确定。具体计算公式如下：

$$季度平均值=（季初值+季末值）÷2$$

$$全年季度平均值=全年各季度平均值之和÷4$$

年度中间开业或者终止经营活动的，以其实际经营期作为一个纳税年度确定上述相关指标。

法律政策依据

（1）《中华人民共和国企业所得税法》（2007年3月16日第十届全国人民代表大会第五次会议通过，2017年2月24日第十二届全国人民代表大会常务委员会第二十六次会议第一次修正，2018年12月29日第十三届全国人民代表大会常务委员会第七次会议第二次修正）第28条。

(2)《中华人民共和国企业所得税法实施条例》(2007 年 12 月 6 日国务院令第 512 号公布,根据 2019 年 4 月 23 日《国务院关于修改部分行政法规的决定》修订)第 92 条。

(3)《财政部 国家税务总局关于执行企业所得税优惠政策若干问题的通知》(财税〔2009〕69 号)。

(4)《财政部 国家税务总局关于扩大小型微利企业所得税优惠政策范围的通知》(财税〔2017〕43 号)。

(5)《财政部 税务总局关于实施小微企业普惠性税收减免政策的通知》(财税〔2019〕13 号)。

纳税筹划图

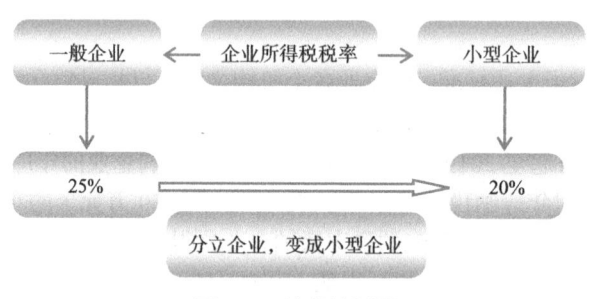

图 7-8 纳税筹划图

纳税筹划案例

【例 7-8】 某运输公司共有 10 个运输车队,每个运输车队有员工 70 人,资产总额为 800 万元,每个车队年均盈利 100 万元,整个运输公司年均盈利 1 000 万元。请对该运输公司提出纳税筹划方案。

筹划方案

该运输公司可以将 10 个运输车队分别注册为独立的子公司,这样,每个子公司都符合小型微利企业的标准,可以享受小微企业的优惠税率。如果不进行纳税筹划,该运输公司需要缴纳企业所得税:1 000×25%=250(万元)。纳税筹划后,该运输公司需要缴纳企业所得税:100×12.5%×20%×10=25(万元)。减轻税收负担:250−25=225(万元)。如果某车队的盈利能力超过了 100 万元,该运输公司可以考虑设立更多子公司,从而继续享受小型微利企业的税收优惠政策。

9. 招聘国家鼓励人员的纳税筹划

> **纳税筹划思路**

根据现行企业所得税政策，企业的下列支出，可以在计算应纳税所得额时加计扣除：

(1) 开发新技术、新产品、新工艺发生的研究开发费用。

(2) 安置残疾人及国家鼓励安置的其他就业人员所支付的工资。

企业安置残疾人所支付的工资的加计扣除，是指企业安置残疾人的，在按照支付给残疾职工工资据实扣除的基础上，按照支付给残疾职工工资的 100% 加计扣除。残疾人的范围适用《中华人民共和国残疾人保障法》的有关规定。企业安置国家鼓励安置的其他就业人员所支付的工资的加计扣除办法，由国务院另行规定。

由于企业雇用国家鼓励安置的残疾人可以享受工资支出加计扣除 100% 的优惠政策，因此，如果企业的部分生产经营活动可以通过残疾人来完成，则可以通过雇用残疾人来进行纳税筹划。

企业安置残疾人的，按实际支付给残疾职工工资的 100% 加计扣除。残疾人的范围适用《中华人民共和国残疾人保障法》的有关规定。根据《中华人民共和国残疾人保障法》第 2 条的规定，残疾人，是指在心理、生理、人体结构上，某种组织、功能丧失或者不正常，全部或者部分丧失以正常方式从事某种活动能力的人。残疾人包括视力残疾、听力残疾、言语残疾、肢体残疾、智力残疾、精神残疾、多重残疾和其他残疾的人。残疾标准由国务院规定。一般而言，残疾人包括经认定的视力、听力、言语、肢体、智力和精神残疾人。从程序的角度来讲，残疾人必须持有《中华人民共和国残疾人证》或者《中华人民共和国残疾军人证》(1 至 8 级)。

根据《中国实用残疾人评定标准（试用）》（中国残疾人联合会〔1995〕残联组联字第 61 号）的规定，目前我国的残疾人分为 6 类。其标准分别如下。

(1) 视力残疾标准。视力残疾，是指由于各种原因导致双眼视力障碍或视野缩小，通过各种药物、手术及其他疗法而不能恢复视功能者（或暂时不能通过上述疗法恢复视功能者），以致不能进行一般人所能从事的工作、学习或其他活动。视力残疾包括盲及低视力两类。视力残疾的分级为：一级盲：最佳矫正视力低于 0.02；或视野半径小于 5 度。二级盲：最佳矫正视力等于或优于 0.02，而低于 0.05；或视野半径小于 10 度。一级低视力：最佳矫正视力等于或优于 0.05，而低于 0.1。二级低视力：最佳矫正视力等于或优于 0.1，而低于 0.3。

(2) 听力残疾标准。听力残疾，是指由于各种原因导致双耳不同程度的听力丧失，听不到或听不清周围环境声及言语声（经治疗一年以上不愈者）。听力残疾包括：听力完全丧失及有残留听力但辨音不清，不能进行听说交往两类。

(3) 言语残疾标准。言语残疾指由于各种原因导致的言语障碍（经治疗一年以上不愈者），而不能进行正常的言语交往活动。言语残疾包括：言语能力完全丧失及言语能力部分丧失，不能进行正常言语交往两类。言语残疾的分级：一级指只能简单发音而言语能力完全丧失者；二级指具有一定的发音能力，语音清晰度在 10%～30%，言语能力等级测试可通过一级，但不能通过二级测试水平；三级指具有发音能力，语音清晰度在31%~50%，言语能力等级测试可通过二级，但不能通过三级测试水平；四级指具有发音能力，语言清晰度在51%~70%，言语能力等级测试可通过三级，但不能通过四级测试水平。

（4）智力残疾标准。智力残疾，是指人的智力明显低于一般人的水平，并显示适应行为障碍。智力残疾包括：在智力发育期间，由于各种原因导致的智力低下；智力发育成熟以后，由于各种原因引起的智力损伤和老年期的智力明显衰退导致的痴呆。智力残疾的分级：根据世界卫生组织（WHO）和美国智力低下协会（AAMD）的智力残疾的分级标准，按其智力商数（IQ）及社会适应行为来划分智力残疾的等级。

（5）肢体残疾标准。肢体残疾，是指人的肢体残缺、畸形、麻痹所致人体运动功能障碍。肢体残疾包括脑瘫（四肢瘫、三肢瘫、二肢瘫、单肢瘫），偏瘫，脊髓疾病及损伤（四肢瘫、截瘫），小儿麻痹后遗症，后天性截肢，先天性缺肢、短肢、肢体畸形、侏儒症，两下肢不等长，脊柱畸形（驼背、侧弯、强直），严重骨、关节、肌肉疾病和损伤，周围神经疾病和损伤。肢体残疾的分级：以残疾者在无辅助器具帮助下，对日常生活活动的能力进行评价计分。日常生活活动分为8项：端坐、站立、行走、穿衣、洗漱、进餐、如厕、写字。能实现一项算1分，实现困难算0.5分，不能实现的算0分，据此划分三个等级。

（6）精神残疾标准。精神残疾，是指精神病人患病持续一年以上未痊愈，同时导致其对家庭、社会应尽职能出现一定程度的障碍。精神残废可由以下精神疾病引起：精神分裂症；情感性、反应性精神障碍；脑器质性与躯体疾病所致的精神障碍；精神活性物质所致的精神障碍；儿童少年期精神障碍；其他精神障碍。精神残疾的分级：对于患有上述精神疾病持续1年以上未痊愈者，应用"精神残疾分级的操作性评估标准"评定精神残疾的等级。

根据《国家税务总局 民政部 中国残疾人联合会关于促进残疾人就业税收优惠政策征管办法的通知》（国税发〔2007〕67号）的规定，申请享受《财政部 国家税务总局关于促进残疾人就业税收优惠政策的通知》（财税〔2007〕92号）第1条、第2条规定的税收优惠政策的符合福利企业条件的用人单位，安置残疾人超过25%（含25%），且残疾职工人数不少于10人的，在向税务机关申请减免税前，应当先向当地县级以上地方人民政府民政部门提出福利企业的认定申请。盲人按摩机构、工疗机构等集中安置残疾人的用人单位，在向税务机关申请享受《财政部 国家税务总局关于促进残疾人就业税收优惠政策的通知》（财税〔2007〕92号）第1条、第2条规定的税收优惠政策前，应当先向当地县级残疾人联合会提出认定申请。申请享受《财政部 国家税务总局关于促进残疾人就业税收优惠政策的通知》（财税〔2007〕92号）第1条、第2条规定的税收优惠政策的其他单位，可直接向税务机关提出申请。民政部门、残疾人联合会应当按照《财政部 国家税务总局关于促进残疾人就业税收优惠政策的通知》（财税〔2007〕92号）第5条第（1）（2）（5）项规定的条件，对前项所述单位安置残疾人的比例和是否具备安置残疾人的条件进行审核认定，并向申请人出具书面审核认定意见。《中华人民共和国残疾人证》和《中华人民共和国残疾军人证》的真伪，分别由残疾人联合会、民政部门进行审核。具体审核管理办法由民政部、中国残疾人联合会分别商有关部门另行规定。各地民政部门、残疾人联合会在认定工作中不得直接或间接向申请认定的单位收取任何费用。如果认定部门向申请认定的单位收取费用，则上述单位可不经认定，直接向主管税务机关提出减免税申请。取得民政部门或残疾人联合会认定的单位（简称"纳税人"），可向主管税务机关提出减免税申请，并提交以下材料：

（1）经民政部门或残疾人联合会认定的纳税人，出具上述部门的书面审核认定意见。

（2）纳税人与残疾人签订的劳动合同或服务协议（副本）。

（3）纳税人为残疾人缴纳社会保险费缴费记录。

（4）纳税人向残疾人通过银行等金融机构实际支付工资凭证。

（5）主管税务机关要求提供的其他材料。

不需要经民政部门或残疾人联合会认定的单位以及本通知第1条第（3）项规定的单位（简称"纳税人"），可向主管税务机关提出减免税申请，并提交以下材料：

（1）纳税人与残疾人签订的劳动合同或服务协议（副本）。

（2）纳税人为残疾人缴纳社会保险费缴费记录。

（3）纳税人向残疾人通过银行等金融机构实际支付工资凭证。

（4）主管税务机关要求提供的其他材料。

用人单位安排残疾人就业的比例不得低于本单位在职职工总数的1.5%。具体比例由各省、自治区、直辖市人民政府根据本地区的实际情况规定。用人单位安排残疾人就业达不到其所在地省、自治区、直辖市人民政府规定比例的，应当缴纳保障金。

残疾人就业保障金征收标准上限，按照当地社会平均工资2倍执行。当地社会平均工资按照所在地城镇非私营单位就业人员平均工资和城镇私营单位就业人员平均工资加权计算。用人单位依法以劳务派遣方式接受残疾人在本单位就业的，由派遣单位和接受单位通过签订协议的方式协商一致后，将残疾人数计入其中一方的实际安排残疾人就业人数和在职职工人数，不得重复计算。

自2020年1月1日起至2022年12月31日，对残疾人就业保障金实行分档减缴政策。其中，用人单位安排残疾人就业比例达到1%（含）以上，但未达到所在地省、自治区、直辖市人民政府规定比例的，按规定应缴费额的50%缴纳残疾人就业保障金；用人单位安排残疾人就业比例在1%以下的，按规定应缴费额的90%缴纳残疾人就业保障金。自2020年1月1日起至2022年12月31日，在职职工人数在30人（含）以下的企业，暂免征收残疾人就业保障金。

法律政策依据

（1）《中华人民共和国企业所得税法》（2007年3月16日第十届全国人民代表大会第五次会议通过，2017年2月24日第十二届全国人民代表大会常务委员会第二十六次会议第一次修正，2018年12月29日第十三届全国人民代表大会常务委员会第七次会议第二次修正）第30条。

（2）《中华人民共和国企业所得税法实施条例》（2007年12月6日国务院令第512号公布，根据2019年4月23日《国务院关于修改部分行政法规的决定》修订）第96条。

（3）《中华人民共和国残疾人保障法》（1990年12月28日第七届全国人民代表大会常务委员会第十七次会议通过，1990年12月28日中华人民共和国主席令第36号公布，自1991年5月15日起施行）第2条。

（4）《国家税务总局 民政部 中国残疾人联合会关于促进残疾人就业税收优惠政策征管办法的通知》（国税发〔2007〕67号）。

（5）《残疾人就业保障金征收使用管理办法》（财税〔2015〕72号）。

（6）《财政部关于调整残疾人就业保障金征收政策的公告》（财政部公告2019年第98号）。

纳税筹划图

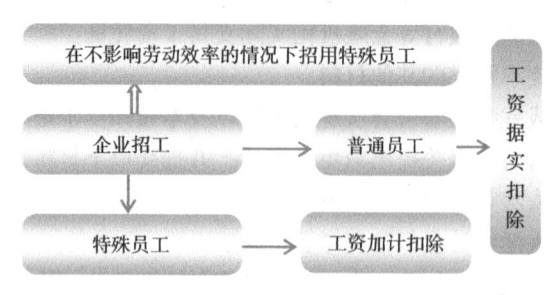

图 7-9　纳税筹划图

纳税筹划案例

【例 7-9】　某公司由于生产经营需要准备招用 100 个普通职工,由于该项工作不需要职工具备特殊技能而且是坐在椅子上进行的,因此具有一定腿部残疾的人员也可以完成。该公司原计划招收非残疾人,人均月工资为 2 000 元,合同期限为 3 年。请对该公司的招用计划进行纳税筹划。

筹划方案

由于该公司的工作残疾人也可以胜任,因此该公司可以通过招用残疾人来进行纳税筹划。根据《企业所得税法实施条例》第 96 条的规定,该公司可以享受按实际支付给残疾职工工资的 100% 加计扣除的优惠政策。3 年内,支付给残疾职工的工资可以为企业节约企业所得税:2 000×100×12×3×25%=1 800 000(元)。

除此以外,雇用残疾人还可以为企业节约残保金的支出。假设该公司共有员工 5 000 人,按 1.5% 的标准应当雇用 75 个残疾人。如果不雇用上述 100 个残疾人,假设该公司人均年工资为 5 万元,则该公司每年应当缴纳残保金:75×5=375(万元)。

10. 分公司与子公司灵活转化以充分利用税收优惠政策的纳税筹划

纳税筹划思路

根据现行企业所得税政策,企业的下列所得可以免征、减征企业所得税:
(1)从事农、林、牧、渔业项目的所得。
(2)从事国家重点扶持的公共基础设施项目投资经营的所得。
(3)从事符合条件的环境保护、节能节水项目的所得。
(4)符合条件的技术转让所得。

（5）《企业所得税法》第 3 条第 3 款规定的所得。

国家重点扶持的公共基础设施项目，是指《公共基础设施项目企业所得税优惠目录》规定的港口码头、机场、铁路、公路、城市公共交通、电力、水利等项目。企业从事国家重点扶持的公共基础设施项目的投资经营的所得，自项目取得第一笔生产经营收入所属纳税年度起，第 1 年至第 3 年免征企业所得税，第 4 年至第 6 年减半征收企业所得税。

符合条件的环境保护、节能节水项目，包括公共污水处理、公共垃圾处理、沼气综合开发利用、节能减排技术改造、海水淡化等。企业从事符合条件的环境保护、节能节水项目的所得，自项目取得第一笔生产经营收入所属纳税年度起，第 1 年至第 3 年免征企业所得税，第 4 年至第 6 年减半征收企业所得税。

符合条件的技术转让所得免征、减征企业所得税，是指一个纳税年度内，居民企业技术转让所得不超过 500 万元的部分，免征企业所得税；超过 500 万元的部分，减半征收企业所得税。

企业在投资以及生产经营过程中应当充分利用上述减免税优惠政策，这是一种重要的纳税筹划手段。在利用上述税收优惠政策的过程中也应当进行纳税筹划，例如，对于享受定期减免税优惠的企业而言，应当尽量增加享受减免税期间的所得，而减少正常纳税期间的所得。从支出的角度而言，企业在享受减免税期间应当尽量减少开支，而在正常纳税期间则应当尽量增加开支。

法律政策依据

（1）《中华人民共和国企业所得税法》（2007 年 3 月 16 日第十届全国人民代表大会第五次会议通过，2017 年 2 月 24 日第十二届全国人民代表大会常务委员会第二十六次会议第一次修正，2018 年 12 月 29 日第十三届全国人民代表大会常务委员会第七次会议第二次修正）第 27 条。

（2）《中华人民共和国企业所得税法实施条例》（2007 年 12 月 6 日国务院令第 512 号公布，根据 2019 年 4 月 23 日《国务院关于修改部分行政法规的决定》修订）第 86 条、第 87 条、第 88 条、第 90 条。

纳税筹划图

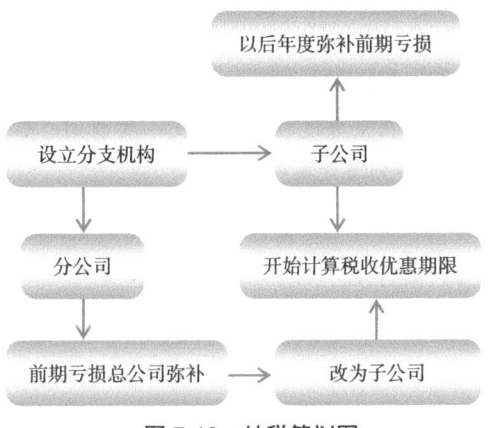

图 7-10　纳税筹划图

纳税筹划案例

【例7-10】 某公司投资1 000万元，设立一子公司。该子公司从事符合条件的环境保护、节能节水项目，可以享受自项目取得第一笔生产经营收入的纳税年度起，第一年至第三年免征企业所得税，第四年至第六年减半征收企业所得税的税收优惠待遇。由于设立初期需要大量投资和研究开发费用，该子公司第一年亏损500万元，第二年亏损200万元，第三年亏损100万元，第四年盈利200万元，第五年盈利400万元，第六年盈利600万元。《企业所得税法》第18条规定："企业纳税年度发生的亏损，准予向以后年度结转，用以后年度的所得弥补，但结转年限最长不得超过五年。"因此，该公司前三年发生的亏损可以在五年内予以弥补。弥补亏损后，该子公司第四年、第五年应纳税所得额均为0，第六年应纳税所得额为400万元。由于该子公司可以享受减半征税的优惠，因此，该公司六年应纳企业所得税额：400×25%×50%=50（万元）。请针对该公司情况提出纳税筹划方案。

筹划方案

假设该公司在设立分支机构之前进行纳税筹划，预计分支机构在设立前几年会发生较大亏损，而在第四年以后则有可能开始盈利，该公司就可以先设立分公司。设立分公司的费用相对设立子公司还要低一些。无论是设立子公司，还是设立分公司，企业在设立初期所需要的投资和开发费用是大体相当的，在生产经营方面也不会有大的差异。因此，我们可以假设，该分公司前三年的状况与上述子公司的状况一致，即分别亏损500万元、200万元和100万元，但从第四年起，该公司将这一分公司组建为子公司，组建过程中会发生一些费用，但费用远远低于新设立一家子公司的费用。由于这一分支机构在生产、经营等方面都是连续的，只是在性质上发生了变更，因此，可以假设这一变更不会对这一分支机构的生产经营构成较大影响，那么，这一子公司前三年的盈利状况大约分别为200万元、400万元和600万元。通过这一纳税筹划，我们可以计算该分支机构所实际负担的企业所得税额。前三年，该分支机构是分公司，其亏损可以抵免总公司的应税所得，我们假设总公司的盈利远远高于分公司的亏损，那么，三年期间，分支机构为总公司节约企业所得税额：(500+200+100)×25%=200（万元）。后三年，由于前三年的所得可以免征企业所得税，因此，该子公司应纳企业所得税额为0。如果把分支机构和总公司视为一个整体的话，后一种方案比前一种方案为企业整体节约所得税额：200+50=250（万元）。前面已经指出，后一种方案在变更过程中会涉及一些费用，但只要这些费用低于通过纳税筹划所节约的所得税额，纳税筹划就是有利的。

第 8 章

企业融资决策中如何进行纳税筹划

1. 融资决策与纳税筹划

纳税筹划思路

融资决策是任何企业都需要面临的问题,也是企业生存和发展的关键问题之一。融资决策需要考虑众多因素,税收因素是其中之一。利用不同融资方式、不同融资条件对税收的影响,精心设计企业融资项目,以实现企业税后利润或者股东收益最大化,是纳税筹划的任务和目的。

融资在企业的生产经营过程中占据着非常重要的地位,融资是企业一系列生产经营活动的前提条件,融资决策的优劣直接影响到企业生产经营的业绩。融资作为一项相对独立的企业活动,其对经营收益的影响主要是借助于因资本结构变动产生的杠杆作用进行的。资本结构是企业长期债务资本与权益资本之间的比例构成关系。企业在融资过程中应当考虑以下几方面:

(1)融资活动对于企业资本结构的影响。

(2)资本结构的变动对于税收成本和企业利润的影响。

(3)融资方式的选择在优化资本结构和减轻税负方面对于企业和所有者税后利润最大化的影响。

在市场经济体制下,企业的融资渠道主要包括从金融机构借款、从非金融机构借款、发行债券、发行股票、融资租赁、企业自我积累和企业内部集资等。不同融资方式的税法待遇及其所造成的税收负担的不同为纳税筹划创造了空间。

企业各种融资渠道大致可以划分为负债和资本金两种方式。两种融资方式在税法上的待遇是不同的,《企业所得税法》第 8 条规定:"企业实际发生的与取得收入有关的、合理的支出,包括成本、费用、税金、损失和其他支出,准予在计算应纳税所得额时扣除。"纳税人在生产经营期间,向金融机构借款的利息支出,按照实际发生数扣除;向非金融机构借款的利息支出,不高于按照金融机构同类、同期贷款利率计算的数额以内的部分,准予扣除。通过负债的方式融资,负债的成本——借款利息可以在税前扣除,从而减轻了企业的税收负担。《企业所得税法》第10条规定:"在计算应纳税所得额时,下列支出不得扣除:(一)向投资者支付的股息、红利等权益性投资收益款项;……"由此可见,企业通过增加资本金的方式进行融资所支付的股息或者红利是不能在税前扣除的,因此,仅仅从节税的角度来讲,负债融资方式比权益融资方式较优。但由于各种融资方式还会涉及其他一些融资成本,因此,不能仅仅从税收负担角度来考虑各种融资成本的优劣。下面我们分别分析以下几种最常见的融资方式的各种成本:

(1)发行债券越来越成为大公司融资的主要方案。债券是经济主体为筹集资金而发行的,用以记载和反映债权债务关系的有价证券。由企业发行的债券称为企业债券或公司债券。发行债券的筹资方式,由于筹资对象广、市场大,比较容易寻找降低融资成本、提高整体收益的方法。另外,由于债券的持有者人数众多,有利于企业利润的平均分担,避免利润过分集中所带来的较重税收负担。

(2)向金融机构借款也是企业较常使用的融资方式。由于这种方式只涉及企业和金融机构两个主体,因此,如果二者存在一定的关联关系,就可以通过利润的平均分摊来减轻税收负担。当然,这种方式需要控制在合理的范围之内,否则有可能受到关联企业转移定价的规制。但绝大多数企业和金融机构之间是不存在关联关系的,很难利用关联关系来取得税收上的利息。但由于借款利息可以在税前扣除,因此,这一融资方式比企业自我积累资金的方式在税收待遇上要优越。

(3)企业以自我积累的方式进行筹资,所需要的时间比较长,无法满足绝大多数企业的生产经营的需要。另外,从税收的角度来看,自我积累的资金由于不属于负债,因此,也不存在利息抵扣所得额的问题,无法享受税法上的优惠待遇。再加上资金的占用和使用融为一体,企业所承担的风险也比较高。

(4)发行股票仅仅属于上市公司融资的选择方案之一,非上市公司没有权利选择这一融资方式,因此,其适用范围相对比较狭窄。发行股票所支付的股息与红利是在税后利润中进行的,因此,无法像债券利息或借款利息那样享受抵扣所得额的税法优惠待遇。而且发行股票融资的成本相对来讲也比较高,并非绝大多数企业所能选择的融资方案。当然,发行股票融资也有众多优点,比如,发行股票不用偿还本金,没有债务压力。成功发行股票对于企业来讲也是一次非常好的宣传自己的机会,往往会给企业带来其他方面的诸多好处。

一般来讲,企业以自我积累方式筹资所承受的税收负担要重于向金融机构借款所承受的税收负担,贷款融资所承受的税收负担要重于企业间拆借所承受的税收负担,企业间借贷的税收负担要重于企业内部集资的税收负担。

另外,企业还可以通过联合经营来进行纳税筹划,即以一个主体厂为中心,与有一定生产设备基础的若干企业联合经营。比如由主体厂提供原材料,成员厂加工零配件,再卖给主体厂,主体厂组装完成产品并负责销售。这样可以充分利用成员厂的场地、劳动力、设备和资源进行规模生产,提高效率,另外适当利用各成员厂之间的关联关系,可以减轻整体的税收负担。世界性的大公司都是通过这种全球经营的方式来获得最佳的经营效益的。国内企业也可以适当借鉴这种联合经营的方式。

第8章 企业融资决策中如何进行纳税筹划

法律政策依据

（1）《中华人民共和国企业所得税法》（2007年3月16日第十届全国人民代表大会第五次会议通过，2017年2月24日第十二届全国人民代表大会常务委员会第二十六次会议第一次修正，2018年12月29日第十三届全国人民代表大会常务委员会第七次会议第二次修正）第8条、第10条。

（2）《中华人民共和国企业所得税法实施条例》（2007年12月6日国务院令第512号公布，根据2019年4月23日《国务院关于修改部分行政法规的决定》修订）。

纳税筹划图

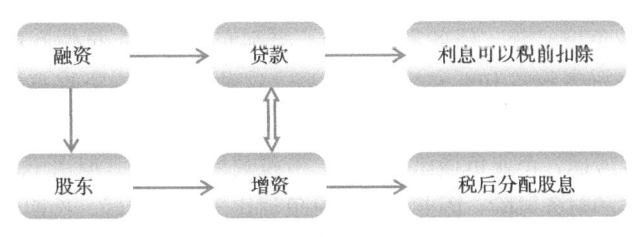

图 8-1 纳税筹划图

纳税筹划案例

【例 8-1】 某公司计划投资100万元用于一项新产品的生产，在专业人员的指导下制定了三个方案。假设公司的资本结构如表8-1所示。三个方案的债务利率均为10%，企业所得税税率为25%。那么，其权益资本投资利润率如表8-1所示。

表 8-1 权益资本投资利润率

项 目	债务资本：权益资本		
	方案A（0∶100）	方案B（20∶80）	方案C（60∶40）
息税前利润（万元）	30	30	30
利率（%）	10	10	10
税前利润（万元）	30	28	24
纳税额（25%）	7.5	7	6
税后利润（万元）	22.5	21	18
权益资本利润率（%）	22.5	26.25	45

筹划方案

由以上A、B、C三种方案的对比可以看出，在息税前利润和贷款利率不变的条件下，随着企业负债比例的提高，权益资本利润率在不断增加。通过比较不同资本结构带来的权益资本利润率的不同，选择融资所要采取的融资组合，实现股东收益最大化。我们可以选择方案 C 作为该公司投资该项目的融资方案。

2. 长期借款融资的纳税筹划

纳税筹划思路

企业的资金来源除权益资金外，主要就是负债。负债一般包括长期负债和短期负债。长期负债资本和权益资本的比例关系一般称为资本构成。长期负债融资的好处：一方面债务的利息可以抵减应税所得，减少应纳所得税额；另一方面还体现在通过财务杠杆作用增加权益资本收益率上。假设企业负债经营，债务利息不变，当利润增加时，单位利润所负担的利息就会相对降低，从而使投资者收益有更大幅度的提高，这种债务对投资收益的影响就是财务杠杆作用。

仅仅从节税角度考虑，企业负债比例越大，节税效果越明显。但由于负债比例升高会相应影响将来的融资成本和财务风险，因此，并不是负债比例越高越好。长期负债融资的杠杆作用体现在提高权益资本的收益率以及普通股的每股收益额方面，这可以从下面的公式中得以反映：

$$权益资本收益率（税前）= 息税前投资收益率 + 负债/权益资本 \times （息税前投资收益率 - 负债成本率）$$

因此，只要企业息税前投资收益率高于负债成本率，增加负债额度，提高负债的比例就会带来权益资本收益率提高的效应。但这种权益资本收益率提高的效应会被企业的财务风险以及融资的风险成本的逐渐加大所抵消，当二者达到一个大体的平衡时，也就达到了增加负债比例的最高限额。超过这个限额，财务风险以及融资风险成本就会超过权益资本收益率提高的收益，也就会从整体上降低企业的税后利润，从而降低权益资本收益率。

法律政策依据

（1）《中华人民共和国企业所得税法》（2007 年 3 月 16 日第十届全国人民代表大会第五次会议通过，2017 年 2 月 24 日第十二届全国人民代表大会常务委员会第二十六次会议第一次修正，2018 年 12 月 29 日第十三届全国人民代表大会常务委员会第七次会议第二次修正）。

（2）《中华人民共和国企业所得税法实施条例》（2007 年 12 月 6 日国务院令第 512 号公布，根据 2019 年 4 月 23 日《国务院关于修改部分行政法规的决定》修订）。

纳税筹划图

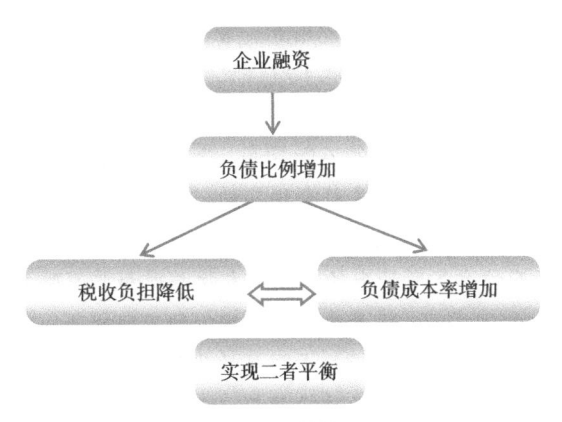

```
企业融资
  ↓
负债比例增加
  ↙     ↘
税收负担降低 ⟷ 负债成本率增加
        ↓
    实现二者平衡
```

图 8-2　纳税筹划图

纳税筹划案例

【例 8-2】 某股份有限公司的资本结构备选方案如表 8-2 所示。

表 8-2　资本结构备选方案　　　　　　　　　　　　　单位：万元

项目	方案 A	方案 B	方案 C	方案 D	方案 E
负债比例	0	1∶1	2∶1	3∶1	4∶1
负债成本率（%）	—	6	7	9	10.5
投资收益率（%）	10	10	10	10	10
负债额	0	3 000	4 000	4 500	4 800
权益资本额	6 000	3 000	2 000	1 500	1 200
普通股股数（万股）	60	30	20	15	12
年息税前利润额	600	600	600	600	600
减：负债利息成本	—	180	280	405	504
年税前净利	600	420	320	195	96
所得税税率（%）	25	25	25	25	25
应纳所得税额	150	105	80	48.75	24
年息税后利润	450	315	240	146.25	72
权益资本收益率（%）	7.5	10.5	12	9.75	6
普通股每股收益额（元）	7.5	10.5	12	9.75	6

筹划方案

从 A、B、C、D、E 五种选择方案可以看出，方案 B、C、D 利用了负债融资的方式，由于其负债利息可以在税前扣除，因此，降低了所得税的税收负担，产生了权益资本收益率和普通股每股收益额均高于完全靠权益资金融资的方案 A。

上述方案中假设随着企业负债比例的不断提高，企业融资的成本也在不断提高，反映在表格中是负债成本率不断提高，这一假设是符合现实的。正是由于负债成本率的不断提高，增加的债务融资成本逐渐超过因其抵税作用带来的收益，这时，通过增加负债比例进行纳税筹划的空间就走到尽头了。上述五种方案所带来的权益资本收益率和普通股每股收益额的变化充分说明了这一规律。从方案 A 到方案 C，随着企业负债比例的不断提高，权益资本收益率和普通股每股收益额也在不断提高，说明税收效应处于明显的优势，但从方案 C 到方案 D 则出现了权益资本收益率和普通股每股收益额逐渐下降的趋势，这就说明了此时起主导作用的因素已经开始向负债成本转移，债务成本抵税作用带来的收益增加效应已经受到削弱与抵消，但与完全采用股权性融资的方案相比，仍是有利可图的。但到方案 E 时，债务融资税收挡板作用带来的收益就完全被负债成本的增加所抵消，而且负债成本已经超过节税的效应了，因此，方案 E 的权益资本收益率和普通股每股收益额已经低于完全不进行融资时（方案 A）的收益了。此时融资所带来的就不是收益而是成本了。

这一案例再次说明了前面的结论：只有当企业息税前投资收益率高于负债成本率时，增加负债比例才能提高企业的整体效益，否则，就会降低企业的整体效益。

在长期借款融资的纳税筹划中，借款偿还方式的不同也会导致不同的税收待遇，从而同样存在纳税筹划的空间。比如某公司为了引进一条先进的生产线，从银行贷款 1 000 万元，年利率为 10%，年投资收益率为 18%，5 年内还清全部本息。经过纳税筹划，该公司可选择的方案主要有四种：

（1）期末一次性还本付息。

（2）每年偿还等额的本金和利息。

（3）每年偿还等额的本金 200 万元及当期利息。

（4）每年支付等额利息 100 万元，并在第 5 年末一次性还本。在以上各种不同的偿还方式下，年偿还额、总偿还额、税额以及企业的整体收益均是不同的（限于篇幅，不再具体计算）。

一般来讲，方案 A 给企业带来的节税额最大，但它给企业带来的经济效益却是最差的，企业最终所获利润低，而且现金流出量大，因此是不可取的。方案 C 尽管使企业缴纳了较多的所得税，但其税后收益却是最高的，而且现金流出量也是最小的，因此，它是最优的方案。方案 B 是次优的，它给企业带来的经济利益小于方案 C，但大于方案 D。长期借款融资偿还方式的一般原则是分期偿还本金和利息，尽量避免一次性偿还本金或者本金和利息。

第8章 企业融资决策中如何进行纳税筹划

3. 借款费用利息的纳税筹划

纳税筹划思路

根据现行企业所得税政策，企业实际发生的与取得收入有关的合理的支出，包括成本、费用、税金、损失和其他支出，准予在计算应纳税所得额时扣除。企业在生产经营活动中发生的合理的、不需要资本化的借款费用，准予扣除。企业为购置、建造固定资产、无形资产和经过 12 个月以上的建造才能达到预定可销售状态的存货发生借款的，在有关资产购置、建造期间发生的合理的借款费用，应当作为资本性支出计入有关资产的成本，并依照《企业所得税法实施条例》的规定扣除。

企业在生产经营活动中发生的下列利息支出，准予扣除：

（1）非金融企业向金融企业借款的利息支出、金融企业的各项存款利息支出和同业拆借利息支出、企业经批准发行债券的利息支出。

（2）非金融企业向非金融企业借款的利息支出，不超过按照金融企业同期同类贷款利率计算的数额的部分。

根据《国家税务总局关于企业向自然人借款的利息支出企业所得税税前扣除问题的通知》（国税函〔2009〕777 号）的规定，企业向股东或其他与企业有关联关系的自然人借款的利息支出，应根据《企业所得税法》第 46 条及《财政部 国家税务总局关于企业关联方利息支出税前扣除标准有关税收政策问题的通知》（财税〔2008〕121 号）的规定，计算企业所得税扣除额。企业向除股东或其他与企业有关联关系的自然人以外的内部职工或其他人员借款的利息支出，其借款情况同时符合以下条件的，其利息支出在不超过按照金融企业同期同类贷款利率计算的数额的部分，根据《企业所得税法》第 8 条和《企业所得税法实施条例》第 27 条的规定，准予扣除：

（1）企业与个人之间的借贷是真实、合法、有效的，并且不具有非法集资目的或其他违反法律、法规的行为；

（2）企业与个人之间签订了借款合同。

根据《国家税务总局关于企业所得税若干问题的公告》（国家税务总局公告 2011 年第 34 号）的规定，非金融企业向非金融企业借款的利息支出，不超过按照金融企业同期同类贷款利率计算的数额的部分，准予税前扣除。企业在按照合同要求首次支付利息并进行税前扣除时，应提供"金融企业的同期同类贷款利率情况说明"，以证明其利息支出的合理性。"金融企业的同期同类贷款利率情况说明"中，应包括在签订该借款合同当时，本省任何一家金融企业提供同期同类贷款利率情况。该金融企业应为经政府有关部门批准成立的可以从事贷款业务的企业，包括银行、财务公司、信托公司等金融机构。"同期同类贷款利率"，是指在贷款期限、贷款金额、贷款担保以及企业信誉等条件基本相同下，金融企业提供贷款的利率，既可以是金融企业公布的同期同类平均利率，也可以是金融企业对某些企业提供的实际贷款利率。

企业在扣除借款利息时应注意不能超过同期同类贷款利率，如果超过，应考虑通过纳税筹划转化为其他可以扣除的成本或费用。

法律政策依据

（1）《中华人民共和国企业所得税法》（2007年3月16日第十届全国人民代表大会第五次会议通过，2017年2月24日第十二届全国人民代表大会常务委员会第二十六次会议第一次修正，2018年12月29日第十三届全国人民代表大会常务委员会第七次会议第二次修正）第8条。

（2）《中华人民共和国企业所得税法实施条例》（2007年12月6日国务院令第512号公布，根据2019年4月23日《国务院关于修改部分行政法规的决定》修订）第37条、第38条。

（3）《财政部 国家税务总局关于企业关联方利息支出税前扣除标准有关税收政策问题的通知》（财税〔2008〕121号）。

（4）《国家税务总局关于企业向自然人借款的利息支出企业所得税税前扣除问题的通知》（国税函〔2009〕777号）。

（5）《国家税务总局关于企业所得税若干问题的公告》（国家税务总局公告2011年第34号）。

纳税筹划图

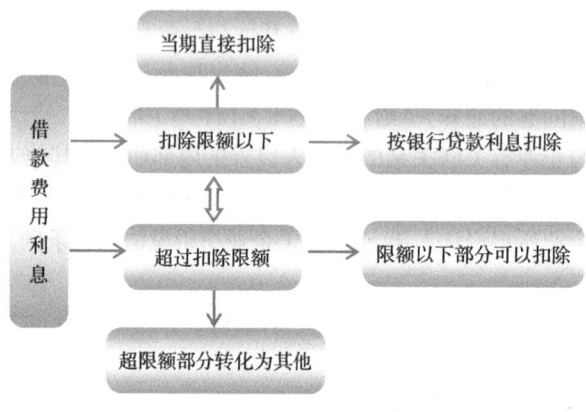

图 8-3　纳税筹划图

纳税筹划案例

【例8-3】 甲公司2021年度向10位自然人借款100万元，约定年利率为15%。甲公司可以提供的当地最高同期同类贷款利率为6%。请计算甲公司多缴纳的企业所得税以及应当代扣代缴的个人所得税并提出纳税筹划方案。

筹划方案

甲公司需要支付年度利息：1 000 000×15%=150 000（元），允许在税前扣除的利息：

1 000 000×6%=60 000（元），不得在税前扣除的利息：150 000–60 000= 90 000（元）。该利息在以后年度也不能扣除，因此，企业需要为此多缴纳企业所得税：90 000×25%=22 500（元）。甲公司需要代扣代缴个人所得税：150 000×20%=30 000（元）。

如果甲公司将借款利率降低为 6%，此时支付的 6 万元利息可以全部税前扣除，少纳企业所得税 22 500 元。同时，需要代扣代缴个人所得税：60 000×20%=12 000（元），少纳个人所得税：30 000–12 000=18 000（元）。债权人少取得 9 万元利息，对于该利息，可以采取其他方式转移给债权人。如甲公司与债权人签订劳务合同，债权人为甲公司提供咨询劳务或者其他劳务，每人每月领取 800 元劳务报酬，一年即可领取：800×12×10=96 000（元）。这已经超过了 9 万元，因此，甲公司完全可以在一年内将少付的 9 万元利息以不需要缴纳个人所得税的劳务报酬的形式发放给债权人，则可以避免多缴纳企业所得税，同时也为债权人少代扣代缴个人所得税 18 000 元。

4．增加负债降低投资的纳税筹划

纳税筹划思路

根据现行税法的规定，公司借款的利息在符合税法规定的限额的情况下可以在计算企业所得税时予以税前扣除，而公司股东的股息则必须在缴纳企业所得税以后才能予以扣除。因此，当公司需要一笔资金时，采取借债的方式显然比股东投资的方式在税法上有利，股东可以利用这一制度设计将部分资金采取借贷的方式投入公司，以减轻税收负担。

当然，这种纳税筹划的方法必须保持在一定的限度内，否则税务机关有权进行调整。《企业所得税法》第 46 条规定："企业从其关联方接受的债权性投资与权益性投资的比例超过规定标准而发生的利息支出，不得在计算应纳税所得额时扣除。"债权性投资，是指企业直接或者间接从关联方获得的，需要偿还本金和支付利息或者需要以其他具有支付利息性质的方式予以补偿的融资。企业间接从关联方获得的债权性投资，包括：

（1）关联方通过无关联第三方提供的债权性投资。
（2）无关联第三方提供的、由关联方担保且负有连带责任的债权性投资。
（3）其他间接从关联方获得的具有负债实质的债权性投资。

权益性投资，是指企业接受的不需要偿还本金和支付利息，投资人对企业净资产拥有所有权的投资。

根据《财政部 国家税务总局关于企业关联方利息支出税前扣除标准有关税收政策问题的通知》（财税〔2008〕121 号）的规定，在计算应纳税所得额时，企业实际支付给关联方的利息支出，不超过以下规定比例和企业所得税法及其实施条例有关规定计算的部分，准予扣除，超过的部分不得在发生当期和以后年度扣除。企业实际支付给关联方的利息支出，其接受关联方债权性投资与其权益性投资比例为：① 金融企业，为 5∶1；② 其他企业，为 2∶1。

企业如果能够按照企业所得税法及其实施条例的有关规定提供相关资料，并证明相关交易活动符合独立交易原则的；或者该企业的实际税负不高于境内关联方的，其实际支付给境内关联方的利息支出，在计算应纳税所得额时准予扣除。

企业同时从事金融业务和非金融业务，其实际支付给关联方的利息支出，应按照合理方法分开计算；没有按照合理方法分开计算的，一律按其他企业的比例计算准予税前扣除的利息支出。企业自关联方取得的不符合规定的利息收入应按照有关规定缴纳企业所得税。

法律政策依据

（1）《中华人民共和国企业所得税法》（2007年3月16日第十届全国人民代表大会第五次会议通过，2017年2月24日第十二届全国人民代表大会常务委员会第二十六次会议第一次修正，2018年12月29日第十三届全国人民代表大会常务委员会第七次会议第二次修正）。

（2）《中华人民共和国企业所得税法实施条例》（2007年12月6日国务院令第512号公布，根据2019年4月23日《国务院关于修改部分行政法规的决定》修订）。

（3）《财政部 国家税务总局关于企业关联方利息支出税前扣除标准有关税收政策问题的通知》（财税〔2008〕121号）。

纳税筹划图

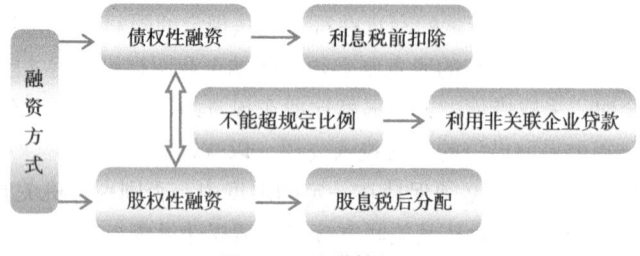

图 8-4 纳税筹划图

纳税筹划案例

【例 8-4】 某股份有限公司计划筹措 1 000 万元资金用于某高科技产品生产线的建设，相应制定了 A、B、C 三种筹资方案。假设该公司的资本结构（负债筹资与权益筹资的比例）如下：三种方案的借款年利率为 8%，企业所得税税率都为 25%，三种方案扣除利息和所得税前的年利润都为 100 万元。

方案 A 全部 1 000 万元资金都采用权益筹资方式，即向社会公开发行股票，每股计划发行价格为 2 元，共计 500 万股。

方案 B 采用负债筹资与权益筹资相结合的方式，向商业银行借款融资 200 万元，向社会公开发行股票 400 万股，每股计划发行价格为 2 元。

方案 C 采用负债筹资与权益筹资相结合的方式，但二者适当调整，向银行借款 600 万元，向社会公开发行股票 200 万股，每股计划发行价格为 2 元。请给出纳税筹划方案。

筹划方案

三种方案的投资利润率如表 8-3 所示。

表 8-3　三种方案的投资利润率

项　目	债务资本：权益资本		
	方案 A（0∶100）	方案 B（20∶80）	方案 C（60∶40）
权益资本额（万元）	1 000	800	400
息税前利润（万元）	100	100	100
利息（万元）	0	16	48
税前利润（万元）	100	84	52
纳税额（25%）	25	21	13
税后利润（万元）	75	63	39
税前投资利润率（%）	10	10.5	13
税后投资利润率（%）	7.5	7.89	9.75

通过以上分析，可以发现，随着负债筹资比例的提高，企业应纳所得税额呈递减趋势（从 25 万元减为 21 万元，再减至 13 万元），从而显示负债筹资具有节税的效应。在上述三种方案中，方案 C 无疑是最佳的纳税筹划方案。

5. 融资租赁中的纳税筹划

纳税筹划思路

租赁合同是企业经营过程中经常使用的一种合同，《中华人民共和国民法典》第 703 条规定："租赁合同是出租人将租赁物交付承租人使用、收益，承租人支付租金的合同。"租赁可以分为经营租赁和融资租赁。《中华人民共和国民法典》中的租赁合同就是经营租赁。根据《中华人民共和国民法典》第 735 条的规定："融资租赁合同是出租人根据承租人对出卖人、租赁物的选择，向出卖人购买租赁物，提供给承租人使用，承租人支付租金的合同。"融资租赁一方面具有租赁的一般特点，另一方面具有融资的特点。它是通过"融物"的形式来达到融资的目的的，因此，融资租赁也是企业融资的一种重要方式。

典型的融资租赁由三方当事人和两个合同组成，即由出租人与供货人签订的购货合同和出租人与承租人签订的租赁合同组成。在实际操作中，一般把符合下列条件之一的租赁，认定为融资租赁：

（1）租赁期满，租赁物的所有权无偿转移给承租人，或者承租人有权按照象征性的低于正常价值的价格购买租赁物。

（2）租赁期超过租赁物寿命的 75%。

（3）租金的现值不超过租赁物合理价值的 90%。

对于企业来讲，要引进一项新设备，主要有三种方式：用自有资金购买、用长期贷款购买和融资租赁。三种方式均能实现增加生产设备的目的，这一点效果相同，但不同融资方式所引起的净现金流量不同。

除了典型的融资租赁方式以外，企业在纳税筹划时还可以考虑一些特殊的融资租赁方式。特殊的融资租赁是在典型的融资租赁的基础之上加上一些特殊的做法演化而来的，如转租赁、回租租赁、卖方租赁、营业合成租赁、项目融资租赁、综合租赁和杠杆租赁。其中在国际经济活动中应用最为普遍的是杠杆租赁。杠杆租赁，也称平衡租赁，是指租赁物购置成本的小部分（一般为 20%~40%）由出租人出资，大部分（一般为 60%~80%）由银行等金融机构提供贷款的一种租赁方式。

20 世纪 60 年代以来，西方许多国家为了鼓励设备投资，给予设备购买人投资抵扣、加速折旧等税收优惠。对于出租人而言，采用杠杆租赁，既可以获得贷款人的信贷支持，又可以取得税收优惠待遇；对贷款人而言，其收回贷款的权利优先于出租人取得租金的权利，而且有租赁物作为担保，因此，贷款风险大大降低；对于承租人而言，由于出租人和贷款人都可以获得较普通租赁和贷款较高的利润，因此，它们往往将这部分收益通过降低租金的方式部分转移给承租人，这样，承租人也就获得了利益。正由于杠杆租赁具有众多优势，因此，得以在国际租赁市场上迅速推广。国内企业也可以借鉴这种融资方式，来获得最佳的融资收益。

法律政策依据

（1）《中华人民共和国民法典》（2020 年 5 月 28 日第十三届全国人民代表大会第三次会议通过）。

（2）《中华人民共和国企业所得税法》（2007 年 3 月 16 日第十届全国人民代表大会第五次会议通过，2017 年 2 月 24 日第十二届全国人民代表大会常务委员会第二十六次会议第一次修正，2018 年 12 月 29 日第十三届全国人民代表大会常务委员会第七次会议第二次修正）。

（3）《中华人民共和国企业所得税法实施条例》（2007 年 12 月 6 日国务院令第 512 号公布，根据 2019 年 4 月 23 日《国务院关于修改部分行政法规的决定》修订）。

纳税筹划图

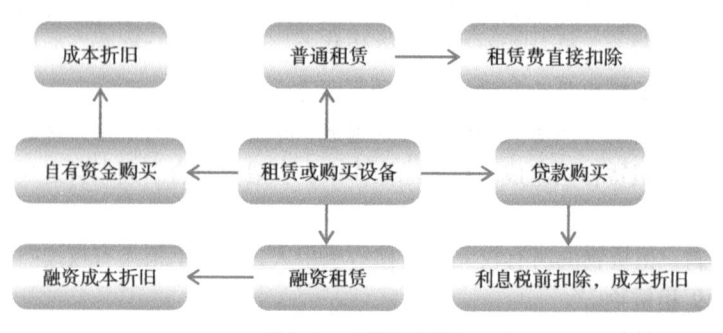

图 8-5 纳税筹划图

第8章 企业融资决策中如何进行纳税筹划

纳税筹划案例

【例 8-5】 某公司计划增添一设备,总共需要资金 200 万元,预计使用寿命为 6 年,净残值为 8 万元,采用平均年限法,折现系数为 10%。该企业有三种方案可供选择:第一种,用自有资金购买;第二种,贷款购买,银行提供 5 年期的长期贷款,每年偿还 40 万元本金及利息,利率为 10%;第三种,融资租赁,5 年后取得所有权,每年支付租赁费 40 万元,手续费为 1%,融资利率为 9%。请比较三种方案,并提出纳税筹划方案。

筹划方案

第一种方案的现金流出量现值如表 8-4 所示。

表 8-4 现金流出量现值(一)　　　　单位:万元

年　份	购买成本	折旧费	节　税　额	税后现金流出量	折现系数	税后现金流出量现值
①	②	③	④=③×25%	⑤=②-④	⑥	⑦=⑤×⑥
第1年年初	200			200		200
第1年年末		32	8	-8	0.91	-7.28
第2年年末		32	8	-8	0.83	-6.64
第3年年末		32	8	-8	0.75	-6
第4年年末		32	8	-8	0.68	-5.44
第5年年末		32	8	-8	0.62	-4.96
第6年年末		32	8	-8	0.56	-4.48
				-8	0.56	-4.48
合　计	200	192	48	144		160.72

第二种方案的现金流出量现值如表 8-5 所示。

表 8-5 现金流出量现值(二)　　　　单位:万元

年份	偿还本金	利息	本利和	折旧费	节　税　额	税后现金流出量	折现系数	税后现金流出量现值
①	②	③	④=②+③	⑤	⑥=(③+⑤)×25%	⑦=④-⑥	⑧	⑨=⑦×⑧
1	40	20	60	32	13	47	0.91	42.77
2	40	16	56	32	12	44	0.83	36.52
3	40	12	52	32	11	41	0.75	30.75
4	40	8	48	32	10	38	0.68	25.84
5	40	4	44	32	9	35	0.62	21.7
6				32	8	-8	0.56	-4.48
						-8	0.56	-4.48
合计	200	60	260	192	63	149		148.62

第三种方案的现金流出量现值如表8-6所示。

表8-6 现金流出量现值（三） 单位：万元

年份 ①	租赁成本 ②	手续费 ③=②×1%	融资利息 ④	租赁总成本 ⑤=②+③+④	折旧费 ⑥	节税额 ⑦=（③+④+⑤）×25%	税后现金流出量 ⑧=⑤-⑦	折现系数 ⑨	税后现金流出量现值 ⑩=⑦×⑧
1	40	0.4	18	58.4	32	12.6	45.8	0.91	41.68
2	40	0.4	14.4	54.8	32	11.7	43.1	0.83	35.77
3	40	0.4	10.8	51.2	32	10.8	40.4	0.75	30.3
4	40	0.4	7.2	47.6	32	9.9	37.7	0.68	25.64
5	40	0.4	3.6	44	32	9	35	0.62	21.7
6					32	8	-8	0.56	-4.48
							-8	0.56	-4.48
合计	200	2	54	256	192	62	186		146.13

通过分析以上三种方案可以看出，仅仅从节税的角度来看，用贷款购买设备所享受的税收优惠最大，因为这部分资金的成本（贷款利息）可以在税前扣除，而用自有资金购买设备就不能享受税前扣除的待遇，因此所获得的税收优惠是最小的。但是从税后现金流出量现值来看，融资租赁所获得的利益是最大的，用贷款购买设备次之，用自有资金购买设备是最次的方案。

这一案例的分析也充分体现了前面我们对相关问题的分析结论，比如，利用自有资金实现融资目的无法享受债权性融资产生的税收挡板作用带来的节税利益，因此，通过负债的方式实现融资目的是较优的选择，而在负债融资的方式中，偿还贷款的方式不同，企业所获得的效益也不同，本案例所假设的偿还贷款的方式是效益最佳的方式。而在贷款融资和融资租赁融资的比较中，后者一般来讲较优，但仍需要具体比较和分析租赁期间、偿还贷款的时间、融资的利率和贷款的利率等主要指标。一般来讲，时间越长，利率越低，税收利益也就越大。

6. 企业职工融资中的纳税筹划

纳税筹划思路

根据现行企业所得税政策，企业发生的合理的工资、薪金支出，准予扣除。企业在生产经营活动中发生的下列利息支出，准予扣除：

（1）非金融企业向金融企业借款的利息支出、金融企业的各项存款利息支出和同业拆借利息支出、企业经批准发行债券的利息支出。

（2）非金融企业向非金融企业借款的利息支出，不超过按照金融企业同期同类贷款利率计算的数额的部分。

职工是企业融资的一个重要渠道，通过职工进行融资可以通过提高工资、薪金的方式间接支付部分利息，使得超过银行贷款利率部分的利息能够得以扣除。

根据《国家税务总局关于企业向自然人借款的利息支出企业所得税税前扣除问题的通知》（国税函〔2009〕777号）的规定，企业向股东或其他与企业有关联关系的自然人借款的利息支出，应根据《企业所得税法》第46条及《财政部 国家税务总局关于企业关联方利息支出税前扣除标准有关税收政策问题的通知》（财税〔2008〕121号）的规定，计算企业所得税扣除额。

企业向除上述规定以外的内部职工或其他人员借款的利息支出，其借款情况同时符合以下条件的，其利息支出在不超过按照金融企业同期同类贷款利率计算的数额的部分，根据《企业所得税法》第8条和《企业所得税法实施条例》第27条的规定，准予扣除：① 企业与个人之间的借贷是真实、合法、有效的，并且不具有非法集资目的或其他违反法律、法规的行为；② 企业与个人之间签订了借款合同。

法律政策依据

（1）《中华人民共和国企业所得税法》（2007年3月16日第十届全国人民代表大会第五次会议通过，2017年2月24日第十二届全国人民代表大会常务委员会第二十六次会议第一次修正，2018年12月29日第十三届全国人民代表大会常务委员会第七次会议第二次修正）。

（2）《中华人民共和国企业所得税法实施条例》（2007年12月6日国务院令第512号公布，根据2019年4月23日《国务院关于修改部分行政法规的决定》修订）。

（3）《国家税务总局关于企业向自然人借款的利息支出企业所得税税前扣除问题的通知》（国家税务总局2009年12月31日发布，国税函〔2009〕777号）。

纳税筹划图

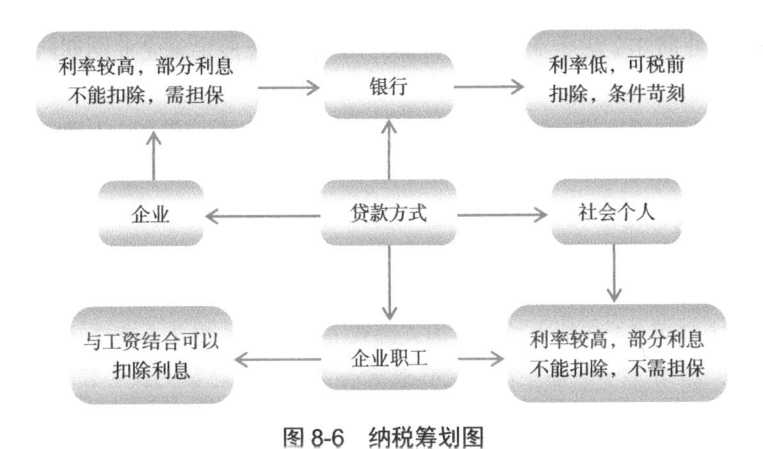

图8-6 纳税筹划图

纳税筹划案例

【例8-6】 某企业在生产经营中需要1 000万元贷款，贷款期限为3年，由于各种原因难以继续向银行贷款。企业财务主管提出三种融资方案：第一种，向其他企业贷款，贷款利率为10%，需提供担保；第二种，向社会上的个人贷款，贷款利率为12%，不需要提供担保；第三种，向本企业职工集资，利率为12%。同期银行贷款利率为7%。该企业应当如何决策？

筹划方案

虽然向其他企业贷款的利率较低，但需要提供担保，贷款条件和银行基本相当，并非最佳选择。如果选择向社会上的个人贷款，企业所支付的超过银行同期贷款利率的利息不能扣除，增加了企业的税收负担。如果向本企业职工集资，则可以通过提供职工工资的方式支付部分利息，从而使得全部贷款利息均可以在税前扣除。通过职工集资，可以多扣除利息：1 000×（12%-7%）×3=150（万元）。减轻税收负担：150×25%=37.5（万元）。

7. 融资阶段选择中的纳税筹划

纳税筹划思路

根据现行企业所得税政策，企业在生产经营活动中发生的合理的、不需要资本化的借款费用，准予扣除。企业为购置、建造固定资产、无形资产和经过 12 个月以上的建造才能达到预定可销售状态的存货发生借款的，在有关资产购置、建造期间发生的合理的借款费用，应当作为资本性支出计入有关资产的成本，并依照《企业所得税法实施条例》的规定扣除。企业在生产经营活动中发生的下列利息支出，准予扣除：

（1）非金融企业向金融企业借款的利息支出、金融企业的各项存款利息支出和同业拆借利息支出、企业经批准发行债券的利息支出。

（2）非金融企业向非金融企业借款的利息出，不超过按照金融企业同期同类贷款利率计算的数额的部分。

企业尽量选择盈利年度进行贷款，通过贷款利息的支出抵消盈利，从而减轻税收负担。

法律政策依据

（1）《中华人民共和国企业所得税法》（2007 年 3 月 16 日第十届全国人民代表大会第五次会议通过，2017 年 2 月 24 日第十二届全国人民代表大会常务委员会第二十六次会议第一次修正，2018 年 12 月 29 日第十三届全国人民代表大会常务委员会第七次会议第二次修正）。

（2）《中华人民共和国企业所得税法实施条例》（2007 年 12 月 6 日国务院令第 512 号公布，根据 2019 年 4 月 23 日《国务院关于修改部分行政法规的决定》修订）。

第8章 企业融资决策中如何进行纳税筹划

纳税筹划图

图 8-7 纳税筹划图

纳税筹划案例

【例 8-7】 某企业预计 2017 年度应纳税所得额为 55 万元，2018 年度由于进行重大投资，将亏损 10 万元，2019 年度预计应纳税所得额为 0，2020 年度将实现盈利 10 万元，2021 年度将实现盈利 20 万元。该企业原计划在 2018 年度开始从银行贷款，贷款期限为 3 年，每年支付贷款利息约 5 万元。该企业应当如何进行纳税筹划？（该企业从业人数为 80 人，资产总额为 3 000 万元。）

筹划方案

如果该企业从 2018 年度开始贷款，加上贷款利息的支付，该企业 2018 年度将亏损 15 万元，2019 年度将亏损 5 万元，2020 年度将实现盈利 5 万元（支付 5 万元利息），弥补亏损后没有盈利，2021 年度盈利 20 万元，弥补以前年度亏损后盈利 5 万元。该企业 2017 年度需缴纳企业所得税：55×25%=13.75（万元）。2018 年度至 2020 年度不需要缴纳企业所得税。2021 年度需要缴纳企业所得税：5×12.5%×20%=0.13（万元）。

如果该企业将贷款提前到 2017 年度，则该企业 2017 年度应纳税所得额将变为 50 万元，符合当年小型微利企业的标准，应纳税额：50×50%×20%=5（万元）。2018 年度亏损 15 万元，2019 年度亏损 5 万元，2020 年度弥补亏损后没有盈利，2021 年度弥补亏损后盈利 10 万元，应纳税额：10×12.5%×20%=0.25（万元）。纳税筹划减轻税收负担：13.75+0.13-5-0.25=8.63（万元）。

8. 关联企业融资中的纳税筹划

纳税筹划思路

根据现行企业所得税政策，企业从其关联方接受的债权性投资与权益性投资的比例超过规定标准而发生的利息支出，不得在计算应纳税所得额时扣除。债权性投资，是指企业直接或者间接从关联方获得的，需要偿还本金和支付利息或者需要以其他具有支付利息性质的方式予以补偿的融资。企业间接从关联方获得的债权性投资，包括：

（1）关联方通过无关联第三方提供的债权性投资。

（2）无关联第三方提供的、由关联方担保且负有连带责任的债权性投资。

（3）其他间接从关联方获得的具有负债实质的债权性投资。

权益性投资，是指企业接受的不需要偿还本金和支付利息，投资人对企业净资产拥有所有权的投资。

根据《财政部 国家税务总局关于企业关联方利息支出税前扣除标准有关税收政策问题的通知》（财税〔2008〕121号）的规定，在计算应纳税所得额时，企业实际支付给关联方的利息支出，不超过以下规定比例和企业所得税法及其实施条例有关规定计算的部分，准予扣除，超过的部分不得在发生当期和以后年度扣除。企业实际支付给关联方的利息支出，其接受关联方债权性投资与其权益性投资比例为：① 金融企业5∶1；② 其他企业2∶1。

企业如果能够按照《企业所得税法》及其实施条例的有关规定提供相关资料，并证明相关交易活动符合独立交易原则的；或者该企业的实际税负不高于境内关联方的，其实际支付给境内关联方的利息支出，在计算应纳税所得额时准予扣除。

企业同时从事金融业务和非金融业务，其实际支付给关联方的利息支出，应按照合理方法分开计算；没有按照合理方法分开计算的，一律按其他企业的比例计算准予税前扣除的利息支出。企业自关联方取得的不符合规定的利息收入应按照有关规定缴纳企业所得税。

按照上述标准，如果企业债权性投资已经超过上述标准，企业可以考虑通过非关联企业进行债权性投资来进行纳税筹划。同时，企业也可以通过证明相关交易活动符合独立交易原则或者证明该企业的实际税负不高于境内关联方，这样也可以不受上述标准的约束。

法律政策依据

（1）《中华人民共和国企业所得税法》（2007年3月16日第十届全国人民代表大会第五次会议通过，2017年2月24日第十二届全国人民代表大会常务委员会第二十六次会议第一次修正，2018年12月29日第十三届全国人民代表大会常务委员会第七次会议第二次修正）第46条。

（2）《中华人民共和国企业所得税法实施条例》（2007年12月6日国务院令第512号公布，根据2019年4月23日《国务院关于修改部分行政法规的决定》修订）第119条。

（3）《财政部 国家税务总局关于企业关联方利息支出税前扣除标准有关税收政策问题的通知》（财税〔2008〕121号）。

纳税筹划图

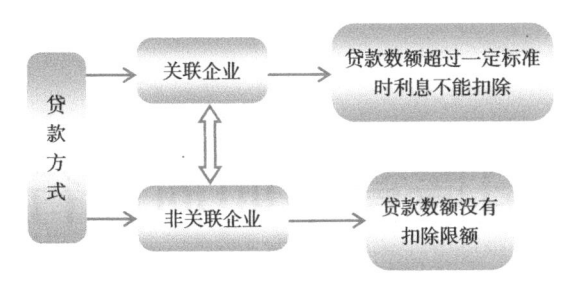

图 8-8 纳税筹划图

纳税筹划案例

【例 8-8】 甲公司对乙公司权益性投资总额为 1 000 万元，乙公司 2021 年度计划从甲公司融资 3 000 万元，融资利率为 7%。已知金融机构同期同类贷款的利率也为 7%，甲公司适用 15% 的税率，乙公司适用 25% 的税率。乙公司应当如何进行纳税筹划？

筹划方案

由于甲公司对乙公司债权性投资与权益性投资的比例已经达到 3（3 000÷1 000），超过了 2 倍的上限，超过部分的利息不能扣除。乙公司 2021 年度不能扣除的利息：1 000×7%=70（万元）。因此，乙公司 2021 年度需要多缴纳企业所得税：70×25%=17.5（万元）。

如果乙公司通过一个非关联企业进行融资（关联企业通过一定的调整可以转变为非关联企业），那么上述 70 万元的利息都可以扣除。乙公司可以减轻税收负担 17.5 万元。

如果通过非关联企业融资不具有可行性，甲公司对乙公司的 3 000 万元融资可以分为两个部分，其中 340 万元为权益性投资，2 660 万元为债权性投资，这样，甲公司对乙公司债权性投资与权益性投资的比例为 1.99（2 660÷1 340），未超过税法规定的比例，乙公司向甲公司支付的利息可以全部在税前扣除。

第 9 章

企业重组清算中如何进行纳税筹划

1. 通过免税企业合并的纳税筹划

纳税筹划思路

企业对外投资，既可以设立分支机构，也可以向其他企业贷款或者进行股权投资，同时，还可以考虑通过合并或者兼并进行投资。合并，是指两个或两个以上的企业，依据法律规定或合同约定，合并为一个企业的法律行为。合并可以采取吸收合并和新设合并两种形式。吸收合并，是指两个以上的企业合并时，其中一个企业吸收了其他企业而存续（对此类企业简称"存续企业"），被吸收的企业解散。新设合并，是指两个以上企业并为一个新企业，合并各方解散。兼并，是指一个企业购买其他企业的产权，使其他企业失去法人资格或改变法人实体的一种行为。合并、兼并，一般不须经清算程序。企业合并、兼并时，合并或兼并各方的债权、债务由合并、兼并后的企业或者新设的企业承继。

根据《财政部 国家税务总局关于企业重组业务企业所得税处理若干问题的通知》（财税〔2009〕59号）的规定，合并，是指一家或多家企业（简称被合并企业）将其全部资产和负债转让给另一家现存或新设企业（简称合并企业），被合并企业股东换取合并企业的股权或非股权支付，实现两个或两个以上企业的依法合并。一般情况下，企业合并的当事各方应按下列规定处理：① 合并企业应按公允价值确定接受被合并企业各项资产和负债的计税基础。② 被合并企业及其股东都应按清算进行所得税处理。③ 被合并企业的亏损不得在合并企业结转弥补。

企业重组同时符合下列条件的，适用特殊性税务处理规定：① 具有合理的商业目的，且不以减少、免除或者推迟缴纳税款为主要目的。② 被收购、合并或分立部分的资产或股权比例符合规定的比例。③ 企业重组后的连续12个月内不改变重组资产原来的实质性经营活动。④ 重组交易对价中涉及股权支付金额符合规定比例。⑤ 企业重组中取得股权支付的原主要股东，在重组后连续12个月内，不得转让所取得的股权。

企业股东在该企业合并发生时取得的股权支付金额不低于其交易支付总额的85%，以及同一控制下且不需要支付对价的企业合并，可以选择按以下规定处理：① 合并企业接受被合并企业资产和负债的计税基础，以被合并企业的原有计税基础确定。② 被合并企业合并前的相关所得税事项由合并企业承继。③ 可由合并企业弥补的被合并企业亏损的限额等于被合并企业净资产公允价值×截至合并业务发生当年年末国家发行的最长期限的国债利率的乘积。④ 被合并企业股东取得合并企业股权的计税基础，以其原持有的被合并企业股权的计税基础确定。

按照重组类型，企业重组的当事各方是指合并中当事各方——合并企业、被合并企业及被合并企业股东。重组当事各方企业适用特殊性税务处理的应按如下规定确定重组主导方：合并，主导方为被合并企业，涉及同一控制下多家被合并企业的，以净资产最大的一方为主导方。企业重组日的确定，按以下规定处理：合并，以合并合同（协议）生效、当事各方已进行会计处理且完成工商新设登记或变更登记日为重组日。按规定不需要办理工商新设或变更登记的合并，以合并合同（协议）生效且当事各方已进行会计处理的日期为重组日。企业重组业务适用特殊性税务处理的，申报时，应从以下方面逐条说明企业重组具有合理的商业目的：重组交易的方式；重组交易的实质结果；重组各方涉及的税务状况变化；重组各方涉及的财务状况变化；非居民企业参与重组活动的情况。

因此，企业在兼并亏损企业或者与亏损企业合并时，应当尽量满足特殊企业重组的条件，从而能够选择按照特殊企业重组进行税务处理。

当然，企业在选择投资方式时，还有很多因素需要考虑，如投资的风险、被投资企业的发展前景、被投资领域的发展前景，但是税收因素应该是一个重要的因素。恰当选择纳税筹划方法，不仅可以获得同样有利的发展前景，而且可以为企业获得一笔可观的税收利益。

法律政策依据

（1）《财政部 国家税务总局关于企业重组业务企业所得税处理若干问题的通知》（财政部 国家税务总局2009年4月30日发布，财税〔2009〕59号）。

（2）《中华人民共和国企业所得税法》（2007年3月16日第十届全国人民代表大会第五次会议通过，2017年2月24日第十二届全国人民代表大会常务委员会第二十六次会议第一次修正，2018年12月29日第十三届全国人民代表大会常务委员会第七次会议第二次修正）。

（3）《中华人民共和国企业所得税法实施条例》（2007年12月6日国务院令第512号公布，根据2019年4月23日《国务院关于修改部分行政法规的决定》修订）。

（4）《国家税务总局关于企业所得税若干问题的公告》（国家税务总局公告2011年第34号）。

（5）《国家税务总局关于企业重组业务企业所得税征收管理若干问题的公告》（国家税务总局公告2015年第48号）。

纳税筹划图

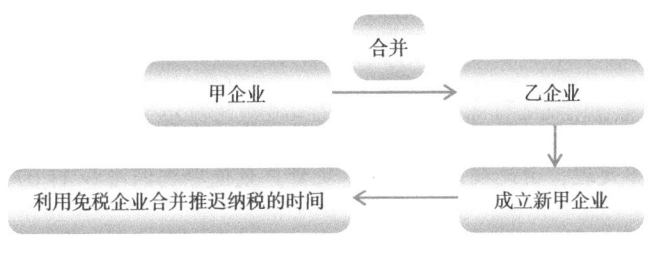

图9-1 纳税筹划图

纳税筹划案例

【例9-1】 甲公司与乙公司合并为新的甲公司,乙公司注销。甲公司向乙公司的股东——丙公司支付8 000万元现金,乙公司所有资产的净值为6 000万元,公允价值为8 000万元。请计算公司合并的税收负担并提出筹划方案。

筹划方案

在上述交易中,乙公司需要进行清算,应当缴纳企业所得税:(8 000–6 000)×25%=500(万元)。丙公司从乙公司剩余资产中取得的股息部分可以免税,取得的投资所得部分需要缴纳25%的企业所得税。假设丙公司取得投资所得部分为1 000万元,则丙公司需要缴纳企业所得税:1 000×25%=250(万元)。整个交易的税收负担:500+250=750(万元)。

如果甲公司用自己的股权来收购乙公司的资产,即丙公司成为新甲公司的股东,则乙公司和丙公司不需要缴纳任何税款,即使将来丙公司再将该股权转让给甲公司或者其他企业,也能取得延期纳税的利益。(因印花税数额较小,对于节税方案不产生影响,本方案不予考虑。)

纳税筹划案例

【例9-2】 2015年3月31日,湖北楚天高速公路股份有限公司(简称楚天公司)董事会发布公告,宣称经公司第五届董事会第七次会议和2014年第一次临时股东大会审议通过,楚天公司于2014年12月12日完成对全资子公司——湖北楚天鄂北高速公路有限公司(简称鄂北公司)的吸收合并工作。楚天公司收到武汉市汉阳区国家税务局《税务事项通知书》(阳税通〔2015〕1002号),通知相关事项如下:

第一,楚天公司吸收合并鄂北公司符合特殊性重组要求,可按照特殊性重组进行税务处理。

第二,楚天公司接受鄂北公司资产和负债的计税基础按原有计税基础确定。

第三,吸收合并前鄂北公司未弥补的亏损额442 846 237.56元(其中,2011年度亏损64 562 000.46元,2012年度亏损150 191 378.70元,2013年度亏损127 025 777.80元,2014年度亏损101 067 080.60元)可由楚天公司弥补。楚天公司应按照税法规定的每年可弥补的被合并企业亏损限额在其剩余结转年限内进行弥补。每年可弥补的被合并企业亏损限额等于被合并企业鄂北公司净资产公允价值与截止合并业务发生当年年末国家发行的最长期限的国债利率的乘积。

第四,楚天公司吸收合并鄂北公司后的连续12个月内不得改变重组资产原来的实质性经营活动。原主要股东在重组后连续12个月内,不得转让所取得的股权。

第五,重组日为2014年12月12日。

楚天公司严格按照上述通知要求,依据税法及《企业会计准则》的相关规定,在2015年一季度进行相应账务处理,由此确认递延所得税资产致使净利润增加11 071万元。

第9章 企业重组清算中如何进行纳税筹划

纳税筹划案例

【例9-3】 2015年11月,丹麦史密斯集团设立在山东省胶州市的艾法史密斯机械(青岛)有限公司(简称胶州公司)和设立在青岛市城阳区的史密斯机械工业(青岛)有限公司(简称城阳公司)吸收合并重组顺利完成。此前,青岛市国税局依照相关法律法规,为该合并事宜做出了税收事项的事先裁定,允许企业按照特殊性重组政策进行税务处理。因一纸事先裁定,城阳公司不仅有效地规避了税务风险,而且当期减少了近8000万元的税收支出。据悉,这是青岛国税系统首次面向大企业提供事先裁定服务。

史密斯集团旗下的胶州公司成立于2010年9月,坐落在胶州市胶北办事处,由丹麦史密斯集团投资成立。根据集团战略规划和发展需要,需要注销城阳公司或将两公司合并,但是两种处理方式面临不同的税收处理方法,而且差异较大,让企业举棋不定。

如果采取注销城阳公司的形式,会涉及清算所得、未分配利润扣缴所得税、资产处置需缴纳增值税及土地增值税等,短期内集中缴纳的税款会占用大量资金,给企业经营带来较大影响。如果采取吸收合并的形式,因不属同一税务机关管辖,牵涉两个政府部门之间的税收分配问题,且在处置原来企业的土地等资产时,还需要政府部门审批。同时,吸收合并形式在税收处理上有不少前置条件,比较复杂,公司对此存在着不少顾虑。针对两种形式,公司高层也一直举棋不定,考虑到清算注销形式简便易行,公司原本倾向于采取注销清算形式。

了解到这一情况后,胶州市国税局非常重视,多次召开由分管局领导牵头,相关业务部门负责人参加的大企业涉税事项协调会议,专门研究此问题。国税局工作人员多次到企业详细了解情况、讲解相关政策、答疑解惑,帮助企业对吸收合并与注销清算的涉税事项进行了分析、计算和比较。同时,该局还不断完善大企业涉税事项纵向、横向协调机制,加强与青岛市局相关处室的交流协调,对于不属于本级税务机关权限范围的,及时主动向上级税务机关请示和汇报。在这些工作的基础上,胶州公司向胶州市国税局提出了吸收合并城阳公司适用所得税特殊性税务处理的事先裁定申请。胶州市国税局就此事向青岛市国税局做了专项请示。

在收到胶州市国税局报送的事先裁定专项请示之后,青岛市国税局会同有关业务处室进行了协商,并最后依据法律法规,由企业所得税处做出了该企业重组业务符合所得税特殊性税务处理条件、适用特殊性税务处理规定的批复。

2. 受让亏损企业资产弥补所得的纳税筹划

纳税筹划思路

根据《财政部 国家税务总局关于企业资产损失税前扣除政策的通知》(财税〔2009〕57号)的规定,资产损失,是指企业在生产经营活动中实际发生的、与取得应税收入有关的资产损失,包括现金损失,存款损失,坏账损失,贷款损失,股权投资损失,固定资产和存货的盘亏、毁损、报废、被盗损失,自然灾害等不可抗力因素造成的损失以及其他损失。

企业清查出的现金短缺减除责任人赔偿后的余额，作为现金损失在计算应纳税所得额时扣除。

企业将货币性资金存入法定具有吸收存款职能的机构，因该机构依法破产、清算，或者政府责令停业、关闭等原因，确实不能收回的部分，作为存款损失在计算应纳税所得额时扣除。

企业除贷款类债权外的应收、预付账款符合下列条件之一的，减除可收回金额后确认的无法收回的应收、预付款项，可以作为坏账损失在计算应纳税所得额时扣除：① 债务人依法宣告破产、关闭、解散、被撤销，或者被依法注销、吊销营业执照，其清算财产不足清偿的。② 债务人死亡，或者依法被宣告失踪、死亡，其财产或者遗产不足清偿的。③ 债务人逾期3年以上未清偿，且有确凿证据证明已无力清偿债务的。④ 与债务人达成债务重组协议或法院批准破产重整计划后，无法追偿的。⑤ 因自然灾害、战争等不可抗力导致无法收回的。⑥ 国务院财政、税务主管部门规定的其他条件。

企业经采取所有可能的措施和实施必要的程序之后，符合下列条件之一的贷款类债权，可以作为贷款损失在计算应纳税所得额时扣除：① 借款人和担保人依法宣告破产、关闭、解散、被撤销，并终止法人资格，或者已完全停止经营活动，被依法注销、吊销营业执照，对借款人和担保人进行追偿后，未能收回的债权。② 借款人死亡，或者依法被宣告失踪、死亡，依法对其财产或者遗产进行清偿，并对担保人进行追偿后，未能收回的债权。③ 借款人遭受重大自然灾害或者意外事故，损失巨大且不能获得保险补偿，或者以保险赔偿后，确实无力偿还部分或者全部债务，对借款人财产进行清偿和对担保人进行追偿后，未能收回的债权。④ 借款人触犯刑律，依法受到制裁，其财产不足归还所借债务，又无其他债务承担者，经追偿后确实无法收回的债权。⑤ 由于借款人和担保人不能偿还到期债务，企业诉诸法律，经法院对借款人和担保人强制执行，借款人和担保人均无财产可执行，法院裁定执行程序终结或终止（中止）后，仍无法收回的债权。⑥ 由于借款人和担保人不能偿还到期债务，企业诉诸法律后，经法院调解或经债权人会议通过，与借款人和担保人达成和解协议或重整协议，在借款人和担保人履行完还款义务后，无法追偿的剩余债权。⑦ 由于上述①至⑥项原因借款人不能偿还到期债务，企业依法取得抵债资产，抵债金额小于贷款本息的差额，经追偿后仍无法收回的债权。⑧ 开立信用证、办理承兑汇票、开具保函等发生垫款时，凡开证申请人和保证人由于上述①至⑦项原因，无法偿还垫款，金融企业经追偿后仍无法收回的垫款。⑨ 银行卡持卡人和担保人由于上述①至⑦项原因，未能还清透支款项，金融企业经追偿后仍无法收回的透支款项。⑩ 助学贷款逾期后，在金融企业确定的有效追索期限内，依法处置助学贷款抵押物（质押物），并向担保人追索连带责任后，仍无法收回的贷款。⑪ 经国务院专案批准核销的贷款类债权。⑫ 国务院财政、税务主管部门规定的其他条件。

企业的股权投资符合下列条件之一的，减除可收回金额后确认的无法收回的股权投资，可以作为股权投资损失在计算应纳税所得额时扣除：① 被投资方依法宣告破产、关闭、解散、被撤销，或者被依法注销、吊销营业执照的。② 被投资方财务状况严重恶化，累计发生巨额亏损，已连续停止经营3年以上且无重新恢复经营改组计划的。③ 对被投资方不具有控制权，投资期限届满或者投资期限已超过10年且被投资单位因连续3年经营亏损导致资不抵债的。④ 被投资方财务状况严重恶化，累计发生巨额亏损，已完成清算或清算期超过3年以上的。⑤ 国务院财政、税务主管部门规定的其他条件。

对企业盘亏的固定资产或存货,以该固定资产的账面净值或存货的成本减除责任人赔偿后的余额,作为固定资产或存货盘亏损失在计算应纳税所得额时扣除。

对企业毁损、报废的固定资产或存货,以该固定资产的账面净值或存货的成本减除残值、保险赔款和责任人赔偿后的余额,作为固定资产或存货毁损、报废损失在计算应纳税所得额时扣除。

对企业被盗的固定资产或存货,以该固定资产的账面净值或存货的成本减除保险赔款和责任人赔偿后的余额,作为固定资产或存货被盗损失在计算应纳税所得额时扣除。

企业因存货盘亏、毁损、报废、被盗等原因不得从增值税销项税额中抵扣的进项税额,可以与存货损失一起在计算应纳税所得额时扣除。

企业在计算应纳税所得额时已经扣除的资产损失,在以后纳税年度全部或者部分收回时,其收回部分应当作为收入计入收回当期的应纳税所得额。

企业境内、境外营业机构发生的资产损失应分开核算,对境外营业机构由于发生资产损失而产生的亏损,不得在计算境内应纳税所得额时扣除。

企业对其扣除的各项资产损失,应当提供能够证明资产损失确属已实际发生的合法证据,包括具有法律效力的外部证据、具有法定资质的中介机构的经济鉴证证明、具有法定资质的专业机构的技术鉴定证明等。

根据《企业资产损失所得税税前扣除管理办法》的规定,资产是指企业拥有或者控制的、用于经营管理活动相关的资产,包括现金、银行存款、应收及预付款项(包括应收票据、各类垫款、企业之间往来款项)等货币性资产,存货、固定资产、无形资产、在建工程、生产性生物资产等非货币性资产,以及债权性投资和股权(权益)性投资。

准予在企业所得税税前扣除的资产损失,是指企业在实际处置、转让上述资产过程中发生的合理损失(简称实际资产损失),以及企业虽未实际处置、转让上述资产,但符合《财政部 国家税务总局关于企业资产损失税前扣除政策的通知》和《企业资产损失所得税税前扣除管理办法》规定条件计算确认的损失(简称法定资产损失)。企业实际资产损失,应当在其实际发生且会计上已做损失处理的年度申报扣除;法定资产损失,应当在企业向主管税务机关提供证据资料证明该项资产已符合法定资产损失确认条件,并且会计上已做损失处理的年度申报扣除。

根据《财政部 国家税务总局关于企业重组业务企业所得税处理若干问题的通知》(财税〔2009〕59号)的规定,企业合并,企业股东在该企业合并发生时取得的股权支付金额不低于其交易支付总额的85%,以及同一控制下且不需要支付对价的企业合并,可以选择按以下规定处理:① 合并企业接受被合并企业资产和负债的计税基础,以被合并企业的原有计税基础确定。② 被合并企业合并前的相关所得税事项由合并企业承继。③ 可由合并企业弥补的被合并企业亏损的限额等于被合并企业净资产公允价值与截至合并业务发生当年年末国家发行的最长期限的国债利率的乘积。④ 被合并企业股东取得合并企业股权的计税基础,以其原持有的被合并企业股权的计税基础确定。企业通过与亏损企业的特殊合并,可以按照亏损企业资产的原有计税基础来确定其计税基础,被合并企业的资产损失可以由合并后的企业弥补。

通过兼并亏损企业进行纳税筹划需要掌握的技巧就是在企业亏损产生之前完成合并,新组建的企业成立之后再将资产损失予以确认,由此可以将原企业潜在的亏损变为新组建公司的亏损。

法律政策依据

（1）《企业资产损失所得税税前扣除管理办法》（国家税务总局公告 2011 年第 25 号）。

（2）《中华人民共和国企业所得税法》（2007 年 3 月 16 日第十届全国人民代表大会第五次会议通过，2017 年 2 月 24 日第十二届全国人民代表大会常务委员会第二十六次会议第一次修正，2018 年 12 月 29 日第十三届全国人民代表大会常务委员会第七次会议第二次修正）。

（3）《中华人民共和国企业所得税法实施条例》（2007 年 12 月 6 日国务院令第 512 号公布，根据 2019 年 4 月 23 日《国务院关于修改部分行政法规的决定》修订）。

（4）《财政部 国家税务总局关于企业资产损失税前扣除政策的通知》（财税〔2009〕57 号）。

纳税筹划图

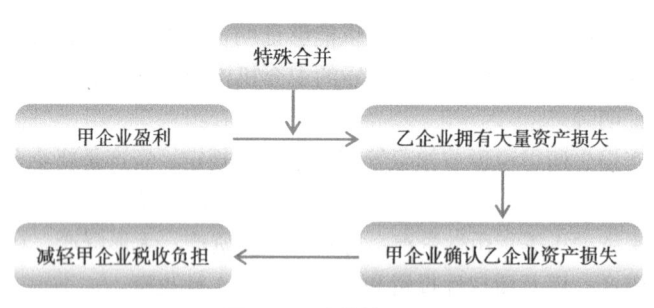

图 9-2　纳税筹划图

纳税筹划案例

【例 9-4】　甲公司账面应收款达 8 000 万元，多数债权虽经法院判决，但债务人大多已经被吊销营业执照或者下落不明，这些债权基本上没有收回的希望。经过初步估计可以扣除的资产损失为 7 800 万元。甲公司全部资产的净值为 9 000 万元，公允价值为 2 000 万元。乙公司与甲公司的经营范围基本相同，乙公司在 2020 纳税年度实现利润 8 000 万元，预计 2021 纳税年度将实现利润 9 000 万元。请对乙公司提出纳税筹划方案。

筹划方案

乙公司可以和甲公司的股东达成协议，甲公司和乙公司合并组成新的乙公司，甲公司的全部资产和负债并入乙公司，甲公司的股东取得乙公司 10% 的股权，该 10% 股权的公允价值为 2 000 万元。甲公司和乙公司的合并符合特殊企业合并的条件，乙公司取得甲公司资产的计税基础为 9 000 万元，甲公司的股东取得乙公司股权的计税基础也为 9 000 万元。公司合并之后，乙公司可以将甲公司的资产损失 7 800 万元予以确认并在税前扣除，由此可以少缴企业所得税：7 800×25%＝1 950（万元）。甲公司的股东可以在若干年后转让乙公司的股权，假设该 10% 的股权公允价值已经增加到 9 000 万元，由于甲公司的股东取得该股权的计税基础就是 9 000 万元，

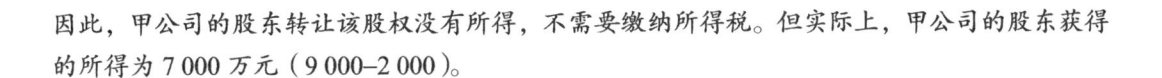

因此，甲公司的股东转让该股权没有所得，不需要缴纳所得税。但实际上，甲公司的股东获得的所得为 7 000 万元（9 000–2 000）。

3. 合并、分立企业以减轻增值税税收负担的纳税筹划

纳税筹划思路

我国增值税实行的是税款抵扣制度，即用纳税人的进项税额抵扣销项税额，剩余的部分就是纳税人需要缴纳的增值税。这种制度对纳税人的会计核算以及凭证的取得和保管有着比较高的要求，很多小型企业无法达到。为此，《增值税暂行条例》将纳税人分为一般纳税人和小规模纳税人。根据《增值税暂行条例》第 11 条的规定，小规模纳税人销售货物或者应税劳务，实行按照销售额和征收率计算应纳税额的简易办法，并不得抵扣进项税额。应纳税额计算公式：

$$应纳税额 = 销售额 \times 征收率$$

目前，小规模纳税人的征收率为 3%。2020 年度和 2021 年度因疫情影响，征收率降低为 1%。

自 2018 年 5 月 1 日起，增值税小规模纳税人标准为年应征增值税销售额 500 万元及以下。

下列增值税纳税人（简称"纳税人"）不办理一般纳税人登记：① 按照政策规定，选择按照小规模纳税人纳税的；② 年应税销售额超过规定标准的其他个人。

纳税人年应税销售额超过财政部、国家税务总局规定的小规模纳税人标准（简称"规定标准"）的，除上述规定外，应当向主管税务机关办理一般纳税人登记。年应税销售额，是指纳税人在连续不超过 12 个月或四个季度的经营期内累计应征增值税销售额，包括纳税申报销售额、稽查查补销售额、纳税评估调整销售额。销售服务、无形资产或不动产（简称"应税行为"）有扣除项目的纳税人，其应税行为年应税销售额按未扣除之前的销售额计算。纳税人偶然发生的销售无形资产、转让不动产的销售额，不计入应税行为年应税销售额。

年应税销售额未超过规定标准的纳税人，会计核算健全，能够提供准确税务资料的，可以向主管税务机关办理一般纳税人登记。会计核算健全，是指能够按照国家统一的会计制度规定设置账簿，根据合法、有效凭证进行核算。

纳税人应当向其机构所在地主管税务机关办理一般纳税人登记手续。纳税人办理一般纳税人登记的程序如下：① 纳税人向主管税务机关填报《增值税一般纳税人登记表》，如实填写固定生产经营场所等信息，并提供税务登记证件；② 纳税人填报内容与税务登记信息一致的，主管税务机关当场登记；③ 纳税人填报内容与税务登记信息不一致，或者不符合填列要求的，税务机关应当场告知纳税人需要补正的内容。

纳税人自一般纳税人生效之日起，按照增值税一般计税方法计算应纳税额，并可以按照规定领用增值税专用发票，财政部、国家税务总局另有规定的除外。生效之日，是指纳税人办理登记的当月 1 日或者次月 1 日，由纳税人在办理登记手续时自行选择。纳税人登记为一般纳税人后，不得转为小规模纳税人，国家税务总局另有规定的除外。

根据《增值税暂行条例实施细则》第 34 条规定，有下列情形之一者，应按销售额依照增

值税税率计算应纳税额，不得抵扣进项税额，也不得使用增值税专用发票：① 一般纳税人会计核算不健全，或者不能够提供准确税务资料的；② 除《增值税暂行条例实施细则》第 29 条规定外，纳税人销售额超过小规模纳税人标准，未申请办理一般纳税人认定手续的。

不同类型、不同行业的企业选择一般纳税人身份和小规模纳税人身份所承担的增值税是不同的，绝大部分企业采取一般纳税人身份都可以降低增值税税收负担，但如果企业的规模较小，达不到《增值税暂行条例实施细则》所规定的一般纳税人的标准，就可以考虑通过合并企业的方式达到这一标准，或者完善会计核算制度达到一般纳税人的标准，从而减轻各自的税收负担。反之，如果企业能够获得的进项税额比较少，增值税税收负担比较高，则可以考虑通过分立企业来减轻增值税税收负担。

法律政策依据

（1）《中华人民共和国增值税暂行条例》（1993 年 12 月 13 日国务院令第 134 号公布，2008 年 11 月 5 日国务院第 34 次常务会议修订通过，根据 2016 年 2 月 6 日《国务院关于修改部分行政法规的决定》第一次修订，根据 2017 年 11 月 19 日《国务院关于废止〈中华人民共和国营业税暂行条例〉和修改〈中华人民共和国增值税暂行条例〉的决定》第二次修订）。

（2）《中华人民共和国增值税暂行条例实施细则》（财政部 国家税务总局第 50 号令，根据 2011 年 10 月 28 日《关于修改〈中华人民共和国增值税暂行条例实施细则〉和〈中华人民共和国营业税暂行条例实施细则〉的决定》修订）。

（3）《增值税一般纳税人登记管理办法》（国家税务总局令第 43 号）。

（4）《财政部 税务总局关于统一增值税小规模纳税人标准的通知》（财税〔2018〕33 号）。

纳税筹划图

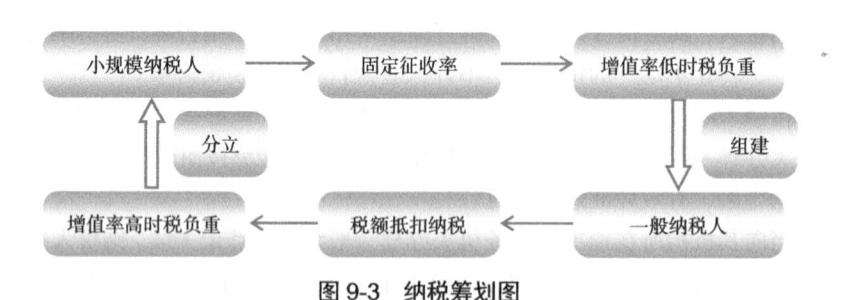

图 9-3　纳税筹划图

纳税筹划案例

【例 9-5】　某行业增值率很低，假设仅为 5%，即进项抵扣额占 95%。张先生名下有两个批发企业，各自年销售额为 300 万元，符合小规模纳税人条件，适用 3% 的增值税征收率。因此，两个企业各自需缴纳增值税：300×3%=9（万元），共计 18 万元。上述企业如何进行纳税筹划？

筹划方案

在增值率比较低的情况下，企业缴纳3%的增值税就会产生比较高的税收负担。为此，可以考虑将两个企业合并成一个企业，这样，该企业的年销售额为600万元。如果再具备完善的会计核算制度，经过企业申请就可以被确认为一般纳税人。此时，该企业应该缴纳的增值税：600×13% –600×95%×13%=3.9（万元）。减轻税收负担：18–3.9 =14.1（万元）。

纳税筹划案例

【例9-6】 某企业是从事商品批发的商业企业，年销售额为1 000万元，属于增值税一般纳税人，适用13%的税率。该企业每年所能获得的进项税额比较少，仅为销项税额的50%。请计算该企业每年需要承担的增值税，并提出纳税筹划方案。

筹划方案

一般情况下，企业购进货物均能取得增值税专用发票，此时一般纳税人的增值税负担比较轻，但如果企业在很多情况下无法取得增值税专用发票（当然，在不能取得增值税专用发票的情况下，进货价格也会相应低一些），此时纳税人的增值税负担就比较重，按照小规模纳税人缴纳增值税反而有利。因此，该企业可以考虑分立为两个企业，年销售额分别为500万元，符合小规模纳税人的标准，可以按照3%的征收率征税。分立之前，该企业需要缴纳增值税：1 000×13%–1 000×13%×50%=65（万元）。分立之后，两个企业需要缴纳增值税：500×3%×2=30（万元）。由此每年降低增值税税收负担：65–30=35（万元）。

4. 分立企业以享受特定地区税收优惠的纳税筹划

纳税筹划思路

《企业所得税法》第57条规定："法律设置的发展对外经济合作和技术交流的特定地区内，以及国务院已规定执行上述地区特殊政策的地区内新设立的国家需要重点扶持的高新技术企业，可以享受过渡性税收优惠，具体办法由国务院规定。国家已确定的其他鼓励类企业，可以按照国务院规定享受减免税优惠。"

法律设置的发展对外经济合作和技术交流的特定地区，是指深圳、珠海、汕头、厦门和海南经济特区；国务院已规定执行上述地区特殊政策的地区指上海浦东新区。对经济特区和上海浦东新区内在2008年1月1日（含）之后完成登记注册的国家需要重点扶持的高新技术企业（简称新设高新技术企业），在经济特区和上海浦东新区内取得的所得，自取得第一笔生产经营收入所属纳税年度起，第一年至第二年免征企业所得税，第三年至第五年按照25%的法定税率减半征收企业所得税。国家需要重点扶持的高新技术企业，是指拥有核心自主知识产权，同时符合《企业所得税法实施条例》第93条规定的条件，并按照《高新技术企业认定管理办法》认定的高新技术企业。经济特区和上海浦东新区内新设高新技术企业同时在经济特区和上海浦东新区以外的地区从事生产经营的，应当单独计算其在经济特区和上海浦东新区内取得的所得，并合理分摊企业的期间费用；没有单独计算的，不得享受企业所得税优惠。经济特区和上海浦东新区内新设高新技术企业在按照上述规定享受过渡性税收优惠期间，由于复审或抽查不合格而不再具有高新技术企业资格的，从其不再具有高新技术企业资格年度起，停止享受过渡性税收优惠；以后再次被认定为高新技术企业的，不得继续享受或者重新享受过渡性税收优惠。

自2011年1月1日起至2020年12月31日止，对设在西部地区以《西部地区鼓励类产业目录》中规定的产业项目为主营业务，并且其当年度主营业务收入占企业收入总额70%以上的企业，经企业申请，主管税务机关审核确认后，可减按15%税率缴纳企业所得税。上述所称收入总额，是指《企业所得税法》第6条规定的收入总额。企业应当在年度汇算清缴前向主管税务机关提出书面申请并附送相关资料。第一年须报主管税务机关审核确认，第二年及以后年度实行备案管理。各省、自治区、直辖市和计划单列市税务机关可结合本地实际制定具体审核、备案管理办法，并报国家税务总局（所得税司）备案。凡对企业主营业务是否属于《西部地区鼓励类产业目录》难以界定的，税务机关应要求企业提供省级（含副省级）政府有关行政主管部门或其授权的下一级行政主管部门出具的证明文件。企业主营业务属于《西部地区鼓励类产业目录》范围的，经主管税务机关确认，可按照15%税率预缴企业所得税。年度汇算清缴时，其当年度主营业务收入占企业总收入的比例达不到规定标准的，应按税法规定的税率计算申报并进行汇算清缴。

对赣州市内资鼓励类产业、外商投资鼓励类产业及优势产业的项目在投资总额内进口的自用设备，在政策规定范围内免征关税。自2012年1月1日起至2020年12月31日止，对设在赣州市的鼓励类产业的内资企业和外商投资企业减按15%的税率征收企业所得税。鼓励类产业的内资企业，是指以《产业结构调整指导目录》中规定的鼓励类产业项目为主营业务，且其主营业务收入占企业收入总额70%以上的企业。鼓励类产业的外商投资企业，是指以《外商投资产业指导目录》中规定的鼓励类项目和《中西部地区外商投资优势产业目录》中规定的江西省产业项目为主营业务且其主营业务收入占企业收入总额70%以上的企业。

为推进新疆跨越式发展和长治久安，根据中共中央、国务院关于支持新疆经济社会发展的指示精神，新疆困难地区有关企业所得税优惠政策如下：

（1）自2010年1月1日起至2020年12月31日止，对在新疆困难地区新办的属于《新疆困难地区重点鼓励发展产业企业所得税优惠目录》（简称《目录》）范围内的企业，自取得第一笔生产经营收入所属纳税年度起，第一年至第二年免征企业所得税，第三年至第五年减半征收企业所得税。

（2）新疆困难地区包括南疆三地州、其他国家扶贫开发重点县和边境县市。

（3）属于《目录》范围内的企业指以《目录》中规定的产业项目为主营业务且主营业务收入占企业收入总额70%以上的企业。

（4）第一笔生产经营收入，是指新疆困难地区重点鼓励发展产业项目已建成并投入运营后所取得的第一笔收入。

（5）按照上述规定享受企业所得税定期减免税政策的企业，在减半期内，按照企业所得税25%的法定税率计算的应纳税额减半征税。

（6）财政部、国家税务总局会同有关部门研究制定《目录》，经国务院批准后公布实施，并根据新疆经济社会发展需要及企业所得税优惠政策实施情况适时调整。

（7）对难以界定是否属于《目录》范围的项目，税务机关应当要求企业提供省级以上（含省级）有关行业主管部门出具的证明文件，并结合其他相关材料进行认定。

为推进新疆跨越式发展和长治久安，贯彻落实《中共中央国务院关于推进新疆跨越式发展和长治久安的意见》（中发〔2010〕9号）和《国务院关于支持喀什霍尔果斯经济开发区建设的若干意见》（国发〔2011〕33号）精神，新疆喀什、霍尔果斯两个特殊经济开发区有关企业所得税优惠政策如下：

（1）自2010年1月1日起至2020年12月31日止，对在新疆喀什、霍尔果斯两个特殊经济开发区内新办的属于《新疆困难地区重点鼓励发展产业企业所得税优惠目录》（简称《目录》）范围内的企业，自取得第一笔生产经营收入所属纳税年度起，五年内免征企业所得税。第一笔生产经营收入，是指产业项目已建成并投入运营后所取得的第一笔收入。

（2）属于《目录》范围内的企业指以《目录》中规定的产业项目为主营业务且主营业务收入占企业收入总额70%以上的企业。

（3）对难以界定是否属于《目录》范围的项目，税务机关应当要求企业提供省级以上（含省级）有关行业主管部门出具的证明文件，并结合其他相关材料进行认定。

自2021年1月1日至2030年12月31日，对设在西部地区的鼓励类产业企业减按15%的税率征收企业所得税。鼓励类产业企业是指以《西部地区鼓励类产业目录》中规定的产业项目为主营业务，且其主营业务收入占企业收入总额60%以上的企业。西部地区包括内蒙古自治区、广西壮族自治区、重庆市、四川省、贵州省、云南省、西藏自治区、陕西省、甘肃省、青海省、宁夏回族自治区、新疆维吾尔自治区和新疆生产建设兵团。湖南省湘西土家族苗族自治州、湖北省恩施土家族苗族自治州、吉林省延边朝鲜族自治州和江西省赣州市，可以比照西部地区的企业所得税政策执行。

如果企业已经在该地区具有分支机构，此时，就可以考虑将该分支机构变成独立的新设立的企业，以享受该地区的税收优惠政策。

法律政策依据

（1）《中华人民共和国企业所得税法》（2007年3月16日第十届全国人民代表大会第五次会议通过，2017年2月24日第十二届全国人民代表大会常务委员会第二十六次会议第一次修正，2018年12月29日第十三届全国人民代表大会常务委员会第七次会议第二次修正）第57条。

（2）《中华人民共和国企业所得税法实施条例》（2007年12月6日国务院令第512号公布，根据2019年4月23日《国务院关于修改部分行政法规的决定》修订）。

（3）《国务院关于经济特区和上海浦东新区新设立高新技术企业实行过渡性税收优惠的通知》（国务院2007年12月26日发布，国发〔2007〕40号）。

（4）《财政部 国家税务总局 海关总署关于西部大开发税收优惠政策问题的通知》（财政部 国家税务总局 海关总署2001年12月30日发布，财税〔2001〕202号）。

（5）《财政部 国家税务总局关于执行企业所得税优惠政策若干问题的通知》（财税〔2009〕69号）。

（6）《国家税务总局关于西部大开发企业所得税优惠政策适用目录问题的批复》（国家税务总局2009年7月27日发布，国税函〔2009〕399号）。

（7）《国家税务总局关于深入实施西部大开发战略有关企业所得税问题的公告》（国家税务总局公告2012年第12号）。

（8）《财政部 国家税务总局关于赣州市执行西部大开发税收政策问题的通知》（财税〔2013〕4号）。

（9）《财政部 国家税务总局关于新疆困难地区新办企业所得税优惠政策的通知》（财税〔2011〕53号）。

（10）《财政部 国家税务总局关于新疆喀什霍尔果斯两个特殊经济开发区企业所得税优惠政策的通知》（财税〔2011〕112号）。

（11）《财政部 税务总局 国家发展改革委关于延续西部大开发企业所得税政策的公告》（财政部、税务总局、国家发展改革委公告2020年第23号）。

纳税筹划图

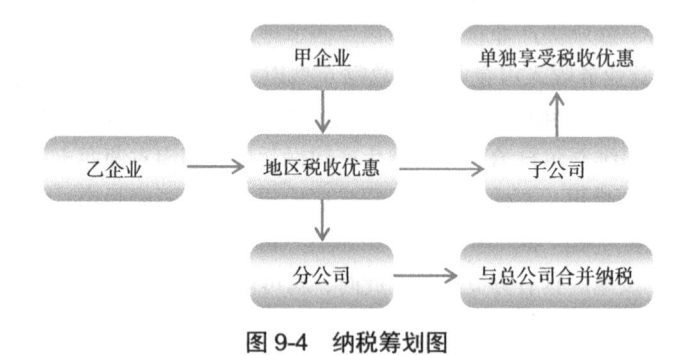

图9-4 纳税筹划图

纳税筹划案例

【例9-7】 某企业原计划在广州设立一家高科技企业，该企业预计年盈利1 000万元。经过市场调研，该企业设在广州和深圳对于企业的盈利能力没有实质性影响，该企业在深圳预计年盈利900万元。请对该企业的投资计划提出纳税筹划方案。

筹划方案

该企业可以在深圳设立高科技企业，因为高科技企业在经济特区内取得的所得，可以享受下列税收优惠政策：自取得第一笔生产经营收入所属纳税年度起，第一年至第二年免征企业所得税，第三年至第五年按照25%的法定税率减半征收企业所得税。按照该企业年盈利1 000万元计算，设在广州，该企业五年需要缴纳企业所得税：1 000×25%×5=1 250（万元），税后利润：1 000×5-1 250=3 750（万元）。如果设在深圳，该企业五年需要缴纳企业所得税：900×25%×50%×3=337.5（万元），税后利润：900×5-337.5=4 162.5（万元）。故应当设立在深圳。通过纳税筹划增加税后利润：4 162.5-3 750=412.5（万元）。

5. 通过分立享受流转税优惠政策的纳税筹划

纳税筹划思路

企业在生产经营中所缴纳的增值税、消费税等都具有一些优惠政策，企业在享受这些优惠政策时的一个前提条件就是独立核算，如果不能独立核算，则应当和其他经营一起缴纳较高的税率。有时企业是否进行了独立核算很难判断，此时，税务机关往往对企业一并征收较高的税率。为了避免这种情况，企业可以考虑将其中某个部门独立出去，成立全资子公司，专门从事低税率经营或者免税经营，这样就很容易达到独立核算的要求了。

根据我国税法的规定，消费税除金银首饰外一般在生产销售环节征收，在零售环节不再征收。因此企业可以通过设立一家专门的批发企业，然后以较低的价格将应税消费品销售给该独立核算的批发企业，则可以降低销售额，从而减少应纳税销售额。而独立核算的批发企业，只缴纳增值税，不缴纳消费税。

法律政策依据

（1）《中华人民共和国增值税暂行条例》（1993年12月13日国务院令第134号公布，2008年11月5日国务院第34次常务会议修订通过，根据2016年2月6日《国务院关于修改部分行政法规的决定》第一次修订，根据2017年11月19日《国务院关于废止〈中华人民共和国营业税暂行条例〉和修改〈中华人民共和国增值税暂行条例〉的决定》第二次修订）。

（2）《中华人民共和国增值税暂行条例实施细则》（财政部 国家税务总局第50号令，根据2011年10月28日《关于修改〈中华人民共和国增值税暂行条例实施细则〉和〈中华人民共和国营业税暂行条例实施细则〉的决定》修订）。

（3）《中华人民共和国消费税暂行条例》（国务院1993年12月13日颁布，国务院令〔1993〕第135号，2008年11月5日国务院第34次常务会议修订通过）。

（4）《中华人民共和国消费税暂行条例实施细则》（财政部 国家税务总局第51号令）。

纳税筹划图

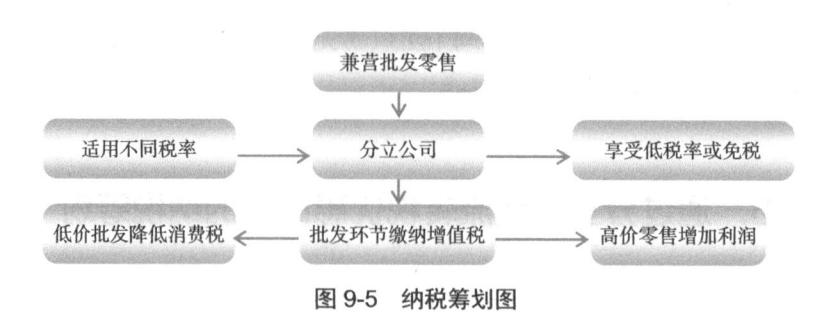

图 9-5 纳税筹划图

纳税筹划案例

【例 9-8】 甲企业是一家图书公司（适用 9% 的增值税税率），兼营古旧图书等免征增值税的产品。该企业 2021 年共获得不含税销售收入 600 万元，其中免征增值税产品所取得的销售收入为 160 万元，进项税额为 40 万元，其中属于免税产品的进项税额为 10 万元，该企业并未对古旧图书经营独立核算。请计算该企业应当缴纳的增值税并提出纳税筹划方案。

筹划方案

该企业由于没有独立核算免税产品，应当一并缴纳增值税。应缴纳增值税税额：600×9%−40=14（万元）。为了更好地进行独立核算，该公司可以考虑将经营古旧图书的部分独立出去，成为全资子公司，这样就可以享受免征增值税的优惠政策了。分立以后，该公司需要缴纳增值税：（600−160）×9%−（40−10）=9.6（万元）。通过纳税筹划，减轻企业税收负担：14−9.6=4.4（万元）。如果该子公司规模不大，还可以享受国家针对小微企业的增值税和企业所得税的优惠政策。

纳税筹划案例

【例 9-9】 某企业为一家高档化妆品生产企业（消费税税率为 15%），每年生产高档化妆品 20 万套，每套成本为 360 元，批发价为 420 元，零售价为 500 元。该企业采取直接对外销售的方式，假定其中有一半产品通过批发方式，一半通过零售方式。请计算该企业应当缴纳的消费税，并提出纳税筹划方案。

筹划方案

该企业应缴纳的消费税：（10×420+10×500）×15%=1 380（万元）。如果该企业将其一个经营部门分立出去成立一家批发公司，该企业的化妆品先以较低的批发价 400 元销售给该批发

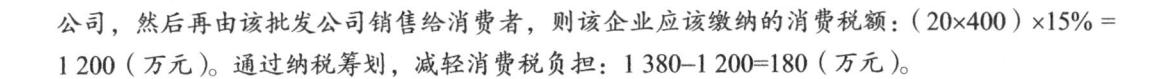

公司，然后再由该批发公司销售给消费者，则该企业应该缴纳的消费税额：（20×400）×15% = 1 200（万元）。通过纳税筹划，减轻消费税负担：1 380–1 200=180（万元）。

6. 企业债务重组的纳税筹划

纳税筹划思路

根据《财政部 国家税务总局关于企业重组业务企业所得税处理若干问题的通知》(财税〔2009〕59号)的规定，债务重组，是指在债务人发生财务困难的情况下，债权人按照其与债务人达成的书面协议或者法院裁定书，就其债务人的债务做出让步的事项。

一般情况下，企业债务重组的相关交易应按以下规定处理：

（1）以非货币资产清偿债务，应当分解为转让相关非货币性资产、按非货币性资产公允价值清偿债务两项业务，确认相关资产的所得或损失。

（2）发生债权转股权的，应当分解为债务清偿和股权投资两项业务，确认有关债务清偿所得或损失。

（3）债务人应当按照支付的债务清偿额低于债务计税基础的差额，确认债务重组所得；债权人应当按照收到的债务清偿额低于债权计税基础的差额，确认债务重组损失。

（4）债务人的相关所得税纳税事项原则上保持不变。

在特殊企业债务重组税务处理方式下，企业债务重组确认的应纳税所得额占该企业当年应纳税所得额50%以上，可以在5个纳税年度的期间内，均匀计入各年度的应纳税所得额。

企业发生债权转股权业务，对债务清偿和股权投资两项业务暂不确认有关债务清偿所得或损失，股权投资的计税基础以原债权的计税基础确定。企业的其他相关所得税事项保持不变。

企业债务重组包括应税债务重组、特殊债务重组与免税债务重组，特殊债务重组的条件是企业债务重组确认的应纳税所得额占该企业当年应纳税所得额50%以上，此时，可以在5个纳税年度的期间内，均匀计入各年度的应纳税所得额。由于这种税收优惠仅仅是延迟5年纳税，对企业的意义并不是很大。当然，如果企业必须采取这种方式进行债务重组，不妨设计条件享受上述税收优惠政策。

免税债务重组的条件是企业发生债权转股权业务，对债务清偿和股权投资两项业务暂不确认有关债务清偿所得或损失，股权投资的计税基础以原债权的计税基础确定。企业的其他相关所得税事项保持不变。企业在条件允许的情况下，应尽可能采取债权转股权的方式进行债务重组。

在应税债务重组中，企业以非货币资产清偿债务，应当分解为转让相关非货币性资产、按非货币性资产公允价值清偿债务两项业务，确认相关资产的所得或损失。发生债权转股权的，应当分解为债务清偿和股权投资两项业务，确认有关债务清偿所得或损失。债务人应当按照支付的债务清偿额低于债务计税基础的差额，确认债务重组所得；债权人应当按照收到的债务清偿额低于债权计税基础的差额，确认债务重组损失。

企业的债务重组同时符合下列条件的，才能适用特殊性税务处理规定：

（1）具有合理的商业目的，并且不以减少、免除或者推迟缴纳税款为主要目的。

（2）被收购、合并或分立部分的资产或股权比例符合规定的比例。

（3）企业重组后的连续 12 个月内不改变重组资产原来的实质性经营活动。

（4）重组交易对价中涉及股权支付金额符合规定比例。

（5）企业重组中取得股权支付的原主要股东，在重组后连续 12 个月内，不得转让所取得的股权。

按照重组类型，企业重组的当事各方是指债务重组中当事各方，指债务人、债权人。重组当事各方企业适用特殊性税务处理的，应按如下规定确定重组主导方：债务重组，主导方为债务人。企业重组日的确定，按以下规定处理：债务重组，以债务重组合同（协议）或法院裁定书生效日为重组日。企业发生债务重组，应准确记录应予确认的债务重组所得，并在相应年度的企业所得税汇算清缴时对当年确认额及分年结转额的情况做出说明。主管税务机关应建立台账，对企业每年申报的债务重组所得与台账进行比对分析，加强后续管理。

法律政策依据

（1）《财政部 国家税务总局关于企业重组业务企业所得税处理若干问题的通知》（财政部 国家税务总局 2009 年 4 月 30 日发布，财税〔2009〕59 号）。

（2）《中华人民共和国企业所得税法》（2007 年 3 月 16 日第十届全国人民代表大会第五次会议通过，2017 年 2 月 24 日第十二届全国人民代表大会常务委员会第二十六次会议第一次修正，2018 年 12 月 29 日第十三届全国人民代表大会常务委员会第七次会议第二次修正）第 57 条。

（3）《中华人民共和国企业所得税法实施条例》（2007 年 12 月 6 日国务院令第 512 号公布，根据 2019 年 4 月 23 日《国务院关于修改部分行政法规的决定》修订）。

（4）《企业重组业务企业所得税管理办法》（国家税务总局公告 2010 年第 4 号）。

（5）《国家税务总局关于企业重组业务企业所得税征收管理若干问题的公告》（国家税务总局公告 2015 年第 48 号）。

纳税筹划图

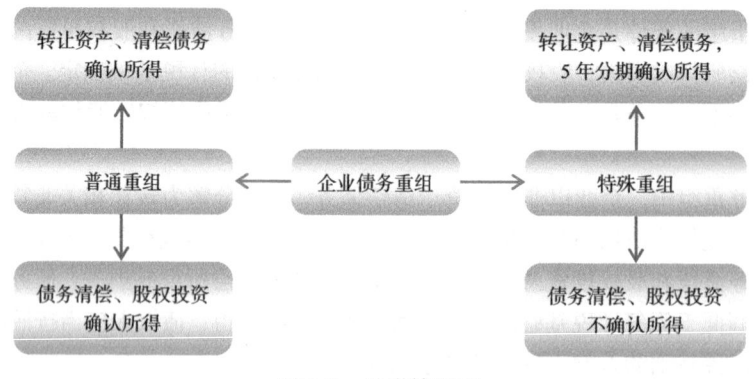

图 9-6　纳税筹划图

纳税筹划案例

【例 9-10】 甲公司欠乙公司 8 000 万元债务，甲公司和乙公司准备签署一项债务重组协议：甲公司用购买价格 7 000 万元、账面净值为 6 000 万元、公允价值为 8 000 万元的不动产抵偿乙公司的债务。在该交易中，甲公司和乙公司应当分别缴纳多少税款？应当如何进行纳税筹划？（因印花税、附加税数额较小，对策划方案不产生影响，所以本方案不予考虑。）

筹划方案

在该交易中，甲公司需要缴纳增值税：（8 000−7 000）×5%=50（万元）；需要缴纳土地增值税（暂按3%核定）：8 000×3%=240（万元）；需要缴纳企业所得税：（8 000−6 000−240）×25%=440（万元）。乙公司需要缴纳契税：8 000×3%=240（万元）。两个公司合计纳税：50+240+440+240=970（万元）。

如果乙公司将其债权转化为股权且遵守特殊债务重组的其他条件，则甲公司和乙公司不需要缴纳任何税款，即使将来乙公司再将该股权转让给甲公司或其他企业，也只需要缴纳企业所得税，不需要缴纳增值税、土地增值税和契税。

7. 调整企业清算日期的纳税筹划

纳税筹划思路

企业清算的所得税处理，是指企业在不再持续经营，发生结束自身业务、处置资产、偿还债务，以及向所有者分配剩余财产等经济行为时，对清算所得、清算所得税、股息分配等事项的处理。

下列企业应进行清算的所得税处理：① 按《中华人民共和国公司法》《中华人民共和国企业破产法》等规定需要进行清算的企业；② 企业重组中需要按清算处理的企业。

企业清算的所得税处理包括以下内容：① 全部资产均应按可变现价值或交易价格，确认资产转让所得或损失；② 确认债权清理、债务清偿的所得或损失；③ 改变持续经营核算原则，对预提或待摊性质的费用进行处理；④ 依法弥补亏损，确定清算所得；⑤ 计算并缴纳清算所得税；⑥ 确定可向股东分配的剩余财产、应付股息等。

企业的全部资产可变现价值或交易价格，减除资产的计税基础、清算费用、相关税费，加上债务清偿损益等后的余额，为清算所得。企业应将整个清算期作为一个独立的纳税年度计算清算所得。

企业全部资产的可变现价值或交易价格减除清算费用，职工的工资、社会保险费用和法定补偿金，结清清算所得税、以前年度欠税等税款，清偿企业债务，按规定可以计算得出向所有者分配的剩余资产。被清算企业的股东分得的剩余资产的金额，其中相当于被清算企业累计未分配利润和累计盈余公积中按该股东所占股份比例计算的部分，应确认为股息所得；剩余资产减除股息所得后的余额,超过或低于股东投资成本的部分,应确认为股东的投资转让所得或损失。被清算企业的股东从被清算企业分得的资产应按可变现价值或实际交易价格确定计税基础。

根据我国现行税法的规定,纳税人清算时,应当以清算期间作为一个纳税年度。《中华人民共和国企业所得税法》第53条规定:"企业依法清算时,应当以清算期间作为一个纳税年度。"清算所得也应当缴纳所得税。因此,如果企业在清算之前仍有盈利,清算所得为亏损时,可以通过将部分清算期间发生的费用转移到清算之前,以抵销企业的盈利。这种转移可以通过改变清算日期的方式实现。

法律政策依据

(1)《中华人民共和国企业所得税法》(2007年3月16日第十届全国人民代表大会第五次会议通过,2017年2月24日第十二届全国人民代表大会常务委员会第二十六次会议第一次修正,2018年12月29日第十三届全国人民代表大会常务委员会第七次会议第二次修正)第57条。

(2)《中华人民共和国企业所得税法实施条例》(2007年12月6日国务院令第512号公布,根据2019年4月23日《国务院关于修改部分行政法规的决定》修订)。

(3)《财政部 国家税务总局关于企业清算业务企业所得税处理若干问题的通知》(财政部 国家税务总局2009年4月30日发布,财税〔2009〕60号)。

(4)《企业重组业务企业所得税管理办法》(国家税务总局公告2010年第4号)。

纳税筹划图

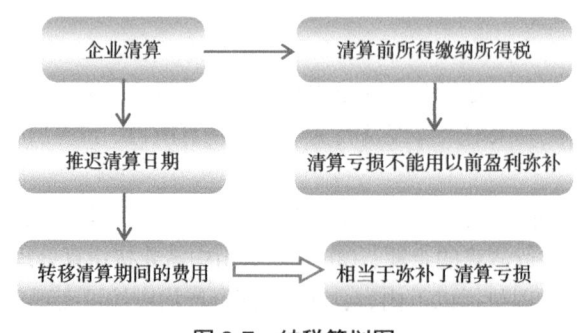

图9-7 纳税筹划图

纳税筹划案例

【例9-11】 某公司董事会于2021年8月20日向股东会提交了公司解散申请书,股东会8月22日通过决议,决定公司于8月31日宣布解散,并于9月1日开始正常清算。公司在成立清算组前进行的内部清算中发现,2021年1月至8月公司预计盈利600万元(企业所得税税率为25%),预计9月该公司将发生费用180万元,清算所得预计为-80万元。请计算在这种情况下,企业应当缴纳的所得税,并提出纳税筹划方案。

筹划方案

以 9 月 1 日为清算日期，2021 年 1—8 月盈利 600 万元，应纳所得税额：600×25%=150（万元）。清算所得为 –80 万元，不需要纳税。该企业可以考虑将部分费用在清算之前发生，这样可以将 600 万元的盈利予以抵销。该公司可以在公告和进行税务申报之前，由股东会再次通过决议将公司解散日期推迟至 10 月 1 日，并于 10 月 2 日开始清算。公司在 9 月 1 日至 9 月 30 日共发生费用 180 万元。假设其他费用不变，清算所得将变成 100 万元。

此时，该公司 2021 年 1—9 月的应纳税所得额：600–180=420（万元），应当缴纳企业所得税：420×25%=105（万元）。清算所得为 100 万元，应当缴纳企业所得税：100×25%×20%=5（万元）。减轻税收负担：150–105–5=40（万元）。

8. 企业资产收购的纳税筹划

纳税筹划思路

根据《财政部 国家税务总局关于企业重组业务企业所得税处理若干问题的通知》（财税〔2009〕59 号）的规定，资产收购是指一家企业（称为受让企业）购买另一家企业（称为转让企业）实质经营性资产的交易。受让企业支付对价的形式包括股权支付、非股权支付或两者的组合。

一般情况下，企业资产收购重组的相关交易应按以下规定处理：

（1）转让企业应确认资产转让所得或损失；

（2）受让企业取得资产的计税基础应以公允价值为基础确定；

（3）受让企业的相关所得税事项原则上保持不变。

特殊资产收购的条件如下：

（1）受让企业收购的资产不低于转让企业全部资产的 75%；自 2014 年 1 月 1 日起，该比例降低为 50%；

（2）受让企业在该资产收购发生时的股权支付金额不低于其交易支付总额的 85%。

第一个条件是收购资产比例，第二个条件是支付股权比例。

特殊资产收购可以选择按以下规定处理：

（1）转让企业取得受让企业股权的计税基础，以被转让资产的原有计税基础确定；

（2）受让企业取得转让企业资产的计税基础，以被转让资产的原有计税基础确定。

企业资产收购分为应税资产收购和免税资产收购。在应税资产收购中，转让企业应确认股权、资产转让所得或损失。受让企业取得股权或资产的计税基础应以公允价值为基础确定。受让企业的相关所得税事项原则上保持不变。

按照重组类型，企业重组的当事各方是指资产收购中当事各方，包括收购方、转让方。重组当事各方企业适用特殊性税务处理的，应按如下规定确定重组主导方：资产收购，主导方为资产转让方。企业重组日的确定，按以下规定处理：资产收购，以转让合同（协议）生效且当事各方已进行会计处理的日期为重组日。适用特殊性税务处理的企业，在以后年度转让或处置重组资产（股权）时，应在年度纳税申报时对资产（股权）转让所得或损失情况进行专项说明，包括特殊性税务处理时确定的重组资产（股权）计税基础与转让或处置时的计税基础的比对情况，以及递延所得税负债的处理情况等。

免税资产收购的条件是：受让企业收购的资产不低于转让企业全部资产的 50%，并且受让企业在该资产收购发生时的股权支付金额不低于其交易支付总额的 85%。在免税资产收购中，转让企业和受让企业都不需要缴纳企业所得税，转让企业取得受让企业股权的计税基础，以被转让资产的原有计税基础确定。受让企业取得转让企业资产的计税基础，以被转让资产的原有计税基础确定。

企业在资产收购中，在条件许可的情况下，应当尽量选择采取免税资产收购的形式。这样可以延迟缴纳所得税，在一定条件下，还可以免除缴纳企业所得税。

法律政策依据

（1）《中华人民共和国企业所得税法》（2007 年 3 月 16 日第十届全国人民代表大会第五次会议通过，2017 年 2 月 24 日第十二届全国人民代表大会常务委员会第二十六次会议第一次修正，2018 年 12 月 29 日第十三届全国人民代表大会常务委员会第七次会议第二次修正）。

（2）《中华人民共和国企业所得税法实施条例》（2007 年 12 月 6 日国务院令第 512 号公布，根据 2019 年 4 月 23 日《国务院关于修改部分行政法规的决定》修订）。

（3）《财政部 国家税务总局关于企业重组业务企业所得税处理若干问题的通知》（财政部 国家税务总局 2009 年 4 月 30 日发布，财税〔2009〕59 号）。

（4）《企业重组业务企业所得税管理办法》（国家税务总局公告 2010 年第 4 号）。

（5）《财政部 国家税务总局关于促进企业重组有关企业所得税处理问题的通知》（财税〔2014〕109 号）。

（6）《国家税务总局关于企业重组业务企业所得税征收管理若干问题的公告》（国家税务总局公告 2015 年第 48 号）。

纳税筹划图

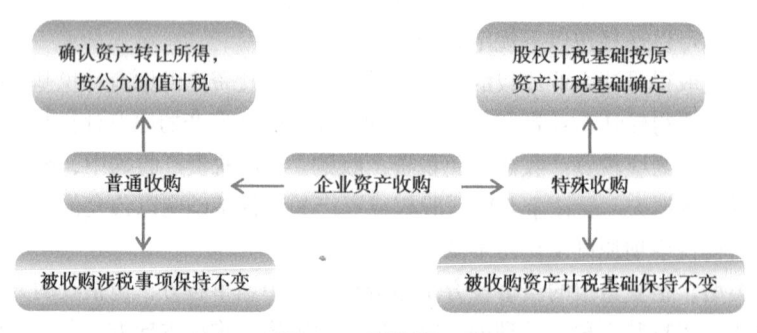

图 9-8　纳税筹划图

纳税筹划案例

【例 9-12】 甲公司准备用 8 000 万元现金收购乙公司 80%的资产。这些资产包括购进价格 2 000 万元、账面净值 1 000 万元、公允价值 3 000 万元的不动产以及账面净值 6 000 万元、公允价值 5 000 万元的无形资产。在该交易中,甲公司和乙公司应当如何纳税?如何进行纳税筹划?(因印花税、附加税数额较小,对节税方案不产生影响,所以本方案不予考虑。)

筹划方案

在上述交易中,乙公司应当缴纳增值税:(3 000–2 000)×5%+5 000×6%=350(万元);应当缴纳土地增值税(暂按 3%核定):3 000×3%=90(万元);应当缴纳企业所得税:(3 000–1 000+5 000–6 000–90)×25%=227.5(万元)。甲公司应当缴纳契税:3 000×3%=90(万元)。两公司合计纳税:350+90+227.5+90=757.5(万元)。

如果甲公司用自己的股权来收购乙公司的资产,则乙公司不需要缴纳任何税款。即使将来乙公司再将该股权转让给甲公司或其他企业,也只需要缴纳企业所得税,不需要缴纳增值税、土地增值税和契税。

9. 企业股权收购的纳税筹划

纳税筹划思路

根据《财政部 国家税务总局关于企业重组业务企业所得税处理若干问题的通知》(财税〔2009〕59 号)的规定,股权收购,是指一家企业(收购企业)购买另一家企业(被收购企业)的股权,以实现对被收购企业控制的交易。收购企业支付对价的形式包括股权支付、非股权支付或两者的组合。

一般情况下,企业股权收购重组的相关交易应按以下规定处理:

(1)被收购企业应确认股权转让所得或损失;

(2)收购企业取得股权的计税基础应以公允价值为基础确定;

(3)被收购企业的相关所得税事项原则上保持不变。

特殊股权收购的条件如下:

(1)收购企业购买的股权不低于被收购企业全部股权的 75%;自 2014 年 1 月 1 日起,该比例降低为 50%;

(2)收购企业在该股权收购发生时的股权支付金额不低于其交易支付总额的 85%。

第一个条件是收购股权比例,第二个条件是支付股权比例。

特殊股权收购可以选择按以下规定处理:

(1)被收购企业的股东取得收购企业股权的计税基础,以被收购股权的原有计税基础确定;

(2)收购企业取得被收购企业股权的计税基础,以被收购股权的原有计税基础确定;

（3）收购企业、被收购企业的原有各项资产和负债的计税基础和其他相关所得税事项保持不变。

企业股权收购分为应税股权收购和免税股权收购。在应税股权收购中，被收购企业应确认股权、资产转让所得或损失，收购企业取得股权或资产的计税基础应以公允价值为基础确定，被收购企业的相关所得税事项原则上保持不变。

免税股权收购的条件是：收购企业购买的股权不低于被收购企业全部股权的75%，并且收购企业在该股权收购发生时的股权支付金额不低于其交易支付总额的85%。在免税股权收购中，被收购企业的股东取得收购企业股权的计税基础，以被收购股权的原有计税基础确定，收购企业取得被收购企业股权的计税基础，以被收购股权的原有计税基础确定，收购企业、被收购企业的原有各项资产和负债的计税基础和其他相关所得税事项保持不变。

按照重组类型，企业重组的当事各方是指股权收购中当事各方，包括收购方、转让方及被收购企业。股权收购中转让方可以是自然人。重组当事各方企业适用特殊性税务处理的，应按如下规定确定重组主导方：股权收购，主导方为股权转让方，涉及两个或两个以上股权转让方，由转让被收购企业股权比例最大的一方作为主导方（转让股权比例相同的可协商确定主导方）。企业重组日的确定，按以下规定处理：股权收购，以转让合同（协议）生效且完成股权变更手续日为重组日。关联企业之间发生股权收购，转让合同（协议）生效后12个月内尚未完成股权变更手续的，应以转让合同（协议）生效日为重组日。适用特殊性税务处理的企业，在以后年度转让或处置重组资产（股权）时，应在年度纳税申报时对资产（股权）转让所得或损失情况进行专项说明，包括特殊性税务处理时确定的重组资产（股权）计税基础与转让或处置时的计税基础的比对情况，以及递延所得税负债的处理情况等。

企业在股权收购中，在条件许可的情况下，应当尽量选择采取免税股权收购的形式。这样可以延迟缴纳所得税，在一定条件下，还可以免除缴纳企业所得税。

根据《财政部 国家税务总局关于促进企业重组有关企业所得税处理问题的通知》（财税〔2014〕109号）的规定，自2014年1月1日起，对100%直接控制的居民企业之间，以及受同一或相同多家居民企业100%直接控制的居民企业之间按账面净值划转股权或资产，凡具有合理商业目的、不以减少、免除或者推迟缴纳税款为主要目的，股权或资产划转后连续12个月内不改变被划转股权或资产原来实质性经营活动，且划出方企业和划入方企业均未在会计上确认损益的，可以选择按以下规定进行特殊性税务处理：

（1）划出方企业和划入方企业均不确认所得；

（2）划入方企业取得被划转股权或资产的计税基础，以被划转股权或资产的原账面净值确定；

（3）划入方企业取得的被划转资产，应按其原账面净值计算折旧扣除。

法律政策依据

（1）《中华人民共和国企业所得税法》（2007年3月16日第十届全国人民代表大会第五次会议通过，2017年2月24日第十二届全国人民代表大会常务委员会第二十六次会议第一次修正，2018年12月29日第十三届全国人民代表大会常务委员会第七次会议第二次修正）。

（2）《中华人民共和国企业所得税法实施条例》（2007年12月6日国务院令第512号公布，根据2019年4月23日《国务院关于修改部分行政法规的决定》修订）。

（3）《财政部 国家税务总局关于企业重组业务企业所得税处理若干问题的通知》（财政部 国家税务总局2009年4月30日发布，财税〔2009〕59号）。

（4）《企业重组业务企业所得税管理办法》（国家税务总局公告2010年第4号）。

（5）《财政部 国家税务总局关于促进企业重组有关企业所得税处理问题的通知》（财税〔2014〕109号）。

（6）《国家税务总局关于企业重组业务企业所得税征收管理若干问题的公告》（国家税务总局公告2015年第48号）。

纳税筹划图

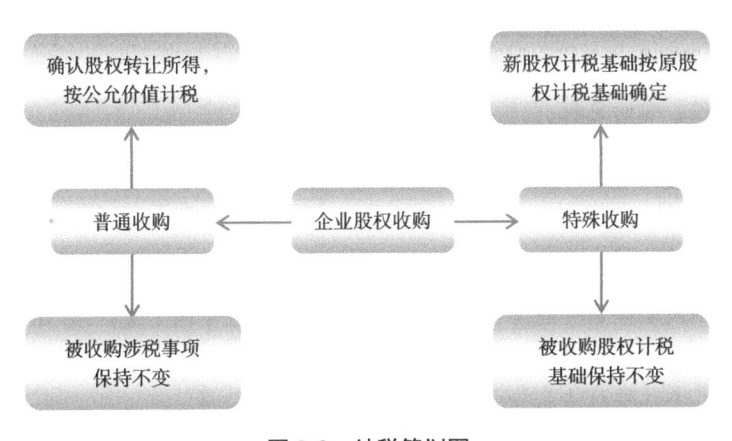

图9-9　纳税筹划图

纳税筹划案例

【例9-13】　甲公司准备用8 000万元现金收购乙公司80%的股权。乙公司80%股权的计税基础为4 000万元。在该交易中，甲公司和乙公司应当如何纳税？如何进行纳税筹划？

筹划方案

在上述交易中，如果乙公司的股东是企业，应当缴纳企业所得税：（8 000－4 000）×25%=1 000（万元）。

如果甲公司采取免税股权收购的方式取得乙公司的股权，可以向乙公司的股东支付本公司10%的股权（公允价值为8 000万元）。由于股权支付额占交易总额的比例为100%，因此属于免税股权收购。乙公司不需要缴纳企业所得税。乙公司可以在未来再将该股权转让给甲公司或其他企业，这样可以取得延期纳税的利益。（因为印花税数额较小，对节税方案不产生影响，所以本方案不予考虑。）

纳税筹划案例

【例 9-14】 2007 年年底，张大中将大中电器的独家管理与经营权转让给国美电器，转让价格为 36.5 亿元。张大中由于转让大中电器股权，向市地税局一次性缴纳个人所得税达 5.6 亿元，比 2007 年度青海省全年的个人所得税税款 4.17 亿元还多 1 亿多元，也由此创下了国内一次性缴纳个人所得税最多的纪录。2008 年张大中获得北京市纳税人的"最高奖项"——特别杰出贡献奖。请对张大中的纳税行为提出纳税筹划方案。

筹划方案

张大中将其持有的大中电器股权（36.5 亿元）加 30% 现金（15.7 亿元）投资设立 A 公司（总额 52.2 亿元），国美电器出资 36.5 亿元设立 B 公司，A 公司将其持有的大中电器股权换取国美电器持有的 B 公司股权，国美电器持有大中电器的股权，A 公司持有 B 公司股权，股权换股权，可按特殊税务处理，暂时免税。

纳税筹划案例

【例 9-15】 2008 年 9 月，四川双马发布重大重组预案公告称，公司将通过定向增发，向该公司的实际控制人拉法基中国海外控股公司（简称拉法基中国）发行 36 809 万股 A 股股票，收购其持有的都江堰拉法基水泥有限公司（简称都江堰拉法基）50% 的股权。增发价 7.61 元/股。收购完成后，都江堰拉法基将成为四川双马的控股子公司。

都江堰拉法基成立时的注册资本为 856 839 300 元，其中都江堰市建工建材总公司的出资金额为 214 242 370 元，出资比例为 25%，拉法基中国的出资金额为 642 596 930 元，出资比例为 75%。

根据法律法规，拉法基中国承诺，本次认购的股票自发行结束之日起 36 个月内不上市交易或转让。此项股权收购完成后，四川双马将达到控制都江堰拉法基的目的，因此符合《财政部 国家税务总局关于企业重组业务企业所得税处理若干问题的通知》（财税〔2009〕59 号）规定中的股权收购的定义。

筹划方案

尽管符合控股合并的条件，尽管所支付的对价均为上市公司的股权，但由于四川双马只收购了都江堰拉法基的 50% 股权，没有达到 75% 的要求，因此应当适用一般性处理。

被收购企业的股东拉法基应确认股权转让所得：股权转让所得=取得对价的公允价值−原计税基础=7.61×368 090 000−856 839 300×50%=2 372 745 250（元）。由于拉法基中国的注册地在英属维尔京群岛，属于非居民企业，因此其股权转让应纳的所得税：2 372 745 250×10%=237 274 525（元）。收购方四川双马取得对都江堰拉法基股权的计税基础应以公允价值为基础确定，即 2 801 164 900 元（7.61×368 090 000）。被收购企业都江堰拉法基的相关所得税事项保持不变。

如果其他条件不变，拉法基中国将转让的股权份额提高到 75%，也就转让其持有的全部都江堰拉法基的股权，那么由于此项交易同时符合财税〔2009〕59 号文中规定的五个条件，因此可以选择特殊性税务处理。被收购企业的股东拉法基中国暂不确认股权转让所得。收购方四川双马取得对都江堰拉法基股权的计税基础应以被收购股权的原有计税基础确定，即 428 419 650 元（856 839 300×50%）。被收购企业都江堰拉法基的相关所得税事项保持不变。可见，如果拉法基中国采用后一种方式，转让都江堰拉法基水泥有限公司 75% 的股权，则可以在当期避免 2.37 亿元的所得税支出。

2014 年 12 月 25 日，财政部、国家税务总局发布了《关于促进企业重组有关企业所得税处理问题的通知》（财税〔2014〕109 号），决定自 2014 年 1 月 1 日起将收购比例降低为 50%。因此，如果拉法基中国在 2014 年 1 月 1 日以后收购股权，就可以在当期避免缴纳 2.37 亿元的所得税支出。

纳税筹划案例

【例 9-16】 2010 年 5 月 14 日，上海锦江国际酒店发展股份有限公司（简称锦江股份）发布了《重大资产置换及购买暨关联交易报告书》，同上海锦江国际酒店（集团）股份有限公司（简称锦江酒店集团）进行了重大资产置换。交易的核心是本公司以星级酒店业务资产与锦江酒店集团的"锦江之星"经济型酒店业务资产进行置换，以达到专业经营的目的。

筹划方案

本案例中，锦江酒店集团以自己旗下锦江之星 71.225% 的股份、旅馆投资 80% 的股份、达华宾馆 99% 的股份，以及 33 915.17 万元现金去收购锦江股份 11 家公司（其中，2 家分公司，9 家子公司）的权益，标的资产公允价值为 306 703.41 万元，股权支付比例为 89%，超过了 85% 的股权支付比例；收购资产达到锦江股份的 95.32%，达到了 75% 的比例。

因此锦江股份和锦江酒店集团的资产重组行为符合财税〔2009〕59 号文特殊性税务处理条件，可以享受特殊性税务处理。如果锦江股份的重组不符合特殊性税务处理条件，重组双方需要缴纳企业所得税 9.3 亿元。

10. 企业免税分立的纳税筹划

纳税筹划思路

根据《财政部 国家税务总局关于企业重组业务企业所得税处理若干问题的通知》（财税〔2009〕59 号）的规定，分立，是指一家企业（称为被分立企业）将部分或全部资产分离转让给现存或新设的企业（称为分立企业），被分立企业股东换取分立企业的股权或非股权支付，实现企业的依法分立。

一般情况下，企业分立的当事各方应按下列规定处理：

（1）被分立企业对分立出去资产应按公允价值确认资产转让所得或损失。

（2）分立企业应按公允价值确认接受资产的计税基础。

（3）被分立企业继续存在时，其股东取得的对价应视同被分立企业分配进行处理。

（4）被分立企业不再继续存在时，被分立企业及其股东都应按清算进行所得税处理。

（5）企业分立相关企业的亏损不得相互结转弥补。

特殊企业分立应当具备以下条件：

（1）被分立企业所有股东按原持股比例取得分立企业的股权；

（2）分立企业和被分立企业均不改变原来的实质经营活动；

（3）被分立企业股东在该企业分立发生时取得的股权支付金额不低于其交易支付总额的85%。

第一个条件规定的是股权比例维持原则，第二个条件规定的是实质经营维持原则，第三个条件规定的是股权支付比例原则。

特殊企业分立可以选择按以下规定处理：

（1）分立企业接受被分立企业资产和负债的计税基础，以被分立企业的原有计税基础确定；

（2）被分立企业已分立出去资产相应的所得税事项由分立企业承继；

（3）被分立企业未超过法定弥补期限的亏损额可按分立资产占全部资产的比例进行分配，由分立企业继续弥补；

（4）被分立企业的股东取得分立企业的股权（简称"新股"），如需部分或全部放弃原持有的被分立企业的股权（简称"旧股"），"新股"的计税基础应以放弃"旧股"的计税基础确定。如不需放弃"旧股"，则其取得"新股"的计税基础可从以下两种方法中选择确定：直接将"新股"的计税基础确定为零；以被分立企业分立出去的净资产占被分立企业全部净资产的比例先调减原持有的"旧股"的计税基础，再将调减的计税基础平均分配到"新股"上。

在企业存续分立中，分立后的存续企业性质及适用税收优惠的条件未发生改变的，可以继续享受分立前该企业剩余期限的税收优惠，其优惠金额按该企业分立前一年的应纳税所得额（亏损计为零）乘以分立后存续企业资产占分立前该企业全部资产的比例计算。

企业分立分为应税企业分立和免税企业分立。在应税企业分立中，被分立企业对分立出去资产应按公允价值确认资产转让所得或损失，分立企业应按公允价值确认接受资产的计税基础。被分立企业继续存在时，其股东取得的对价应视同被分立企业分配进行处理；被分立企业不再继续存在时，被分立企业及其股东都应按清算进行所得税处理，企业分立相关企业的亏损不得相互结转弥补。

免税企业分立的条件是：被分立企业所有股东按原持股比例取得分立企业的股权，分立企业和被分立企业均不改变原来的实质经营活动，并且被分立企业股东在该企业分立发生时取得的股权支付金额不低于其交易支付总额的85%。在免税企业分立中，分立企业接受被分立企业资产和负债的计税基础，以被分立企业的原有计税基础确定，被分立企业已分立出去资产相应的所得税事项由分立企业承继，被分立企业未超过法定弥补期限的亏损额可按分立资产占全部资产的比例进行分配,由分立企业继续弥补。

按照重组类型,企业重组的当事各方是指分立中当事各方,包括分立企业、被分立企业及被分立企业股东。重组当事各方企业适用特殊性税务处理的,应按如下规定确定重组主导方:分立,主导方为被分立企业。企业重组日的确定,按以下规定处理:分立,以分立合同(协议)生效、当事各方已进行会计处理且完成工商新设登记或变更登记日为重组日。

企业在分立中,在条件许可的情况下,应当尽量选择采取免税企业分立的形式。这样可以延迟缴纳所得税,在一定条件下,还可以免除缴纳企业所得税。

法律政策依据

(1)《中华人民共和国企业所得税法》(2007年3月16日第十届全国人民代表大会第五次会议通过,2017年2月24日第十二届全国人民代表大会常务委员会第二十六次会议第一次修正,2018年12月29日第十三届全国人民代表大会常务委员会第七次会议第二次修正)。

(2)《中华人民共和国企业所得税法实施条例》(2007年12月6日国务院令第512号公布,根据2019年4月23日《国务院关于修改部分行政法规的决定》修订)。

(3)《财政部 国家税务总局关于企业重组业务企业所得税处理若干问题的通知》(财政部 国家税务总局2009年4月30日发布,财税〔2009〕59号)。

(4)《企业重组业务企业所得税管理办法》(国家税务总局公告2010年第4号)。

(5)《国家税务总局关于企业重组业务企业所得税征收管理若干问题的公告》(国家税务总局公告2015年第48号)。

纳税筹划图

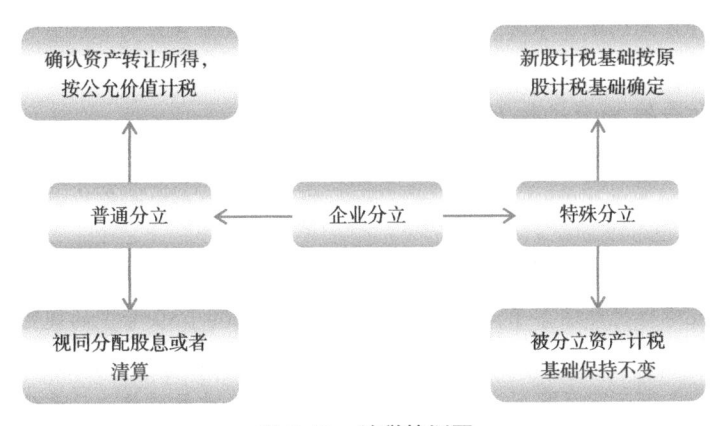

图9-10 纳税筹划图

纳税筹划案例

【例9-17】 甲公司将其一家分公司(其计税基础为5 000万元,公允价值为8 000万元)变为独立的乙公司,甲公司的股东取得乙公司100%的股权,同时取得2 000万元现金。在该交易中，甲公司和乙公司应当如何纳税？如何进行纳税筹划？

筹划方案

在该交易中，非股权支付额占整个交易的比例为 2 000÷8 000=25%，不符合免税企业分立的条件。如果甲公司的股东是个人，则应当缴纳个人所得税：2 000×25%=500（万元）。如果甲公司的股东是企业，该 2 000 万元视为股息，不需要缴纳企业所得税。

如果甲公司的股东取得乙公司的全部股权，同时将取得的现金降到 1 100 万元。在该交易中，非股权支付额占整个交易的比例为 1 100÷8 000=13.75%，符合免税企业分立的条件。甲公司的个人股东仅需缴纳企业所得税：1 100×25%=275（万元）。此时，甲公司取得乙公司股权的计税基础相对较小，但甲公司的股东因此取得了延迟纳税的利益。（因为印花税数额较小，对节税方案不产生影响，所以本方案不予考虑。）

纳税筹划案例

【例 9-18】 喜客来酒店股份有限公司（简称喜客来公司）地处江苏，由乐登酒店和悦君酒店共同投资成立。喜客来公司的投资总额为 1 000 万元，乐登酒店和悦君酒店分别占 70% 和 30% 的股份。为满足扩大经营的需要，2009 年 11 月喜客来公司剥离部分净资产成立美滋餐饮有限公司。分立基准日，喜客来公司的资产负债表显示公司的资产总额为 3 000 万元（公允价值为 3 800 万元），负债 2 000 万元（公允价值为 2 000 万元），净资产 1 000 万元（公允价值为 1 800 万元）。此外，公司尚有未超过法定弥补期限的亏损 360 万元。喜客来公司剥离的净资产中，资产的账面价值为 800 万元（公允价值为 1 000 万元），剥离负债的账面价值为 200 万元（公允价值为 200 万元），剥离净资产的账面价值为 600 万元（公允价值为 800 万元），并在工商管理部门办理了 300 万元的减资手续。美滋餐饮有限公司的注册资本为 800 万元，并确认乐登酒店和悦君酒店的投资额分别为 504 万元和 216 万元，同时美滋餐饮有限公司分别向乐登酒店和悦君酒店支付银行存款 56 万元和 24 万元。

筹划方案

关于本案例是否适用所得税处理的特殊性规定的条件，依据《财政部 国家税务总局关于企业重组业务企业所得税处理若干问题的通知》（财税〔2009〕59 号）的规定，企业分立在符合重组业务特殊性处理基本条件的基础上，适用所得税处理的特殊性规定需要同时符合下列三个条件：一是被分立企业所有股东按原持股比例取得分立企业的股权；二是分立企业和被分立企业均不改变原来的实质经营活动；三是被分立企业股东取得的股权支付金额不低于其交易支付总额的 85%。由于本案例中美滋餐饮有限公司股权支付金额占交易支付总额的比例为 90%〔（504+216）÷（504+216+56+24）×100%〕，高于 85% 的比例，现假定该分立业务符合特殊处理的其他条件，则本案例可以适用所得税处理的特殊性规定。

依据财税〔2009〕59 号文件的规定，由于本案例中企业分立业务符合所得税的特殊性处理条件,因此被分立企业喜客来公司可暂不确认分立资产中股权支付对应的资产转让所得,但应确认非股权支付(银行存款)对应的资产转让所得,即喜客来公司应确认的资产转让所得:(被转让资产的公允价值1 000−被转让资产的计税基础800)×[非股权支付金额(56+24)÷被转让资产的公允价值1 000]=16(万元)。

对于喜客来公司未超过法定弥补期限的亏损360万元,依据财税〔2009〕59号文件的规定,可按分立资产占全部资产的比例进行分配,但是文件未明确具体分配时是按照资产的公允价值还是账面价值计算分配比例。理论上按照资产的公允价值确认分配比例较为合理,可以继续由喜客来公司弥补的亏损金额:360×[(3 800−1 000)÷3 800]=265.26(万元)。

根据财税〔2009〕59号文件的规定,分立企业喜客来公司仅仅确认了非股权支付对应的资产转让所得,而未确认被分立资产的全部转让所得,因此按照所得税的对等理论,不能按照公允价值1 000万元确定被分立资产在美滋餐饮有限公司的计税基础。由于美滋餐饮有限公司支付的对价中包含非股权支付银行存款80万元,且喜客来公司确认了非股权支付对应的被分立资产的转让所得16万元,所以美滋餐饮有限公司在确定被分立资产的计税基础时应考虑喜客来公司已确认的该部分资产的转让所得,即美滋餐饮有限公司取得被分立资产的计税基础:被分立资产的原计税基础800−非股权支付额80+喜客来公司已确认的资产转让所得16=736(万元)。需要说明的是,如果未来美滋餐饮有限公司转让此部分资产,在计算股权转让所得时允许扣除的金额是736万元,而不是按公允价值入账的1 000万元,因此需要调增应纳税所得额264万元。此外,对于喜客来公司未超过法定弥补期限的亏损360万元,依据财税〔2009〕59号文件的规定,可以由美滋餐饮有限公司继续弥补的亏损金额:360×(1 000÷3 800)=94.74(万元)。

第 10 章

企业海外投资中如何进行纳税筹划

1. 投资于百慕大的纳税筹划

纳税筹划思路

避税港（Tax Haven）是跨国公司非常热衷的地方。形形色色的避税港又由于地理位置、经济发展水平、商业环境以及税收协议缔结的情况各不相同，因此跨国公司也会有所选择。目前，世界上实行低税率的避税港有百慕大、开曼群岛、巴哈马、马恩岛、英属维尔京群岛、美属萨摩亚群岛、中国香港等。

判断是否属于避税港的一般标准为：① 不征税或税率很低，特别是所得税和资本利得税；② 实行僵硬的银行或商务保密法，为当事人保密，不得通融；③ 外汇开放，毫无限制，资金来去自由；④ 拒绝与外国税务当局进行任何合作；⑤ 一般不定税收协定或只有很少的税收协定；⑥ 非常便利的金融、交通和信息中心。

避税港的种类有：① 无税避税港，不征个人所得税、公司所得税、资本利得税和财产税，如百慕大群岛、巴哈马、瓦努阿图、开曼群岛等；② 低税避税港，以低于一般国际水平的税率征收个人所得税、公司所得税、资本利得税和财产税等税种，如列支敦士登、英属维尔京群岛、荷属安的列斯群岛、中国香港、中国澳门等；③ 特惠避税港，在国内税法的基础上采取特别的税收优惠措施，如爱尔兰的香农、菲律宾的巴丹、新加坡的裕廊等。

国外对华投资中大量利用避税港。例如，2008 年对华投资前十位的国家/地区（以实际投入外资金额计，下同）依次为：中国香港（410.36 亿美元）、英属维尔京群岛（159.54 亿美元）、新加坡（44.35 亿美元）、日本（36.52 亿美元）、开曼群岛（31.45 亿美元）、韩国（31.35 亿美元）、美国（29.44 亿美元）、萨摩亚（25.5 亿美元）、中国台湾省（18.99 亿美元）和毛里求斯（14.94 亿美元）。前十位国家/地区实际投入外资金额占全国实际使用外资金额的 86.85%。2009 年对华投资前十位国家/地区依次为：中国香港（539.93 亿美元）、中国台湾（65.63 亿美元）、日本（41.17 亿美元）、新加坡（38.86 亿美元）、美国（35.76 亿美元）、韩国（27.03 亿美元）、英国（14.69 亿美元）、德国（12.27 亿美元）、中国澳门（10 亿美元）和加拿大（9.59 亿美元）。前十位国家/地区实际投入外资金额占全国实际使用外资金额的 88.3%。2010 年对华投资前十位国家/地区依次为：中国香港（674.74 亿美元）、中国台湾（67.01 亿美元）、新加坡（56.57 亿美元）、日本（42.42 亿美元）、美国（40.52 亿美元）、韩国（26.93 亿美元）、英国（16.42 亿美元）、法国（12.39 亿美元）、荷兰（9.52 亿美元）和德国（9.33 亿美元）。前十位国家/地区实际投入外资金额占全国实际使用外资金额的 90.1%。

百慕大地处北美洲，位于北大西洋西部群岛，是一个典型的避税港。在百慕大注册一个公司，两天内就可以完成全部的手续。并且，政府不征收公司所得税和个人所得税，不征收普通销售税。只对遗产课征 2%～5% 的印花税；按雇主支付的薪金课征 5% 的就业税、4% 的医疗税和一定的社会保障税；对进口货物一般课征 20% 的关税。另外，百慕大针对旅游业兴盛的特点，征收税负较轻的饭店使用税、空海运乘客税。

百慕大的政治及经济一直都非常稳定，因而受到跨国公司的普遍青睐。百慕大的银行、会计、工商、秘书等服务的品质，在所有的避税天堂中，都居于领导地位。再加上百慕大是 OECD 的成员国之一，在百慕大当地有许多国际化、专业化的律师、会计师，使百慕大得以成为国际主要金融中心之一，其境外公司也广为各国政府及大企业所接受。

国美电器是中国大陆大型的家电零售连锁企业，它是在百慕大注册、在香港上市的公司。

纳税筹划图

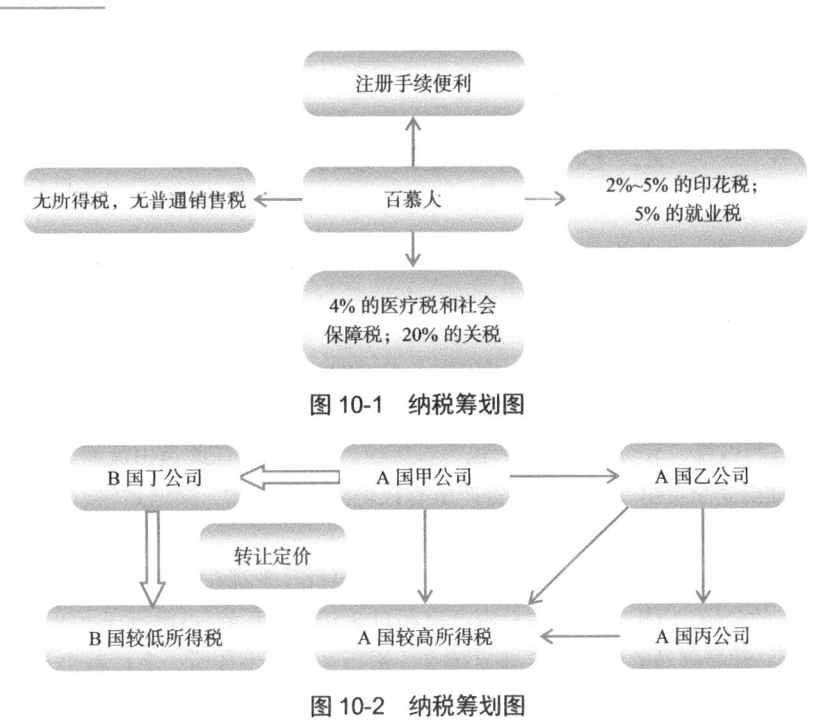

图 10-1　纳税筹划图

图 10-2　纳税筹划图

纳税筹划案例

【例 10-1】 某企业 A，其业务模式主要通过制造子公司 B 进行产品生产，再由销售子公司 C 通过购买 B 公司的制造产品向海外出售来实现利润。由于两个子公司要分别缴纳 25% 的所得税，企业税收负担比较重。2021 年度，B 公司实现利润 1 000 万元，C 公司实现利润 800 万元。请计算 B、C 两个公司每年需要缴纳的企业所得税并提出纳税筹划方案。

筹划方案

B 公司需要缴纳企业所得税：1 000×25%=250（万元）。C 公司需要缴纳企业所得税：800×25%=200（万元）。合计缴纳企业所得税：250+200=450（万元）。由于该企业的主要销售对象均位于海外，该企业可以考虑将 C 公司设置在所得税税率比较低的避税港，假设为 D 公司。D 公司的企业所得税税率为 10%。B 公司的产品以比较低的价格销售给 D 公司，D 公司再将其销售给海外客户。假设 2021 年度，B 公司实现利润 500 万元，将 500 万元的利润转移至 D 公司，D 公司实现利润 1 300 万元。这样，B 公司需要缴纳企业所得税：500×25%=125（万元）。D 公司需要缴纳企业所得税：1 300×10%=130（万元）。合计缴纳企业所得税：125+130=255（万元）。减轻税收负担：450−255=195（万元）。当然，商品从中国转移至 D 公司所在国需要花费一些费用和缴纳一些税收，如果这些税费的总额低于 195 万元，则该纳税筹划仍然可以为该企业带来利益。

2. 投资于开曼群岛的纳税筹划

纳税筹划思路

开曼群岛位于加勒比海西北部，毗邻美国。开曼群岛的两大经济支柱：一是金融；二是旅游。金融收入约占政府总收入的 40%、国内生产总值的 70%、外汇收入的 75%。开曼群岛课征的税种只有进口税、印花税、工商登记税、旅游者税等简单的几种，没有开征个人所得税、企业所得税、资本利得税、不动产税、遗产税等直接税。各国货币在此自由流通，外汇进出自由，资金的投入与抽出完全自由，外国人的资产所有权得到法律保护，交通运输设施健全，现已成为西半球离岸融资业的最大中心。

至 20 世纪 90 年代初，全世界最大的 25 家跨国银行几乎都在那里设立了子公司或分支机构，在岛内设立的金融、信托类企业的总资产已超过 2 500 亿美元，占欧洲美元交易总额的 7%，涉及 56 个国家。开曼群岛的商业条件非常健全，银行、律师事务所、会计师事务所相当发达，并且有大量的保险管理人才。

在开曼群岛注册的银行和信托公司有 278 家，对冲基金 9 000 多家，各类公司 10 万家。阿格兰屋是位于开曼群岛南教堂街上的一幢 5 层办公大楼，为 18 857 家公司提供办公地址，包括百度、希捷、汇源果汁、可口可乐、甲骨文、新浪、联通、联想等。另外，阿里巴巴、新东方、小米等公司在上市之前均在开曼群岛注册了公司。

纳税筹划图

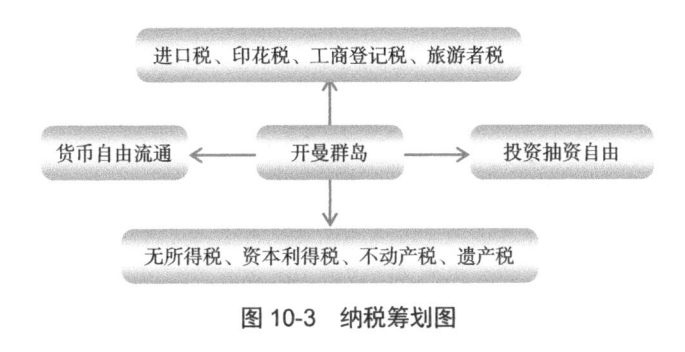

```
        ┌─────────────────────────────────────┐
        │  进口税、印花税、工商登记税、旅游者税  │
        └─────────────────────────────────────┘
                         ↑
                         │
  ┌──────────┐      ┌──────────┐      ┌──────────┐
  │ 货币自由流通 │ ←── │ 开曼群岛  │ ──→ │ 投资抽资自由 │
  └──────────┘      └──────────┘      └──────────┘
                         │
                         ↓
        ┌─────────────────────────────────────┐
        │  无所得税、资本利得税、不动产税、遗产税 │
        └─────────────────────────────────────┘
```

图 10-3　纳税筹划图

3. 投资于英属维尔京群岛的纳税筹划

纳税筹划思路

英属维尔京群岛位于波多黎各以东 60 英里，是一个自治管理、通过独立立法会议立法的、政治稳定的英属殖民地，它已经成为发展海外商务活动的重要中心。该岛的两项支柱产业是旅游业及海外离岸公司注册。世界众多大银行的进驻及先进的通信交通设施使英属维尔京群岛成为理想的离岸金融中心。目前，已有超过 250 000 个跨国公司在英属维尔京群岛注册，这使英属维尔京群岛成为世界上发展最快的海外离岸投资中心之一。

英属维尔京群岛的公司注册处设备先进而且工作相当高效。岛上有完善的通信系统，交通和邮政服务也是一流。在英属维尔京群岛注册的公司，在全球所赚取的利润均无须向当地政府缴税，印花税也被免除；岛上没有任何外汇管制，对于任何货币的流通都没有限制。跨国公司除了每年向政府缴纳一笔营业执照续牌费外，无须缴纳任何其他费用。公司不须每年提交公司账册或做周年申报，也不须每年召开董事大会。股票公司可以发行有票面价值和无票面价值的股票、记名股票或不记名股、可回购以及有表决权和无表决权股票。政府对注册公司给予了最大限度的财产保护，允许自由的资金转移。

百度的注册地为北京市中关村，其在开曼群岛和英属维尔京群岛均有公司，2005 年在美国纳斯达克上市（包括海外公司）。

纳税筹划图

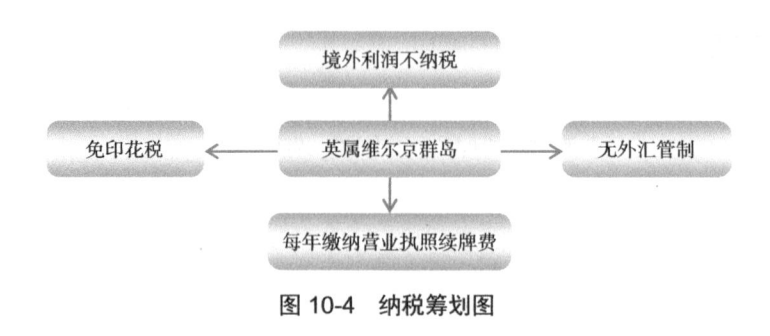

图 10-4 纳税筹划图

4. 投资于准避税港的纳税筹划

纳税筹划思路

百慕大、开曼群岛、英属维尔京群岛都是以对各类所得实行低税率为主要特点的避税港。另外，也有一些国家/地区是因为税收协议网络发达和对外资有较为优惠的政策而成为"准避税港"的，其也是国际控股、投资公司、中介性金融公司和信托公司建立的热点地区。这些国家/地区有荷兰、瑞士、荷属安第列斯、塞浦路斯等。跨国公司在这些地区设立控股公司、投资公司和中介性金融公司，利用这些国家税收协议的发达网络，获得较多的税收协议带来的好处。

例如，荷兰已同德、法、日、英、美、俄等40多个国家缔结了全面税收协议，对以上协议国均实施低税率的预提税。例如，该国的股息是25%，但对协议国则降为5%、7.5%、10%或15%；利息和特许权使用费则不征税。其中对丹麦、芬兰、爱尔兰、意大利、挪威、瑞典、英国、美国等国家的股息预提税限定为零。此外，对汇出境外的公司利润，也可以比照股息享受低税或免税的优惠。荷兰税法规定，居民公司所取得的股息和资本利得按35%的公司所得税课征，但对符合一定条件的公司中的外资部分所得的股息和资本利得按所占比例全额免征公司税。

中国移动集团公司是国资委所属央企，总部位于北京，它100%持股中国移动（香港）集团公司，该集团100%持股中国移动香港公司，中国移动香港公司控股中国移动有限公司，中国移动有限公司是香港和美国上市公司，其100%持有中国内地31个省的移动子公司。

苹果公司是注册在美国的企业，但其在爱尔兰、荷兰和加勒比群岛设立若干子公司，其收入的2/3归属于这些海外公司。2012财年，苹果以557.6亿美元的全年税前收入，仅缴纳了140亿美元税款。综合计算，总税率仅为22%，远低于美国联邦税率。

根据《企业所得税法》及其实施条例的规定，2008年1月1日起，非居民企业从我国居民企业获得的股息将按照10%的税率征收预提所得税。但是，我国政府同外国政府订立的关于对所得避免双重征税和防止偷漏税的协定以及内地与香港、澳门间的税收安排（统称"协定"），与国内税法有不同规定的,依照协定的规定办理。为方便协定的执行,国家税务总局印发了《协定股息税率情况一览表》(见表 10-1)。表 10-1 中协定税率高于我国法律法规规定税率的,可以按国内法律法规规定的税率执行。纳税人申请执行协定税率时必须提交享受协定待遇申请表。各地税务机关应严格审批协定待遇申请,防范协定适用不当。

表 10-1 协定股息税率情况一览表

税 率	与下列国家(地区)协定
0%	格鲁吉亚(直接拥有支付股息公司至少 50%股份并在该公司投资达到 200 万欧元情况下)
5%	科威特、蒙古、毛里求斯、斯洛文尼亚、牙买加、南斯拉夫、苏丹、老挝、南非、克罗地亚、马其顿、塞舌尔、巴巴多斯、阿曼、巴林、沙特、文莱、墨西哥
5%(直接拥有支付股息公司至少 10%股份情况下)	委内瑞拉、格鲁吉亚(并在该公司投资达到 10 万欧元) (与上述国家协定规定直接拥有支付股息公司股份低于 10%情况下税率为 10%)
5%(直接拥有支付股息公司至少 25%股份情况下)	卢森堡、韩国、乌克兰、亚美尼亚、冰岛、立陶宛、拉脱维亚、爱沙尼亚、爱尔兰、摩尔多瓦、古巴、特多、中国香港、新加坡 (与上述国家或地区协定规定直接拥有支付股息公司股份低于 25%情况下税率为 10%)
7%	阿联酋
7%(直接拥有支付股息公司至少 25%股份情况下)	奥地利(直接拥有支付股息公司股份低于 25%情况下税率为 10%)
8%	埃及、突尼斯、墨西哥
10%	日本、美国、法国、英国、比利时、德国、马来西亚、丹麦、芬兰、瑞典、意大利、荷兰、捷克、波兰、保加利亚、巴基斯坦、瑞士、塞浦路斯、西班牙、罗马尼亚、奥地利、匈牙利、马耳他、俄罗斯、印度、白俄罗斯、以色列、越南、土耳其、乌兹别克斯坦、葡萄牙、孟加拉国、哈萨克斯坦、印度尼西亚、伊朗、吉尔吉斯、斯里兰卡、阿尔巴尼亚、阿塞拜疆、摩洛哥、澳门
10%(直接拥有支付股息公司至少 10%股份情况下)	加拿大、菲律宾 (与上述国家协定规定直接拥有支付股息公司股份低于 10%情况下税率为 15%)
15%	挪威、新西兰、巴西、巴布亚新几内亚
15%(直接拥有支付股息公司至少 25%股份情况下)	泰国(直接拥有支付股息公司股份低于 25%情况下税率为 20%)

如某国与我国之间的预提所得税税率为 10%,该国投资者来华投资就可以考虑通过在香港设立子公司间接来华投资,从而享受较低的预提所得税税率。

中资企业在卢森堡、新加坡、巴巴多斯和塞浦路斯投资较多，另有爱尔兰、荷兰、瑞士、希腊。卢森堡不仅是进入欧洲的门户，更是进行全球投资的最佳控股工具之一。超五星的声誉，完善的金融体系，丰富而有弹性的双边税务协定让注册卢森堡公司成为高端客户海外投资运作的首选。中国工商银行欧洲总部和中国华为的欧洲总部均位于卢森堡。

卢森堡有卓越的地理环境，位于邻近法兰克福和巴黎的欧洲心脏地带，方便往来于德国、法国、比利时与荷兰；有相对安全和稳定的政治环境，多种语言并行，是欧洲最重要的经济和政治机构主管部门的成员；有欧洲最出名的银行企业，是全球第七大金融中心，并且，可为外国公司和投资者提供匿名、安全的银行服务。卢森堡也可为外国公司提供免税优惠，为跨国公司提供最优惠的税制。其增值税欧洲最低，基本税率15%，低税率12%、6%、3%，银行、保险等行业一般免税；鼓励利用卢森堡—中国的相关税务协议，承认在中国可能波动的税率；中国产品在卢森堡享受海关优惠政策。

包括开曼、英属维尔京群岛在内的大多数离岸地都被欧盟国家、美国和OECD国家列入了黑名单。在这些国家，离岸公司很可能被征税。卢森堡有良好信誉，不曾被任何一个国家列入黑名单。离岸公司不能享受双边税收协定优惠，因此，向股东支付股息时会产生5%~10%的预提税；而卢森堡控股公司，作为在岸公司可享受卢森堡与近50个国家签订的双边税收协定优惠，因此，在支付股息时不需要缴纳预提税。

煤炭、新能源、航空航天等很多领域的私营企业和国营企业在欧洲投资时，都注册卢森堡公司，采用了"香港—卢森堡—欧洲"间接投资模式。2008年9月，中国长沙中联重工并购意大利CIFA公司时所使用的正是"香港—卢森堡"结构。

香港与卢森堡之间版税（特许权使用费）及利润税税率为0%。股息及资本利得的税率为0%（视情况而定）。卢森堡与欧洲公司之间股息税率0%。卢森堡与非欧洲公司之间适用双边税收协定，具有广泛的税务网络。表10-2展示了"香港—卢森堡"投资模式的税收优势。

表10-2　"香港—卢森堡"投资模式的税收优势

税　　率	投资英国		投资法国	
	经香港投资	经香港卢森堡投资	经香港投资	经香港卢森堡投资
股息税率	0%	0%	25%	0%
利润税率	20%	0%	16%	0%
版税税率	22%	5%	33.3%	0%
资本利得税率	0%	0%	0%	0%

法律政策依据

（1）《中华人民共和国企业所得税法》（2007年3月16日第十届全国人民代表大会第五次会议通过，2017年2月24日第十二届全国人民代表大会常务委员会第二十六次会议修改）。

（2）《中华人民共和国企业所得税法实施条例》（2007年12月6日国务院令第512号公布，根据2019年4月23日《国务院关于修改部分行政法规的决定》修订）第7条。

（3）《国家税务总局关于下发协定股息税率情况一览表的通知》（国税函〔2008〕112号）。

纳税筹划图

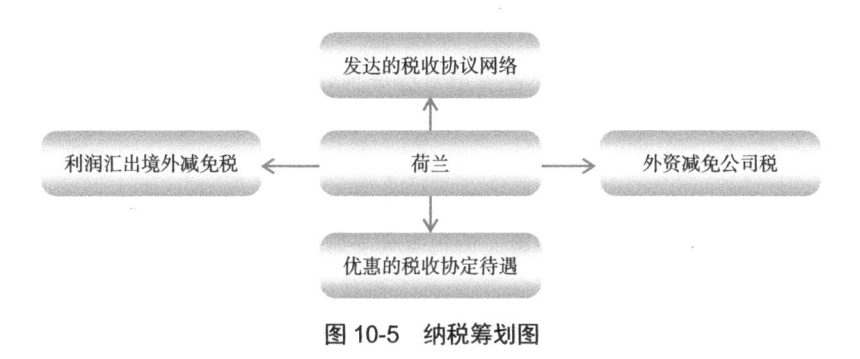

```
                  发达的税收协议网络
                         ↑
                         │
利润汇出境外减免税 ←——— 荷兰 ———→ 外资减免公司税
                         │
                         ↓
                  优惠的税收协定待遇
```

图 10-5 纳税筹划图

纳税筹划案例

【例 10-2】 美国某电动汽车生产企业甲公司在上海设立了全资子公司乙公司。如果甲公司直接设立乙公司，甲公司每年从乙公司取得的股息需要缴纳 10% 的预提税（利用股息直接再投资的除外）。如何进行纳税筹划？

筹划方案

如果甲公司先在香港设立丙公司，由丙公司投资设立乙公司。则乙公司每年向丙公司分配股息，缴纳 5% 的预提税。香港实行来源地管辖权，对于丙公司从乙公司取得的股息不征收所得税。香港没有股息汇出的预提所得税，因此，丙公司将股息再分配给甲公司时，不需要在香港缴纳预提税。甲公司从乙公司取得股息的税收成本仅为 5%，节税 50%。

5. 利用不同组织形式的税收待遇的纳税筹划

纳税筹划思路

企业在海外投资设立分支机构时，一般有两种组织形式可供选择：一是具有法人资格的企业，如子公司；二是不具有法人资格的企业，如分公司。具有法人资格的企业要在当地缴纳企业所得税，同时，该企业的亏损也不能由母公司的利润予以弥补。不具有法人资格的企业，在当地往往也需要缴纳企业所得税，但是，其亏损可以由总公司的利润予以弥补，这样就减轻了总公司的所得税负担。因此，如果预测该分支机构最初几年一定会亏损，最好先采取分公司的形式或者与当地企业建立合伙企业，这样可以用总公司的盈利来弥补其亏损。

《企业所得税法》第 17 条规定："企业在汇总计算缴纳企业所得税时，其境外营业机构的亏损不得抵减境内营业机构的盈利。"因此，我国企业在海外设立分支机构时，设置子公司和

267

分公司在亏损弥补问题上的税务处理是基本一致的。

法律政策依据

（1）中国与107个国家、3个地区签署的对所得和财产消除双重征税和防止逃避税的协定（安排、协议）。

（2）《中华人民共和国企业所得税法》（2007年3月16日第十届全国人民代表大会第五次会议通过，2017年2月24日第十二届全国人民代表大会常务委员会第二十六次会议第一次修正，2018年12月29日第十三届全国人民代表大会常务委员会第七次会议第二次修正）第17条。

（3）《中华人民共和国企业所得税法实施条例》（2007年12月6日国务院令第512号公布，根据2019年4月23日《国务院关于修改部分行政法规的决定》修订）。

纳税筹划图

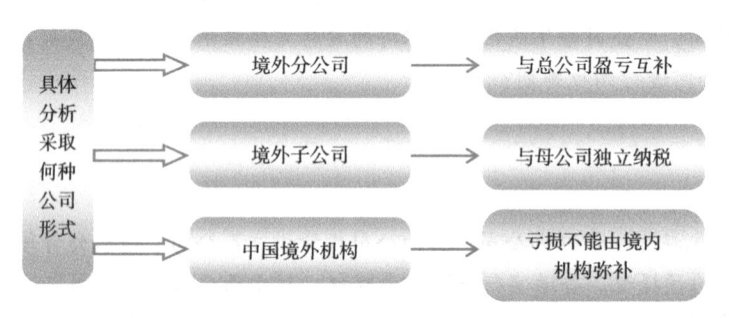

图 10-6　纳税筹划图

纳税筹划案例

【例10-3】我国一家跨国公司A欲在甲国投资兴建一家花草种植加工企业，A公司于2020年年底派遣一名顾问去甲国进行投资情况考察，该顾问在选择分公司还是子公司时，专门向有关部门进行了投资与涉外税收政策方面的咨询。根据分析，该跨国公司的总公司2021年应纳税所得额为5 000万美元，按我国公司所得税的规定应缴纳25%的公司所得税；2021年在甲国投资的B企业发生亏损额300万美元；A公司在乙国有一家子公司C，2021年C公司的应纳税所得额为1 000万美元，乙国的公司所得税税率为40%。请提出若干投资方案，并提出纳税筹划方案。

筹划方案

从投资活动和纳税筹划角度分析，对于C公司在A国投资所设立的从属机构，其设立的形式不同，投资对象不同，税负都是不一样的。具体有三种方案可供选择。

方案一 由 A 公司或 C 公司在甲国投资设立子公司 B，此时 B 公司的亏损由该公司在以后年度弥补，A 公司和 C 公司纳税总额：5 000×25%+1 000×40%=1 650（万美元）。

方案二 由 A 公司在甲国投资设立分公司 B，B 公司的亏损同样不能在 A 公司内弥补，B 公司的亏损由该公司在以后年度弥补，A 公司和 C 公司纳税总额：5 000×25%+1 000×40%=1 650（万美元）。

方案三 由 C 公司在甲国投资设立分公司 B，B 公司的亏损可以在 C 公司内弥补，A 公司和 C 公司纳税总额：5 000×25%+（1 000–300）×40%=1 530（万美元）。

综上所述，方案三的应纳税额最低，优于其他方案。

6. 避免成为常设机构的纳税筹划

纳税筹划思路

是否构成常设机构是一个国家判断某项经营所得应当在本国纳税的核心标准，纳税人一旦在某个国家构成了常设机构，那么，来自该常设机构的一切所得都应当在该国纳税。

关于常设机构的判断标准，要具体看两国税收协定的规定，但一般而言，都是大同小异的。目前发达国家遵循的都是《OECD 税收协定范本》所规定的常设机构标准，发展中国家遵循的则是《联合国税收协定范本》(UN 范本）所规定的常设机构标准。

《OECD 税收协定范本》第 5 条规定了常设机构的标准。

（1）该协定中"常设机构"一语是指一个企业进行全部或部分营业的固定营业场所。

（2）"常设机构"一语特别包括：管理场所；分支机构；办事处；工厂；作业场所；矿场、油井或气井、采石场或者任何其他开采自然资源的场所。

（3）"常设机构"一语包括建筑工地或者建筑，但安装工程仅以连续 12 个月以上的为限。（与 UN 范本的区别）

（4）虽有本条以上各项规定，"常设机构"一语应认为不包括：

① 专为储存、陈列或交付本企业货物或商品的目的而使用的场所；（与 UN 范本的区别）

② 专为储存、陈列或交付的目的而保存本企业货物或商品的库存；（与 UN 范本的区别）

③ 专为通过另一企业加工的目的而保存本企业货物或商品的库存；

④ 专为本企业采购货物或商品或者收集情报的目的而设有固定的营业场所；

⑤ 专为本企业进行任何其他准备性质或辅助性质活动的目的而设有的营业固定场所；

⑥ 专为本款①到⑤项各项活动的结合而设有的营业固定场所，如果由于这种结合使营业固定场所全部活动属于准备性质或辅助性质。

（5）虽有第 1 款和第 2 款的规定，如一个人［适用第（6）款的独立地位代理人除外］代表缔约国另一方的企业在缔约国一方活动，有权并经常行使这种权力以企业的名义签订合同，对于这个人为企业进行的任何活动，应认为该企业在该国设有常设机构，但这个人的活动仅限于第（4）款的规定，即使是通过营业固定场所进行活动，按照该款规定，并不得使这一营业固定场所成为常设机构。

（6）一个企业仅由于通过经纪人、一般佣金代理人或其他独立地位代理人在缔约国一方进行营业，而这些代理人又按常规进行其本身业务的，应不认为在该国设有常设机构。

（7）缔约国一方居民公司，控制或被控制于缔约国另一方居民公司或者在缔约国另一方进行营业的公司（不论是否通过常设机构），此项事实不能据以使任何一个公司成为另一个公司的常设机构。

《联合国税收协定范本》与《OECD 税收协定范本》的规定基本相同，但存在一些差异。例如，关于建筑工地或者建筑，根据《OECD 税收协定范本》的规定，安装工程仅以连续 12 个月以上的为限，而根据《联合国税收协定范本》的规定，这一期限是 6 个月。目前我国与大部分国家签订的双边税收协定规定的一般也是 6 个月。纳税人应当充分利用这里规定的条件，避免使自己成为某国的常设机构。

法律政策依据

（1）中国与 107 个国家、3 个地区签署的对所得和财产消除双重征税和防止逃避税的协定（安排、协议）。

（2）《中华人民共和国企业所得税法》（2007 年 3 月 16 日第十届全国人民代表大会第五次会议通过，2017 年 2 月 24 日第十二届全国人民代表大会常务委员会第二十六次会议第一次修正，2018 年 12 月 29 日第十三届全国人民代表大会常务委员会第七次会议第二次修正）。

（3）《中华人民共和国企业所得税法实施条例》（2007 年 12 月 6 日国务院令第 512 号公布，根据 2019 年 4 月 23 日《国务院关于修改部分行政法规的决定》修订）。

纳税筹划图

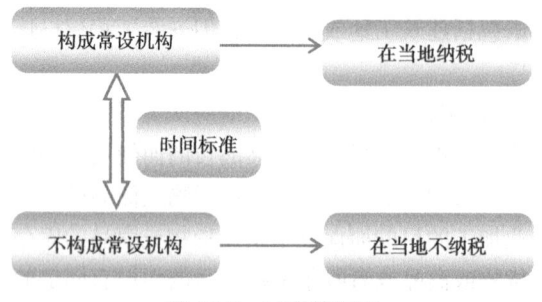

图 10-7 纳税筹划图

纳税筹划案例

【例 10-4】 中国某建筑公司到 A 国从事安装工程，工程所需时间约 10 个月，根据中国和 A 国的双边税收协定，建筑工程达到 6 个月以上的即构成常设机构。该公司进行该安装工程的总成本为 1 000 万元，工程总收益为 1 500 万元。A 国对安装工程要征收增值税，税率为 6%，A 国对来源于本国的所得要征收企业所得税，税率为 40%。请计算该公司从事该建筑工程的税后利润，并提出纳税筹划方案。

筹划方案

该建筑公司在 A 国从事安装工程，应当在 A 国缴纳增值税：1 500×6%=90（万元）。该工程时间为 10 个月，超过了中国与 A 国税收协定规定的 6 个月，构成 A 国的常设机构，应当和 A 国的企业一样缴纳 A 国的所得税：（1 500–1 000–90）× 40%=164（万元）。税后利润：1 500–1 000–75–164=261（万元）。该笔所得汇回中国以后，由于该笔所得已经在国外纳过税了，而且缴纳的税率超过我国的 25% 的税率，因此，不需要向中国税务机关补缴企业所得税。该公司的这一安装工程的纯利润为 261 万元。

由于安装工程构成常设机构必须以"连续"为标准，因此，该公司完全可以将该安装工程分成两个阶段进行，第一个阶段进行 5 个月，然后休息 1 个月，第二个阶段再进行 5 个月，这样，该安装工程就不构成 A 国的常设机构，不需要在 A 国缴纳所得税。但仍需要在 A 国缴纳增值税：1 500×6%=90（万元）。税后利润：1 500–1 000–90=410（万元）。该笔所得汇回中国以后，需要按照我国税法规定缴纳企业所得税：410×25%=102.5（万元）。该公司的这一安装工程的纯利润：425–102.5=322.5（万元）。通过纳税筹划，多实现利润：322.5–255=67.5（万元）。

7. 将利润保留境外减轻税收负担的纳税筹划

纳税筹划思路

纳税人在境外投资的所得必须汇回本国才需要向本国缴纳企业所得税，如果留在投资国，则不需要向本国缴纳企业所得税。纳税人可以在一定程度上将利润留在境外，从而避免缴纳企业所得税或者推迟向本国缴纳企业所得税的时间，获得纳税筹划的利益。特别是当企业需要继续在海外进行投资时，就更不需要将利润汇回本国，可以将其他企业的利润直接投资于新的企业，这样可以减轻税收负担。

当然，这种纳税筹划方法应当保持在一定的限度内，超过一定的限度将被税务机关进行纳税调整。《企业所得税法》第 45 条规定："由居民企业，或者由居民企业和中国居民控制的设立在实际税负明显低于本法第 4 条第 1 款规定税率水平的国家（地区）的企业，并非由于合理的经营需要而对利润不做分配或者减少分配的，上述利润中应归属于该居民企业的部分，应当计入该居民企业的当期收入。"

中国居民，是指根据《个人所得税法》的规定，就其从中国境内、境外取得的所得在中国缴纳个人所得税的个人。

居民企业，或者由居民企业和中国居民控制，包括：

（1）居民企业或者中国居民直接或者间接单一持有外国企业 10% 以上有表决权股份且由其共同持有该外国企业 50% 以上股份。中国居民股东多层间接持有股份按各层持股比例相乘计算，中间层持有股份超过 50% 的，按 100% 计算。

（2）居民企业，或者居民企业和中国居民持股比例没有达到第（1）项规定的标准，但在股份、资金、经营、购销等方面对该外国企业构成实质控制。

受控外国企业，是指由居民企业，或者由居民企业和居民个人（统称中国居民股东，包括中国居民企业股东和中国居民个人股东）控制的设立在实际税负低于《企业所得税法》第4条第1款规定税率水平50%的国家（地区），并非出于合理经营需要对利润不做分配或减少分配的外国企业。

计入中国居民企业股东当期的视同受控外国企业股息分配的所得，应按以下公式计算：

中国居民企业股东当期所得＝视同股息分配额×实际持股天数÷受控外国企业纳税年度天数×股东持股比例

中国居民股东多层间接持有股份的，股东持股比例按各层持股比例相乘计算。

受控外国企业与中国居民企业股东纳税年度存在差异的，应将视同股息分配所得计入受控外国企业纳税年度终止日所属的中国居民企业股东的纳税年度。

计入中国居民企业股东当期所得已在境外缴纳的企业所得税税款，可按照所得税法或税收协定的有关规定抵免。

受控外国企业实际分配的利润已根据《企业所得税法》第45条规定征税的，不再计入中国居民企业股东的当期所得。

中国居民企业股东能够提供资料证明其控制的外国企业满足以下条件之一的，可免于将外国企业不做分配或减少分配的利润视同股息分配额，计入中国居民企业股东的当期所得：① 设立在国家税务总局指定的非低税率国家（地区）；② 主要取得积极经营活动所得；③ 年度利润总额低于500万元人民币。

中国居民企业或居民个人能够提供资料证明其控制的外国企业设立在美国、英国、法国、德国、日本、意大利、加拿大、澳大利亚、印度、南非、新西兰和挪威的，可免于将该外国企业不做分配或者减少分配的利润视同股息分配额，计入中国居民企业的当期所得。

法律政策依据

（1）《中华人民共和国企业所得税法》（2007年3月16日第十届全国人民代表大会第五次会议通过，2017年2月24日第十二届全国人民代表大会常务委员会第二十六次会议第一次修正，2018年12月29日第十三届全国人民代表大会常务委员会第七次会议第二次修正）第45条。

（2）《中华人民共和国企业所得税法实施条例》（2007年12月6日国务院令第512号公布，根据2019年4月23日《国务院关于修改部分行政法规的决定》修订）第116~118条。

（3）《特别纳税调整实施办法（试行）》（国家税务总局2009年1月8日发布，国税发〔2009〕2号）。

（4）《国家税务总局关于简化判定中国居民股东控制外国企业所在国实际税负的通知》（国家税务总局2009年1月21日发布，国税函〔2009〕37号）。

纳税筹划图

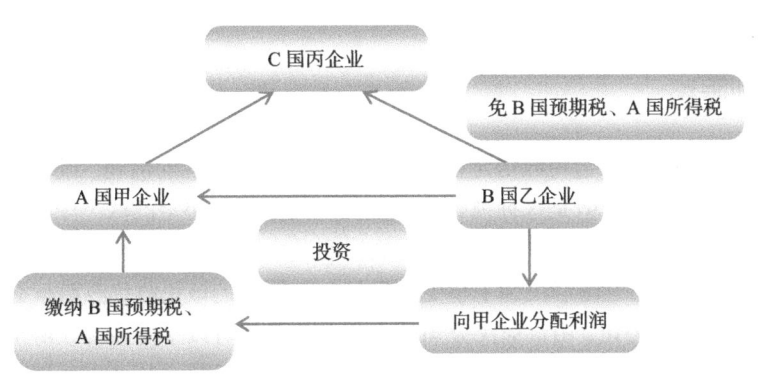

图 10-8　纳税筹划图

纳税筹划案例

【例 10-5】　中国的甲公司在 A 国设立了一家子公司乙。2019 年度，乙公司获得税前利润 3 000 万元，2020 年度，乙公司获得税前利润 4 000 万元。A 国企业所得税税率为 30%。中国和 A 国税收协定规定的预提所得税税率为 10%。乙公司将税后利润全部分配给甲公司。甲公司在 2021 年度投资 3 000 万元在 B 国设立了另外一家子公司丙。请计算乙公司两年利润的所得税负担并提出纳税筹划方案。

筹划方案

乙公司 2019 年度需要向 A 国缴纳企业所得税：3 000×30%=900（万元）。将利润分配给甲公司，需要缴纳预提所得税：900×10%=90（万元）。甲公司获得该笔利润需要向中国缴纳企业所得税：3 000×25%=750（万元）。由于该笔所得已经在国外缴纳了 990 万元（900 + 90）的所得税，因此，不需要向中国缴纳任何税款。

乙公司 2020 年度需要向 A 国缴纳企业所得税：4 000×30%=1 200（万元）。将利润分配给甲公司，需要缴纳预提所得税：1 200×10%=120（万元）。甲公司获得该笔利润需要向中国缴纳企业所得税：4 000×25%=1 000（万元）。由于该笔所得已经在国外缴纳了 1 320 万元（1 200 + 120）的所得税，因此，不需要向中国缴纳任何税款。

甲公司两年一共获得税后纯利润：3 000+4 000-990-1 320=4 690（万元）。

如果甲公司将税后利润一直留在乙公司，则 2019 年度和 2020 年度乙公司一共需要缴纳企业所得税：(3 000+4 000)×30%=2 100（万元）。税后纯利润：7 000-2 100=4 900（万元）。2021 年度，乙公司可以用该笔利润直接投资设立丙公司，设立过程中不需要缴纳任何税款。通过纳税筹划，甲公司减轻了所得税负担：4 900-4 690=210（万元）。

8. 利用不同国家之间税收协定优惠政策的纳税筹划

纳税筹划思路

不同国家之间签订的双边税收协定往往规定了避免双重征税的措施，或者规定了一些鼓励双边投资的税收优惠政策。但是这种税收优惠往往只给予签订协定的两个国家的居民，第三国的居民不能享受该税收优惠政策。如果第三国居民和其中一个国家签订了税收协定并且规定了相关优惠政策，那么，第三国居民为了享受与另外一个国家的该税收优惠政策必须首先在其中一个国家设立一个居民公司，由该居民公司从事相关业务就可以享受该税收协定所规定的优惠政策。

法律政策依据

（1）中国与107个国家、3个地区签署的对所得和财产消除双重征税和防止逃避税的协定（安排、协议）。

（2）《中华人民共和国企业所得税法》（2007年3月16日第十届全国人民代表大会第五次会议通过，2017年2月24日第十二届全国人民代表大会常务委员会第二十六次会议第一次修正，2018年12月29日第十三届全国人民代表大会常务委员会第七次会议第二次修正）。

（3）《中华人民共和国企业所得税法实施条例》（2007年12月6日国务院令第512号公布，根据2019年4月23日《国务院关于修改部分行政法规的决定》修订）。

纳税筹划图

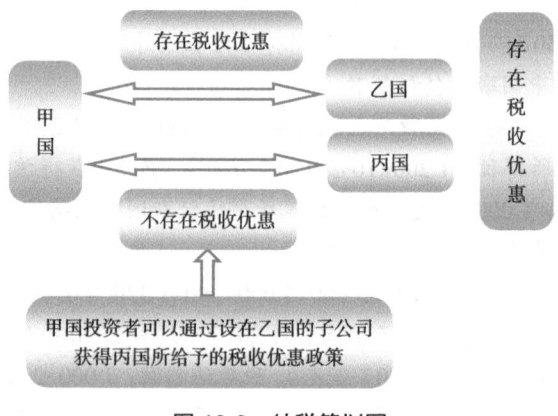

图 10-9　纳税筹划图

纳税筹划案例

【例 10-6】 A 国和 B 国签订了双边税收协定，其中规定，A 国居民从 B 国取得的投资所得可以免征预提所得税，B 国居民从 A 国取得的投资所得也可以免征预提所得税。中国和 A 国签订了双边税收协定，规定中国居民与 A 国居民从对方国家取得的投资所得同样可以免征预提所得税。但中国和 B 国之间没有税收协定，中国和 B 国规定的预提所得税税率都是 20%。中国某公司甲在 B 国投资设立一子公司乙，该子公司 2021 年度的净利润为 1 000 万元，公司决定将其中 60% 的利润分配给母公司。请计算该笔利润应当缴纳的相关税款，并提出纳税筹划方案。

筹划方案

该笔利润汇回中国需要缴纳预提所得税：1 000×60%×20%=120（万元）。为了避免缴纳该笔税收，甲公司可以考虑首先在 A 国设立一家全资子公司丙，将甲公司在 B 国乙公司中的股权转移到 A 国的丙公司，由 A 国的丙公司控制 B 国的乙公司。这样，B 国的乙公司将利润分配给 A 国的丙公司时，根据 A 国和 B 国的双边税收协定，该笔利润不需要缴纳预提所得税；同样，当 A 国的丙公司将该笔利润全部分配给甲公司时，根据中国和 A 国的双边税收协定，也不需要缴纳预提所得税。这样，该笔利润就减轻了 120 万元的税收负担，如果设立丙公司以及进行相关资金转移的费用小于 120 万元，该纳税筹划方案就是有利的。

9. 利用税收饶让抵免制度获得相关税收利益的纳税筹划

纳税筹划思路

纳税人来源于境外的所得首先要在来源地国纳税，回到居民国以后还要向居民国纳税，这就产生了重复征税。为了避免重复征税，居民国的税法一般都允许纳税人来源于境外的所得已经缴纳的税款可以在应当向本国缴纳的税款中予以扣除，但一般都有一个上限，即不能超过该笔所得根据本国税法规定应当缴纳的税款。有时，国家为了吸引外资而给予外资一定的税收优惠，外资回到本国时对于该税收优惠有两种处理方式：一种是将税收优惠视为来源地国给予外资的优惠，虽然本国纳税人没有实际缴纳该税款，仍然视为已经缴纳予以扣除，这种方式就是税收饶让抵免；另一种是对该税收优惠不予考虑，仅对纳税人在来源地国实际缴纳的税款予以扣除，这样，来源地国给予外资的税收优惠就无法被外资所享受了。目前，我国与绝大多数国家的税收协定都规定了税收饶让抵免制度，只有美国等少数国家没有该项制度。在没有税收饶让抵免制度的情况下，可以通过在具有税收饶让抵免的国家设立居民公司来享受该项优惠政策。

法律政策依据

（1）中国与 107 个国家、3 个地区签署的对所得和财产消除双重征税和防止逃避税的协定

（安排、协议）。

（2）《中华人民共和国企业所得税法》（2007年3月16日第十届全国人民代表大会第五次会议通过，2017年2月24日第十二届全国人民代表大会常务委员会第二十六次会议第一次修正，2018年12月29日第十三届全国人民代表大会常务委员会第七次会议第二次修正）。

（3）《中华人民共和国企业所得税法实施条例》（2007年12月6日国务院令第512号公布，根据2019年4月23日《国务院关于修改部分行政法规的决定》修订）。

纳税筹划图

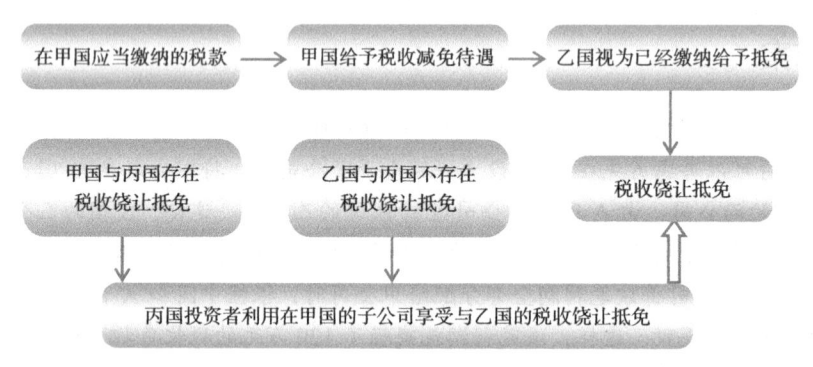

图 10-10 纳税筹划图

纳税筹划案例

【例 10-7】 中国和 A 国签订的双边税收协定有税收饶让抵免制度，并且对缔约国居民来源于本国的投资所得免征预提所得税，A 国企业所得税税率为 30%，中国和 B 国的双边税收协定没有税收饶让抵免制度，预提所得税税率为 10%，但 A 国和 B 国的双边税收协定具有税收饶让抵免制度，并且对缔约国居民来源于本国的投资所得免征预提所得税。中国某公司甲在 B 国有一个子公司乙，2021 年度获得利润总额 2 000 万元，根据 B 国税法规定，企业所得税税率为 30%，但是对外资可以给予 10% 的低税率。请计算该笔所得应当承担的税收负担，并提出纳税筹划方案。

筹划方案

乙公司在 B 国应当缴纳企业所得税：2 000×10%=200（万元）。净利润：2 000-200=1 800（万元）。假设该笔利润全部汇回本国，则应当缴纳预提所得税：1 800×10%=180（万元）。该笔所得按照我国税法规定应当缴纳企业所得税：2 000×25%=500（万元）。由于该笔所得已经在国外缴纳了所得税：200+180=380（万元），在本国只需要缴纳所得税：500-380=120（万元）。税后纯所得：2 000-200-180-120=1 500（万元）。

如果该甲公司首先在 A 国设立一个丙公司，将其持有的乙公司的股权转移给丙公司持有，乙公司的利润首先分配给丙公司，然后再由丙公司将利润分配给甲公司，这样就可以享受税收饶让抵免的优惠政策了。乙公司在 B 国应当缴纳企业所得税：2 000×10%=200（万元）。净利润：2 000–200=1 800（万元）。乙公司将利润全部分配给丙公司，不需要缴纳预提所得税。该笔利润在 A 国需要缴纳企业所得税：2 000×30%=600（万元）。由于该笔所得按照 B 国税法本来应当缴纳 600 万元（2 000×30%）的税款，因此，该笔税款不需要向 A 国缴纳任何税款。丙公司再将该笔利润全部分配给甲公司，中间不需要缴纳预提所得税。该笔所得需要向中国缴纳企业所得税：2 000×25%=500（万元）。由于在 A 国已经缴纳了 600 万元的税款，因此，不需要再向中国缴纳所得税。企业净利润：2 000–200=1 800（万元）。通过纳税筹划，企业增加了净利润：1 800–1 500=300（万元）。

10．利用受控外国企业的纳税筹划

纳税筹划思路

受控外国企业，是指根据《企业所得税法》第 45 条的规定，由居民企业，或者由居民企业和居民个人（统称中国居民股东，包括中国居民企业股东和中国居民个人股东）控制的设立在实际税负低于《企业所得税法》第 4 条第 1 款规定税率水平 50% 的国家（地区），并非出于合理经营需要对利润不做分配或减少分配的外国企业。

控制，是指在股份、资金、经营、购销等方面构成实质控制。其中，股份控制，是指由中国居民股东在纳税年度任何一天单层直接或多层间接单一持有外国企业 10% 以上有表决权股份，并且共同持有该外国企业 50% 以上股份。中国居民股东多层间接持有股份按各层持股比例相乘计算，中间层持有股份超过 50% 的，按 100% 计算。

计入中国居民股东当期的视同受控外国企业股息分配的所得，应按以下公式计算：

中国居民股东当期所得=视同股息分配额×实际持股天数÷
受控外国企业纳税年度天数×股东持股比例

中国居民股东多层间接持有股份的，股东持股比例按各层持股比例相乘计算。

受控外国企业与中国居民股东纳税年度存在差异的，应将视同股息分配所得计入受控外国企业纳税年度终止日所属的中国居民股东的纳税年度。

计入中国居民股东当期所得已在境外缴纳的企业所得税税款，可按照所得税法或税收协定的有关规定抵免。

受控外国企业实际分配的利润已根据《企业所得税法》第 45 条规定征税的，不再计入中国居民股东的当期所得。

中国居民股东能够提供资料证明其控制的外国企业满足以下条件之一的，可免于将外国企业不做分配或减少分配的利润视同股息分配额，计入中国居民股东的当期所得：① 设立在国家税务总局指定的非低税率国家（地区）；② 主要取得积极经营活动所得；③ 年度利润总额低于 500 万元人民币。

中国居民企业或居民个人能够提供资料证明其控制的外国企业设立在美国、英国、法国、德国、日本、意大利、加拿大、澳大利亚、印度、南非、新西兰和挪威的，可免于将该外国企业不做分配或者减少分配的利润视同股息分配额，计入中国居民企业的当期所得。

目前，在鼓励企业走出去的大背景下，税务机关尚不会严格执行受控外国公司税制，因此，企业可以考虑运用受控外国公司进行纳税筹划。另外，等更具体的相关规则出台以后，企业可以针对这些更具体的规则进行具有针对性的纳税筹划。例如，如果构成《企业所得税法实施条例》所规定的控制关系的外国（地区）企业的年度利润不高于 500 万元人民币就可以不适用《企业所得税法》第 45 条的规定，企业可以通过多设立几个受控外国公司，这样，就可以将更多的利润留在境外。

法律政策依据

（1）《中华人民共和国企业所得税法》（2007 年 3 月 16 日第十届全国人民代表大会第五次会议通过，2017 年 2 月 24 日第十二届全国人民代表大会常务委员会第二十六次会议第一次修正，2018 年 12 月 29 日第十三届全国人民代表大会常务委员会第七次会议第二次修正）第 4 条、第 45 条。

（2）《中华人民共和国企业所得税法实施条例》（2007 年 12 月 6 日国务院令第 512 号公布，根据 2019 年 4 月 23 日《国务院关于修改部分行政法规的决定》修订）第 116 条、第 117 条、第 118 条。

（3）《中华人民共和国个人所得税法》（1980 年 9 月 10 日第五届全国人民代表大会第三次会议通过，2018 年 8 月 31 日第十三届全国人民代表大会常务委员会第五次会议第七次修正）。

（4）《特别纳税调整实施办法（试行）》（国家税务总局 2009 年 1 月 8 日发布，国税发〔2009〕2 号）。

（5）《国家税务总局关于简化判定中国居民股东控制外国企业所在国实际税负的通知》（国家税务总局 2009 年 1 月 21 日发布，国税函〔2009〕37 号）。

纳税筹划图

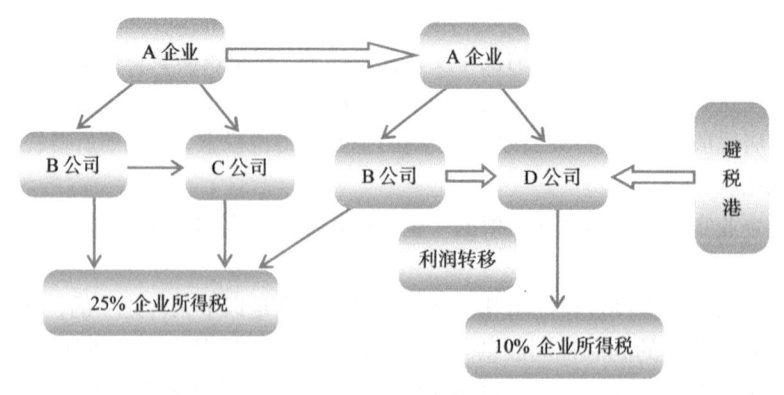

图 10-11　纳税筹划图

第10章 企业海外投资中如何进行纳税筹划

纳税筹划案例

【例10-8】 甲公司下设A公司和B公司，A公司负责生产，B公司负责销售。销售对象主要位于境外。2021年度，A公司预计实现利润1 000万元，B公司预计实现利润800万元，均适用25%的企业所得税税率。A公司需要缴纳企业所得税：1 000×25%=250（万元）；B公司需要缴纳企业所得税：800×25%=200（万元）；合计缴纳企业所得税：250+200=450（万元）。请提出纳税筹划方案。

筹划方案

由于甲公司的主要销售对象均位于海外，甲公司可以考虑将B公司设置在所得税税率比较低的避税港，适用的企业所得税税率为10%，同时降低A公司销售给B公司的产品价格。假设经过上述调整A公司实现利润500万元，将500万元的利润转移至B公司，B公司实现利润1 300万元。A公司需要缴纳企业所得税：500×25%=125（万元）；B公司需要缴纳企业所得税：1 300×10%=130（万元）；合计缴纳企业所得税：125+130=255（万元）。减轻税收负担：450−255=195（万元）。所得税税率

需要注意的是，利润转移需要有合理商业目的，国际税收筹划常用的手段是知识产权策略，即将相关知识产权放在B公司名下，由于拥有知识产权就可以取得相应的利润，而且利润率比较高，本案中的B公司取得相关利润就具有合理依据。

11. 利用外国公司转移所得来源地的纳税筹划

纳税筹划思路

我国所得税法对于各类所得的来源地有明确规定，根据《企业所得税法实施条例》第7条的规定，来源于中国境内、境外的所得，按照以下原则确定：

（1）销售货物所得，按照交易活动发生地确定；

（2）提供劳务所得，按照劳务发生地确定；

（3）转让财产所得，不动产转让所得按照不动产所在地确定，动产转让所得按照转让动产的企业或者机构、场所所在地确定，权益性投资资产转让所得按照被投资企业所在地确定；

（4）股息、红利等权益性投资所得，按照分配所得的企业所在地确定；

（5）利息所得、租金所得、特许权使用费所得，按照负担、支付所得的企业或者机构、场所所在地确定，或者按照负担、支付所得的个人的住所地确定；

（6）其他所得，由国务院财政、税务主管部门确定。

根据《个人所得税法实施条例》第5条的规定，下列所得，不论支付地点是否在中国境内，均为来源于中国境内的所得：

（1）因任职、受雇、履约等而在中国境内提供劳务取得的所得；

（2）将财产出租给承租人在中国境内使用而取得的所得；

（3）转让中国境内的建筑物、土地使用权等财产或者在中国境内转让其他财产取得的所得；

（4）许可各种特许权在中国境内使用而取得的所得；

（5）从中国境内的公司、企业以及其他经济组织或者个人取得的利息、股息、红利所得。

不动产转让所得一般都要在不动产所在地纳税，但利用境外设立的公司来持有不动产，就可以将不动产转让所得转化为股权转让所得，而股权转让所得是根据被转让公司所在地来确定来源地的，而公司的设立地点是可以选择的，由此就可以将境内不动产转让所得转化为境外所得。

法律政策依据

（1）《中华人民共和国企业所得税法》（2007年3月16日第十届全国人民代表大会第五次会议通过，2017年2月24日第十二届全国人民代表大会常务委员会第二十六次会议第一次修正，2018年12月29日第十三届全国人民代表大会常务委员会第七次会议第二次修正）。

（2）《中华人民共和国企业所得税法实施条例》（2007年12月6日国务院令第512号公布，根据2019年4月23日《国务院关于修改部分行政法规的决定》修订）第7条。

（3）《中华人民共和国个人所得税法》（1980年9月10日第五届全国人民代表大会第三次会议通过，2018年8月31日第十三届全国人民代表大会常务委员会第五次会议第七次修正）。

（4）《中华人民共和国个人所得税法实施条例》（1994年1月28日中华人民共和国国务院令第142号发布，2018年12月18日中华人民共和国国务院令第707号第四次修订）。

纳税筹划图

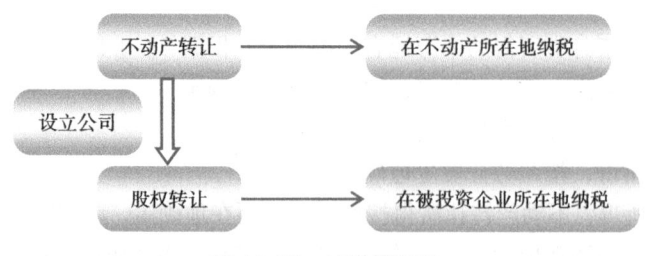

图 10-12　纳税筹划图

纳税筹划案例

【例 10-9】 甲公司准备投资1亿元购买一幢写字楼，持有3年以后转让，预计转让价款为1.3亿元。请计算甲公司此项投资的税收负担并提出纳税筹划方案。

筹划方案

甲公司转让不动产需要缴纳增值税及其附加（假设按5%的征收率计算增值税）：（13 000−10 000）÷（1+5%）×5%×（1+7%+3%+2%）=160（万元）；需要缴纳印花税：13 000×5‰=6.5（万元）；需要缴纳土地增值税（假设按3%核定）：13 000×3%=390（万元）。购买该不动产的公司需要缴纳契税：13 000÷（1+5%）×3%=371.43（万元）。不考虑其他成本，甲公司取得转让所得：13 000−10 000−160−6.5−390=2 443.5（万元）。应当缴纳企业所得税：2 443.5×25%=610.88（万元）。税后利润：2 443.5−610.88=1 832.62（万元）。

如果甲公司先在某避税地投资1.1亿元设立乙公司，由乙公司以1亿元的价格购置该不动产并持有，3年以后，甲公司以1.4亿元的价格转让乙公司。假设该避税地企业所得税税率为10%，印花税税率为5‰，股权转让在该避税地不涉及其他税收。甲公司需在该避税地缴纳印花税：14 000×5‰=7（万元）。需要缴纳所得税：（14 000−11 000−7）×10%=299.3（万元）。税后利润：（14 000−11 000−7）×90%=2 693.7（万元）。

通过纳税筹划，甲公司增加税后利润：2 693.7−1 832.62=861.08（万元）。购买乙公司并间接购买该不动产的公司也节约了371.43万元的契税。同时，该不动产一直由乙公司持有并持续经营，也避免了不动产转让对该不动产的生产经营可能带来的不良影响。

第 11 章

物流企业如何进行纳税筹划

1. 利用货物进出时间差的增值税筹划

纳税筹划思路

根据《增值税暂行条例实施细则》第 38 条的规定，销售货物或者应税劳务的纳税义务发生时间：采取直接收款方式销售货物，不论货物是否发出，均为收到销售款或者取得索取销售款凭据的当天；采取托收承付和委托银行收款方式销售货物，为发出货物并办妥托收手续的当天；采取赊销和分期收款方式销售货物，为书面合同约定的收款日期的当天，无书面合同的或者书面合同没有约定收款日期的，为货物发出的当天；采取预收货款方式销售货物，为货物发出的当天，但生产销售生产工期超过 12 个月的大型机械设备、船舶、飞机等货物，为收到预收款或者书面合同约定的收款日期的当天；委托其他纳税人代销货物，为收到代销单位的代销清单或者收到全部或者部分货款的当天。未收到代销清单及货款的，为发出代销货物满 180 天的当天；销售应税劳务，为提供劳务同时收讫销售款或者取得索取销售款凭据的当天；纳税人发生视同销售货物行为，为货物移送的当天。

当物流企业从上游企业（销货方）采购货物，再销售给下游企业时，可以充分利用上述规定来进行纳税筹划，即尽量提前抵扣增值税进项税额，而根据下游企业（进货方）的付款情况灵活掌握供货数量和开具销项发票数额，而不能在进货方尚未付清货款的情况下一次性将货全部供完并全额开具销项发票，以免提前给企业造成税务负担。

法律政策依据

（1）《中华人民共和国增值税暂行条例》（1993 年 12 月 13 日国务院令第 134 号公布，2008 年 11 月 5 日国务院第 34 次常务会议修订通过，根据 2016 年 2 月 6 日《国务院关于修改部分行政法规的决定》第一次修订，根据 2017 年 11 月 19 日《国务院关于废止〈中华人民共和国

第 11 章 物流企业如何进行纳税筹划

营业税暂行条例〉和修改〈中华人民共和国增值税暂行条例〉的决定》第二次修订）。

（2）《中华人民共和国增值税暂行条例实施细则》（财政部 国家税务总局第 50 号令，根据 2011 年 10 月 28 日《关于修改〈中华人民共和国增值税暂行条例实施细则〉和〈中华人民共和国营业税暂行条例实施细则〉的决定》修订）第 38 条。

纳税筹划图

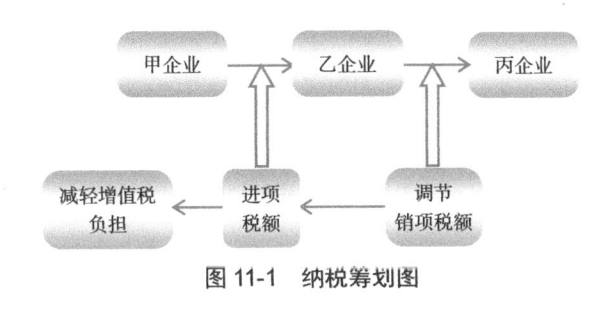

图 11-1 纳税筹划图

2. 选择小规模纳税人身份的增值税筹划

纳税筹划思路

物流企业在营改增之前适用 3% 的税率缴纳营业税，在营改增之后，部分业务按照交通运输业缴纳 9% 的增值税，部分业务按照现代服务业缴纳 6% 的增值税，如果物流企业不能取得足够的增值税进项税额，其税收负担在营改增之后都会有所增加。由于小规模纳税人适用 3% 的征收率，并且增值税具有价外税的特点，因此，如果物流企业在营改增之后能保持小规模纳税人的身份缴纳增值税，其税收负担一定会降低。

营改增小规模纳税人的标准为年销售额在 500 万元以下，如果纳税人的销售额超过了上述标准，可以通过企业分立的方式来保持小规模纳税人的身份。

法律政策依据

（1）《中华人民共和国增值税暂行条例》（1993 年 12 月 13 日国务院令第 134 号公布，2008 年 11 月 5 日国务院第 34 次常务会议修订通过，根据 2016 年 2 月 6 日《国务院关于修改部分行政法规的决定》第一次修订，根据 2017 年 11 月 19 日《国务院关于废止〈中华人民共和国营业税暂行条例〉和修改〈中华人民共和国增值税暂行条例〉的决定》第二次修订）。

（2）《中华人民共和国增值税暂行条例实施细则》（财政部 国家税务总局第 50 号令，根据 2011 年 10 月 28 日《关于修改〈中华人民共和国增值税暂行条例实施细则〉和〈中华人民共和国营业税暂行条例实施细则〉的决定》修订）。

（3）《财政部 国家税务总局关于全面推开营业税改征增值税试点的通知》（财税〔2016〕36 号）。

纳税筹划图

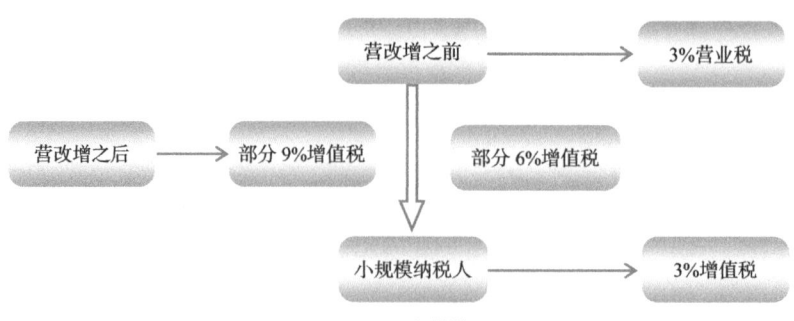

图 11-2　纳税筹划图

纳税筹划案例

【例 11-1】 某物流企业年含税销售额约为 1 000 万元,营改增之前每年缴纳营业税 30 万元,营改增之后由于进项税额较少,每年需要缴纳增值税 60 万元,请提出纳税筹划方案。

筹划方案

建议该物流企业分立为两家物流企业,每家企业每年的销售额保持在 500 万元以内,可以选择小规模纳税人身份。该两家企业每年缴纳增值税:500÷(1+3%)×3%×2=29.13(万元)。比纳税筹划前节约增值税 30.87 万元,比营改增之前节约流转税 0.87 万元。

3. 利用资产重组免税的营改增筹划

纳税筹划思路

根据《财政部 国家税务总局关于全面推开营业税改征增值税试点的通知》(财税〔2016〕36 号)所附《营业税改征增值税试点有关事项的规定》,在资产重组过程中,通过合并、分立、出售、置换等方式,将全部或部分实物资产以及与其相关联的债权、负债和劳动力一并转让给其他单位和个人,其中涉及的不动产、土地使用权转让行为,不征收增值税。

纳税人可以利用上述优惠政策进行资产重组。

法律政策依据

(1)《中华人民共和国增值税暂行条例》(1993 年 12 月 13 日国务院令第 134 号公布,2008 年 11 月 5 日国务院第 34 次常务会议修订通过,根据 2016 年 2 月 6 日《国务院关于修改部分行政法规的决定》第一次修订，根据 2017 年 11 月 19 日《国务院关于废止〈中华人民共和国营业税暂行条例〉和修改〈中华人民共和国增值税暂行条例〉的决定》第二次修订）。

（2）《中华人民共和国增值税暂行条例实施细则》（财政部 国家税务总局第 50 号令，根据 2011 年 10 月 28 日《关于修改〈中华人民共和国增值税暂行条例实施细则〉和〈中华人民共和国营业税暂行条例实施细则〉的决定》修订）。

（3）《财政部 国家税务总局关于全面推开营业税改征增值税试点的通知》（财税〔2016〕36 号）。

纳税筹划图

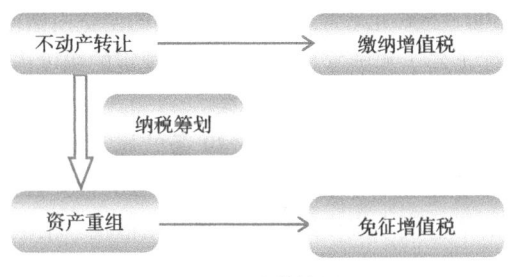

图 11-3　纳税筹划图

纳税筹划案例

【例 11-2】　某物流公司准备转行经营其他项目，计划将现有资产和人员全部处理，重新购置资产并招聘员工。已知该资产中包括一处购置成本为 5 000 万元、账面净值为 3 000 万元、公允价值为 6 000 万元的不动产。针对上述情况请提出纳税筹划方案。

筹划方案

如果直接转让不动产，需要缴纳增值税：（6 000–5 000）÷（1+5%）×5%=47.62（万元），缴纳城市维护建设税、教育费附加和地方教育附加：47.62 ×（7%+3% +2%）= 5.71（万元）。如果该公司采取资产重组的方式，将其资产和员工一并转让给其他物流企业，则可以免予缴纳 53.33 万元（47.62+5.71）的增值税及其附加。（不考虑企业所得税的处理）

4．通过降低企业经营规模的纳税筹划

纳税筹划思路

《增值税暂行条例》第 17 条规定："纳税人销售额未达到国务院财政、税务主管部门规定的增值税起征点的，免征增值税；达到起征点的，依照本条例规定全额计算缴纳增值税。"

根据《增值税暂行条例实施细则》第 37 条的规定，增值税起征点的适用范围限于个人。增值税起征点的幅度规定如下：销售货物的，为月销售额 2 000～5 000 元；销售应税劳务的，为月销售额 1 500～3 000 元；按次纳税的，为每次（日）销售额 150～200 元。销售额，是指《增值税暂行条例实施细则》第 30 条第 1 款所称小规模纳税人的销售额。省、自治区、直辖市财政厅（局）和国家税务局应在规定的幅度内，根据实际情况确定本地区适用的起征点，并报财政部、国家税务总局备案。

根据《营业税改征增值税试点实施办法》第 49 条的规定，个人发生应税行为的销售额未达到增值税起征点的，免征增值税；达到起征点的，全额计算缴纳增值税。增值税起征点不适用于登记为一般纳税人的个体工商户。根据《营业税改征增值税试点实施办法》第 50 条的规定，增值税起征点幅度如下：按期纳税的，为月销售额 5 000～20 000 元（含本数）；按次纳税的，为每次（日）销售额 300～500 元（含本数）。起征点的调整由财政部和国家税务总局规定。省、自治区、直辖市财政厅（局）和国家税务局应当在规定的幅度内，根据实际情况确定本地区适用的起征点，并报财政部和国家税务总局备案。

根据《营业税改征增值税试点实施办法》第 49 条的规定，对增值税小规模纳税人中月销售额未达到 2 万元的企业或非企业性单位，免征增值税。2017 年 12 月 31 日前，对月销售额 2 万元（含本数）至 3 万元的增值税小规模纳税人，免征增值税。根据《国家税务总局关于明确营改增试点若干征管问题的公告》的规定，自 2016 年 5 月 1 日起，适用增值税差额征收政策的增值税小规模纳税人，以差额前的销售额确定是否可以享受 3 万元（按季纳税 9 万元）以下免征增值税政策。根据《财政部 国家税务总局关于延续小微企业增值税政策的通知》的规定，为支持小微企业发展，自 2018 年 1 月 1 日起至 2020 年 12 月 31 日，继续对月销售额 2 万元（含本数）至 3 万元的增值税小规模纳税人，免征增值税。自 2019 年 1 月 1 日至 2021 年 12 月 31 日，对月销售额 10 万元以下（含本数）的增值税小规模纳税人，免征增值税。自 2021 年 4 月 1 日至 2022 年 12 月 31 日，对月销售额 15 万元以下（含本数）的增值税小规模纳税人，免征增值税。

法律政策依据

（1）《中华人民共和国增值税暂行条例》（1993 年 12 月 13 日国务院令第 134 号公布，2008 年 11 月 5 日国务院第 34 次常务会议修订通过，根据 2016 年 2 月 6 日《国务院关于修改部分行政法规的决定》第一次修订，根据 2017 年 11 月 19 日《国务院关于废止〈中华人民共和国营业税暂行条例〉和修改〈中华人民共和国增值税暂行条例〉的决定》第二次修订）。

（2）《中华人民共和国增值税暂行条例实施细则》（财政部 国家税务总局令第 50 号，根据 2011 年 10 月 28 日《关于修改〈中华人民共和国增值税暂行条例实施细则〉和〈中华人民共和国营业税暂行条例实施细则〉的决定》修订）第 37 条。

（3）《营业税改征增值税试点实施办法》（财税〔2016〕36 号）。

（4）《国家税务总局关于明确营改增试点若干征管问题的公告》（国家税务总局公 2016 年第 26 号）。

（5）《财政部 国家税务总局关于延续小微企业增值税政策的通知》（财税〔2017〕76 号）。

（6）《财政部 税务总局关于实施小微企业普惠性税收减免政策的通知》（财税〔2019〕13号）。

（7）《财政部 税务总局关于明确增值税小规模纳税人免征增值税政策的公告》（财政部、税务总局公告2021年第11号）。

纳税筹划图

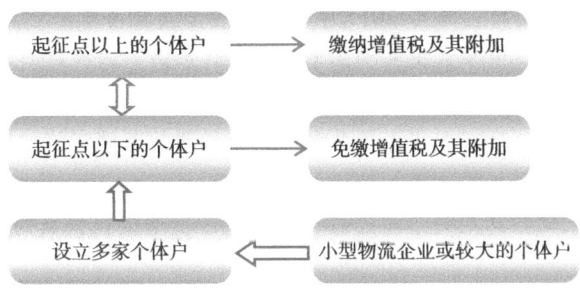

图 11-4 纳税筹划图

纳税筹划案例

【例 11-3】 某小型物流企业每季度不含税销售额为 90 万元左右，属于增值税小规模纳税人。该小型物流企业每季度需要缴纳增值税、城市维护建设税、教育费附加和地方教育费附加：90×3%×（1+12%）=3.02（万元）。请对该企业提出纳税筹划方案。

筹划方案

如果该企业进行纳税筹划，发现其具有两个小型运输车辆，而且，互相之间不需要协作，因此，可以将该企业分成两个企业，分别领取营业执照，办理税务登记，并保证每个企业的季度不含税销售额不超过 45 万元，根据现行优惠政策，不需要缴纳增值税及其附加，每月可以节约增值税及其附加 3.02 万元。

5. 将人力劳动转变为机器劳动的纳税筹划

纳税筹划思路

物流企业使用的人力劳动比较多，而人力劳动所对应的增值部分都是需要缴纳增值税的，也就是说，企业给员工发工资部分的支出是无法抵扣增值税的，而如果能将部分人力劳动转变为机器劳动，就可以将工资支出转变为租金支出或固定资产支出，转变之后，无论哪种支出，均可以取得增值税专用发票，其中所含的增值税均可以抵扣。如果企业的某项工作既可以由人力劳动来完成,又可以由机器来完成,并且支付的工资总额与支付的租金总额或固定资产购置价款相同,就可以通过将人力劳动转变为机器劳动来减轻增值税负担。

法律政策依据

(1)《中华人民共和国增值税暂行条例》(1993年12月13日国务院令第134号公布,2008年11月5日国务院第34次常务会议修订通过,根据2016年2月6日《国务院关于修改部分行政法规的决定》第一次修订,根据2017年11月19日《国务院关于废止〈中华人民共和国营业税暂行条例〉和修改〈中华人民共和国增值税暂行条例〉的决定》第二次修订)。

(2)《中华人民共和国增值税暂行条例实施细则》(财政部 国家税务总局令第50号,根据2011年10月28日《关于修改〈中华人民共和国增值税暂行条例实施细则〉和〈中华人民共和国营业税暂行条例实施细则〉的决定》修订)第11条。

(3)《财政部 国家税务总局关于全面推开营业税改征增值税试点的通知》(财税〔2016〕36号)。

纳税筹划图

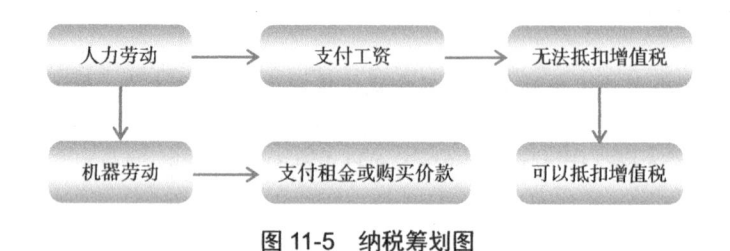

图11-5 纳税筹划图

纳税筹划案例

【例11-4】 某物流企业的某项工作既可以由人力劳动来完成,又可以通过租赁机器来完成。如果由人力劳动来完成,需要支付工资总额(含公司负担的"五险一金")100万元,如果租用机器来完成,所支付的含税租金总额也为100万元。请提出纳税筹划方案。

筹划方案

如果使用人力劳动来完成,该企业支付的总成本为100万元,如果租用机器来完成,该企业虽然也支付了100万元的租金,但租金中所含的增值税进项税额可以抵扣,相当于并未由企业负担。机器租赁适用的增值税税率为13%,可以抵扣增值税:100÷(1+13%)×13%=11.5(万元)。因此,该企业的该项转换,每年可以为企业节省增值税11.5万元。

第11章 物流企业如何进行纳税筹划

6. 通过购置免税或减税运输工具的纳税筹划

纳税筹划思路

物流企业购置运输工具，需要缴纳车辆购置税，如果物流企业经常在农村运输，可以使用一些农用车辆的话，就可以利用我国对于部分农用车辆的优惠政策进行纳税筹划。根据《财政部 国家税务总局关于农用三轮车免征车辆购置税的通知》（财税〔2004〕66号）的规定，自2004年10月1日起对农用三轮车免征车辆购置税。农用三轮车的特征是：柴油发动机，功率不大于7.4 kW，载重量不大于500 kg，最高车速不大于40km/h，三个车轮，机动车。在农用三轮车与其他车辆的运输能力大体相当的情况下，物流企业可以考虑购置农用三轮车作为运输工具。

根据《中华人民共和国车船税法实施条例》的规定，节约能源、使用新能源的车船可以免征或者减半征收车船税。对受地震、洪涝等严重自然灾害影响纳税困难以及其他特殊原因确需减免税的车船，可以在一定期限内减征或者免征车船税。

根据《财政部 国家税务总局 工业和信息化部关于不属于车船税征收范围的纯电动燃料电池乘用车车型目录（第一批）的公告》（财政部 国家税务总局 工业和信息化部公告2011年第81号）的规定，纯电动、燃料电池乘用车不属于车船税征收范围。

根据《财政部 国家税务总局 工业和信息化部关于节约能源 使用新能源车辆减免车船税的车型目录（第二批）的公告》（财政部 国家税务总局 工业和信息化部公告2012年第25号）的规定，自2012年1月1日起，对节约能源的车辆，减半征收车船税；对使用新能源的车辆，免征车船税。

减半征收车船税的节能乘用车应同时符合以下标准：

（1）获得许可在中国境内销售的排量为1.6升以下（含1.6升）的燃用汽油、柴油的乘用车（含非插电式混合动力、双燃料和两用燃料乘用车）；

（2）综合工况燃料消耗量应符合标准。

减半征收车船税的节能商用车应同时符合以下标准：

（1）获得许可在中国境内销售的燃用天然气、汽油、柴油的轻型和重型商用车（含非插电式混合动力、双燃料和两用燃料轻型和重型商用车）；

（2）燃用汽油、柴油的轻型和重型商用车综合工况燃料消耗量应符合标准。

免征车船税的新能源汽车是指纯电动商用车、插电式（含增程式）混合动力汽车、燃料电池商用车。纯电动乘用车和燃料电池乘用车不属于车船税征税范围，对其不征车船税。

免征车船税的新能源汽车应同时符合以下标准：

（1）获得许可在中国境内销售的纯电动商用车、插电式（含增程式）混合动力汽车、燃料电池商用车；

（2）符合新能源汽车产品技术标准；

（3）通过新能源汽车专项检测，符合新能源汽车标准；

（4）新能源汽车生产企业或进口新能源汽车经销商在产品质量保证、产品一致性、售后服务、安全监测、动力电池回收利用等方面符合相关要求。

免征车船税的新能源船舶应符合以下标准：船舶的主推进动力装置为纯天然气发动机。发动机采用微量柴油引燃方式且引燃油热值占全部燃料总热值的比例不超过 5%的，视同纯天然气发动机。

法律政策依据

（1）《中华人民共和国车辆购置税法》（2018 年 12 月 29 日第十三届全国人民代表大会常务委员会第七次会议通过）。

（2）《财政部 国家税务总局关于农用三轮车免征车辆购置税的通知》（财政部国家税务总局 2004 年 9 月 7 日发布，财税〔2004〕66 号）。

（3）《中华人民共和国车船税法》（2011 年 2 月 25 日第十一届全国人民代表大会常务委员会第十九次会议通过，根据 2019 年 4 月 23 日第十三届全国人民代表大会常务委员会第十次会议《关于修改〈中华人民共和国建筑法〉等八部法律的决定》修正）。

（4）《中华人民共和国车船税法实施条例》（2011 年 12 月 5 日国务院令第 611 号公布，根据 2019 年 3 月 2 日《国务院关于修改部分行政法规的决定》修订）。

（5）《财政部 国家税务总局 工业和信息化部关于不属于车船税征收范围的纯电动燃料电池乘用车车型目录（第一批）的公告》（财政部 国家税务总局 工业和信息化部公告 2011 年第 81 号）。

（6）《财政部 国家税务总局 工业和信息化部关于节约能源 使用新能源车辆减免车船税的车型目录（第二批）的公告》（财政部 国家税务总局 工业和信息化部公告 2012 年第 25 号）。

（7）《财政部 税务总局 工业和信息化部 交通运输部关于节能新能源车船享受车船税优惠政策的通知》（财税〔2018〕74 号）。

纳税筹划图

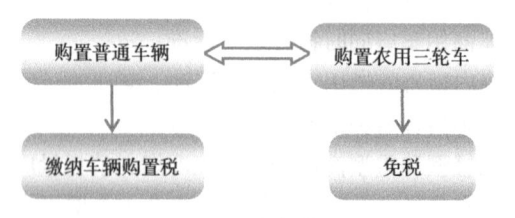

图 11-6　纳税筹划图

纳税筹划案例

【例 11-5】　某物流企业准备添置 10 辆运输工具，该运输工具主要在农村使用，而且每次所需载重量在 1 吨以下，而且不需要太高的车速。该企业最初计划购买某四轮载货车，单价

40 000元。10辆运输工具的成本：40 000×10=400 000（元）。需要缴纳车辆购置税：400 000÷（1+13%）×10%=35 398（元）。总成本为435 398元。请对此提出纳税筹划方案。

筹划方案

经过纳税筹划，该企业认为农用三轮车足够满足本企业的运输任务，因此改为购置农用三轮车，单价为30 000元，总成本为300 000元。自2004年10月1日起对农用三轮车免征车辆购置税。不考虑节省的购车费用，仅就车辆购置税而言，该企业就节约税款26 548元［300 000÷（1+13%）×10%］（在没有该项税收优惠政策时，需要缴纳26 548元车辆购置税）。

第 12 章

金融企业如何进行纳税筹划

1. 以固定资产抵债过程中的纳税筹划

纳税筹划思路

当企业欠银行的贷款逾期不能偿还时,企业经常会以不动产或者其他固定资产抵偿债务,在用不动产抵偿债务时,由于银行并不会直接使用该不动产,也不能利用该不动产进行经营,因此,银行最终还将处置该不动产。由于不动产每转让一次都要相应缴纳印花税、土地增值税、契税和增值税及其附加。转让次数越多,税收负担越重。因此,银行应当尽量减少不动产转让的次数,如有可能,应尽量由欠账企业直接将不动产转让给买家,然后用销售不动产的价款抵偿债务。这样可以最大限度地降低不动产转让过程中的税收负担。

根据《财政部 国家税务总局关于全面推开营业税改征增值税试点的通知》所附的《营业税改征增值税试点有关事项的规定》,一般纳税人销售其 2016 年 4 月 30 日前取得(不含自建)的不动产,可以选择适用简易计税方法,以取得的全部价款和价外费用减去该项不动产购置原价或者取得不动产时的作价后的余额为销售额,按照 5%的征收率计算应纳税额。

法律政策依据

(1)《中华人民共和国印花税暂行条例》(国务院 1988 年 8 月 6 日颁布,国务院令〔1988〕11 号)。

(2)《中华人民共和国印花税暂行条例施行细则》(财政部 1988 年 9 月 29 日发布,财税〔1988〕255 号)。

(3)《中华人民共和国增值税暂行条例》(1993 年 12 月 13 日国务院令第 134 号公布,2008 年 11 月 5 日国务院第 34 次常务会议修订通过,根据 2016 年 2 月 6 日《国务院关于修改部分行政法规的决定》第一次修订,根据 2017 年 11 月 19 日《国务院关于废止〈中华人民共和国营业税暂行条例〉和修改〈中华人民共和国增值税暂行条例〉的决定》第二次修订）。

（4）《财政部 国家税务总局关于全面推开营业税改征增值税试点的通知》（财税〔2016〕36号）。

（5）《中华人民共和国契税法》（2020年8月11日第十三届全国人民代表大会常务委员会第二十一次会议通过）。

纳税筹划图

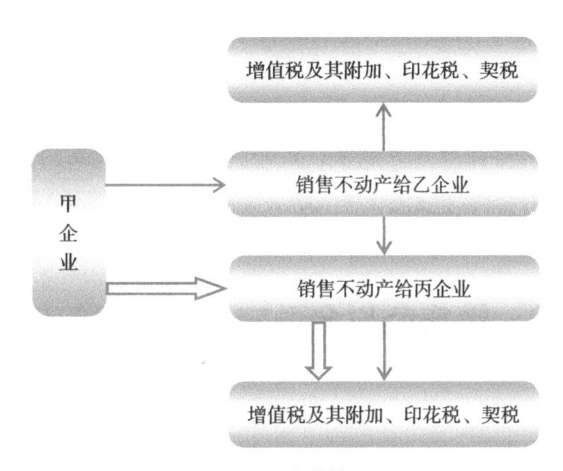

图12-1 纳税筹划图

纳税筹划案例

【例12-1】 某经贸公司欠某商业银行贷款本息共计2 500万元，逾期无力偿还。经过与银行的协商，该经贸公司以自己的一处营业大楼抵偿债务。该大楼原购置成本为1 000万元，账面净值为800万元。该银行在收到该营业大楼以后，又以2 500万元的价格转让给某公司。请计算在转让过程中的税收负担，并提出纳税筹划方案。

筹划方案

根据我国相关税法的规定，该经贸公司将不动产转移给该银行，经贸公司和银行都应当按照"产权转移书据"税目缴纳5‰的印花税，银行需要按照3%的税率缴纳契税。该商贸公司销售不动产，应当按照5.6%的税率缴纳增值税及其附加，按30%至60%的税率缴纳土地增值税以及按25%的税率缴纳企业所得税。银行再将该不动产销售，同样应当缴纳5‰的印花税，由于售价等于购置价，不需要缴纳增值税及其附加。

在第一次转让中，经贸公司需要缴纳印花税：2 500×5‰=1.25（万元）；需要缴纳增值税及其附加：（2 500–1 000）÷（1+5%）×5%×（1+7%+3%+2%）=80（万元）。银行需要缴纳印花税：2 500×5‰=1.25（万元）；需要缴纳契税：2 500÷（1+5%）×3%=71.43（万元）。由于土地增值税和企业所得税对本次筹划方案的结果没有影响，暂不考虑。

在第二次转让中，银行需要缴纳印花税：2 500×5‰=1.25（万元）。被转让公司需缴纳印花税：2 500×5‰=1.25（万元）；需要缴纳契税：2 500÷（1+5%）×3%=71.43（万元）。整个过程需缴纳税款：1.25+80+1.25+71.43+1.25+1.25+71.43=227.86（万元）。对于银行而言，实际收款金额：2 500–1.25–71.43–1.25=2 426.07（万元）。

该银行可以考虑由经贸公司直接将该营业大楼销售给某公司，然后将销售后的金额归还银行债务。当然，仍然可以由银行来寻找该大楼的买家。这样，该经贸公司可以直接按照2 500万元的价格销售给某公司。经贸公司需缴纳增值税及其附加：（2 500–1 000）÷（1+5%）×5%×（1+7%+3%+2%）=80（万元）；需缴纳印花税：2 500×5‰=1.25（万元）。其税负与其将不动产转让给银行是相同的。某公司需要缴纳印花税：2 500×5‰=1.25（万元）；需要缴纳契税：2 500÷（1+5%）×3%=71.43（万元）。其税负与其从银行那里购买该大楼也是一样的。经贸公司将获得的2 500万元直接归还给银行，这样，银行就免除了税收负担：71.43+1.25+1.25=73.93（万元）。（因土地增值税计算过程比较复杂，需要假设条件比较多，暂不考虑；如考虑土地增值税，节税效果会更加明显。）

2. 销售免税金融产品的纳税筹划

纳税筹划思路

营改增之后，仍有很多金融产品享受免税或者其他税收优惠待遇，企业可以充分利用这些免税金融产品进行纳税筹划。

根据《财政部 国家税务总局关于延续支持农村金融发展有关税收政策的通知》（财税〔2017〕44号）的规定，自2017年1月1日起至2019年12月31日止，对金融机构农户小额贷款的利息收入，免征增值税。自2017年1月1日起至2019年12月31日止，对金融机构农户小额贷款的利息收入，在计算应纳税所得额时，按90%计入收入总额。自2017年1月1日起至2019年12月31日止，对保险公司为种植业、养殖业提供保险业务取得的保费收入，在计算应纳税所得额时，按90%计入收入总额。农户，是指长期（一年以上）居住在乡镇（不包括城关镇）行政管理区域内的住户，还包括长期居住在城关镇所辖行政村范围内的住户和户口不在本地而在本地居住一年以上的住户，国有农场的职工和农村个体工商户。位于乡镇（不包括城关镇）行政管理区域内和在城关镇所辖行政村范围内的国有经济的机关、团体、学校、企事业单位的集体户；有本地户口，但举家外出谋生一年以上的住户，无论是否保留承包耕地均不属于农户。农户以户为统计单位，既可以从事农业生产经营，也可以从事非农业生产经营。农户贷款的判定应以贷款发放时的承贷主体是否属于农户为准。小额贷款，是指单笔且该农户贷款余额总额在10万元（含本数）以下的贷款。保费收入，是指原保险保费收入加上分保费收入减去分出保费后的余额。金融机构应对符合条件的农户小额贷款利息收入进行单独核算，不能单独核算的不得适用上述规定的优惠政策。

根据《财政部 国家税务总局关于小额贷款公司有关税收政策的通知》（财税〔2017〕48号）的规定，自2017年1月1日起至2019年12月31日止，对经省级金融管理部门（金融办、局等)批准成立的小额贷款公司取得的农户小额贷款利息收入,免征增值税。自 2017 年 1 月 1 日起至 2019 年 12 月 31 日止,对经省级金融管理部门(金融办、局等)批准成立的小额贷款公司取得的农户小额贷款利息收入,在计算应纳税所得额时,按 90%计入收入总额。自 2017 年 1 月 1 日起至 2019 年 12 月 31 日止,对经省级金融管理部门(金融办、局等)批准成立的小额贷款公司按年末贷款余额的 1%计提的贷款损失准备金准予在企业所得税税前扣除。具体政策口径按照《财政部 国家税务总局关于金融企业贷款损失准备金企业所得税税前扣除有关政策的通知》(财税〔2015〕9 号)执行。农户,是指长期(一年以上)居住在乡镇(不包括城关镇)行政管理区域内的住户,还包括长期居住在城关镇所辖行政村范围内的住户和户口不在本地而在本地居住一年以上的住户,国有农场的职工和农村个体工商户。位于乡镇(不包括城关镇)行政管理区域内和在城关镇所辖行政村范围内的国有经济的机关、团体、学校、企事业单位的集体户;有本地户口,但举家外出谋生一年以上的住户,无论是否保留承包耕地均不属于农户。农户以户为统计单位,既可以从事农业生产经营,也可以从事非农业生产经营。农户贷款的判定应以贷款发放时的承贷主体是否属于农户为准。小额贷款,是指单笔且该农户贷款余额总额在 10 万元(含本数)以下的贷款。

根据《财政部 国家税务总局关于支持小微企业融资有关税收政策的通知》(财税〔2017〕77 号)以及《财政部 税务总局关于延长部分税收优惠政策执行期限的公告》(财政部 税务总局公告 2021 年第 6 号)的规定,自 2017 年 12 月 1 日起至 2023 年 12 月 31 日止,对金融机构向农户、小型企业、微型企业及个体工商户发放小额贷款取得的利息收入,免征增值税。金融机构应将相关免税证明材料留存备查,单独核算符合免税条件的小额贷款利息收入,按现行规定向主管税务机构办理纳税申报;未单独核算的,不得免征增值税。

根据《财政部 国家税务总局关于全面推开营业税改征增值税试点的通知》(财税〔2016〕36 号)所附《营业税改征增值税试点过渡政策的规定》,保险公司开办的一年期以上人身保险产品取得的保费收入免征增值税。一年期以上人身保险,是指保险期间为一年期及以上返还本利的人寿保险、养老年金保险,以及保险期间为一年期及以上的健康保险。人寿保险,是指以人的寿命为保险标的的人身保险。养老年金保险,是指以养老保障为目的,以被保险人生存为给付保险金条件,并按约定的时间间隔分期给付生存保险金的人身保险。养老年金保险应当同时符合下列条件:保险合同约定给付被保险人生存保险金的年龄不得小于国家规定的退休年龄;相邻两次给付的时间间隔不得超过一年。健康保险,是指以因健康原因导致损失为给付保险金条件的人身保险。上述免税政策实行备案管理,具体备案管理办法按照《国家税务总局关于一年期以上返还性人身保险产品免征营业税审批事项取消后有关管理问题的公告》(国家税务总局公告 2015 年第 65 号)规定执行。根据《财政部 国家税务总局关于进一步明确全面推开营改增试点金融业有关政策的通知》(财税〔2016〕46 号)的规定,享受免征增值税的一年期及以上返还本利的人身保险包括其他年金保险。其他年金保险,是指养老年金以外的年金保险。

同时符合下列条件的担保机构从事中小企业信用担保或者再担保业务取得的收入(不含信用评级、咨询、培训等收入)3 年内免征增值税:已取得监管部门颁发的融资性担保机构经营许可证,依法登记注册为企(事)业法人,实收资本超过 2 000 万元;平均年担保费率〔平均年担保费率=本期担保费收入/(期初担保余额+本期增加担保金额)×100%〕不超过银行同期贷款基准利率的50%；连续合规经营2年以上，资金主要用于担保业务，具备健全的内部管理制度和为中小企业提供担保的能力，经营业绩突出，对受保项目具有完善的事前评估、事中监控、事后追偿与处置机制；为中小企业提供的累计担保贷款额占其2年累计担保业务总额的80%以上，并且单笔800万元以下的累计担保贷款额占其累计担保业务总额的50%以上；对单个受保企业提供的担保余额不超过担保机构实收资本总额的10%，并且平均单笔担保责任金额最多不超过3000万元人民币；担保责任余额不低于其净资产的3倍，并且代偿率不超过2%。

被撤销金融机构以货物、不动产、无形资产、有价证券、票据等财产清偿债务免征增值税。被撤销金融机构，是指经人民银行、银监会依法决定撤销的金融机构及其分设于各地的分支机构，包括被依法撤销的商业银行、信托投资公司、财务公司、金融租赁公司、城市信用社和农村信用社。除另有规定外，被撤销金融机构所属、附属企业，不享受被撤销金融机构增值税免税政策。

下列金融商品转让收入免征增值税：合格境外投资者（QFII）委托境内公司在我国从事证券买卖业务；香港市场投资者（包括单位和个人）通过沪港通买卖上海证券交易所上市A股；对香港市场投资者（包括单位和个人）通过基金互认买卖内地基金份额；证券投资基金（封闭式证券投资基金，开放式证券投资基金）管理人运用基金买卖股票、债券；个人从事金融商品转让业务。根据《财政部 国家税务总局关于关于金融机构同业往来等增值税政策的补充通知》（财税〔2016〕70号）的规定，人民币合格境外投资者（RQFII）委托境内公司在我国从事证券买卖业务，以及经人民银行认可的境外机构投资银行间本币市场取得的收入属于金融商品转让收入。银行间本币市场包括货币市场、债券市场以及衍生品市场。

金融同业往来利息收入免征增值税。具体包括：

（1）金融机构与人民银行所发生的资金往来业务，包括人民银行对一般金融机构贷款，以及人民银行对商业银行的再贴现等。

（2）银行联行往来业务，是指同一银行系统内部不同行、处之间所发生的资金账务往来业务。

（3）金融机构间的资金往来业务，是指经人民银行批准，进入全国银行间同业拆借市场的金融机构之间通过全国统一的同业拆借网络进行的短期（一年以下含一年）无担保资金融通行为。

（4）金融机构之间开展的转贴现业务。

（5）质押式买入返售金融商品，是指交易双方进行的以债券等金融商品为权利质押的一种短期资金融通业务。

（6）政策性金融债券，是指开发性、政策性金融机构发行的债券。

（7）同业存款，是指金融机构之间开展的同业资金存入与存出业务，其中资金存入方仅为具有吸收存款资格的金融机构。

（8）同业借款，是指法律法规赋予此项业务范围的金融机构开展的同业资金借出和借入业务，法律法规赋予此项业务范围的金融机构主要是指农村信用社之间以及在金融机构营业执照列示的业务范围中有反映为"向金融机构借款"业务的金融机构。

（9）同业代付，是指商业银行（受托方）接受金融机构（委托方）的委托向企业客户付款，委托方在约定还款日偿还代付款项本息的资金融通行为。

（10）买断式买入返售金融商品，是指金融商品持有人（正回购方）将债券等金融商品卖给债券购买方（逆回购方）的同时，交易双方约定在未来某一日期，正回购方再以约定价格从逆回购方买回相等数量同种债券等金融商品的交易行为。

（11）持有金融债券，金融债券是指依法在中华人民共和国境内设立的金融机构法人在全国银行间和交易所债券市场发行的、按约定还本付息的有价证券。

（12）同业存单，是指银行业存款类金融机构法人在全国银行间市场上发行的记账式定期存款凭证。

根据《财政部 国家税务总局关于建筑服务等营改增试点政策的通知》（财税〔2017〕58号）的规定，自2018年1月1日起，上述"金融机构之间开展的转贴现业务"免税的规定废止，金融机构开展贴现、转贴现业务，以其实际持有票据期间取得的利息收入作为贷款服务销售额计算缴纳增值税。此前贴现机构已就贴现利息收入全额缴纳增值税的票据，转贴现机构转贴现利息收入继续免征增值税。

自2017年12月1日至2019年12月31日，对金融机构向农户、小型企业、微型企业及个体工商户发放小额贷款取得的利息收入，免征增值税。金融机构应将相关免税证明材料留存备查，单独核算符合免税条件的小额贷款利息收入，按现行规定向主管税务机构办理纳税申报；未单独核算的，不得免征增值税。自2018年1月1日至2020年12月31日，对金融机构与小型企业、微型企业签订的借款合同免征印花税。

自2018年9月1日至2023年12月31日，对金融机构向小型企业、微型企业和个体工商户发放小额贷款取得的利息收入，免征增值税。金融机构可以选择以下两种方法之一适用免税：

（1）对金融机构向小型企业、微型企业和个体工商户发放的，利率水平不高于人民银行同期贷款基准利率150%（含本数）的单笔小额贷款取得的利息收入，免征增值税；高于人民银行同期贷款基准利率150%的单笔小额贷款取得的利息收入，按照现行政策规定缴纳增值税。

（2）对金融机构向小型企业、微型企业和个体工商户发放单笔小额贷款取得的利息收入中，不高于该笔贷款按照人民银行同期贷款基准利率150%（含本数）计算的利息收入部分，免征增值税；超过部分按照现行政策规定缴纳增值税。

金融机构可按会计年度在以上两种方法之间选定其一作为该年的免税适用方法，一经选定，该会计年度内不得变更。

法律政策依据

（1）《财政部 国家税务总局关于延续支持农村金融发展有关税收政策的通知》（财税〔2017〕44号）。

（2）《财政部 国家税务总局关于小额贷款公司有关税收政策的通知》（财税〔2017〕48号）。

（3）《财政部 国家税务总局关于全面推开营业税改征增值税试点的通知》（财税〔2016〕36号）。

（4）《财政部 税务总局关于支持小微企业融资有关税收政策的通知》（财税〔2017〕77号）。

（5）《财政部 税务总局关于金融机构小微企业贷款利息收入免征增值税政策的通知》（财

税〔2018〕91号)。

(6)《财政部 税务总局关于延长部分税收优惠政策执行期限的公告》(财政部 税务总局公告 2021 年第 6 号)。

纳税筹划图

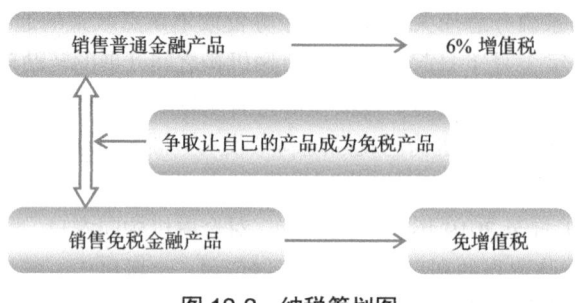

```
销售普通金融产品  ──→  6% 增值税
      ↕
   争取让自己的产品成为免税产品
      ↕
销售免税金融产品  ──→  免增值税
```

图 12-2　纳税筹划图

3. 贷款利息收入的纳税筹划

纳税筹划思路

银行的存贷款业务执行的都是国家统一的利率政策,虽有浮动的空间,但考虑市场竞争,筹划的空间比较小,唯一能够变动的就是贷款的规模,贷款的规模越大,收取的利息也就越大,所缴纳的增值税也就越多。为此,企业可以考虑在一定程度上减少贷款的规模,或者降低名义贷款规模,再通过其他形式从借款企业取得补偿,以减少贷款利息,减轻增值税负担。

法律政策依据

(1)《中华人民共和国增值税暂行条例》(1993 年 12 月 13 日国务院令第 134 号公布,2008 年 11 月 5 日国务院第 34 次常务会议修订通过,根据 2016 年 2 月 6 日《国务院关于修改部分行政法规的决定》第一次修订,根据 2017 年 11 月 19 日《国务院关于废止〈中华人民共和国营业税暂行条例〉和修改〈中华人民共和国增值税暂行条例〉的决定》第二次修订)。

(2)《中华人民共和国增值税暂行条例实施细则》(财政部 国家税务总局令第 50 号,根据 2011 年 10 月 28 日《关于修改〈中华人民共和国增值税暂行条例实施细则〉和〈中华人民共和国营业税暂行条例实施细则〉的决定》修订)。

第 12 章　金融企业如何进行纳税筹划

纳税筹划图

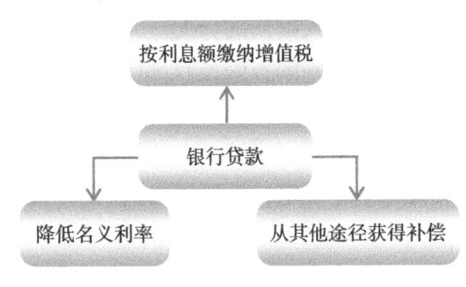

图 12-3　纳税筹划图

纳税筹划案例

【例 12-2】　某银行 2021 年第一季度取得人民币贷款利息收入 1 000 000 元，其中，向某大型企业贷款利息收入为 300 000 元。请计算该季度该银行应当缴纳的增值税，并提出纳税筹划方案。（不考虑增值税进项税额）

筹划方案

该银行应当缴纳增值税：1 000 000 ÷（1+6%）× 5%=47 169.81（元）。如果该银行能够将贷款的一部分转为对该大型企业的投资，那么将减少利息收入 100 000 元，并获得 100 000 元的投资收益，该 100 000 元的投资收益不需要缴纳增值税。通过纳税筹划，减少增值税：100 000 ÷（1+6%）× 5%=4 716.98（元）。

4．金融企业捐赠过程中的纳税筹划

纳税筹划思路

根据现行企业所得税政策，企业发生的公益性捐赠支出，在年度利润总额 12% 以内的部分，准予在计算应纳税所得额时扣除；超过年度利润总额 12%的部分，准予结转以后三年内在计算应纳税所得额时扣除。公益性捐赠，是指企业通过公益性社会组织或者县级以上人民政府及其部门，用于符合法律规定的慈善活动、公益事业的捐赠。公益性社会组织，是指同时符合下列条件的慈善组织以及其他社会组织：

（1）依法登记，具有法人资格。
（2）以发展公益事业为宗旨，且不以营利为目的。
（3）全部资产及其增值为该法人所有。
（4）收益和营运结余主要用于符合该法人设立目的的事业。

（5）终止后的剩余财产不归属任何个人或者营利组织。

（6）不经营与其设立目的无关的业务。

（7）有健全的财务会计制度。

（8）捐赠者不以任何形式参与该法人财产的分配。

（9）国务院财政、税务主管部门会同国务院民政部门等登记管理部门规定的其他条件。

企业当年发生以及以前年度结转的公益性捐赠支出，不超过年度利润总额12%的部分，准予扣除。年度利润总额，是指企业依照国家统一会计制度的规定计算的年度会计利润。

金融企业的捐赠应当尽量符合上述规定，不要因为捐赠承担额外的企业所得税负担。

法律政策依据

（1）《中华人民共和国企业所得税法》（2007年3月16日第十届全国人民代表大会第五次会议通过，2017年2月24日第十二届全国人民代表大会常务委员会第二十六次会议第一次修正，2018年12月29日第十三届全国人民代表大会常务委员会第七次会议第二次修正）。

（2）《中华人民共和国企业所得税法实施条例》（2007年12月6日国务院令第512号公布，根据2019年4月23日《国务院关于修改部分行政法规的决定》修订）。

纳税筹划图

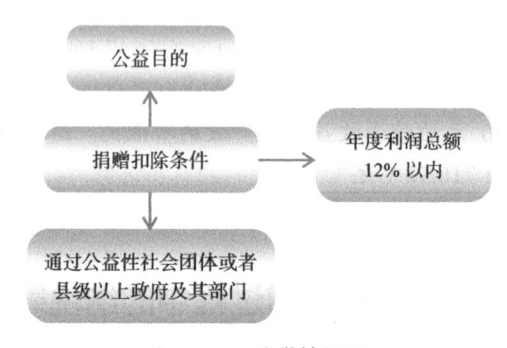

图12-4 纳税筹划图

纳税筹划案例

【例12-3】 某乡镇银行为了树立良好形象，决定向附近农村的五所小学分别捐赠100万元，用于学校建设和帮助贫困学生上学。为此，该乡镇银行的领导计划在2021年5月召开一个由五所小学的领导、老师和学生代表以及各村主任、家长代表参加的捐赠大会，并直接将相关款项交付给该五所小学。该乡镇银行的年度利润为5 000万元。请对此做出税收上的评价并提出纳税筹划方案。

筹划方案

从税收的角度来看，这种捐赠方式是不值得鼓励的。因为根据我国税法的规定，纳税人从事公益性捐赠的支出在符合法定条件下可以扣除。银行直接向被捐赠者进行的捐赠是不能扣除的，因此该银行将多缴纳所得税：100×5×25%=125（万元）。该银行可以通过当地民政局或者教育局向该五所小学捐赠，当然，为了提高影响，同样可以召开该捐赠大会，甚至可以邀请媒体参加，这样可以节省企业所得税125万元。

5. 股东投资银行的纳税筹划

纳税筹划思路

对于股份有限公司形式的银行而言，大股东在向银行投资时有两种方式可供选择：一是增加注册资本；二是将资金直接存入银行，实际上也就是将资金借给银行。不同的投资形式所获得的利润是不同的，一般而言，增加注册资本可以提高股东持有的股份比例，从而可以从银行的税后利润中获得更多收益，但该收益要承担两次所得税：一是银行缴纳的企业所得税；二是股东自己缴纳的所得税。将资金直接存入银行，不能增加股东的持股比例，但可以增加银行的存贷规模，从而增加银行利润，也可以相应增加自己的税后利润。就存入银行的资金而言，股东所获得的利息只需要缴纳一次所得税，银行不需要对其支付的利息负担所得税。具体选择哪种投资方式，应当综合考虑各种因素，税收是一个重要的因素，但必须在其他因素不变的情况下才能发挥作用。

法律政策依据

（1）《中华人民共和国企业所得税法》（2007年3月16日第十届全国人民代表大会第五次会议通过，2017年2月24日第十二届全国人民代表大会常务委员会第二十六次会议第一次修正，2018年12月29日第十三届全国人民代表大会常务委员会第七次会议第二次修正）。

（2）《中华人民共和国增值税暂行条例》（1993年12月13日国务院令第134号公布，2008年11月5日国务院第34次常务会议修订通过，根据2016年2月6日《国务院关于修改部分行政法规的决定》第一次修订，根据2017年11月19日《国务院关于废止〈中华人民共和国营业税暂行条例〉和修改〈中华人民共和国增值税暂行条例〉的决定》第二次修订）。

（3）《财政部 国家税务总局关于全面推开营业税改征增值税试点的通知》（财税〔2016〕36号）。

纳税筹划图

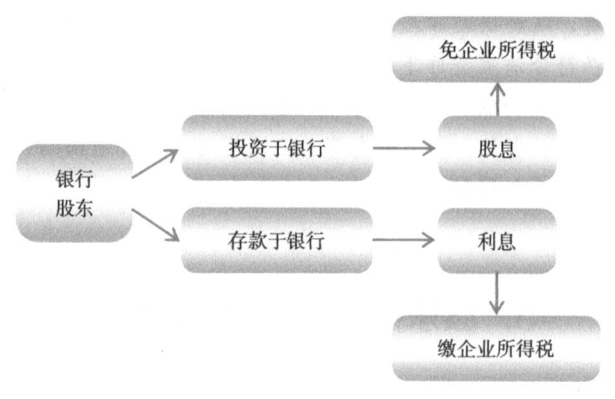

图12-5　纳税筹划图

纳税筹划案例

【例12-4】 某股份有限公司性质的银行的股东在该银行的持股比例为5%，现有3 000万元资金想投资于该银行。如果增加注册资本，该股东的持股比例将变为6%。在正常情况下，1%的持股比例每年可以获得利润100万元。增加3 000万元的注册资本对于银行的盈利能力有所增加但并不明显。该银行的1年定期存款利率为2.52%，5年定期存款利率为4.14%。短期贷款利率（6个月至1年）为6.12%，3~5年贷款利率为6.48%，5年以上贷款利率为6.84%。该企业应当如何进行投资？

筹划方案

如果该股东将该笔资金增加注册资本，银行可以贷款的数额增加了3 000万元，如果用于3~5年的贷款，则每年可以获得利息：3 000×6.48%=194.4（万元）。该笔利息需要缴纳增值税及其附加：194.4÷（1+6%）×5%×（1+7%+3%+2%）=10.27（万元）。假设增加该笔贷款业务并没有明显增加该银行的相关费用支出，假设银行因此增加年应纳税所得额182万元，需要缴纳企业所得税：182×25%=45.5（万元）。该银行可以增加税后利润：182-45.5=136.5（万元）。对于该银行而言，该利润是一个非常小的数额，不会对每股收益产生明显影响。这样，该企业增加该注册资金只能获得原持股1%的收益，即100万元。

如果该企业将该笔资金存入银行，按照5年定期存款利率，银行每年应当支付利息：3 000×4.14%=124.2（万元）。银行将该笔资金用于中长期贷款，可以获得利息：3 000×6.48%=194.4（万元）。缴纳增值税及其附加：194.4÷（1+6%）×5%×（1+7%+3%+2%）=10.27（万元）。在不增加该银行的其他费用的情况下，该银行可以因此增加年利润总额：194.4-124.2-10.27=59.93（万元）。缴纳企业所得税以后的利润：59.93×（1-25%）=44.95（万元）。这些利润对于该银行而言也是非常少的，不会对该银行每股收益产生实质影响。这样，该股东的实际收益就是124.2

万元的利息，超过了第一种方案中的 100 万元的利润。

如果该股东是企业，则企业从银行获得股息可以免企业所得税，从银行获得利息需要缴纳 25% 的企业所得税。税后利润：124.2×75%=93.15（万元）。

应当选择第一套方案，当然，如果该银行 1% 股份所分配的股息低于 93.15 万元，该股东则应当考虑第二套方案。

6．加速固定资产折旧的纳税筹划

纳税筹划思路

折旧是成本的组成部分，根据现行的企业所得税制度，企业常用的折旧方法有直线法（包括平均年限法和工作量法）和加速折旧法（包括双倍余额递减法和年数总和法）。由于运用不同的折旧方法计算出的折旧额在量上不一致，分摊到各期成本中的固定资产成本会存在差异。因此，折旧的计算和提取必然关系到成本的大小，直接影响到利润水平，最终影响企业的税负轻重。这样，企业便可利用折旧方法进行纳税筹划。现行财务制度和税法虽然对固定资产的折旧年限做出了分类规定，但也给出了一定的选择空间，商业银行对没有明确规定折旧年限的固定资产，就可尽量选择较短的年限，从而增加每年的折旧额，以便在较短的期限内将该固定资产折旧计提完毕。

根据《国家税务总局关于企业固定资产加速折旧所得税处理有关问题的通知》（国税发〔2009〕81 号）的规定，企业拥有并用于生产经营的主要或关键的固定资产，由于以下原因确需加速折旧的，可以缩短折旧年限或者采取加速折旧的方法：由于技术进步，产品更新换代较快的；常年处于强震动、高腐蚀状态的。

企业拥有并使用的固定资产符合上述规定的，可按以下情况分别处理：① 企业过去没有使用过与该项固定资产功能相同或类似的固定资产，但有充分的证据证明该固定资产的预计使用年限短于《企业所得税法实施条例》规定的计算折旧最低年限的，企业可根据该固定资产的预计使用年限，对该固定资产采取缩短折旧年限或者加速折旧的方法。② 企业在原有的固定资产未达到《企业所得税法实施条例》规定的最低折旧年限前，使用功能相同或类似的新固定资产替代旧固定资产的，企业可根据旧固定资产的实际使用年限，对新替代的固定资产采取缩短折旧年限或者加速折旧的方法。

企业采取缩短折旧年限方法的，对其购置的新固定资产，最低折旧年限不得低于《企业所得税法实施条例》第 60 条规定的折旧年限的 60%；若为购置已使用过的固定资产，其最低折旧年限不得低于《企业所得税法实施条例》规定的最低折旧年限减去已使用年限后剩余年限的 60%。最低折旧年限一经确定，一般不得变更。

企业拥有并使用符合规定条件的固定资产采取加速折旧方法的，可以采用双倍余额递减法或者年数总和法。加速折旧方法一经确定，一般不得变更。

（1）双倍余额递减法，是指在不考虑固定资产预计净残值的情况下，根据每期期初固定资产原值减去累计折旧后的金额和双倍的直线法折旧率计算固定资产折旧的一种方法。应用这种方法计算折旧额时,由于每年年初固定资产净值没有减去预计净残值,所以在计算固定资产折旧额时,应在其折旧年限到期前的两年期间,将固定资产净值减去预计净残值后的余额平均摊销。计算公式为:

$$年折旧率 = 2 \div 预计使用寿命(年) \times 100\%$$

$$月折旧率 = 年折旧率 \div 12$$

$$月折旧额 = 月初固定资产账面净值 \times 月折旧率$$

(2)年数总和法,又称年限合计法,是指将固定资产的原值减去预计净残值后的余额,乘以一个以固定资产尚可使用寿命为分子、以预计使用寿命逐年数字之和为分母的逐年递减的分数计算每年的折旧额。计算公式如下:

$$年折旧率 = 尚可使用年限 \div 预计使用寿命的年数总和 \times 100\%$$

$$月折旧率 = 年折旧率 \div 12$$

$$月折旧额 = (固定资产原值 - 预计净残值) \times 月折旧率$$

对生物药品制造业,专用设备制造业,铁路、船舶、航空航天和其他运输设备制造业,计算机、通信和其他电子设备制造业,仪器仪表制造业,信息传输、软件和信息技术服务业6个行业的企业2014年1月1日后新购进的固定资产,可缩短折旧年限或采取加速折旧的方法。对上述6个行业的小型微利企业2014年1月1日后新购进的研发和生产经营共用的仪器、设备,单位价值不超过100万元的,允许一次性计入当期成本费用在计算应纳税所得额时扣除,不再分年度计算折旧;单位价值超过100万元的,可缩短折旧年限或采取加速折旧的方法。

对所有行业企业2014年1月1日后新购进的专门用于研发的仪器、设备,单位价值不超过100万元的,允许一次性计入当期成本费用在计算应纳税所得额时扣除,不再分年度计算折旧;单位价值超过100万元的,可缩短折旧年限或采取加速折旧的方法。自2014年1月1日起,对所有行业企业持有的单位价值不超过5 000元的固定资产,允许一次性计入当期成本费用在计算应纳税所得额时扣除,不再分年度计算折旧。企业缩短折旧年限的,最低折旧年限不得低于《企业所得税法实施条例》第60条规定折旧年限的60%;采取加速折旧方法的,可采取双倍余额递减法或者年数总和法。

自2015年1月1日起,对轻工、纺织、机械、汽车四个领域重点行业的企业2015年1月1日后新购进的固定资产,可由企业选择缩短折旧年限或采取加速折旧的方法。对上述行业的小型微利企业2015年1月1日后新购进的研发和生产经营共用的仪器、设备,单位价值不超过100万元的,允许一次性计入当期成本费用在计算应纳税所得额时扣除,不再分年度计算折旧;单位价值超过100万元的,可由企业选择缩短折旧年限或采取加速折旧的方法。企业按上述规定缩短折旧年限的,最低折旧年限不得低于《企业所得税法实施条例》第60条规定折旧年限的60%;采取加速折旧方法的,可采取双倍余额递减法或年数总和法。按照《企业所得税法》及其实施条例有关规定,企业根据自身生产经营需要,也可选择不实行加速折旧政策。

企业在2018年1月1日至2023年12月31日期间新购进的设备、器具,单位价值不超过500万元的,允许一次性计入当期成本费用在计算应纳税所得额时扣除,不再分年度计算折旧;单位价值超过500万元的,仍按《企业所得税法实施条例》、《财政部 国家税务总局关于完善固定资产加速折旧企业所得税政策的通知》(财税〔2014〕75号)、《财政部 国家税务总局关于进一步完善固定资产加速折旧企业所得税政策的通知》(财税〔2015〕106号)等相关规定执行。上述所称设备、器具,是指除房屋、建筑物以外的固定资产。

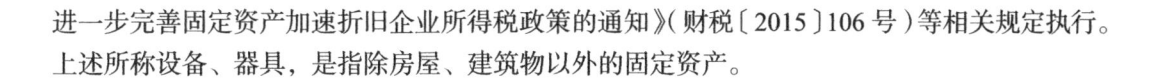

法律政策依据

(1)《中华人民共和国企业所得税法》(2007年3月16日第十届全国人民代表大会第五次会议通过,2017年2月24日第十二届全国人民代表大会常务委员会第二十六次会议第一次修正,2018年12月29日第十三届全国人民代表大会常务委员会第七次会议第二次修正)。

(2)《中华人民共和国企业所得税法实施条例》(2007年12月6日国务院令第512号公布,根据2019年4月23日《国务院关于修改部分行政法规的决定》修订)。

(3)《国家税务总局关于企业固定资产加速折旧所得税处理有关问题的通知》(国家税务总局2009年4月16日发布,国税发〔2009〕81号)。

(4)《财政部 国家税务总局关于进一步完善固定资产加速折旧企业所得税政策的通知》(财税〔2015〕106号)。

(5)《财政部 国家税务总局关于设备 器具扣除有关企业所得税政策的通知》(财税〔2018〕54号)。

(6)《财政部 税务总局关于延长部分税收优惠政策执行期限的公告》(财政部 税务总局公告2021年第6号)。

纳税筹划图

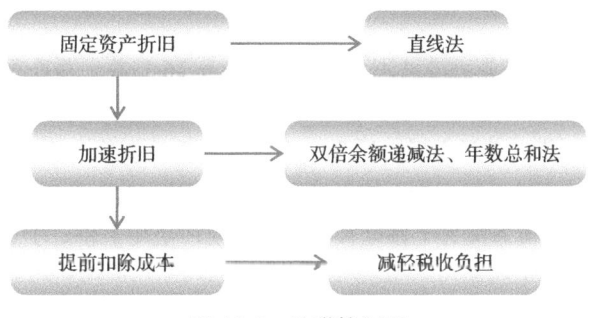

图12-6 纳税筹划图

纳税筹划案例

【例12-5】 某商业银行有一个价值2 000 000元的营业用房,其折旧年限为20年,根据相关税法的规定,该营业用房的折旧期限可以相应缩短为12年。请提出纳税筹划方案。

筹划方案

既然税法允许该银行缩短固定资产的折旧年限,该银行就应当充分加以利用。如果该银行

305

在制度允许的前提下将 2 000 000 元营业用房的折旧年限从 20 年缩短为 12 年，就可以近似地认为，该商业银行将 800 000 元的折旧费用提前列支了 12 年。也就是说，该商业银行获得了 800 000 元资金 12 年的时间价值，但具体有多少收益还要受市场利率的影响。

7. 金融企业业务招待费的纳税筹划

纳税筹划思路

业务招待费是金融企业重要的开支项目，也是非常容易超标的项目。根据《企业所得税法实施条例》第 43 条的规定，企业发生的与生产经营活动有关的业务招待费支出，按照发生额的 60% 扣除，但最高不得超过当年销售（营业）收入的 5‰。由于业务招待费的扣除标准比较低，金融企业可以考虑从以下几个方面来进行纳税筹划：

（1）控制业务招待费的范围，能够采取其他方式替代的，尽量从其他方式替代，如通过提供旅游等方式进行业务招待；

（2）严格区分餐费发票的使用途径，将差旅中的餐费发票作为差旅费，将职工福利中的餐费发票作为职工福利费支出，将会务中的餐费作为会务费，将培训中的餐费发票作为培训费支出；

（3）将部分业务招待费开支通过会务公司、培训公司等转化为会议费、培训费等。

法律政策依据

（1）《中华人民共和国企业所得税法》（2007 年 3 月 16 日第十届全国人民代表大会第五次会议通过，2017 年 2 月 24 日第十二届全国人民代表大会常务委员会第二十六次会议第一次修正，2018 年 12 月 29 日第十三届全国人民代表大会常务委员会第七次会议第二次修正）。

（2）《中华人民共和国企业所得税法实施条例》（2007 年 12 月 6 日国务院令第 512 号公布，根据 2019 年 4 月 23 日《国务院关于修改部分行政法规的决定》修订）第 43 条。

纳税筹划图

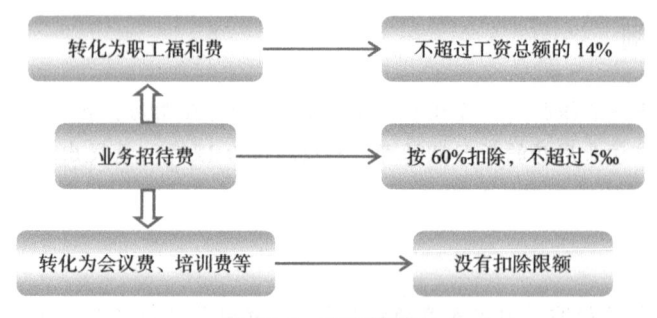

图 12-7　纳税筹划图

纳税筹划案例

【例 12-6】 某商业银行每年有 500 万元的业务招待费无法税前扣除，其中主要是用于客户招待的餐饮费，还有部分是给本银行员工报销的餐饮费。请提出纳税筹划方案。

筹划方案

该 500 万元无法税前扣除的业务招待费会导致企业因此多缴企业所得税：500×25%=125（万元）。为此，企业可以考虑将部分业务招待费转入职工福利费。另外，改变以往对客户的招待方式。例如，通过组织客户旅游，对客户提供培训以及开会等方式对客户进行招待，将大部分餐饮类的开支转化为会议费和培训费开支，或者到客户所在地招待客户，将业务招待费转化为差旅费等，由此可以将无法税前扣除的业务招待费变为可以税前扣除的开支。因此，少缴企业所得税 125 万元。

8. 金融企业通过自动柜员机减轻增值税负担的纳税筹划

纳税筹划思路

营改增之后，金融企业的增值税负担主要由其可以抵扣的进项税额来决定，因此，如何在生产经营的过程中尽量提高可以取得增值税专用发票的支出所占比例是金融企业增值税筹划的重点。在金融企业中，柜员的工资是一笔巨大的支出，而该项支出由于无法取得增值税专用发票，大大增加了金融企业的增值税负担。自动柜员机的推出可以替代大部分柜员的工作，而金融企业购置自动柜员机的支出是可以取得增值税专用发票的，因此，用自动柜员机来取代柜员的工作可以减轻增值税负担。

近些年，一些互联网银行的推出几乎完全用机器取代了传统银行柜员的工作，这些银行在与传统银行的竞争中可以获得诸多税收上的优势。其背后所体现的原理，除了购置机器的成本低于柜员工资以外，还利用了营改增中购置机器可以抵扣增值税，而发放工资无法抵扣增值税的原理。

法律政策依据

（1）《中华人民共和国增值税暂行条例》（1993 年 12 月 13 日国务院令第 134 号公布，2008 年 11 月 5 日国务院第 34 次常务会议修订通过，根据 2016 年 2 月 6 日《国务院关于修改部分行政法规的决定》第一次修订，根据 2017 年 11 月 19 日《国务院关于废止〈中华人民共和国营业税暂行条例〉和修改〈中华人民共和国增值税暂行条例〉的决定》第二次修订）。

（2）《财政部 国家税务总局关于全面推开营业税改征增值税试点的通知》（财税〔2016〕36 号）。

纳税筹划图

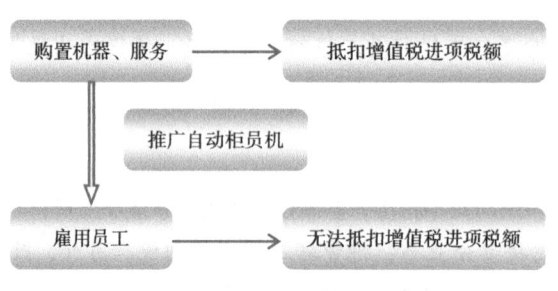

```
购置机器、服务  →  抵扣增值税进项税额
      ↓
   推广自动柜员机
      ↓
   雇用员工    →  无法抵扣增值税进项税额
```

图 12-8　纳税筹划图

纳税筹划案例

【例 12-7】　某传统银行在编制 2021 年度计划时提出，大力推广网上银行、手机银行和自动柜员机，所需支出约 10 000 万元，由此可以裁减部分柜员岗位，预计节约工资、"五险一金"等支出约 12 000 万元，请计算该项改革可以为银行节省的增值税。

筹划方案

该项改革所带来的收益并非表面上所看到的节省 2 000 万元的支出，其中还会节省大笔增值税及其附加。假设 2020 年度，该银行的 10 000 万元支出中有 7 000 万元适用 13% 的税率，有 3 000 万元适用 6% 的税率，且均依法取得增值税专用发票，由此可以抵扣的增值税为：7 000÷（1+13%）×13%+3 000÷（1+6%）×6%=975.12（万元），同时还相应节省城市维护建设税、教育费附加和地方教育附加：975.12×（7%+3%+2%）=117.01（万元）。合计节省增值税及其附加：975.12+117.01=1 092.13（万元）。因此，该项改革还可以给该银行带来 1 092.13 万元的增值税及其附加的利益。

第 13 章

餐饮企业如何进行纳税筹划

1. 变有限责任公司为个人独资企业以降低企业实际税负的纳税筹划

纳税筹划思路

根据我国现行税法，具有法人资格的企业要缴纳企业所得税，税后利润分配给投资者以后，投资者个人还要缴纳个人所得税，而对于不具有法人资格的个人独资企业和合伙企业，其本身并不纳税，仅对投资者分得的利润征收个人所得税。因此，投资者投资于公司，需要缴纳两次税才能获得税后利润，而投资于个人独资企业和合伙企业，则仅需要缴纳一次税即可获得税后利润。在企业的规模不是很大时，建议投资者在设立餐饮企业时采取个人独资企业或者合伙企业的形式，而不要采取有限责任公司的形式。

法律政策依据

（1）《中华人民共和国企业所得税法》（2007 年 3 月 16 日第十届全国人民代表大会第五次会议通过，2017 年 2 月 24 日第十二届全国人民代表大会常务委员会第二十六次会议第一次修正，2018 年 12 月 29 日第十三届全国人民代表大会常务委员会第七次会议第二次修正）。

（2）《中华人民共和国企业所得税法实施条例》（2007 年 12 月 6 日国务院令第 512 号公布，根据 2019 年 4 月 23 日《国务院关于修改部分行政法规的决定》修订）。

（3）《中华人民共和国个人所得税法》（1980 年 9 月 10 日第五届全国人民代表大会第三次会议通过，2018 年 8 月 31 日第十三届全国人民代表大会常务委员会第五次会议第七次修正）。

（4）《中华人民共和国个人所得税法实施条例》（1994 年 1 月 28 日中华人民共和国国务院令第 142 号发布，2018 年 12 月 18 日中华人民共和国国务院令第 707 号第四次修订）。

纳税筹划图

```
向个人分配利润  →  个人所得税
      ↑
个人独资企业    →  不纳企业所得税
      ↕
有限责任公司    →  缴纳企业所得税
      ↓
向个人分配利润  →  个人所得税
```

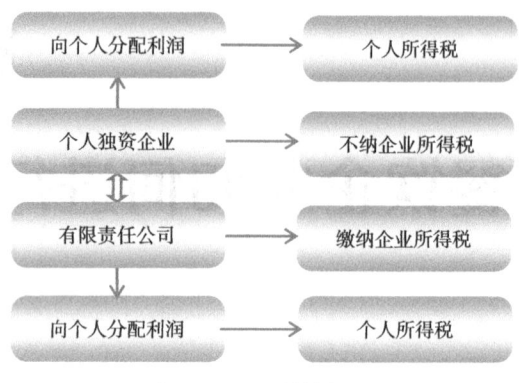

图 13-1　纳税筹划图

纳税筹划案例

【例 13-1】　某个人投资设立一家有限责任公司，专门从事餐饮服务，2021 年度实现利润 400 万元。请计算该个人实际的税后利润并提出纳税筹划方案。

筹划方案

该有限责任公司应当缴纳企业所得税：400×25%=100（万元）。假设该公司的税后利润全部分配给投资者，投资者分得利润：400-100=300（万元）。该笔所得属于股息所得，应当缴纳 20% 的个人所得税：300×20%=60（万元）。投资者的税后利润：300-60=240（万元）。由于该企业的规模不是很大，因此，可以考虑将有限责任公司改为个人独资企业，我国目前对个人独资企业不征税，仅对投资者征收个人所得税。因此，该企业的 400 万元利润需要缴纳个人所得税：400×35%-6.55=133.45（万元）。投资者获得的税后利润：400-133.45=266.55（万元）。通过纳税筹划，该投资者多获得利润：266.55-240=26.55（万元）。

2. 将家庭成员作为合伙人以降低企业适用税率的纳税筹划

纳税筹划思路

我国个人独资企业和合伙企业本身不缴纳所得税，但其投资者需要按照"经营所得"缴纳个人所得税。"生产经营所得"实行的是超额累进税率，应纳税所得额越多，所适用的税率越高，因此，投资者可以通过增加合伙人的方式来降低每个人的应纳税所得额，从而降低每个投资者所适用的个人所得税税率。

法律政策依据

(1)《中华人民共和国个人所得税法》(1980年9月10日第五届全国人民代表大会第三次会议通过,2018年8月31日第十三届全国人民代表大会常务委员会第五次会议第七次修正)。

(2)《中华人民共和国个人所得税法实施条例》(1994年1月28日中华人民共和国国务院令第142号发布,2018年12月18日中华人民共和国国务院令第707号第四次修订)。

纳税筹划图

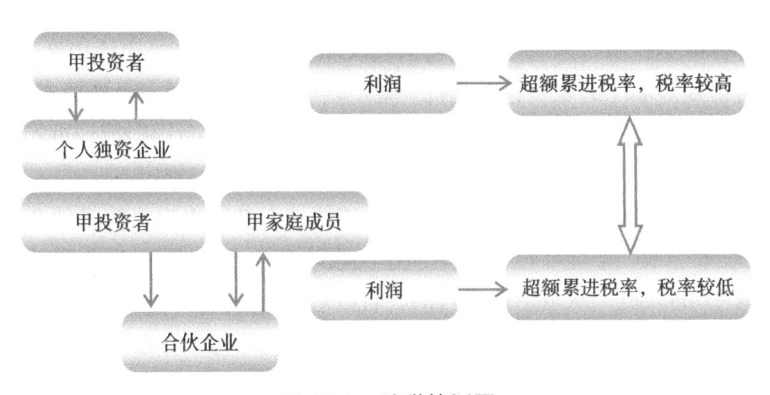

图 13-2　纳税筹划图

纳税筹划案例

【例13-2】　某个人设立了一家个人独资企业,从事餐饮业,其妻子和儿子、儿媳均作为该企业的员工从事相应工作。2021年度,该企业获得利润100万元。请计算该投资者的税后利润,并提出纳税筹划方案。(不考虑工资支付以及个人基本扣除额)

筹划方案

该个人独资企业本身不需要缴纳所得税,投资者应当就该100万元的利润按照"经营所得"缴纳个人所得税。该投资者应当缴纳个人所得税:100×35%−6.55=28.45(万元);税后利润:100−28.45=71.55(万元)。由于该企业的家庭成员都在该企业工作,因此,可以将该企业变成合伙企业。投资者夫妇及其儿子、儿媳均为合伙人,而且每人的份额也是相同的。至于其实际如何分配该利润,则可以通过家庭协议来约定。该企业100万元的利润将平均分为4份,每人获得税前利润25万元。4个人需要缴纳个人所得税:(25×20%−1.05)×4=15.8(万元)。税后利润:100−15.8=84.2(万元)。通过纳税筹划,增加了税后利润:84.2−71.55=12.65(元)。

3. 利用下岗失业人员税收优惠政策的纳税筹划

> **纳税筹划思路**

《企业所得税法》第 30 条规定:"企业的下列支出,可以在计算应纳税所得额时加计扣除:……(二)安置残疾人及国家鼓励安置的其他就业人员所支付的工资。"

根据《财政部 国家税务总局关于安置残疾人就业有关企业所得税优惠政策问题的通知》(财税〔2009〕70 号)的规定,企业安置残疾人的,在按照支付给残疾职工工资据实扣除的基础上,可以在计算应纳税所得额时按照支付给残疾职工工资的 100%加计扣除。

企业就支付给残疾职工的工资,在进行企业所得税预缴申报时,允许据实计算扣除;在年度终了进行企业所得税年度申报和汇算清缴时,再依照上述规定计算加计扣除。

残疾人的范围适用《中华人民共和国残疾人保障法》的有关规定。

自 2019 年 1 月 1 日至 2021 年 12 月 31 日,建档立卡贫困人口、持《就业创业证》(注明"自主创业税收政策"或"毕业年度内自主创业税收政策")或《就业失业登记证》(注明"自主创业税收政策")的人员,从事个体经营的,自办理个体工商户登记当月起,在 3 年(36 个月,下同)内按每户每年 12 000 元为限额依次扣减其当年实际应缴纳的增值税、城市维护建设税、教育费附加、地方教育附加和个人所得税。限额标准最高可上浮 20%,各省、自治区、直辖市人民政府可根据本地区实际情况在此幅度内确定具体限额标准。纳税人年度应缴纳税款小于上述扣减限额的,减免税额以其实际缴纳的税款为限;大于上述扣减限额的,以上述扣减限额为限。

上述人员具体包括:① 纳入全国扶贫开发信息系统的建档立卡贫困人口;② 在人力资源社会保障部门公共就业服务机构登记失业半年以上的人员;③ 零就业家庭、享受城市居民最低生活保障家庭劳动年龄内的登记失业人员;④ 毕业年度内高校毕业生。高校毕业生,是指实施高等学历教育的普通高等学校、成人高等学校应届毕业的学生;毕业年度,是指毕业所在自然年,即 1 月 1 日至 12 月 31 日。

企业招用建档立卡贫困人口,以及在人力资源社会保障部门公共就业服务机构登记失业半年以上且持《就业创业证》或《就业失业登记证》(注明"企业吸纳税收政策")的人员,与其签订 1 年以上期限劳动合同并依法缴纳社会保险费的,自签订劳动合同并缴纳社会保险当月起,在 3 年内按实际招用人数予以定额依次扣减增值税、城市维护建设税、教育费附加、地方教育附加和企业所得税优惠。定额标准为每人每年 6 000 元,最高可上浮 30%,各省、自治区、直辖市人民政府可根据本地区实际情况在此幅度内确定具体定额标准。城市维护建设税、教育费附加、地方教育附加的计税依据是享受本项税收优惠政策前的增值税应纳税额。按上述标准计算的税收扣减额应在企业当年实际应缴纳的增值税、城市维护建设税、教育费附加、地方教育附加和企业所得税税额中扣减,当年扣减不完的,不得结转下年使用。上述所称企业,是指属于增值税纳税人或企业所得税纳税人的企业等单位。

国务院扶贫办在每年 1 月 15 日前将建档立卡贫困人口名单及相关信息提供给人力资源社

会保障部、税务总局，税务总局将相关信息转发给各省、自治区、直辖市税务部门。人力资源社会保障部门依托全国扶贫开发信息系统核实建档立卡贫困人口身份信息。

企业招用就业人员既可以适用本通知规定的税收优惠政策，又可以适用其他扶持就业专项税收优惠政策的，企业可以选择适用最优惠的政策，但不得重复享受。

上述人员，以前年度已享受重点群体创业就业税收优惠政策满 3 年的，不得再享受上述税收优惠政策；以前年度享受重点群体创业就业税收优惠政策未满 3 年且符合上述规定条件的，可按上述规定享受优惠至 3 年期满。

纳税人可以充分利用国家针对下岗失业人员的税收优惠政策来进行纳税筹划。

法律政策依据

（1）《中华人民共和国企业所得税法》（2007 年 3 月 16 日第十届全国人民代表大会第五次会议通过，2017 年 2 月 24 日第十二届全国人民代表大会常务委员会第二十六次会议第一次修正，2018 年 12 月 29 日第十三届全国人民代表大会常务委员会第七次会议第二次修正）。

（2）《中华人民共和国企业所得税法实施条例》（2007 年 12 月 6 日国务院令第 512 号公布，根据 2019 年 4 月 23 日《国务院关于修改部分行政法规的决定》修订）。

（3）《财政部 税务总局 人力资源社会保障部 国务院扶贫办关于进一步支持和促进重点群体创业就业有关税收政策的通知》（财税〔2019〕22 号）。

纳税筹划图

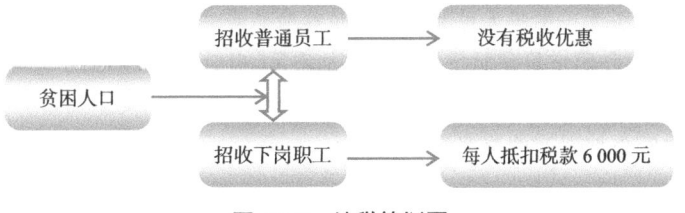

图 13-3　纳税筹划图

纳税筹划案例

【例 13-3】　某个人独资企业性质的餐馆 2021 年度招收了 10 名工作人员，2021 年度的销售额为 200 万元，属于增值税小规模纳税人，各项可以扣除的成本、费用和损失为 50 万元。请计算该企业 2021 年度需要缴纳的增值税及其附加，并提出纳税筹划方案。（2021 年度小规模纳税人适用 1% 的优惠征收率。）

筹划方案

该企业首先应当缴纳增值税：200×1%=2（万元）。应当缴纳城市维护建设税、教育费附加和地方教育附加：2×（7%+3%+2%）=0.24（万元）。

如果该企业在招用工作人员时选择下岗失业人员，每人每年可以抵扣6 000元的税款，2021年度可以抵扣：6 000×10=60 000（元）。这样，该企业应当缴纳的增值税及其附加就可以免除了，未使用完的额度可以在2022年度和2023年度继续使用。由此，该投资者即可少缴增值税及其附加6万元。

4．促销活动中的纳税筹划

纳税筹划思路

餐饮企业不同的促销方式所产生的税法上的效果是不同的，利用促销方式的不同可以减轻税收负担。当然，企业具体选择哪种促销方式不能仅仅考虑税收因素，还应该综合考虑其他因素，如消费者的心理、企业管理返券的成本。一般来讲，消费者对于返券的厌恶心理比较重，而对于打折则比较喜欢，而打折对于企业来讲，也可以减轻税收负担。

法律政策依据

（1）《中华人民共和国增值税暂行条例》（1993年12月13日国务院令第134号公布，2008年11月5日国务院第34次常务会议修订通过，根据2016年2月6日《国务院关于修改部分行政法规的决定》第一次修订，根据2017年11月19日《国务院关于废止〈中华人民共和国营业税暂行条例〉和修改〈中华人民共和国增值税暂行条例〉的决定》第二次修订）。

（2）《中华人民共和国增值税暂行条例实施细则》（财政部 国家税务总局令第50号，根据2011年10月28日《关于修改〈中华人民共和国增值税暂行条例实施细则〉和〈中华人民共和国营业税暂行条例实施细则〉的决定》修订）。

纳税筹划图

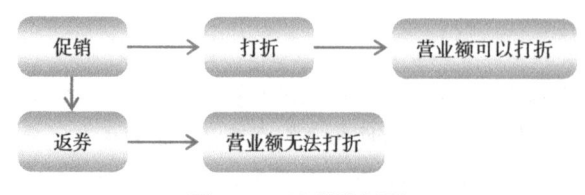

```
促销 ──→ 打折 ──→ 营业额可以打折
    └──→ 返券 ──→ 营业额无法打折
```

图13-4 纳税筹划图

纳税筹划案例

【例13-4】 属于增值税小规模纳税人的某餐饮企业准备采用返券的方式进行促销，即顾客消费100元可以享受返券20元，该返券在下次就餐时具有与现金相同的价值。假设某天该餐饮企业含税销售额达到 10 000 元，则应该支付消费券 2 000 元。请计算该餐饮企业应当缴纳的增值税并提出纳税筹划方案。

> **筹划方案**

该餐饮企业应该缴纳增值税：10 000÷（1+3%）×3%=291.26（元）。如果该企业进行纳税筹划，将返券改为直接打八折，则当含税销售额达到 10 000 元时，消费者只需要支付 8 000 元，该餐饮企业应该缴纳增值税：8 000÷（1+3%）×3%=233.01（元）。由此可见，这种促销方式为企业节约了增值税 58.25 元。如果该活动持续一个月，则可以为企业节约增值税 1 748 元。

当然，企业具体选择哪种促销方式不能仅仅考虑税收因素，还应该综合考虑其他因素，如消费者的心理、企业管理返券的成本等。

5. 利用投资者与员工身份转换的纳税筹划

> **纳税筹划思路**

个人从被投资企业获得股息总是以投资者的身份出现，如果个人以被投资公司员工的身份出现，则可以从该公司领取工资，领取工资一方面相当于从被投资企业领取了股息，另一方面该工资还可以在公司计算缴纳企业所得税时予以扣除。个人创办餐饮企业可以采取上述方式进行纳税筹划。

> **法律政策依据**

（1）《中华人民共和国企业所得税法》（2007 年 3 月 16 日第十届全国人民代表大会第五次会议通过，2017 年 2 月 24 日第十二届全国人民代表大会常务委员会第二十六次会议第一次修正，2018 年 12 月 29 日第十三届全国人民代表大会常务委员会第七次会议第二次修正）。

（2）《中华人民共和国企业所得税法实施条例》（2007 年 12 月 6 日国务院令第 512 号公布，根据 2019 年 4 月 23 日《国务院关于修改部分行政法规的决定》修订）。

（3）《中华人民共和国个人所得税法》（1980 年 9 月 10 日第五届全国人民代表大会第三次会议通过，2018 年 8 月 31 日第十三届全国人民代表大会常务委员会第五次会议第七次修正）。

（4）《中华人民共和国个人所得税法实施条例》（1994 年 1 月 28 日中华人民共和国国务院令第 142 号发布，2018 年 12 月 18 日中华人民共和国国务院令第 707 号第四次修订）。

纳税筹划图

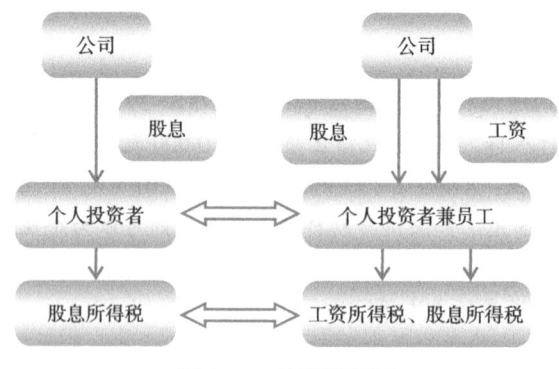

图 13-5　纳税筹划图

纳税筹划案例

【例 13-5】　王先生开办了一家餐饮有限责任公司，2021 年度可以从该公司获得 100 万元的股息。王先生并未在该公司任职，也未从该公司领取工资。王先生获得该股息将要缴纳 20 万元的个人所得税，税后纯所得为 80 万元。王先生应当如何进行纳税筹划？

筹划方案

王先生可以考虑在该公司担任名誉总经理，负责公司的整体发展规划。每年从该公司领取工资 48 万元，年终领取奖金 30 万元。由于该公司多开支了 78 万元的工资，因此，可供分配的税后股息将降低：100–78×75%=41.5（万元）。王先生全年工资应当缴纳所得税：（48–6）×25%–3.192=7.308（万元）；年终奖金应纳税额：30×20%–1.692=4.308（万元）；取得股息应纳税额：41.5×20%=8.3（万元）；合计应纳税额：7.308+4.308+8.3=19.916（万元）。税后所得：78+41.5–19.916=99.584（万元）。经过纳税筹划，王先生多获得税后纯所得 19.584 万元。

6. 利用餐饮企业自身优势降低名义工资的纳税筹划

纳税筹划思路

餐饮企业自身的优势就是餐饮，企业可以考虑降低员工名义工资，而改为提供一日三餐的方式增加员工的实际工资。这样，一方面可以充分利用餐饮企业无法销售完的商品，另一方面可以减少员工个人所应当缴纳的个人所得税。

法律政策依据

（1）《中华人民共和国企业所得税法》（2007年3月16日第十届全国人民代表大会第五次会议通过，2017年2月24日第十二届全国人民代表大会常务委员会第二十六次会议第一次修正，2018年12月29日第十三届全国人民代表大会常务委员会第七次会议第二次修正）。

（2）《中华人民共和国个人所得税法》（1980年9月10日第五届全国人民代表大会第三次会议通过，2018年8月31日第十三届全国人民代表大会常务委员会第五次会议第七次修正）。

（3）《中华人民共和国个人所得税法实施条例》（1994年1月28日中华人民共和国国务院令第142号发布，2018年12月18日中华人民共和国国务院令第707号第四次修订）。

纳税筹划图

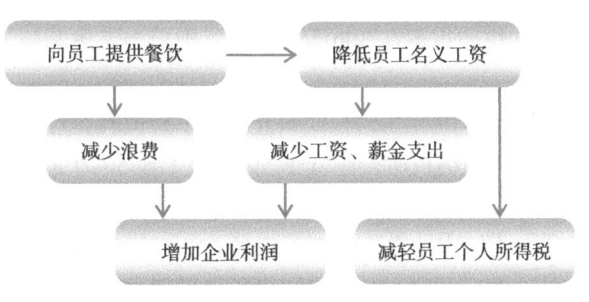

图13-6　纳税筹划图

纳税筹划案例

【例13-6】 2021年度，某有限责任公司形式的餐馆拥有员工100人，人均年综合所得应纳税所得额为1.2万元，该餐馆员工一日三餐均自己解决。该餐馆每年由于商品无法销售出去而产生的损失为12万元。请针对该情况提出纳税筹划方案。

筹划方案

该企业每年应当预扣预缴个人所得税：1.2×3%×100=3.6（万元）。该企业可以考虑为员工免费提供一日三餐，这些餐饮是在企业经营以后剩余的商品中提供，一方面避免了由于商品无法销售出去而产生的损失12万元，另一方面可以将职工的人均年工资降低1.2万元。这样，该企业不需要预扣预缴个人所得税，减轻个人所得税负担3.6万元，另一方面可以避免12万元的浪费，可谓一举两得。

7. 转变为小型微利企业享受低税率优惠的纳税筹划

纳税筹划思路

《中华人民共和国企业所得税法》第 28 条规定："符合条件的小型微利企业，减按 20% 的税率征收企业所得税。"符合条件的小型微利企业，是指从事国家非限制和禁止行业，并符合下列条件的企业：

（1）工业企业，年度应纳税所得额不超过 300 万元，从业人数不超过 100 人，资产总额不超过 3 000 万元。

（2）其他企业，年度应纳税所得额不超过 300 万元，从业人数不超过 80 人，资产总额不超过 1 000 万元。

如果餐饮企业的年应纳税所得额在 300 万元左右，则应当考虑利用该项低税率优惠政策进行纳税筹划。

自 2017 年 1 月 1 日起至 2019 年 12 月 31 日止，将小型微利企业的年应纳税所得额上限由 30 万元提高至 50 万元，对年应纳税所得额低于 50 万元（含 50 万元）的小型微利企业，其所得减按 50% 计入应纳税所得额，按 20% 的税率缴纳企业所得税。自 2019 年 1 月 1 日至 2021 年 12 月 31 日，对小型微利企业年应纳税所得额不超过 100 万元的部分，减按 25% 计入应纳税所得额，按 20% 的税率缴纳企业所得税；对年应纳税所得额超过 100 万元但不超过 300 万元的部分，减按 50% 计入应纳税所得额，按 20% 的税率缴纳企业所得税。自 2019 年 1 月 1 日起，小型微利企业是指从事国家非限制和禁止行业，且同时符合年度应纳税所得额不超过 300 万元、从业人数不超过 300 人、资产总额不超过 5 000 万元等三个条件的企业。自 2021 年 1 月 1 日至 2022 年 12 月 31 日，对小型微利企业年应纳税所得额不超过 100 万元的部分，减按 12.5% 计入应纳税所得额，按 20% 的税率缴纳企业所得税。

法律政策依据

（1）《中华人民共和国企业所得税法》（2007 年 3 月 16 日第十届全国人民代表大会第五次会议通过，2017 年 2 月 24 日第十二届全国人民代表大会常务委员会第二十六次会议第一次修正，2018 年 12 月 29 日第十三届全国人民代表大会常务委员会第七次会议第二次修正）。

（2）《中华人民共和国企业所得税暂行条例》（国务院 1993 年 12 月 13 日颁布，国务院令〔1993〕第 137 号，自 1994 年 1 月 1 日起实施，2008 年 1 月 1 日废止）。

（3）《财政部 税务总局关于实施小微企业普惠性税收减免政策的通知》（财税〔2019〕13 号）。

纳税筹划图

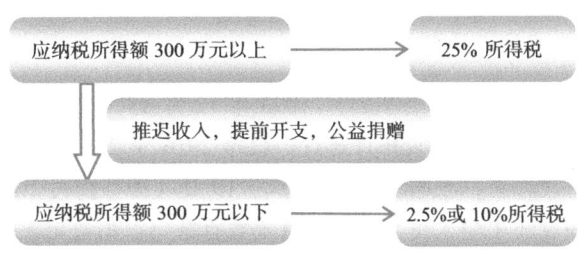

```
应纳税所得额 300 万元以上  ──→  25% 所得税
        │
        │ 推迟收入，提前开支，公益捐赠
        ↓
应纳税所得额 300 万元以下  ──→  2.5%或 10%所得税
```

图 13-7　纳税筹划图

纳税筹划案例

【例 13-7】 某有限责任公司形式的餐饮企业 2021 年度的应纳税所得额为 310 万元。该公司员工为 20 人，资产总额为 500 万元。请计算该公司应当缴纳的企业所得税，并提出纳税筹划方案。

筹划方案

该企业应当缴纳企业所得税：310×25%=77.5（万元）。该公司的净利润：310–77.5=232.5（万元）。由于该企业的年应纳税所得额在 300 万元左右，因此，可以考虑通过纳税筹划享受低税率优惠政策。该企业可以在 2021 年年底向希望工程捐款或者打折让利，使得应纳税所得额降低至 300 万元。这样，该公司 2021 年度应当缴纳企业所得：100×12.5%×20%+200×50%×20%=22.5（万元）。该公司的净利润：300–22.5=277.5（万元）。该公司降低 10 万元的应纳税所得额，却增加了 45 万元的净利润。

8．分别核算进行增值税的纳税筹划

纳税筹划思路

营改增之后，增值税适用的税率包括 13%、9%、6%和 0，不同的项目适用的增值税税率不同。餐饮企业提供的餐饮服务适用 6%的税率，有些规模比较大的餐饮企业还同时兼营企业项目，如销售货物（地方特产、烟酒、服装等），该项目适用的增值税税率为 13%，还有的提供有形动产租赁服务，适用 13%的税率，还有的提供不动产租赁，适用 9%的税率，还有的在自家田地中种植农作物并销售自产的农产品，如采摘水果项目，该类经营免征增值税。纳税人兼营不同税率的项目，应当分别核算不同税率项目的销售额；未分别核算销售额的，从高适用

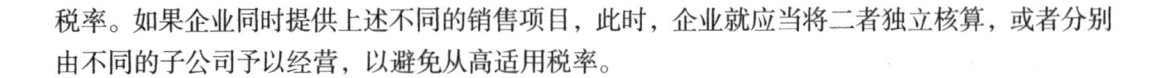

税率。如果企业同时提供上述不同的销售项目，此时，企业就应当将二者独立核算，或者分别由不同的子公司予以经营，以避免从高适用税率。

法律政策依据

（1）《中华人民共和国增值税暂行条例》（1993年12月13日国务院令第134号公布，2008年11月5日国务院第34次常务会议修订通过，根据2016年2月6日《国务院关于修改部分行政法规的决定》第一次修订，根据2017年11月19日《国务院关于废止〈中华人民共和国营业税暂行条例〉和修改〈中华人民共和国增值税暂行条例〉的决定》第二次修订）。

（2）《中华人民共和国增值税暂行条例实施细则》（财政部 国家税务总局第50号令，根据2011年10月28日《关于修改〈中华人民共和国增值税暂行条例实施细则〉和〈中华人民共和国营业税暂行条例实施细则〉的决定》修订）。

（3）《财政部 国家税务总局关于简并增值税税率有关政策的通知》（财税〔2017〕37号）。

（4）《财政部 税务总局关于调整增值税税率的通知》（财税〔2018〕32号）。

纳税筹划图

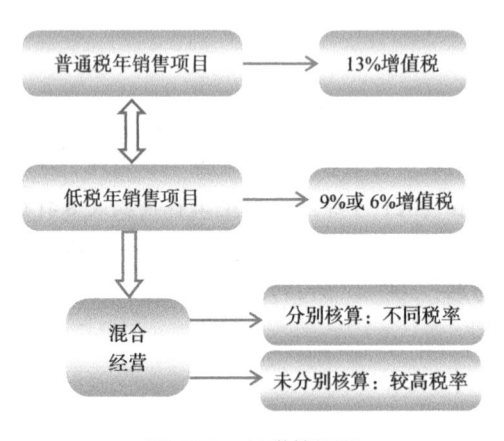

图13-8 纳税筹划图

纳税筹划案例

【例13-8】 某公司是一家融餐饮、会议和休闲度假于一体的企业。2021年度，该公司餐饮服务的含税销售额为500万元，销售地方特产和烟酒等货物取得200万元，将若干套房产出租给其他公司作为办公室，取得租金100万元，销售自产苹果取得50万元。由于该公司没有进行单独核算，上述收入均混在一起，含税总收入为850万元，允许抵扣的增值税进项税额为80万元。请计算该公司应当缴纳的增值税及其附加，并提出纳税筹划方案。

筹划方案

该公司由于没有准确核算各类销售收入，因此，应当一并按照13%的税率征收增值税。该公司增值税销项税额为：850÷（1+13%）×13%=97.79（万元），应当缴纳增值税：97.79−50=47.79（万元），应当缴纳城市维护建设税、教育费附加和地方教育费附加：47.79×（7%+3%+2%）=5.73（万元），合计纳税53.52万元。建议该公司将各项销售收入分别核算，其中，餐饮服务适用6%的税率，销售货物适用13%的税率，不动产租赁服务适用9%的税率，销售自产苹果免征增值税。该公司的增值税销项税额：500÷（1+6%）×6%+200÷（1+13%）×13%+100÷（1+9%）×9%=59.57（万元），应当缴纳增值税：59.57−50=9.57（万元），应当缴纳城市维护建设税、教育费附加和地方教育费附加：9.57×（7%+3%+2%）=1.15（万元）。合计纳税10.72万元。可以减少应纳税额：53.52−10.72=42.8（万元）。

9. 从高税率项目向低税率项目转移利润的纳税筹划

纳税筹划思路

当企业从事两种适用不同税率的经营项目时，可以适当考虑在两种项目分别核算的前提下，将利润从高税率项目向低税率项目转移，从而减轻税收负担。

目前，餐饮企业提供餐饮服务适用的增值税税率为6%，销售一般货物适用增值税税率为13%，不动产租赁适用增值税税率为9%。企业可以适当将高税率项目的销售额向低税率项目进行转移。

法律政策依据

（1）《中华人民共和国增值税暂行条例》（1993年12月13日国务院令第134号公布，2008年11月5日国务院第34次常务会议修订通过，根据2016年2月6日《国务院关于修改部分行政法规的决定》第一次修订，根据2017年11月19日《国务院关于废止〈中华人民共和国营业税暂行条例〉和修改〈中华人民共和国增值税暂行条例〉的决定》第二次修订）。

（2）《中华人民共和国增值税暂行条例实施细则》（财政部 国家税务总局第50号令，根据2011年10月28日《关于修改〈中华人民共和国增值税暂行条例实施细则〉和〈中华人民共和国营业税暂行条例实施细则〉的决定》修订）。

（3）《财政部 国家税务总局关于简并增值税税率有关政策的通知》（财税〔2017〕37号）。

（4）《财政部 税务总局关于调整增值税税率的通知》（财税〔2018〕32号）。

纳税筹划图

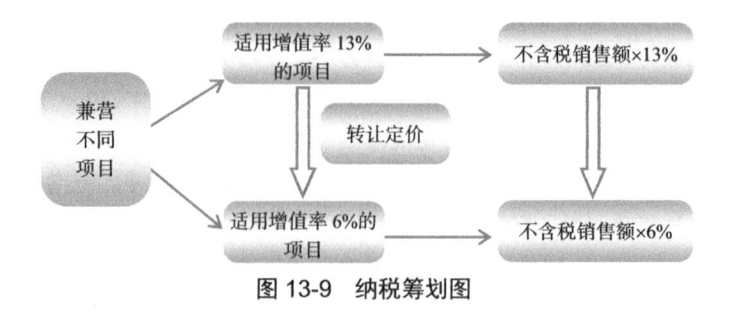

图 13-9 纳税筹划图

纳税筹划案例

【例 13-9】 某公司是一家融餐饮、会议和度假休闲于一体的企业，该公司 2021 年度餐饮服务取得含税收入 500 万元，销售烟酒百货取得收入 200 万元，允许抵扣的增值税进项税额为 30 万元。请计算该公司应当缴纳的增值税，并提出纳税筹划方案。

筹划方案

该公司应当缴纳增值税：500÷（1+6%）×6%+200÷（1+13%）×13%-30=21.31（万元）。由于该公司经营的项目分别适用于两种不同的税率，因此，该公司可以考虑对在公司就餐并购买烟酒百货的顾客采取转让定价策略，即对该顾客就餐收取较高费用，而对顾客购买烟酒百货收取较低费用，通过转让定价可以将该公司 2021 年度适用 13%税率的增值税项目的销售额降低为 100 万元，适用 6%税率的增值税项目的销售额相应增加为 600 万元。这样，该公司应当缴纳增值税：600÷（1+6%）×6%+100÷（1+13%）×13%-30=15.46（万元）。通过纳税筹划，减轻增值税负担：21.31-15.46=5.85（万元）。

第 14 章

房地产企业如何进行纳税筹划

1. 利用临界点的纳税筹划

纳税筹划思路

根据《中华人民共和国土地增值税暂行条例》(简称《土地增值税暂行条例》)第 8 条的规定，有下列情形之一的，免征土地增值税：
(1)纳税人建造普通标准住宅出售，增值额未超过扣除项目金额 20% 的。
(2)因国家建设需要依法征用、收回的房地产。
根据《土地增值税暂行条例》第 7 条的规定，土地增值税实行四级超额累进税率：
(1)增值额未超过扣除项目金额 50% 的部分，税率为 30%。
(2)增值额超过扣除项目金额 50%、未超过扣除项目金额 100% 的部分，税率为 40%。
(3)增值额超过扣除项目金额 100%、未超过扣除项目金额 200% 的部分，税率为 50%。
(4)增值额超过扣除项目金额 200% 的部分，税率为 60%。
如果企业建造的普通标准住宅出售的增值率在 20% 这个临界点上，可以通过适当控制出售价格而避免缴纳土地增值税。根据《土地增值税暂行条例》第 6 条的规定，计算增值额的扣除项目包括：
(1)取得土地使用权所支付的金额。
(2)开发土地的成本、费用。
(3)新建房及配套设施的成本、费用，或者旧房及建筑物的评估价格。
(4)与转让房地产有关的税金。
(5)财政部规定的其他扣除项目。
根据《中华人民共和国土地增值税暂行条例实施细则》(简称《土地增值税暂行条例实施细则》)第 7 条的规定，这里的"其他扣除项目"为取得土地使用权所支付的金额以及开发土地和新建房及配套设施的成本之和的 20%。

根据《国务院办公厅转发建设部等部门关于做好稳定住房价格工作意见的通知》（国办发〔2005〕26号）的规定，普通标准住宅的标准为：住宅小区建筑容积率在1.0以上，单套建筑面积在120平方米以下，实际成交价格低于同级别土地上住房平均交易价格1.2倍以下。各省、自治区、直辖市要根据实际情况，制定本地区享受优惠政策普通住房的具体标准。允许单套建筑面积和价格标准适当浮动，但向上浮动的比例不得超过上述标准的20%。

营业税改征增值税后，土地增值税纳税人转让房地产取得的收入为不含增值税收入。《土地增值税暂行条例》等规定的土地增值税扣除项目涉及的增值税进项税额，允许在销项税额中计算抵扣的，不计入扣除项目，不允许在销项税额中计算抵扣的，可以计入扣除项目。

法律政策依据

（1）《中华人民共和国土地增值税暂行条例》（国务院1993年12月13日颁布，国务院令〔1993〕第138号，根据2011年1月8日国务院令第588号《国务院关于废止和修改部分行政法规的决定》修订）。

（2）《中华人民共和国土地增值税暂行条例实施细则》（财政部1995年1月27日发布，财法〔1995〕6号）。

（3）《国务院办公厅转发建设部等部门关于做好稳定住房价格工作意见的通知》（国务院办公厅2005年5月9日发布，国办发〔2005〕26号）。

（4）《财政部 国家税务总局关于营改增后契税 房产税 土地增值税 个人所得税计税依据问题的通知》（财税〔2016〕43号）。

纳税筹划图

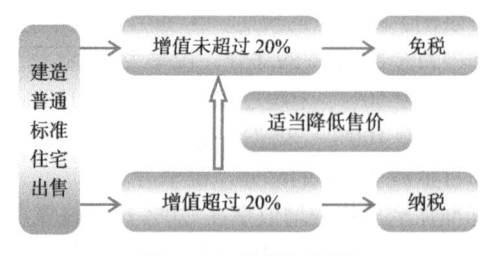

图14-1　纳税筹划图

纳税筹划案例

【例14-1】　某房地产开发企业建造一批普通标准住宅，取得不含税销售收入2 500万元，根据税法规定允许扣除项目金额为2 070万元。该项目增值额：2 500-2 070=430（万元）；该项目增值额占扣除项目金额的比例：430÷2 070=20.77%。根据税法规定，应当按照30%的税率缴纳土地增值税：430×30%=129（万元）。请提出纳税筹划方案。

筹划方案

如果该企业能够将不含税销售收入降低为 2 480 万元,则该项目增值额:2 480-2 070=410(万元);该项目增值额占扣除项目金额的比例:410÷2 070=19.81%。增值率没有超过 20%,可以免征土地增值税。该企业降低不含税低销售收入 20 万元,少缴土地增值税 129 万元,增加税前利润 109 万元。

2. 利息支付过程中的纳税筹划

纳税筹划思路

房地产开发企业往往需要利用大量贷款,其中涉及利息的支出,关于利息支出的扣除,我国税法规定了一些限制。《土地增值税暂行条例实施细则》第 7 条规定:"财务费用中的利息支出,凡能够按转让房地产项目计算分摊并提供金融机构证明的,允许据实扣除,但最高不能超过按商业银行同类同期贷款利率计算的金额。其他房地产开发费用,按本条(一)(二)项规定计算的金额之和的 5%以内计算扣除。凡不能按转让房地产项目计算分摊利息支出或不能提供金融机构证明的,房地产开发费用按本条(一)(二)项规定计算的金额之和的 10%以内计算扣除。上述计算扣除的具体比例,由各省、自治区、直辖市人民政府规定。"这里的(一)项为取得土地使用权所支付的金额,是指纳税人为取得土地使用权所支付的地价款和按国家统一规定缴纳的有关费用。这里的(二)项为开发土地和新建房及配套设施的成本,是指纳税人房地产开发项目实际发生的成本,包括土地征用及拆迁补偿费、前期工程费、建筑安装工程费、基础设施费、公共配套设施费、开发间接费用。

房地产企业贷款利息扣除的限额分为两种情况:一种是在商业银行同类同期贷款利率的限度内据实扣除;另一种是与其他费用一起按税法规定的房地产开发成本的 10%以内扣除。这两种扣除方法就为企业进行纳税筹划提供了空间,企业可以根据两种方法所能扣除的费用的不同而决定具体采用哪种扣除方法。

法律政策依据

(1)《中华人民共和国土地增值税暂行条例》(国务院 1993 年 12 月 13 日颁布,国务院令〔1993〕第 138 号,根据 2011 年 1 月 8 日国务院令第 588 号《国务院关于废止和修改部分行政法规的决定》修订)。

(2)《中华人民共和国土地增值税暂行条例实施细则》(财政部 1995 年 1 月 27 日发布,财法〔1995〕6 号)第 7 条。

纳税筹划图

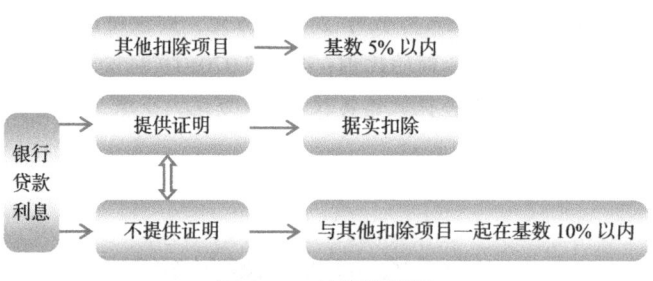

```
                    ┌─────────────┐      ┌─────────────┐
                    │  其他扣除项目 │─────▶│  基数5%以内   │
                    └─────────────┘      └─────────────┘
         ┌──────┐   ┌─────────────┐      ┌─────────────┐
         │ 银行 │──▶│  提供证明    │─────▶│  据实扣除    │
         │ 贷款 │   └─────────────┘      └─────────────┘
         │ 利息 │         ⇕
         └──────┘   ┌─────────────┐      ┌───────────────────────────┐
                    │  不提供证明   │─────▶│ 与其他扣除项目一起在基数10%以内│
                    └─────────────┘      └───────────────────────────┘
```

图 14-2 纳税筹划图

纳税筹划案例

【例 14-2】 某房地产企业开发一处房地产，为取得土地使用权支付 1 000 万元，为开发土地和新建房及配套设施花费 1 200 万元，财务费用中可以按转让房地产项目计算分摊的利息支出为 200 万元，不超过商业银行同类同期贷款利率。请确定该企业是否需要提供金融机构证明。

筹划方案

如果不提供金融机构证明，则该企业所能扣除费用的最高额：(1 000+1 200)×10%=220（万元）。如果提供金融机构证明，该企业所能扣除费用的最高额：200+(1 000+1 200)×5%=310（万元）。可见，在这种情况下，提供金融机构证明是有利的选择。

纳税筹划案例

【例 14-3】 某房地产企业开发一处房地产，为取得土地使用权支付 1 000 万元，为开发土地和新建房及配套设施花费 1 200 万元，财务费用中可以按转让房地产项目计算分摊的利息支出为 80 万元，不超过商业银行同类同期贷款利率。现在需要企业决定是否需要提供金融机构证明。

筹划方案

如果不提供金融机构证明，则该企业所能扣除费用的最高额：(1 000+1 200)×10%=220（万元）。如果提供金融机构证明，该企业所能扣除费用的最高额：80+(1 000+1 200)×5%=190（万元）。可见，在这种情况下，不提供金融机构证明是有利的选择。

企业判断是否提供金融机构证明，关键在于所发生的能够扣除的利息支出占税法规定的开发成本的比例，如果超过 5%，则提供证明比较有利，如果没有超过 5%，则不提供证明比较有利。

3. 代收费用处理过程中的纳税筹划

纳税筹划思路

根据《财政部 国家税务总局关于土地增值税一些具体问题规定的通知》(财税〔1995〕48号)的规定,对于县级及县级以上人民政府要求房地产开发企业在售房时代收的各项费用,如果代收费用是计入房价中向购买方一并收取的,可作为转让房地产所取得的收入计税;如果代收费用未计入房价中,而是在房价之外单独收取的,可以不作为转让房地产的收入。对于代收费用作为转让房地产的收入计税的,在计算扣除项目金额时,可予以扣除,但不允许作为加计20%扣除的基数;对于代收费用未作为转让房地产的收入计税的,在计算增值额时不允许扣除代收费用。

企业是否将该代收费用计入房价对于企业的增值额不会产生影响,但是会影响房地产开发的总成本,也就会影响房地产的增值率,进而影响土地增值税的数额。由此,企业利用这一规定可以进行纳税筹划。

法律政策依据

(1)《中华人民共和国土地增值税暂行条例》(国务院 1993 年 12 月 13 日颁布,国务院令〔1993〕第 138 号,根据 2011 年 1 月 8 日国务院令第 588 号《国务院关于废止和修改部分行政法规的决定》修订)。

(2)《中华人民共和国土地增值税暂行条例实施细则》(财政部 1995 年 1 月 27 日发布,财法〔1995〕6 号)。

(3)《财政部 国家税务总局关于土地增值税一些具体问题规定的通知》(财政部 国家税务总局 1995 年 5 月 25 日发布,财税〔1995〕48 号)。

纳税筹划图

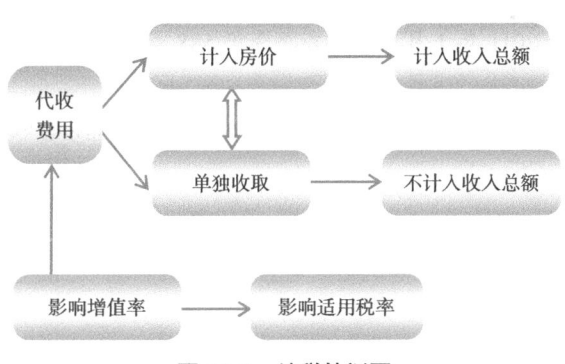

图 14-3 纳税筹划图

纳税筹划案例

【例 14-4】 某房地产开发企业开发一套房地产，取得土地使用权支付费用 300 万元，土地和房地产开发成本为 800 万元，允许扣除的房地产开发费用为 100 万元，转让房地产税费为 140 万元，房地产出售不含税价格为 2 500 万元。为当地县级人民政府代收各种费用为 100 万元。现在需要确定该企业是单独收取该项费用，还是计入房价收取该费用。

筹划方案

如果将该费用单独收取，该房地产可扣除费用：300+800+100+(300+800)×20%+140=1 560（万元）；增值额：2 500−1 560=940（万元）；增值率：940÷1 560=60.25%；应纳土地增值税：940×40%−1 560×5%=298（万元）。

如果将该费用计入房价，该房地产可扣除费用：300+800+100+(300+800)×20%+140+100=1 660（万元）；增值额：2 500+100−1 660=940（万元）；增值率：940÷1 660=56.62%；应纳土地增值税：940×40%−1 660×5%=293（万元）。该纳税筹划减轻土地增值税负担：298−293=5（万元）。

4. 通过增加扣除项目的纳税筹划

纳税筹划思路

土地增值税是房地产开发的主要成本之一，而土地增值税在建造普通标准住宅增值率不超过 20% 的情况下可以免征，企业可以通过增加扣除项目使得房地产的增值率不超过 20%，从而享受免税待遇。

法律政策依据

（1）《中华人民共和国土地增值税暂行条例》（国务院 1993 年 12 月 13 日颁布，国务院令〔1993〕第 138 号，根据 2011 年 1 月 8 日国务院令第 588 号《国务院关于废止和修改部分行政法规的决定》修订）。

（2）《中华人民共和国土地增值税暂行条例实施细则》（财政部 1995 年 1 月 27 日发布，财法〔1995〕6 号）。

纳税筹划图

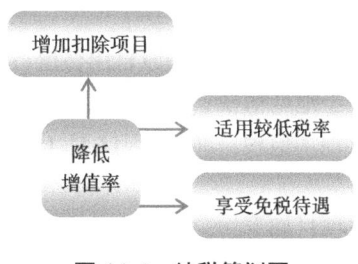

图 14-4　纳税筹划图

纳税筹划案例

【例 14-5】　某房地产公司开发一栋普通标准住宅，房屋不含税售价为 1 000 万元，按照税法规定可扣除费用为 800 万元，增值额为 200 万元，增值率：200÷800=25%。该房地产公司需要缴纳土地增值税：200×30%=60（万元）；不考虑其他税费，该房地产公司的利润：1 000-800-60=140（万元）。请提出该企业的纳税筹划方案。

筹划方案

如果该房地产公司进行纳税筹划，将该房屋进行简单装修，费用为 200 万元，房屋不含税售价增加至 1 200 万元，则按照税法规定可扣除项目增加为 1 000 万元，增值额为 200 万元，增值率为 20%（200÷1 000），不需要缴纳土地增值税。不考虑其他税费，该公司利润：1 200-1 000=200（万元）。通过纳税筹划，提高利润 60 万元。

5. 利用土地增值税优惠政策的纳税筹划

纳税筹划思路

我国对土地增值税规定了很多税收优惠政策，房地产开发企业可以充分创造条件，通过享受税法规定的优惠政策进行纳税筹划。

土地增值税的法定减免税项目如下：

（1）纳税人建造普通标准住宅出售，增值额未超过扣除项目金额 20% 的。普通标准住宅，是指按所在地一般民用住宅标准建造的居住用住宅。高级公寓、别墅、度假村等不属于普通标准住宅。普通标准住宅与其他住宅的具体划分界限由各省、自治区、直辖市人民政府规定。纳税人建造普通标准住宅出售，增值额未超过法定扣除项目金额 20% 的，免征土地增值税；增值额超过扣除项目金额 20% 的，应就其全部增值额按规定计税。

（2）因国家建设需要依法征收、征用、收回的房地产。因国家建设需要依法征收、征用、收回的房地产，是指因城市实施规划、国家建设的需要而被政府批准征收、征用的房地产或收回的土地使用权。因城市实施规划、国家建设的需要而搬迁，由纳税人自行转让原房地产的，比照本规定免征土地增值税。

（3）个人因工作调动或改善居住条件而转让原自用住房，经向税务机关申报核准，凡居住满5年或5年以上的，免予征收土地增值税；居住满3年未满5年的，减半征收土地增值税。居住未满3年的，按规定计征土地增值税。2008年11月1日起，居民个人转让住房一律免征土地增值税。

土地增值税的政策性减免税项目如下：

（1）对于以房地产进行投资、联营的，投资、联营的一方以土地（房地产）作价入股进行投资或作为联营条件，将房地产转让到所投资、联营的企业中时，暂免征收土地增值税。对投资、联营企业将上述房地产再转让的，应征收土地增值税。

（2）对于一方出地，一方出资金，双方合作建房，建成后按比例分房自用的，暂免征收土地增值税；建成后转让的，应征收土地增值税。

（3）在企业兼并中，对被兼并企业将房地产转让到兼并企业中的，暂免征收土地增值税。

（4）房产所有人、土地使用权所有人将房屋产权、土地使用权赠予直系亲属或承担直接赡养义务人的。

（5）房产所有人、土地使用权所有人通过中国境内非营利性社会团体、国家机关将房屋产权、土地使用权赠予教育、民政和其他社会福利、公益事业的。

（6）对个人之间互换自有居住用房地产的，经当地税务机关核实，可以免征土地增值税。

（7）对居民个人拥有的普通住宅，在其转让时暂免征收土地增值税。

（8）对信达、华融、长城和东方资产管理公司转让房地产取得的收入，免征土地增值税。

（9）大连证券破产财产被清算组用来清偿债务时，免征大连证券销售转让货物、不动产、无形资产、有价证券、票据等应缴纳的增值税、城市维护建设税、教育费附加和土地增值税。

（10）对被撤销金融机构财产用来清偿债务时，免征被撤销金融机构转让货物、不动产、无形资产、有价证券、票据等应缴纳的增值税、城市维护建设税、教育费附加和土地增值税。

（11）对东方资产管理公司在接收港澳国际（集团）有限公司的资产包括货物、不动产、有价证券等，免征东方资产管理公司销售转让该货物、不动产、有价证券等资产以及利用该货物、不动产从事融资租赁业务应缴纳的增值税、城市维护建设税、教育费附加和土地增值税。

（12）对港澳国际（集团）内地公司的资产，包括货物、不动产、有价证券、股权、债权等，在清理和被处置时，免征港澳国际（集团）内地公司销售转让该货物、不动产、有价证券、股权、债权等资产应缴纳的增值税、城市维护建设税、教育费附加和土地增值税。

（13）对港澳国际（集团）香港公司在中国境内的资产，包括货物、不动产、有价证券、股权、债权等，在清理和被处置时，免征港澳国际（集团）香港公司销售转让该货物、不动产、有价证券、股权、债权等资产应缴纳的增值税、预提所得税和土地增值税。

法律政策依据

（1）《中华人民共和国土地增值税暂行条例》（国务院 1993 年 12 月 13 日颁布，国务院令〔1993〕第 138 号，根据 2011 年 1 月 8 日国务院令第 588 号《国务院关于废止和修改部分行政法规的决定》修订）。

（2）《中华人民共和国土地增值税暂行条例实施细则》（财政部 1995 年 1 月 27 日发布，财法〔1995〕6 号）。

（3）《财政部 国家税务总局关于土地增值税一些具体问题规定的通知》（财政部 国家税务总局 1995 年 5 月 25 日发布，财税〔1995〕48 号）。

纳税筹划图

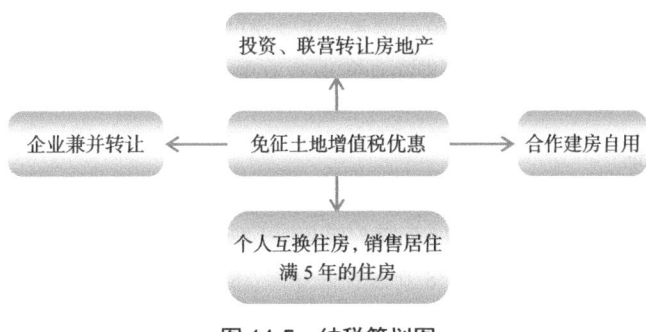

图 14-5 纳税筹划图

纳税筹划案例

【例 14-6】 某商贸公司需要购置一栋房屋，该房屋由某房地产公司购置土地并承建。该房地产公司预计建成该房屋的不含税售价为 1 000 万元，按照税法规定可扣除费用为 600 万元。土地增值率：400÷600=66.7%。该房地产公司需要缴纳土地增值税：400×40%–600×5%=130（万元）。不考虑其他税费，该房地产公司利润：1 000–600–130=270（万元）。请提出该企业的纳税筹划方案。

筹划方案

如果进行纳税筹划，可以令该商贸公司与该房地产公司合作建房，房地产公司出地，商贸公司出资 900 万元，建成以后商贸公司分得 95% 的房屋，房地产公司分得 5% 的房屋作为办公之用（以后可以出租给商贸公司）。该房地产公司的开发成本为 600 万元。不需要缴纳任何税费，不考虑企业所得税，该房地产公司的利润：900–600=300（万元）。该商贸公司出资 900 万元，获得 95% 的房屋，可以花费 50 万元承租房地产公司分得的 5% 的房产 50 年。需要缴纳房产税：1×12%×50=6（万元）。不考虑其他税费，经过纳税筹划该商贸公司降低 50 万元费用，该房地产公司减轻税收负担：300−215−6=79（万元）。

6. 开发多处房地产的纳税筹划

纳税筹划思路

房地产公司在同时开发多处房地产时，可以分别核算，也可以合并核算，两种方式所缴纳的税费是不同的，这就为企业选择核算方式提供了纳税筹划的空间。一般来讲，合并核算的税收利益大一些，但是也存在分别核算更有利的情况，具体如何核算，需要企业根据具体情况予以分析比较。

根据《国家税务总局关于房地产开发企业土地增值税清算管理有关问题的通知》（国税发〔2006〕187号）的规定，土地增值税以国家有关部门审批的房地产开发项目为单位进行清算，对于分期开发的项目，以分期项目为单位清算。开发项目中同时包含普通住宅和非普通住宅的，应分别计算增值额。因此，房地产开发企业需要在有关部门审批时确定房地产的开发项目。

法律政策依据

（1）《中华人民共和国土地增值税暂行条例》（国务院1993年12月13日颁布，国务院令〔1993〕第138号，根据2011年1月8日国务院令第588号《国务院关于废止和修改部分行政法规的决定》修订）。

（2）《中华人民共和国土地增值税暂行条例实施细则》（财政部1995年1月27日发布，财法〔1995〕6号）。

（3）《国家税务总局关于房地产开发企业土地增值税清算管理有关问题的通知》（国家税务总局2006年12月28日发布，国税发〔2006〕187号）。

纳税筹划图

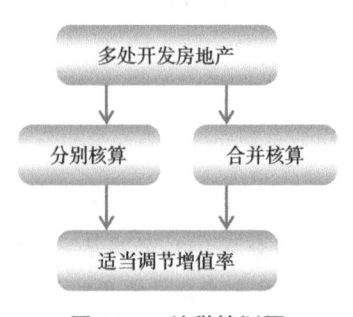

图14-6 纳税筹划图

纳税筹划案例

【例 14-7】 某房地产公司同时开发两处位于城区的房地产，第一处房地产不含税出售价格为 1 000 万元，根据税法规定可扣除的费用为 400 万元，第二处房地产不含税出售价格为 1 500 万元，根据税法规定可扣除的费用为 1 000 万元。该企业选择分别核算，请计算该企业应当缴纳的土地增值税并提出该企业的纳税筹划方案。

筹划方案

第一处房地产的增值率：600÷400=150%；应该缴纳土地增值税：600×50%−400×15%=240（万元）。第二处房地产的增值率：500÷1 000=50%；应该缴纳土地增值税：500×30%=150（万元）。该房地产公司的利润（不考虑其他税费）：1 000+1 500−400−1 000−240−150=710（万元）。

如果合并核算，两处房地产的出售价格为 2 500 万元，根据税法规定可扣除的费用为 1 400 万元，增值额为 1 100 万元，增值率为 78.6%（1 100÷1 400）。应该缴纳土地增值税：1 100×40%−1 400×5%=370（万元）。不考虑其他税费，该房地产公司的利润：2 500−1 100−370=1 030（万元）。由此可见，该纳税筹划减轻税收负担：1 030−710=320（万元）。

7. 通过费用分别核算的纳税筹划

纳税筹划思路

房地产开发企业在经营房产租赁业务的过程中，如果出租的房屋包括很多家具、家电以及其他代收费用，就应该考虑通过对这些费用分别核算进行纳税筹划。根据《增值税暂行条例》的规定，用于非增值税应税项目的购进货物或者应税劳务的进项税额不能抵扣，因此，如果对这些费用不分别核算和收取的话，这些费用所包含的进项税额是不能抵扣的，这样，无形中就加重了企业的税收负担，也增加了出租房屋的成本。分别核算和收取费用则可以将其中所包含的增值税进项税额予以抵扣。

法律政策依据

（1）《中华人民共和国增值税暂行条例》（1993 年 12 月 13 日国务院令第 134 号公布，2008 年 11 月 5 日国务院第 34 次常务会议修订通过，根据 2016 年 2 月 6 日《国务院关于修改部分行政法规的决定》第一次修订，根据 2017 年 11 月 19 日《国务院关于废止〈中华人民共和国营业税暂行条例〉和修改〈中华人民共和国增值税暂行条例〉的决定》第二次修订）。

（2）《中华人民共和国增值税暂行条例实施细则》（财政部 国家税务总局第 50 号令，根据 2011 年 10 月 28 日《关于修改〈中华人民共和国增值税暂行条例实施细则〉和〈中华人民共和国营业税暂行条例实施细则〉的决定》修订）。

纳税筹划图

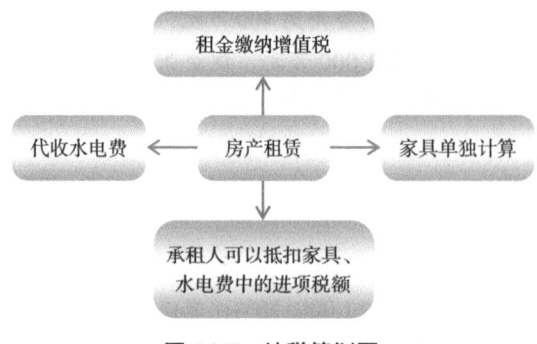

图 14-7 纳税筹划图

纳税筹划案例

【例 14-8】 某房地产开发企业兼营房屋出租、建筑材料销售、房屋装修业务，属于增值税一般纳税人。该企业于 2021 年将位于市区的一栋房屋出租，承租人为某商贸公司，租金为每年不含税 200 万元，租期为 6 年，租金中包含简单的家具、空调，并包含电话费、水电费。该房地产企业当年购置的家具、空调价格为 18 万元，预计使用年限为 6 年。预计每年所支付的电话费为 8 万元，水费为 6 万元，电费为 8 万元。该房地产开发企业所应缴纳的房产税：200×12%＝24（万元），家具、空调的每年使用成本：18÷6＝3（万元），电话费、水费电费合计 22 万元。不考虑房屋本身的折旧及其他税费，该房地产企业每年的净利润：200－24－3－22＝151（万元）。请提出该企业的纳税筹划方案。

筹划方案

如果该房地产开发企业进行纳税筹划，那么要使房屋租金仅包括房屋本身的使用费，将家具和空调的出租改为出售，将电话费和水电费改为代收。该企业可以将房屋租金降低为每年不含增值税 174 万元，将家具、空调等出售给该商贸公司，每年收取费用 3 万元，电话费、水电费改为代收。这样，该房地产企业应缴纳的房产税：174×12%＝20.88（万元）。不考虑其他成本和税费，该房地产企业的利润：174＋3－20.88＝156.12（万元）。对于该商贸公司而言，支付租金中所包含的增值税可以扣除，因此，该商贸公司每年所需费用：174＋3＋8＋6＋8＝199（万元）。经过纳税筹划，该房地产开发企业增加利润：156.12－151＝5.12（万元）。该商贸公司减轻负担：200－199＝1（万元）。

8. 将出租变为投资的纳税筹划

纳税筹划思路

企业将其所拥有的房产出租,需要缴纳增值税、房产税、城市维护建设税、教育费附加和所得税,承租企业需要支付房租。对于双方来讲,其成本都是比较大的,如果能够将出租改为投资,则双方都有可能从中受益,因为免除了增值税、城市维护建设税和教育费附加。

按照法律规定或者合同约定,两个或两个以上企业合并为一个企业,且原企业投资主体存续的,对原企业将房地产转移、变更到合并后的企业,暂不征土地增值税。按照法律规定或者合同约定,企业分设为两个或两个以上与原企业投资主体相同的企业,对原企业将房地产转移、变更到分立后的企业,暂不征土地增值税。单位、个人在改制重组时以房地产作价入股进行投资,对其将房地产转移、变更到被投资的企业,暂不征土地增值税。上述改制重组有关土地增值税政策不适用于房地产转移任意一方为房地产开发企业的情形。

根据《国家税务总局关于房地产开发企业土地增值税清算管理有关问题的通知》(国税发〔2006〕187号)的规定,房地产开发企业将开发产品用于职工福利、奖励、对外投资、分配给股东或投资人、抵偿债务、换取其他单位和个人的非货币性资产等,发生所有权转移时应视同销售房地产,其收入按下列方法和顺序确认:① 按本企业在同一地区、同一年度销售的同类房地产的平均价格确定;② 由主管税务机关参照当地当年、同类房地产的市场价格或评估价值确定。

由此可见,房地产开发企业将房地产对外投资,需要视同销售,缴纳土地增值税,而其他企业将房地产对外投资仍可以免征土地增值税。

法律政策依据

(1)《中华人民共和国土地增值税暂行条例》(国务院1993年12月13日颁布,国务院令〔1993〕第138号,根据2011年1月8日国务院令第588号《国务院关于废止和修改部分行政法规的决定》修订)。

(2)《中华人民共和国土地增值税暂行条例实施细则》(财政部1995年1月27日发布,财法〔1995〕6号)。

(3)《国家税务总局关于房地产开发企业土地增值税清算管理有关问题的通知》(国家税务总局2006年12月28日发布,国税发〔2006〕187号)。

(4)《财政部 国家税务总局关于继续实施企业改制重组有关土地增值税政策的公告》(财政部 税务总局公告2021年第21号)。

纳税筹划图

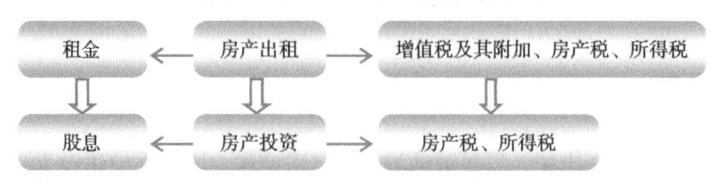

```
租金 ← 房产出租 → 增值税及其附加、房产税、所得税
  ⇓         ⇓              ⇓
股息 ← 房产投资 → 房产税、所得税
```

图 14-8　纳税筹划图

纳税筹划案例

【例 14-9】 位于城区的甲公司将其拥有的一套房屋出租给某商贸公司，租期 10 年，每年租金为不含增值税 200 万元。甲公司需要缴纳房产税：200×12%=24（万元）；企业所得税：（200-24）×25%=44（万元）。不考虑其他成本与税费，甲公司的税后净利润：200-24-44=132（万元）。该商贸公司所支付的租金可以在缴纳企业所得税前扣除，假设该商贸公司不考虑租金的税前利润为 X（万元），则该商贸公司的税后利润：（X-200）×（1-25%）= 75%X-150（万元）。请提出该企业的纳税筹划方案。

筹划方案

如果进行纳税筹划，将甲公司房屋出租改为投资，该房屋作价 1 000 万元投资入股，占有该商贸公司 α% 的股份，预计 α% 的股份每年可以分得税后利润 140 万元。假设该商贸公司所适用的企业所得税税率为 25%，则甲公司每年的净收益为 140 万元（该 140 万元利润不用缴纳企业所得税），比纳税筹划前增加净利润：140-132= 8（万元）。该商贸公司每年减轻了 200 万元的租金支出，但是 1 000 万元的房屋需要缴纳房产税：1 000×（1-30%）×1.2%=8.4（万元）。假设该商贸公司的税前利润和纳税筹划前相同，则该商贸公司的税后利润：（X-8.4）×（1-25%）-135=75%X-141.3（万元）。与纳税筹划前相比，该商贸公司增加净利润：（75%X-141.3）-（75%X-150）= 8.7（万元）。

9. 通过两次销售房地产的纳税筹划

纳税筹划思路

房地产销售所负担的税收主要是土地增值税和所得税，而土地增值税是超率累进税率，即房地产的增值率越高，所适用的税率也越高，因此，如果有可能分解房地产销售的价格，从而降低房地产的增值率，则房地产销售所承担的土地增值税就可以大大降低。由于很多房地产在出售时已经进行了简单装修，因此，可以从简单装修上做文章，将其作为单独的业务独立核算，这样就可以通过两次销售房地产进行纳税筹划。

法律政策依据

（1）《中华人民共和国土地增值税暂行条例》（国务院 1993 年 12 月 13 日颁布，国务院令〔1993〕第 138 号，根据 2011 年 1 月 8 日国务院令第 588 号《国务院关于废止和修改部分行政法规的决定》修订）。

（2）《中华人民共和国土地增值税暂行条例实施细则》（财政部 1995 年 1 月 27 日发布，财法〔1995〕6 号）。

纳税筹划图

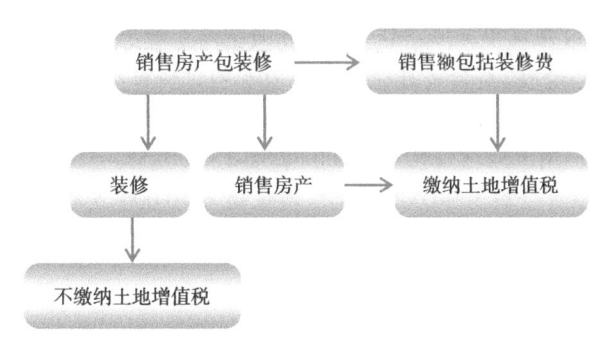

图 14-9　纳税筹划图

纳税筹划案例

【例 14-10】　某房地产公司出售一栋房屋，房屋不含增值税总售价为 1 000 万元，该房屋进行了简单装修并安装了简单必备设施。根据相关税法的规定，该房地产开发业务允许扣除的费用为 400 万元，增值额为 600 万元。该房地产公司应该缴纳土地增值税、印花税和企业所得税。土地增值率：600÷400=150%。根据《土地增值税暂行条例实施细则》第 10 条的规定，增值额超过扣除项目金额 100%、未超过 200%的，土地增值税税额=增值额×50%-扣除项目金额×15%。因此，应当缴纳土地增值税：600×50%-400×15%=240（万元）。不考虑其他税费，该房地产公司的利润为：1 000-400-240=360（万元）。请提出该企业的纳税筹划方案。

筹划方案

如果进行纳税筹划，将该房屋的出售分为两个合同，第一个合同为房屋出售合同，不包括装修费用，房租不含增值税出售价格为 700 万元，允许扣除的成本为 300 万元；第二个合同为房屋装修合同，不含税装修费用 300 万元，允许扣除的成本为 100 万元，则土地增值率：400÷300=133%；应该缴纳土地增值税：400×50%-300×15%=155（万元）。不考虑其他税费，该

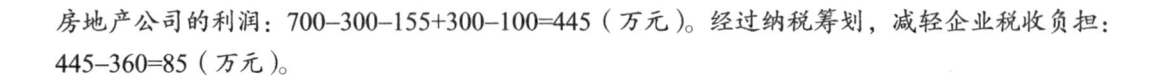

房地产公司的利润：700−300−155+300−100=445（万元）。经过纳税筹划，减轻企业税收负担：445−360=85（万元）。

纳税筹划案例

【例 14-11】 甲房地产公司开发一处房地产。经测算，转让房地产取得不含税收入 40 000 万元，计算增值额允许扣除的金额为 15 000 万元，增值额为 25 000 万元，增值率为 167%，适用税率为 50%，速算扣除系数为 15%，应纳土地增值税：25 000×50%−15 000×15%=10 250（万元）。请提出纳税筹划方案。

筹划方案

如果进行纳税筹划，建议甲房地产公司的股东再成立乙房地产公司。甲公司在项目建成后，以 30 000 万元销售给乙公司，乙公司再以 40 000 万元的价格对外销售。甲公司的收入为 30 000 万元，扣除项目金额为 15 000 万元，增值额为 15 000 万元，增值率为 100%，适用税率为 40%，速算扣除系数为 5%，应纳土地增值税：15 000×40%−15 000×5%=5 250（万元）。乙公司的收入为 40 000 万元，扣除项目金额为 30 000 万元，增值额为 10 000 万元，增值率为 30%，适用税率为 30%，应纳土地增值税：10 000×30%=3 000（万元）。两家公司合计纳税 8 250 万元，节税 2 000 万元。

10．将房产销售改为股权转让的纳税筹划

纳税筹划思路

自 2021 年 1 月 1 日至 2023 年 12 月 31 日，企业按照《中华人民共和国公司法》有关规定整体改制，包括非公司制企业改制为有限责任公司或股份有限公司，有限责任公司变更为股份有限公司，股份有限公司变更为有限责任公司，对改制前的企业将国有土地使用权、地上的建筑物及其附着物（以下称房地产）转移、变更到改制后的企业，暂不征土地增值税。整体改制是指不改变原企业的投资主体，并承继原企业权利、义务的行为。

按照法律规定或者合同约定，两个或两个以上企业合并为一个企业，且原企业投资主体存续的，对原企业将房地产转移、变更到合并后的企业，暂不征土地增值税。

按照法律规定或者合同约定，企业分设为两个或两个以上与原企业投资主体相同的企业，对原企业将房地产转移、变更到分立后的企业，暂不征土地增值税。

单位、个人在改制重组时以房地产作价入股进行投资，对其将房地产转移、变更到被投资的企业，暂不征土地增值税。

上述改制重组有关土地增值税政策不适用于房地产转移任意一方为房地产开发企业的情形。

改制重组后再转让房地产并申报缴纳土地增值税时，对"取得土地使用权所支付的金额"，

按照改制重组前取得该宗国有土地使用权所支付的地价款和按国家统一规定缴纳的有关费用确定；经批准以国有土地使用权作价出资入股的，为作价入股时县级及以上自然资源部门批准的评估价格。按购房发票确定扣除项目金额的，按照改制重组前购房发票所载金额并从购买年度起至本次转让年度止每年加计5%计算扣除项目金额，购买年度是指购房发票所载日期的当年。

不改变原企业投资主体、投资主体相同，是指企业改制重组前后出资人不发生变动，出资人的出资比例可以发生变动；投资主体存续，是指原企业出资人必须存在于改制重组后的企业，出资人的出资比例可以发生变动。

根据《财政部 国家税务总局关于全面推开营业税改征增值税试点的通知》（财税〔2016〕36号）所附《营业税改征增值税试点有关事项的规定》，在资产重组过程中，通过合并、分立、出售、置换等方式，将全部或者部分实物资产以及与其相关联的债权、负债和劳动力一并转让给其他单位和个人，其中涉及的不动产、土地使用权转让行为，不征收增值税。

企业可以充分利用上述税收政策来进行纳税筹划。

法律政策依据

（1）《中华人民共和国土地增值税暂行条例》（国务院1993年12月13日颁布，国务院令〔1993〕第138号，根据2011年1月8日国务院令第588号《国务院关于废止和修改部分行政法规的决定》修订）。

（2）《中华人民共和国土地增值税暂行条例实施细则》（财政部1995年1月27日发布，财法〔1995〕6号）。

（3）《财政部 国家税务总局关于继续实施企业改制重组有关土地增值税政策的公告》（财政部 税务总局公告2021年第21号）。

（4）《财政部 国家税务总局关于全面推开营业税改征增值税试点的通知》（财税〔2016〕36号）。

纳税筹划图

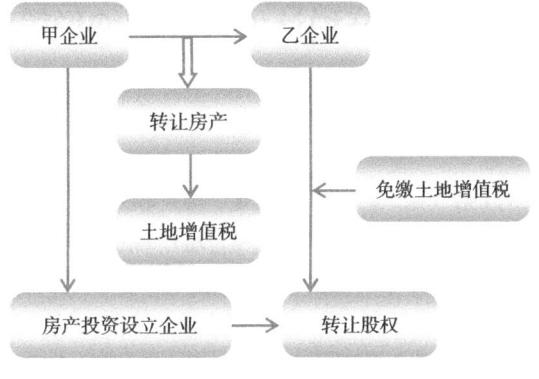

图 14-10 纳税筹划图

纳税筹划案例

【例 14-12】 某房地产开发公司与某酒店投资公司签订协议，建造一处五星级酒店。工程由该房地产开发公司按照该酒店投资公司的要求进行施工、建造。工程决算后，该酒店投资公司以 140 000 万元的不含税价格购买该酒店。该房地产开发公司需要支付土地出让金 20 000 万元，房地产开发成本 70 000 万元，房地产开发费用 4 500 万元，利息支出 5 000 万元，城建税为 7%。当地政府允许扣除的房地产开发费用，按照取得土地使用权和开发成本金额之和的 5% 以内计算扣除。请计算该房地产开发公司应当缴纳的土地增值税和企业所得税，并提出纳税筹划方案。

筹划方案

该房地产开发公司取得土地使用权支付成本 20 000 万元、房地产开发成本 70 000 万元。房地产开发费用合计：(20 000+70 000)×5%+5 000=9 500（万元）；房地产加计扣除费用：(20 000+70 000)×20%=18 000（万元）；允许扣除项目合计：20 000+70 000+9 500+18 000+7 000+700=125 200（万元）；增值额：140 000–125 200=14 800（万元）；增值率：14 800÷125 200×100%=11.82%；应当缴纳土地增值税：14 800×30%=4 440（万元）。

不考虑其他税费，该房地产开发公司利润总额：140 000 –（20 000+70 000）– 9 500–4 440= 36 060（万元）；应当缴纳企业所得税：36 060×25%=9 015（万元）。该房地产开发公司的净利润：36 060–9 015=27 045（万元）。

该房地产开发公司可以出资 100 000 万元投资组建全资子公司——甲公司，由甲公司购置土地并自行建造该酒店，需要支付土地价款 20 000 万元、房地产开发成本 70 000 万元、房地产开发费用 9 500 万元。建成之后，该房地产开发公司再将甲公司以 140 000 万元的价格转让给该酒店投资企业。该房地产开发公司需要缴纳印花税：140 000×5‰=70（万元）；企业所得税后利润：(140 000–100 000–70)×(1–25%)=299 47.5（万元）；增加利润：29 947.5–27 045=2 902.5（万元）。

11. 转换房产税计税方式的纳税筹划

纳税筹划思路

根据《房产税暂行条例》第 3 条、第 4 条的规定，房产税依照房产原值一次减除 10%～30% 后的余值计算缴纳。房产出租的，以房产租金收入为房产税的计税依据。房产税的税率，依照房产余值计算缴纳的，税率为 1.2%；依照房产租金收入计算缴纳的税率为 12%。两种方式计算出来的应纳税额有时候存在很大差异，在这种情况下，就存在纳税筹划的空间。企业可以适当将出租业务转变为承包业务而避免采用依照租金计算房产税的方式。

法律政策依据

《中华人民共和国房产税暂行条例》（国务院 1986 年 9 月 15 日颁布，国发〔1986〕90 号，根据 2011 年 1 月 8 日国务院令第 588 号《国务院关于废止和修改部分行政法规的决定》修订）。

纳税筹划图

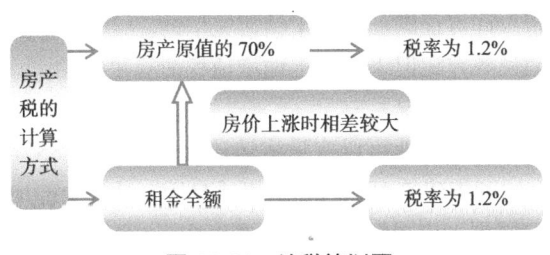

图 14-11 纳税筹划图

纳税筹划案例

【例 14-13】 某房地产公司将其所拥有的一处位于市中心的房屋出租，不含税租金为每年 20 万元，该房屋的原值为 100 万元。该房地产公司应该缴纳房产税：20×12%=2.4（万元）。不考虑其他税费，该房地产公司的利润：20–2.4=17.6（万元）。请提出该企业的纳税筹划方案。

筹划方案

如果进行纳税筹划，该房地产公司将该房屋变成自己的一个分支机构，并且将该分支机构承包给某商贸企业，承包费为每年 20 万元。由于该房屋没有进行出租，不能按照租金计算房产税，应该按照房产原值计算房产税。应纳房产税：100×（1–30%）×1.2%=0.84（万元）。不考虑其他税费，该房地产公司的利润：20–0.84=19.16（万元）。该纳税筹划减轻企业税收负担：19.16–17.6=1.56（万元）。

12. 土地增值税清算中的纳税筹划

纳税筹划思路

从 2007 年 2 月 1 日起，税务机关开展了土地增值税清算工作。根据《国家税务总局关于房地产开发企业土地增值税清算管理有关问题的通知》（国税发〔2006〕187 号）的规定，土地增值税以国家有关部门审批的房地产开发项目为单位进行清算，对于分期开发的项目，以分期项目为单位清算。开发项目中同时包含普通住宅和非普通住宅的，应分别计算增值额。

符合下列情形之一的，纳税人应进行土地增值税的清算：

（1）房地产开发项目全部竣工、完成销售的。

（2）整体转让未竣工决算房地产开发项目的。

（3）直接转让土地使用权的。

符合下列情形之一的，主管税务机关可要求纳税人进行土地增值税清算：

（1）已竣工验收的房地产开发项目，已转让的房地产建筑面积占整个项目可售建筑面积的比例在85%以上，或该比例虽未超过85%，但剩余的可售建筑面积已经出租或自用的。

（2）取得销售（预售）许可证满三年仍未销售完毕的。

（3）纳税人申请注销税务登记但未办理土地增值税清算手续的。

（4）省税务机关规定的其他情况。

根据上述政策，房地产开发企业可以有意将转让比例控制在85%以下即可规避清算。另外，上述规定中的"剩余的可售建筑面积已经出租或自用"是指全部出租还是部分出租并未明确，根据法律解释的一般原则，应当解释为"全部出租"，房地产开发企业很容易通过预留一部分房屋的方式来规避上述规定。

房地产开发企业将开发产品用于职工福利、奖励、对外投资、分配给股东或投资人、抵偿债务、换取其他单位和个人的非货币性资产等，发生所有权转移时应视同销售房地产，其收入按下列方法和顺序确认：

（1）按本企业在同一地区、同一年度销售的同类房地产的平均价格确定。

（2）由主管税务机关参照当地当年、同类房地产的市场价格或评估价值确定。

房地产开发企业将开发的部分房地产转为企业自用或用于出租等商业用途时，如果产权未发生转移，不征收土地增值税，在税款清算时不列收入，不扣除相应的成本和费用。根据上述政策，如果不发生所有权转移，就不视同销售房地产，因此，房地产开发企业完全可以通过不办理产权转让手续，而仅将房地产的实际占有使用权用于职工福利、奖励、对外投资、分配给股东或投资人、抵偿债务、换取其他单位和个人的非货币性资产等，从而就规避了上述"视同销售"的规定。另外，房地产开发企业通过长期以租代售（如50年租赁）方式转让房地产就可以规避清算，上述规定实际上给企业提供了避税的渠道。

房地产开发企业办理土地增值税清算时计算与清算项目有关的扣除项目金额，应根据《土地增值税暂行条例》第6条及《土地增值税暂行条例实施细则》第7条的规定执行。除另有规定外，扣除取得土地使用权所支付的金额、房地产开发成本、费用及与转让房地产有关税金，需提供合法有效凭证；不能提供合法有效凭证的，不予扣除。房地产开发企业办理土地增值税清算所附送的前期工程费、建筑安装工程费、基础设施费、开发间接费用的凭证或资料不符合清算要求或不实的，地方税务机关可参照当地建设工程造价管理部门公布的建安造价定额资料，结合房屋结构、用途、区位等因素，核定上述四项开发成本的单位面积金额标准，并据以计算扣除。具体核定方法由省税务机关确定。房地产开发企业开发建造的与清算项目配套的居委会和派出所用房、会所、停车场（库）、物业管理场所、变电站、热力站、水厂、文体场馆、学校、幼儿园、托儿所、医院、邮电通信等公共设施，按以下原则处理：

（1）建成后产权属于全体业主所有的，其成本、费用可以扣除。

（2）建成后无偿移交给政府、公用事业单位用于非营利性社会公共事业的，其成本、费用可以扣除。

（3）建成后有偿转让的，应计算收入，并准予扣除成本、费用。

房地产开发企业销售已装修的房屋，其装修费用可以计入房地产开发成本。房地产开发企业的预提费用，除另有规定外，不得扣除。属于多个房地产项目共同的成本费用，应按清算项目可售建筑面积占多个项目可售总建筑面积的比例或其他合理的方法，计算确定清算项目的扣除金额。

符合应进行土地增值税清算条件的纳税人，需在满足清算条件之日起 90 日内到主管税务机关办理清算手续；符合主管税务机关可要求进行土地增值税清算条件的纳税人，需在主管税务机关限定的期限内办理清算手续。纳税人办理土地增值税清算应报送以下资料：

（1）房地产开发企业清算土地增值税书面申请、土地增值税纳税申报表。

（2）项目竣工决算报表、取得土地使用权所支付的地价款凭证、国有土地使用权出让合同、银行贷款利息结算通知单、项目工程合同结算单、商品房购销合同统计表等与转让房地产的收入、成本和费用有关的证明资料。

（3）主管税务机关要求报送的其他与土地增值税清算有关的证明资料等。纳税人委托税务中介机构审核鉴证的清算项目，还应报送中介机构出具的《土地增值税清算税款鉴证报告》。

税务中介机构受托对清算项目审核鉴证时，应按税务机关规定的格式对审核鉴证情况出具鉴证报告。对符合要求的鉴证报告，税务机关可以采信。税务机关要对从事土地增值税清算鉴证工作的税务中介机构在准入条件、工作程序、鉴证内容、法律责任等方面提出明确要求，并做好必要的指导和管理工作。

房地产开发企业有下列情形之一的，税务机关可以参照与其开发规模和收入水平相近的当地企业的土地增值税税负情况，按不低于预征率的征收率核定征收土地增值税：

（1）依照法律、行政法规的规定应当设置但未设置账簿的。

（2）擅自销毁账簿或者拒不提供纳税资料的。

（3）虽设置账簿，但账目混乱或者成本资料、收入凭证、费用凭证残缺不全，难以确定转让收入或扣除项目金额的。

（4）符合土地增值税清算条件，未按照规定的期限办理清算手续，经税务机关责令限期清算，逾期仍不清算的。

（5）申报的计税依据明显偏低，又无正当理由的。

在土地增值税清算时未转让的房地产，清算后销售或有偿转让的，纳税人应按规定进行土地增值税的纳税申报，扣除项目金额按清算时的单位建筑面积成本费用乘以销售或转让面积计算。计算公式为：

单位建筑面积成本费用=清算时的扣除项目总金额÷清算的总建筑面积

这一规定使得房地产开发企业在清算后销售的房地产可以按照清算时的平均费用予以扣除，但清算后销售房地产的费用并不一定等于清算时的平均费用，这就会给房地产开发企业提供通过调控清算前后扣除费用来减轻纳税义务的空间。

法律政策依据

（1）《中华人民共和国土地增值税暂行条例》（国务院1993年12月13日颁布，国务院令〔1993〕第138号，根据2011年1月8日国务院令第588号《国务院关于废止和修改部分行政法规的决定》修订）第6条。

（2）《中华人民共和国土地增值税暂行条例实施细则》（财政部1995年1月27日发布，财法〔1995〕6号）第7条。

（3）《国家税务总局关于房地产开发企业土地增值税清算管理有关问题的通知》（国家税务总局2006年12月28日发布，国税发〔2006〕187号）。

（4）《土地增值税清算管理规程》（国税发〔2009〕91号）。

纳税筹划图

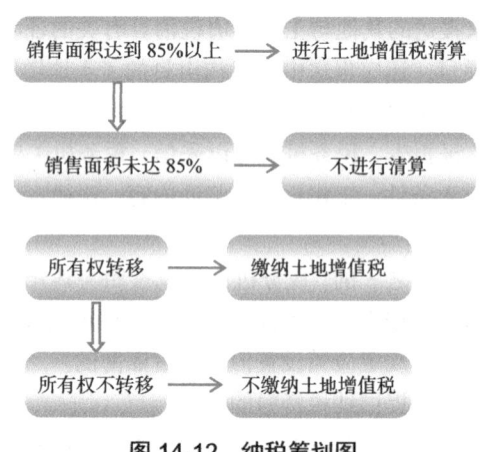

图14-12 纳税筹划图

纳税筹划案例

【例14-14】 某房地产开发企业2017年1月取得房产销售许可证，开始销售房产。2020年年底已经销售了86%的房产，经过企业内部初步核算，该企业需要缴纳土地增值税8 000万元。目前该企业已经预缴土地增值税2 000万元。该企业应当如何进行纳税筹划。

筹划方案

根据《国家税务总局关于房地产开发企业土地增值税清算管理有关问题的通知》（国税发〔2006〕187号）的规定，已竣工验收的房地产开发项目，已转让的房地产建筑面积占整个项目可售建筑面积的比例在85%以上的，主管税务机关可要求纳税人进行土地增值税清算。如果该企业进行土地增值税清算，则需要在2021年年初补缴6 000万元的税款。如果该企业有意控制房产销售的速度和规模，将销售比例控制在84%，剩余的房产可以留待以后销售或者用于出租，该企业就可以避免在2021年年初进行土地增值税的清算，可以将清算时间推迟到2022年年初，这样就相当于该企业获得了6 000万元资金的一年期无息贷款。假设一年期资金成本为7%，则该纳税筹划为企业节约利息：6 000×7%=420（万元）。

第 15 章

出版企业如何进行纳税筹划

1. 利用增值税低税率和先征后返政策的纳税筹划

纳税筹划思路

国家为了鼓励某些种类的出版物，而对其规定了一些特殊的优惠政策，该政策就是增值税的先征后返，实际上相当于免征增值税。而增值税对企业来讲是一个重要的税收负担，免除了这一税收负担，企业就可以获得更大的税后利益。

根据《财政部 税务总局关于延续宣传文化增值税优惠政策的公告》（财政部 税务总局公告2021年第10号）的规定，自2021年1月1日起至2023年12月31日，执行下列增值税先征后退政策。

对下列出版物在出版环节执行增值税100%先征后退的政策：

（1）中国共产党和各民主党派的各级组织的机关报纸和机关期刊，各级人大、政协、政府、工会、共青团、妇联、残联、科协的机关报纸和机关期刊，新华社的机关报纸和机关期刊，军事部门的机关报纸和机关期刊。上述各级组织不含其所属部门。机关报纸和机关期刊增值税先征后退范围掌握在一个单位一份报纸和一份期刊以内。

（2）专为少年儿童出版发行的报纸和期刊，中小学的学生教科书。

（3）专为老年人出版发行的报纸和期刊。

（4）少数民族文字出版物。

（5）盲文图书和盲文期刊。

（6）经批准在内蒙古、广西、西藏、宁夏、新疆五个自治区内注册的出版单位出版的出版物。

（7）列入该公告附件1的图书、报纸和期刊。

对下列出版物在出版环节执行增值税先征后退50%的政策：

（1）各类图书、期刊、音像制品、电子出版物，但本公告第一条第（一）项规定执行增值税 100%先征后退的出版物除外。

（2）列入该公告附件 2 的报纸。

对下列印刷、制作业务执行增值税 100%先征后退的政策：

（1）对少数民族文字出版物的印刷或制作业务。

（2）列入该公告附件 3 的新疆维吾尔自治区印刷企业的印刷业务。

自 2021 年 1 月 1 日起至 2023 年 12 月 31 日，免征图书批发、零售环节增值税。

自 2021 年 1 月 1 日起至 2023 年 12 月 31 日，对科普单位的门票收入，以及县级及以上党政部门和科协开展科普活动的门票收入免征增值税。

享受该公告规定的增值税先征后退政策的纳税人，必须是具有相关出版物出版许可证的出版单位（含以"租型"方式取得专有出版权进行出版物印刷发行的出版单位）。承担省级及以上出版行政主管部门指定出版、发行任务的单位，因进行重组改制等原因尚未办理出版、发行许可证变更的单位，经财政部各地监管局（简称财政监管局）商省级出版行政主管部门核准，可以享受相应的增值税先征后退政策。

纳税人应当将享受上述税收优惠政策的出版物在财务上实行单独核算，不进行单独核算的不得享受本公告规定的优惠政策。违规出版物、多次出现违规的出版单位及图书批发零售单位不得享受本公告规定的优惠政策。上述违规出版物、出版单位及图书批发零售单位的具体名单由省级及以上出版行政主管部门及时通知相应财政监管局和主管税务机关。

已按软件产品享受增值税退税政策的电子出版物不得再按该公告申请增值税先征后退政策。

该公告规定的各项增值税先征后退政策由财政监管局根据财政部、税务总局、中国人民银行《关于税制改革后对某些企业实行"先征后退"有关预算管理问题的暂行规定的通知》〔(94)财预字第 55 号〕的规定办理。

该公告所述"出版物"，是指根据国务院出版行政主管部门的有关规定出版的图书、报纸、期刊、音像制品和电子出版物。所述图书、报纸和期刊，包括随同图书、报纸、期刊销售并难以分离的光盘、软盘和磁带等信息载体。

图书、报纸、期刊（杂志）的范围，按照《国家税务总局关于印发〈增值税部分货物征税范围注释〉的通知》（国税发〔1993〕151 号）的规定执行；音像制品、电子出版物的范围，按照《财政部 税务总局关于简并增值税税率有关政策的通知》（财税〔2017〕37 号）的规定执行。

该公告所述"专为少年儿童出版发行的报纸和期刊"，是指以初中及初中以下少年儿童为主要对象的报纸和期刊。

该公告所述"中小学的学生教科书"，是指普通中小学学生教科书和中等职业教育教科书。普通中小学学生教科书是指根据中小学国家课程方案和课程标准编写的，经国务院教育行政部门审定或省级教育行政部门审定的，由取得国务院出版行政主管部门批准的教科书出版、发行资质的单位提供的中小学学生上课使用的正式教科书，具体操作时按国务院和省级教育行政部门每年下达的"中小学教学用书目录"中所列"教科书"的范围掌握。中等职业教育教科书是指按国家规定设置标准和审批程序批准成立并在教育行政部门备案的中等职业学校，及在人力资源社会保障行政部门备案的技工学校学生使用的教科书，具体操作时按国务院和省级教育、人力资源社会保障行政部门发布的教学用书目录认定。中小学的学生教科书不包括各种形式的教学参考书、图册、读本、课外读物、练习册以及其他各类教辅材料。

该公告所述"专为老年人出版发行的报纸和期刊",是指以老年人为主要对象的报纸和期刊,具体范围见该公告附件4。

该公告第一条第(一)项和第(二)项规定的图书包括"租型"出版的图书。

该公告所述"科普单位",是指科技馆、自然博物馆,对公众开放的天文馆(站、台)、气象台(站)、地震台(站),以及高等院校、科研机构对公众开放的科普基地。

该公告所述"科普活动",是指利用各种传媒以浅显的、让公众易于理解、接受和参与的方式,向普通大众介绍自然科学和社会科学知识,推广科学技术的应用,倡导科学方法,传播科学思想,弘扬科学精神的活动。

法律政策依据

(1)《中华人民共和国增值税暂行条例》(1993年12月13日国务院令第134号公布,2008年11月5日国务院第34次常务会议修订通过,根据2016年2月6日《国务院关于修改部分行政法规的决定》第一次修订,根据2017年11月19日《国务院关于废止〈中华人民共和国营业税暂行条例〉和修改〈中华人民共和国增值税暂行条例〉的决定》第二次修订)。

(2)《中华人民共和国增值税暂行条例实施细则》(财政部 国家税务总局第50号令)。

(3)《财政部 税务总局关于延续宣传文化增值税优惠政策的公告》(财政部 税务总局公告2021年第10号)。

纳税筹划图

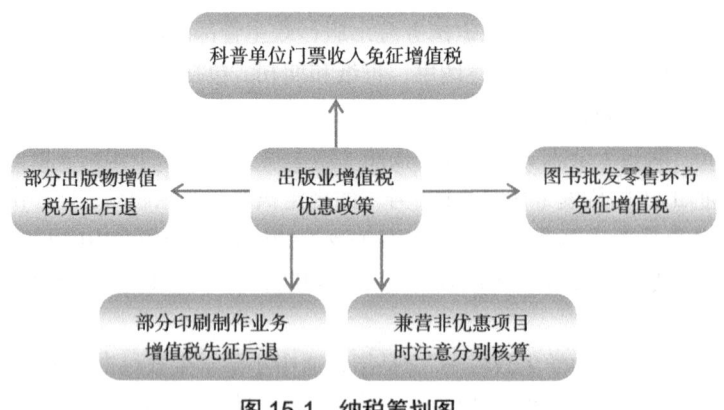

图 15-1 纳税筹划图

纳税筹划案例

【例 15-1】 某出版社所出版的图书以中小学的学生课本为主,但同时还出版部分其他种类的图书。在2021年2月初缴纳1月的增值税时,由于其中小学的学生课本与其他种类的图书没有分别核算,导致其无法享受针对中小学学生课本的增值税先征后退政策。请提出纳税筹划方案。

筹划方案

2021年1月该出版社进项税额为10万元，销项税额为30万元，应当缴纳增值税20万元。其中估计有80%属于中小学学生课本所负担的增值税。由此，该出版社1月多缴增值税：20×80%=16（万元）。自2021年2月起，该出版社对中小学课本和其他图书进行分别核算，由此，一年减轻税收负担近200万元。

2. 利用图书销售免增值税优惠政策的纳税筹划

纳税筹划思路

根据《财政部 国家税务总局关于继续执行宣传文化增值税和营业税优惠政策的通知》（财税〔2011〕92号）的规定，自2011年1月1日起至2012年12月31日止，对下列新华书店执行增值税免税或先征后退政策：

（1）对全国县（含县级市、区、旗，下同）及县以下新华书店和农村供销社在本地销售的出版物免征增值税。对新华书店组建的发行集团或原新华书店改制而成的连锁经营企业，其县及县以下网点在本地销售的出版物，免征增值税。县及县以下新华书店包括地、县两级合二为一的新华书店，不包括位于市（含直辖市、地级市）所辖的区中的新华书店。

（2）对新疆维吾尔自治区新华书店、乌鲁木齐市新华书店和克拉玛依市新华书店销售的出版物执行增值税100%先征后退的政策。

对依上述规定免征或退还的增值税税款应专项用于发行网点建设和信息系统建设。

出版企业可以利用这一优惠政策到农村设置新华书店或者与农村供销社合作销售出版物。

根据《财政部 税务总局关于延续宣传文化增值税优惠政策的公告》（财政部 税务总局公告2021年第10号）等文件的规定，自2013年1月1日起至2023年12月31日止，免征图书批发、零售环节增值税。在此期间，所有书店均可享受该项优惠政策。纳税人在准备从事图书批发、零售业务与其他业务之前，应充分考虑到该项免征增值税的优惠政策。

法律政策依据

（1）《中华人民共和国增值税暂行条例》（1993年12月13日国务院令第134号公布，2008年11月5日国务院第34次常务会议修订通过，根据2016年2月6日《国务院关于修改部分行政法规的决定》第一次修订，根据2017年11月19日《国务院关于废止〈中华人民共和国营业税暂行条例〉和修改〈中华人民共和国增值税暂行条例〉的决定》第二次修订）。

（2）《中华人民共和国增值税暂行条例实施细则》（财政部 国家税务总局第50号令，根据2011年10月28日《关于修改〈中华人民共和国增值税暂行条例实施细则〉和〈中华人民共和国营业税暂行条例实施细则〉的决定》修订）。

（3）《财政部 税务总局关于延续宣传文化增值税优惠政策的公告》（财政部 税务总局公告2021年第10号）。

纳税筹划图

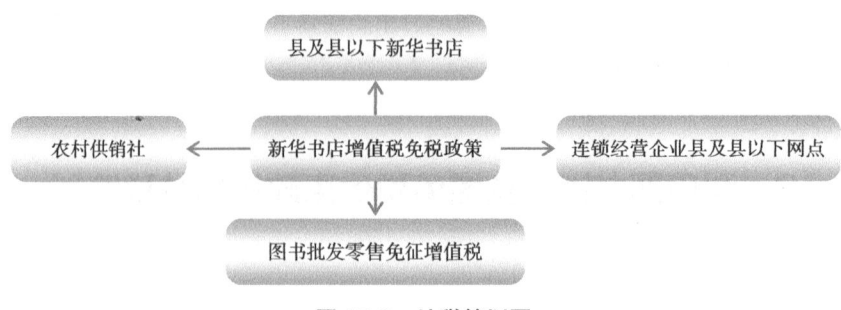

图 15-2　纳税筹划图

纳税筹划案例

【例 15-2】　李先生准备开设一家商店，具体经营品种有两个选择，一是五金百货，二是图书。假设经营五金百货全年含税销售额为 600 万元，经营图书全年含税销售额为 590 万元。假设其他成本费用基本一致，李先生应当选择哪种经营项目？

筹划方案

假设经营五金百货，按照小规模纳税人计算缴纳增值税，不含税销售额：600÷（1+3%）=582.52（万元）。由于经营图书免征增值税，经营图书的不含税销售额为 590 万元。因此，李先生应当选择经营图书。

3. 利用软件产品税收优惠政策的纳税筹划

纳税筹划思路

关于软件产品的增值税和企业所得税优惠政策主要包括以下几个方面。

（1）根据《财政部 国家税务总局关于软件产品增值税政策的通知》（财税〔2011〕100 号）的规定，自 2011 年 1 月 1 日起，增值税一般纳税人销售其自行开发生产的软件产品，按 13% 税率征收增值税后，对其增值税实际税负超过 3% 的部分实行即征即退政策。增值税一般纳税人将进口软件产品进行本地化改造后对外销售，其销售的软件产品可享受上述规定的增值税即征即退政策。本地化改造是指对进口软件产品进行重新设计、改进、转换等，单纯对进口软件产品进行汉字化处理不包括在内。纳税人受托开发软件产品,著作权属于受托方的征收增值税,著作权属于委托方或属于双方共同拥有的不征收增值税;对经过国家版权局注册登记,纳税人在销售时一并转让著作权、所有权的,不征收增值税。所称软件产品,是指信息处理程序及相关文档和数据。软件产品包括计算机软件产品、信息系统和嵌入式软件产品。嵌入式软件产品是指嵌入在计算机硬件、机器设备中并随其一并销售,构成计算机硬件、机器设备组成部分的软件产品。满足下列条件的软件产品,经主管税务机关审核批准,可以享受上述增值税政策:取得省级软件产业主管部门认可的软件检测机构出具的检测证明材料;取得软件产业主管部门颁发的《软件产品登记证书》或著作权行政管理部门颁发的《计算机软件著作权登记证书》。

(2)根据《财政部 国家税务总局关于企业所得税若干优惠政策的通知》(财税〔2008〕1号)的规定,软件生产企业实行增值税即征即退政策所退还的税款,由企业用于研究开发软件产品和扩大再生产,不作为企业所得税应税收入,不予征收企业所得税。我国境内新办软件生产企业经认定后,自获利年度起,第一年和第二年免征企业所得税,第三年至第五年减半征收企业所得税。国家规划布局内的重点软件生产企业,如当年未享受免税优惠的,减按10%的税率征收企业所得税。软件生产企业的职工培训费用,可按实际发生额在计算应纳税所得额时扣除。企事业单位购进软件,凡符合固定资产或无形资产确认条件的,可以按照固定资产或无形资产进行核算,经主管税务机关核准,其折旧或摊销年限可以适当缩短,最短可为2年。

(3)根据《财政部 国家税务总局关于进一步鼓励软件产业和集成电路产业发展企业所得税政策的通知》(财税〔2012〕27号)的规定,我国境内新办的集成电路设计企业和符合条件的软件企业,经认定后,在2017年12月31日前自获利年度起计算优惠期,第一年至第二年免征企业所得税,第三年至第五年按照25%的法定税率减半征收企业所得税,并享受至期满为止。国家规划布局内的重点软件企业和集成电路设计企业,如当年未享受免税优惠的,可减按10%的税率征收企业所得税。符合条件的软件企业按照《财政部 国家税务总局关于软件产品增值税政策的通知》(财税〔2011〕100号)规定取得的即征即退增值税款,由企业专项用于软件产品研发和扩大再生产并单独进行核算,可以作为不征税收入,在计算应纳税所得额时从收入总额中减除。集成电路设计企业和符合条件软件企业的职工培训费用,应单独进行核算并按实际发生额在计算应纳税所得额时扣除。企业外购的软件,凡符合固定资产或无形资产确认条件的,可以按照固定资产或无形资产进行核算,其折旧或摊销年限可以适当缩短,最短可为2年(含)。

(4)根据《国家税务总局关于执行软件企业所得税优惠政策有关问题的公告》(国家税务总局公告2013年第43号)的规定,软件企业所得税优惠政策适用于经认定并实行查账征收方式的软件企业。所称经认定,是指经国家规定的软件企业认定机构按照软件企业认定管理的有关规定进行认定并取得软件企业认定证书。软件企业的收入总额,是指《企业所得税法》第6条规定的收入总额。软件企业的获利年度,是指软件企业开始生产经营后,第一个应纳税所得额大于零的纳税年度,包括对企业所得税实行核定征收方式的纳税年度。软件企业享受定期减免税优惠的期限应当连续计算,不得因中间发生亏损或其他原因而间断。

(5)根据《财政部 国家税务总局 国家发展改革委 工业和信息化部关于促进集成电路产业和软件产业高质量发展企业所得税政策的公告》(财政部 国家税务总局 发展改革委 工业和信息化部公告2020年第45)的规定,自2020年1月1日起,国家鼓励的集成电路线宽小于

28纳米（含），且经营期在15年以上的集成电路生产企业或项目，第一年至第十年免征企业所得税；国家鼓励的集成电路线宽小于65纳米（含），且经营期在15年以上的集成电路生产企业或项目，第一年至第五年免征企业所得税，第六年至第十年按照25%的法定税率减半征收企业所得税；国家鼓励的集成电路线宽小于130纳米（含），且经营期在10年以上的集成电路生产企业或项目，第一年至第二年免征企业所得税，第三年至第五年按照25%的法定税率减半征收企业所得税。对于按照集成电路生产企业享受税收优惠政策的，优惠期自获利年度起计算；对于按照集成电路生产项目享受税收优惠政策的，优惠期自项目取得第一笔生产经营收入所属纳税年度起计算，集成电路生产项目需单独进行会计核算、计算所得，并合理分摊期间费用。国家鼓励的线宽小于130纳米（含）的集成电路生产企业，属于国家鼓励的集成电路生产企业清单年度之前5个纳税年度发生的尚未弥补完的亏损，准予向以后年度结转，总结转年限最长不得超过10年。国家鼓励的集成电路设计、装备、材料、封装、测试企业和软件企业，自获利年度起，第一年至第二年免征企业所得税，第三年至第五年按照25%的法定税率减半征收企业所得税。国家鼓励的重点集成电路设计企业和软件企业，自获利年度起，第一年至第五年免征企业所得税，接续年度减按10%的税率征收企业所得税。

由于出版电子出版物必须具备一定的条件，因此，如果出版社的出版物不属于电子出版物，但是经过一定程度的加工可以变成电子出版物，就可以考虑进行相应加工转化为电子出版物，从而享受相应的税收优惠政策。

法律政策依据

（1）《中华人民共和国增值税暂行条例》（1993年12月13日国务院令第134号公布，2008年11月5日国务院第34次常务会议修订通过，根据2016年2月6日《国务院关于修改部分行政法规的决定》第一次修订，根据2017年11月19日《国务院关于废止〈中华人民共和国营业税暂行条例〉和修改〈中华人民共和国增值税暂行条例〉的决定》第二次修订）。

（2）《中华人民共和国增值税暂行条例实施细则》（财政部 国家税务总局第50号令，根据2011年10月28日《关于修改〈中华人民共和国增值税暂行条例实施细则〉和〈中华人民共和国营业税暂行条例实施细则〉的决定》修订）。

（3）《财政部 国家税务总局关于企业所得税若干优惠政策的通知》（财税〔2008〕1号）。

（4）《财政部 国家税务总局关于软件产品增值税政策的通知》（财税〔2011〕100号）。

（5）《财政部 国家税务总局关于进一步鼓励软件产业和集成电路产业发展企业所得税政策的通知》（财税〔2012〕27号）。

（6）《国家税务总局关于执行软件企业所得税优惠政策有关问题的公告》（国家税务总局公告2013年第43号）。

（7）《财政部 国家税务总局 发展改革委 工业和信息化部关于软件和集成电路产业企业所得税优惠政策有关问题的通知》（财税〔2016〕49号）。

（8）《财政部 国家税务总局 国家发展改革委 工业和信息化部关于促进集成电路产业和软件产业高质量发展企业所得税政策的公告》（财政部 国家税务总局 发展改革委 工业和信息化部公告2020年第45号）。

纳税筹划图

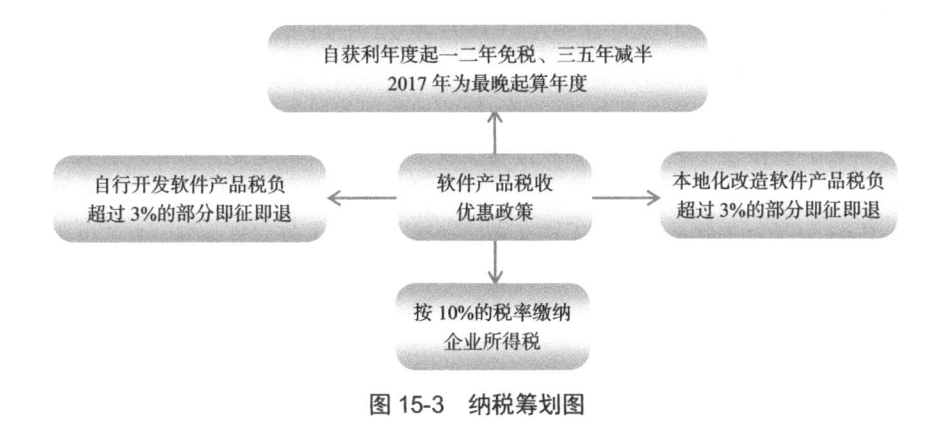

图 15-3　纳税筹划图

纳税筹划案例

【例 15-3】　某出版社计划出版一套教师讲课的录像光盘，制作成本为 100 万元，预计销售额为 300 万元（含增值税），其中可抵扣的进项税额为 10 万元。请提出纳税筹划方案。

筹划方案

经过纳税筹划，将该套录像进行加工，制作为电子出版物，制作成本上升为 200 万元，其中可抵扣的进项税额为 15 万元，预计销售额为 400 万元。在纳税筹划之前，需要缴纳增值税：300÷（1+9%）×9%–10=14.77（万元）。在纳税筹划之后，只需要承担 3% 的增值税，即：400÷（1+9%）×3%=11（万元）。减轻增值税负担：14.77–11=3.77（万元）。

4. 变赠送为折扣的纳税筹划

纳税筹划思路

出版企业批发音像制品与电子出版物可以采取赠送的方式，也可以采取折扣的方式，但二者在税法上的待遇不同。折扣销售可以按照折扣后的数额缴纳增值税，但赠送货物则应当视同销售，缴纳增值税。因此，企业应当尽量采取价格折扣的方式进行音像制品与电子出版物销售，而不要采取赠送的方式。

法律政策依据

（1）《中华人民共和国增值税暂行条例》（1993年12月13日国务院令第134号公布，2008年11月5日国务院第34次常务会议修订通过，根据2016年2月6日《国务院关于修改部分行政法规的决定》第一次修订，根据2017年11月19日《国务院关于废止〈中华人民共和国营业税暂行条例〉和修改〈中华人民共和国增值税暂行条例〉的决定》第二次修订）。

（2）《中华人民共和国增值税暂行条例实施细则》（财政部 国家税务总局第50号令，根据2011年10月28日《关于修改〈中华人民共和国增值税暂行条例实施细则〉和〈中华人民共和国营业税暂行条例实施细则〉的决定》修订）。

纳税筹划图

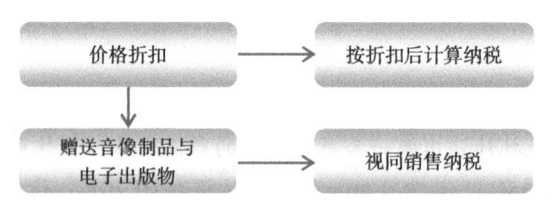

图15-4 纳税筹划图

纳税筹划案例

【例15-4】 某图书公司销售音像制品与电子出版物采取一次购买10盘、赠送2盘的方式进行销售。假设某书店一次购买10 000盘，则该图书公司向其赠送2 000盘，每盘销售价格为20元。请对此提出纳税筹划方案。

筹划方案

根据税法的规定，赠送的音像制品与电子出版物应当视同销售，该图书公司应当计算增值税销项税额：（10 000+2 000）×20÷（1+9%）×9%=19 816.51（元）。该图书公司含税销售额：1×20=20（万元）。如果该图书公司进行纳税筹划，可以将该笔销售改为价格折扣销售，即向该书店销售12 000盘音像制品与电子出版物，仅收取销售额20万元，则该图书公司应当计算增值税销项税额：200 000÷（1+9%）×9%=16 513.76（元）。少缴增值税：19 816.51−16 513.76=3 302.75（元）。

5. 利用小型企业税率优惠政策的纳税筹划

纳税筹划思路

自 2017 年 1 月 1 日至 2019 年 12 月 31 日，我国将小型微利企业的年应纳税所得额上限由 30 万元提高至 50 万元，对年应纳税所得额低于 50 万元（含 50 万元）的小型微利企业，其所得减按 50% 计入应纳税所得额，按 20% 的税率缴纳企业所得税。自 2019 年 1 月 1 日至 2021 年 12 月 31 日，对小型微利企业年应纳税所得额不超过 100 万元的部分，减按 25% 计入应纳税所得额，按 20% 的税率缴纳企业所得税；对年应纳税所得额超过 100 万元但不超过 300 万元的部分，减按 50% 计入应纳税所得额，按 20% 的税率缴纳企业所得税。自 2019 年 1 月 1 日起，小型微利企业是指从事国家非限制和禁止行业，且同时符合年度应纳税所得额不超过 300 万元、从业人数不超过 300 人、资产总额不超过 5 000 万元等三个条件的企业。自 2021 年 1 月 1 日至 2022 年 12 月 31 日，对小型微利企业年应纳税所得额不超过 100 万元的部分，减按 12.5% 计入应纳税所得额，按 20% 的税率缴纳企业所得税。

那么，对于年度应纳税所得额接近 300 万元的出版企业就有可能利用国家对小型企业的优惠政策进行纳税筹划。对于超过这一规模的小型企业，可以通过分立机构的方式来享受该税率优惠。

法律政策依据

（1）《中华人民共和国企业所得税法》（2007 年 3 月 16 日第十届全国人民代表大会第五次会议通过，2017 年 2 月 24 日第十二届全国人民代表大会常务委员会第二十六次会议第一次修正，2018 年 12 月 29 日第十三届全国人民代表大会常务委员会第七次会议第二次修正）第 28 条。

（2）《中华人民共和国企业所得税法实施条例》（2007 年 12 月 6 日国务院令第 512 号公布，根据 2019 年 4 月 23 日《国务院关于修改部分行政法规的决定》修订）。

（3）《财政部 国家税务总局关于小型微利企业所得税优惠政策的通知》（财税〔2015〕34 号）。

（4）《财政部 国家税务总局关于进一步扩大小型微利企业所得税优惠政策范围的通知》（财税〔2015〕99 号）。

（5）《财政部 国家税务总局关于扩大小型微利企业所得税优惠政策范围的通知》（财税〔2017〕43 号）。

（6）《财政部 税务总局关于实施小微企业普惠性税收减免政策的通知》（财税〔2019〕13 号）。

（7）《财政部 税务总局关于实施小微企业和个体工商户所得税优惠政策的公告》（财政部 税务总局公告 2021 年第 12 号）。

(8)《国家税务总局关于落实支持小型微利企业和个体工商户发展所得税优惠政策有关事项的公告》(国家税务总局公告2021年第8号)。

纳税筹划图

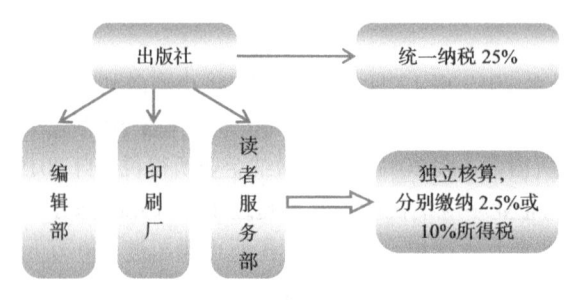

图15-5 纳税筹划图

纳税筹划案例

【例15-5】 某出版社下设三个部门：编辑部、印刷厂和读者服务部。该出版社年应纳税所得额为1 000万元，其中，印刷厂的年应纳税所得额大约为300万元，读者服务部的年应纳税所得额为300万元。请对此提出纳税筹划方案。

筹划方案

为了享受小型企业的优惠税率，经咨询纳税筹划专家，该出版社决定将印刷厂和读者服务部变更为独立的企业法人，并将其年应纳税所得额控制在300万元以内。这样，该印刷厂一年少纳税：300×25%－100×12.5%×20%－200×50%×20%＝52.5（万元）。读者服务部和出版社一年均少纳税52.5万元。该出版社整体一年少纳税105万元。扣除变更费用以及其他费用以后，仍然有利可图。

6. 严格区分业务招待费与业务宣传费的纳税筹划

纳税筹划思路

根据现行企业所得税政策，企业发生的与生产经营活动有关的业务招待费支出，按照发生额的60%扣除，但最高不得超过当年销售（营业）收入的5‰。企业发生的符合条件的广告费和业务宣传费支出，除国务院财政、税务主管部门另有规定外，不超过当年销售（营业）收入15%的部分，准予扣除；超过部分，准予在以后纳税年度结转扣除。

由于业务招待费不能全额扣除，而且超过限额的部分不能向以后年度结转，因此，出版业应当严格区分业务招待费和广告费、业务宣传费，不能予以混同。在可能的条件下，尽量将部分具有业务宣传性质的招待费变为业务宣传费支出。

业务招待费是指纳税人为业务、经营的合理需要而支付的应酬费用。根据《行政事业单位业务招待费列支管理规定》（财预字〔1998〕159号）的规定，业务招待费，是指行政事业单位为执行公务或开展业务活动需要合理开支的接待费用，包括在接待地发生的交通费、用餐费和住宿费。这一规定不能直接适用于企业，但可以作为参考。在实务操作中，税务机关通常将业务招待费的支付范围界定为餐饮、住宿费（员工外出开会、出差发生的住宿费为"差旅费"）、香烟、食品、茶叶、礼品、正常的娱乐活动、安排客户旅游产生的费用等其他支出。

广告费是企业为了扩大声誉或促进销售业务而通过一定的媒体传播向公众介绍商品、劳务和企业信息等发生的相关费用。业务宣传费是企业开展业务宣传活动所支付的费用，主要是指未通过媒体的广告性支出，包括企业发放的印有企业标志的礼品、纪念品等。在实务操作中，纳税人申报扣除的广告费支出，必须符合下列条件：

（1）广告是通过经工商部门批准的专门机构制作的。
（2）已实际支付费用，并已取得相应发票。
（3）通过一定的媒体传播。

纳税人申报扣除的业务招待费、广告费和业务宣传费，主管税务机关要求提供证明资料的，应提供能证明真实性的足够的有效凭证或资料。不能提供的，不得在税前扣除。

法律政策依据

（1）《中华人民共和国企业所得税法》（2007年3月16日第十届全国人民代表大会第五次会议通过，2017年2月24日第十二届全国人民代表大会常务委员会第二十六次会议第一次修正，2018年12月29日第十三届全国人民代表大会常务委员会第七次会议第二次修正）。

（2）《行政事业单位业务招待费列支管理规定》（财政部1998年5月14日发布，财预字〔1998〕159号）。

纳税筹划图

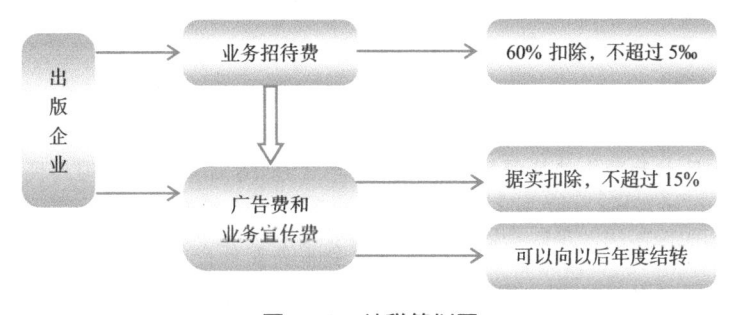

图15-6　纳税筹划图

纳税筹划案例

【例 15-6】 某出版企业计划 2021 年度的业务招待费支出为 100 万元,业务宣传费支出为 100 万元,广告费支出为 500 万元。该出版企业 2021 年度的预计销售额为 5 000 万元。针对该企业的上述计划应当如何进行纳税筹划。

筹划方案

根据税法的规定,该企业 2021 年度的业务招待费的扣除限额:5 000×5‰=25(万元)。该企业 2021 年度业务招待费发生额的 60%:100×60%=60(万元)。该企业无法税前扣除的业务招待费:100–25=75(万元)。该企业 2021 年度广告费和业务宣传费的扣除限额:5 000×15%=750(万元)。该企业广告费和业务宣传费的实际发生额:100+500=600(万元)。故可以全额扣除。

如果该企业进行纳税筹划,可以考虑将部分业务招待费转为业务宣传费,例如,可以将若干次餐饮招待费改为业务宣传费(召开宣讲大会)。这样,可以将业务招待费的总额降为 40 万元,而将业务宣传费的支出提高到 160 万元。这样,该企业 2021 年度业务招待费发生额的 60%:40×60%=24(万元)。没有超过扣除上限,可以扣除。该企业广告费和业务宣传费的实际发生额:160+500=660(万元)。故可以全额扣除。通过纳税筹划,该企业不能税前扣除的业务招待费支出:40–24=16(万元)。由此可以少缴企业所得税:(75–16)×25%=14.75(万元)。

7. 严格区分会务费、差旅费与业务招待费的纳税筹划

纳税筹划思路

根据现行企业所得税政策,出版企业所发生的会务费、会议费、差旅费、董事费等开支,只要有合法凭证以及证明其为真实的证据都可以据实扣除,但是与此类似的业务招待费的扣除就有严格的限制。企业发生的与生产经营活动有关的业务招待费支出,按照发生额的 60% 扣除,但最高不得超过当年销售(营业)收入的 5‰。因此,企业应当严格把握各种费用开支的用途,并保存好相关的凭证,并尽量将各种业务招待费变成会务费。

法律政策依据

(1)《中华人民共和国企业所得税法》(2007 年 3 月 16 日第十届全国人民代表大会第五次会议通过,2017 年 2 月 24 日第十二届全国人民代表大会常务委员会第二十六次会议第一次修正,2018 年 12 月 29 日第十三届全国人民代表大会常务委员会第七次会议第二次修正)。

(2)《行政事业单位业务招待费列支管理规定》(财政部 1998 年 5 月 14 日发布,财预字〔1998〕159 号)。

纳税筹划图

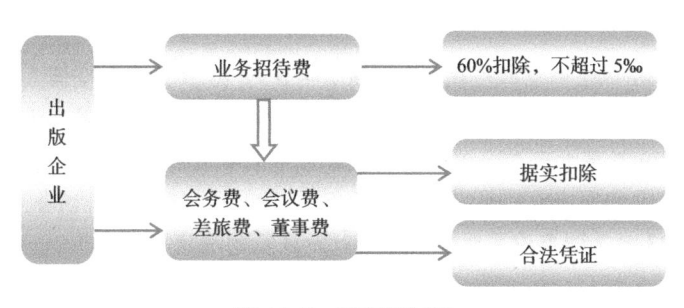

图 15-7　纳税筹划图

纳税筹划案例

【例 15-7】　某出版企业预计 2021 年度发生会务费、会议费、差旅费 20 万元，业务招待费 5 万元，其中，部分会务费的会议邀请函及相关凭证等保存不全，导致 5 万元的会务费和会议费无法扣除。该企业 2021 年度的营业额为 500 万元。请对此提出纳税筹划方案。

筹划方案

根据税法的规定，票据凭证齐全的 15 万元会务费、会议费、差旅费可以全部扣除，凭证不全的 5 万元会务费和会议费只能当作业务招待费，而该企业 2021 年度可以扣除的业务招待费：500×5‰=2.5（万元）。超过的 7.5 万元不能扣除，也不能转到以后年度扣除，应当缴纳企业所得税：7.5×25%=1.875（万元）。2021 年度，如果该企业加强税务管理，严格将业务招待费控制在 2.5 万元以内，各种会务费、会议费、差旅费都按照税法规定保留了完整的凭证，同时，也将部分类似会务费性质的业务招待费变为会务费，就会使当年多扣除费用达 10 万元。由此节约企业所得税：10×25%=2.5（万元）。

8. 设立子公司增加扣除限额的纳税筹划

纳税筹划思路

根据现行企业所得税政策，企业所发生的业务宣传费、业务招待费、广告费等开支都根据企业的销售（营业）收入来决定扣除的限额。其中，企业发生的与生产经营活动有关的业务招待费支出，按照发生额的 60% 扣除，但最高不得超过当年销售（营业）收入的 5‰。企业发生的符合条件的广告费和业务宣传费支出，除国务院财政、税务主管部门另有规定外，不超过当年销售（营业）收入 15% 的部分，准予扣除；超过部分，准予在以后纳税年度结转扣除。因此，如果出版企业能够将自己的某些业务分成两次业务来做，就可以增加企业整体的销售（营业）收入，从而也就相应增加了可以扣除的限额。

法律政策依据

（1）《中华人民共和国企业所得税法》（2007年3月16日第十届全国人民代表大会第五次会议通过，2017年2月24日第十二届全国人民代表大会常务委员会第二十六次会议第一次修正，2018年12月29日第十三届全国人民代表大会常务委员会第七次会议第二次修正）。

（2）《中华人民共和国企业所得税法实施条例》（2007年12月6日国务院令第512号公布，根据2019年4月23日《国务院关于修改部分行政法规的决定》修订）。

纳税筹划图

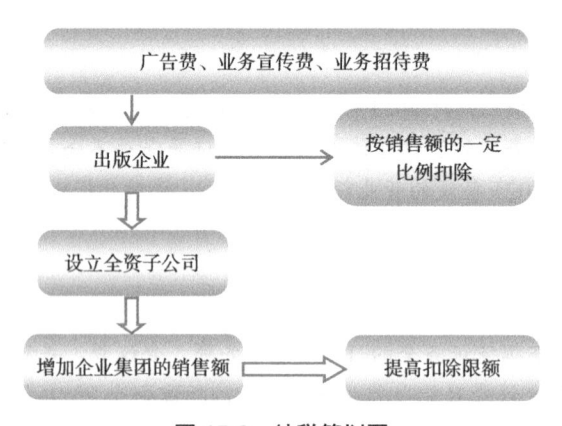

图 15-8　纳税筹划图

纳税筹划案例

【例15-8】　某出版企业2021年的营业额预计为1 000万元，但2021年的广告费和业务宣传费支出预计为200万元，业务招待费支出预计为50万元，没有办法压缩。因此，该企业2021年预计有95万元的费用无法扣除，也就是要多缴企业所得税：95×25%=23.75（万元）。为此，企业领导经过咨询纳税筹划专家，决定进行纳税筹划，请提出纳税筹划方案。

筹划方案

该出版企业可以将读者服务部分立出来，组建一个全资子公司专门负责销售，这样，出版企业将图书销售给该销售公司，该销售公司再销售给读者，由此可以使公司的整体营业额达到2 000万元，同时，该出版企业将所发生的广告费、业务宣传费和业务招待费的一部分分配给读者服务部来承担，这样就可以将所发生的广告费和业务宣传费全部扣除，业务招待费也可以扣除10万元，不能扣除的费用降低为40万元。需要多缴企业所得税：40×25%=10（万元）。通过纳税筹划，少缴企业所得税：23.75-10=13.75（万元）。

第 16 章

商务服务企业如何进行纳税筹划

1. 个人提供劳务转为由公司提供劳务的纳税筹划

纳税筹划思路

根据现行个人所得税政策，个人提供劳务所得应当缴纳增值税及其附加和个人所得税。个人以个人名义提供的劳务所得应当并入综合所得按年缴纳个人所得税。劳务报酬所得在计算个人所得税时按照收入总额扣除 20% 的费用。因此，以个人名义提供劳务会导致很多支出无法在税前进行扣除。如果将个人提供劳务转化为公司提供劳务，则公司在提供劳务的过程中所进行的一切必要合法的开支都可以在计算企业所得税时予以扣除，这样就会大大降低纳税人的税收负担。另外，个人综合所得的最高边际税率为 45%，而公司缴纳企业所得税时仅适用 25%（或者 20%）的税率，小型微利企业还可以享受很多税收优惠政策，因此，个人一次取得高额劳务报酬的税负将高于公司的所得税负担。所以，将个人提供劳务转化为公司提供劳务也可以达到节税的效果。

法律政策依据

（1）《中华人民共和国个人所得税法》（1980 年 9 月 10 日第五届全国人民代表大会第三次会议通过，2018 年 8 月 31 日第十三届全国人民代表大会常务委员会第五次会议第七次修正）。

（2）《中华人民共和国个人所得税法实施条例》（1994 年 1 月 28 日中华人民共和国国务院令第 142 号发布，2018 年 12 月 18 日中华人民共和国国务院令第 707 号第四次修订）。

（3）《中华人民共和国企业所得税法》（2007 年 3 月 16 日第十届全国人民代表大会第五次会议通过，2017 年 2 月 24 日第十二届全国人民代表大会常务委员会第二十六次会议第一次修正，2018 年 12 月 29 日第十三届全国人民代表大会常务委员会第七次会议第二次修正）。

（4）《中华人民共和国企业所得税法实施条例》（2007 年 12 月 6 日国务院令第 512 号公布，

根据 2019 年 4 月 23 日《国务院关于修改部分行政法规的决定》修订）。

纳税筹划图

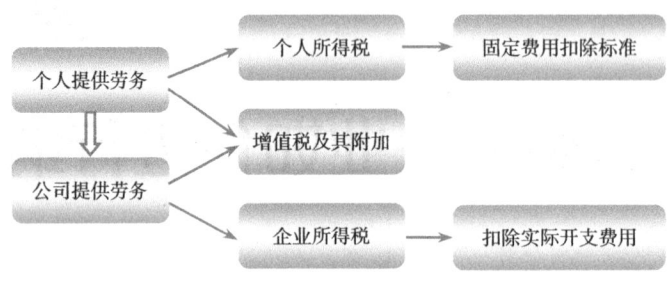

图 16-1 纳税筹划图

纳税筹划案例

【例 16-1】 朱先生是某大学教授，在完成学校教学科研任务之余进行一些培训项目。2020 年度个人开办税务、法律考试培训班 10 次，收取学员学费 100 万元，为成功举办培训班，场地费、宣传费、资料费、通信费、打车费、餐饮费等各项支出共计 50 万元。2021 年度，朱先生准备继续开展上述培训项目，收入和支出情况与 2020 年度大体相似。已知朱先生不考虑上述培训项目的年度综合所得应纳税所得额 10 万元。朱先生有两套方案可供选择。方案一：继续维持 2020 年度的生产经营模式。方案二：开办培训公司，由公司来举办上述培训活动，朱先生每年领取 20 万元工资，公司税后利润全部分配。从节税的角度出发，朱先生应当选择哪套方案？

筹划方案

如果继续维持 2020 年度的生产经营模式，朱先生应纳个人所得税：[10+100×（1–20%）]×35%–8.592=22.908（万元）。

如果开办培训公司，由公司来举办上述培训活动，朱先生每年领取 20 万元工资，公司税后利润全部分配，公司以及朱先生的纳税和收益情况如下：朱先生应纳个人所得税：(10+20)×20%–1.692=4.308（万元）；公司应纳企业所得税：(100–50)×12.5%×20%=1.25（万元）；朱先生取得股息应纳个人所得税：(100–50–1.25)×20%=9.75（万元）；合计纳税：4.308+1.25+9.75=15.308（万元）。节税：22.908–15.308=7.6（万元）。

因此，朱先生应当选择方案二。方案二由于将个人提供劳务转化为公司提供劳务从而达到了节税的效果。

2. 课酬尽可能转向培训费用的纳税筹划

纳税筹划思路

根据现行个人所得税政策，个人取得劳务报酬所得按照法定扣除标准扣除以后就不再另外进行费用的扣除，因此，个人为取得劳务所负担的成本大部分都由个人承担，无法税前扣除。根据现行企业所得税政策，企业取得所得所支付的必要和合法的成本、费用和损失均可以在税前予以扣除。因此，培训公司在发放劳务费时应当尽量发放纯劳务费，即将劳务提供者应当负担的各项费用转为由公司负担，这样可以适当减轻劳务提供者应当缴纳的个人所得税。由于个人所得税经常由劳务费发放方负担，预扣税率表如表 16-1 所示，劳务提供者仅关心税后劳务费，因此，公司为劳务提供者节约的个人所得税可以部分转化为公司利润。

表 16-1 居民个人劳务报酬所得个人所得税预扣率表

级 数	预扣预缴应纳税所得额	预扣率（%）	速算扣除数
1	不超过 20 000 元的	20	0
2	超过 20 000 元至 50 000 元的部分	30	2 000
3	超过 50 000 元的部分	40	7 000

法律政策依据

（1）《中华人民共和国个人所得税法》（1980 年 9 月 10 日第五届全国人民代表大会第三次会议通过，2018 年 8 月 31 日第十三届全国人民代表大会常务委员会第五次会议第七次修正）。

（2）《中华人民共和国个人所得税法实施条例》（1994 年 1 月 28 日中华人民共和国国务院令第 142 号发布，2018 年 12 月 18 日中华人民共和国国务院令第 707 号第四次修订）。

（3）《个人所得税扣缴申报管理办法（试行）》（国家税务总局公告 2018 年第 61 号）。

纳税筹划图

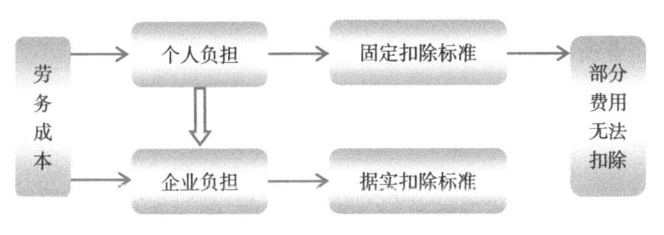

图 16-2 纳税筹划图

纳税筹划案例

【例 16-2】 上海某培训公司每年邀请上百位教授担任公司的授课教师，支付课程报酬 5 万元，但住宿、餐饮、机票、打车等费用由授课教师自理，上述费用约 1 万元。2021 年度，该公司仍将聘请上百位教授授课，课酬与以前年度基本相同，关于课酬的发放方法，该公司有两套方案可供选择。方案一：继续维持以前年度的课酬发放方法，即由授课教师自理各项费用。方案二：由公司负担授课教师的住宿、餐饮、机票、打车等费用约 1 万元，公司仅向授课教师发放课酬 3.9 万元。从节税的角度出发，该培训公司应当选择哪套方案？

筹划方案

如果继续维持以前年度的课酬发放方法，即由授课教师自理各项费用，培训公司和授课教师的纳税、支出与收益情况如下：公司支出：50 000（元）；预扣预缴个税：50 000 ×（1−20%）× 30%−2 000=10 000（元）；税后收益：50 000−10 000−10 000=30 000（元）。

如果由公司负担授课教师的住宿、餐饮、机票、打车等费用约 1 万元，公司仅向授课教师发放课酬 3.9 万元，培训公司和授课教师的纳税、支出与收益情况如下：公司支出：39 000+10 000=49 000（元）；减少支出：50 000−49 000=1 000（元）；预扣预缴个税：39 000 ×（1−20%）× 30%−2 000=7 360（元）；税后课酬：39 000−7 360=31 640（元）；增加课酬：31 640−30 000=1 640（元）。

因此，该培训公司应当选择方案二。方案二由于将个人无法扣除的费用转为公司费用从而达到了节税的效果。

3. 多雇员工降低公司利润的纳税筹划

纳税筹划思路

一些服务公司营业收入较多，但成本较低，导致其利润较高，所得税负担较重。为了降低公司利润，可以考虑增加一些雇员领取工资。当然，该雇员应当是自己一家人或者关系比较好的朋友，通过他们领取工资使得工资的利润有一部分通过工资奖金的形式进入纳税人的手中，从而避免了较高的企业所得税以及分配股息时的个人所得税。

法律政策依据

（1）《中华人民共和国个人所得税法》（1980 年 9 月 10 日第五届全国人民代表大会第三次会议通过，2018 年 8 月 31 日第十三届全国人民代表大会常务委员会第五次会议第七次修正）。

（2）《中华人民共和国个人所得税法实施条例》（1994 年 1 月 28 日中华人民共和国国务院令第 142 号发布，2018 年 12 月 18 日中华人民共和国国务院令第 707 号第四次修订）。

（3）《中华人民共和国企业所得税法》（2007年3月16日第十届全国人民代表大会第五次会议通过，2017年2月24日第十二届全国人民代表大会常务委员会第二十六次会议第一次修正，2018年12月29日第十三届全国人民代表大会常务委员会第七次会议第二次修正）。

（4）《中华人民共和国企业所得税法实施条例》（2007年12月6日国务院令第512号公布，根据2019年4月23日《国务院关于修改部分行政法规的决定》修订）。

纳税筹划图

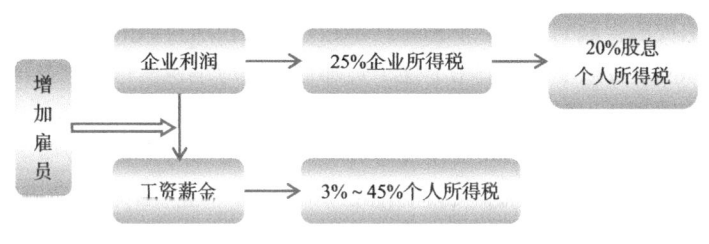

图16-3　纳税筹划图

纳税筹划案例

【例16-3】 某服务公司业务量不大，仅需10名员工，2020年度不含税销售额为1 000万元，各项成本、费用、税金、损失为400万元。2021年度公司预计不含税销售额仍将保持在1 000万元左右，各项成本、费用、税金、损失约400万元。该公司为一人有限责任公司，公司股东的家庭成员赋闲在家。该公司2021年度的生产经营有两套方案可供选择。方案一：继续保持2020年度的生产经营模式，税后利润全部分配给股东。方案二：将股东赋闲在家的父母和妻子纳入公司员工，每人每年领取20万元工资，假设每人每年综合所得各项扣除合计为6万元。从节税的角度出发，该公司应当选择哪套方案？

筹划方案

如果继续保持2020年度的生产经营模式，税后利润80%分配给股东，该公司及其股东的纳税和收益情况如下：应纳税所得额：1 000–400=600（万元）；应纳所得税：600×25%=150（万元）；净利润：600–150=450（万元）；应纳个人所得税：450×20%=90（万元）；合计应纳税额：150+90=240（万元）。

如果将股东赋闲在家的父母和妻子纳入公司员工，该公司及其股东的纳税和收益情况如下：增加工资支出：20×3=60（万元）；工资应纳个人所得税：［（20–6）×10%–0.252］×3=3.444（万元）；公司应纳税所得额：1 000–400–60=540（万元）；应纳所得税：540×25%=135（万元）；净利润：540–135=405（万元）；应纳个人所得税：405×20%=81（万元）；合计应纳税额：3.444+135+81=219.444（万元）；减少应纳税额：240–219.444=20.556（万元）。

因此，该公司应当选择方案二。方案二由于增加了工资支出降低了公司利润从而达到了节税的效果。

4. 适当雇用鼓励人员增加扣除的纳税筹划

纳税筹划思路

根据现行企业所得税政策,单位支付给残疾人的实际工资可在企业所得税前据实扣除,并可按支付给残疾人实际工资的 100%加计扣除。单位实际支付给残疾人的工资加计扣除部分,如大于本年度应纳税所得额的,可准予扣除其不超过应纳税所得额的部分,超过部分本年度和以后年度均不得扣除。亏损单位不适用上述工资加计扣除应纳税所得额的办法。单位在执行上述工资加计扣除应纳税所得额办法的同时,可以享受其他企业所得税优惠政策。

企业招用建档立卡贫困人口,以及在人力资源社会保障部门公共就业服务机构登记失业半年以上且持"就业创业证"或"就业失业登记证"(注明"企业吸纳税收政策")的人员,与其签订1年以上期限劳动合同并依法缴纳社会保险费的,自签订劳动合同并缴纳社会保险当月起,在 3 年内按实际招用人数予以定额依次扣减增值税、城市维护建设税、教育费附加、地方教育附加和企业所得税优惠。定额标准为每人每年 6 000 元,最高可上浮 30%,各省、自治区、直辖市人民政府可根据本地区实际情况在此幅度内确定具体定额标准。城市维护建设税、教育费附加、地方教育附加的计税依据是享受本项税收优惠政策前的增值税应纳税额。按上述标准计算的税收扣减额应在企业当年实际应缴纳的增值税、城市维护建设税、教育费附加、地方教育附加和企业所得税税额中扣减,当年扣减不完的,不得结转下年使用。

如果服务公司的劳动技术含量不是很高,可以考虑雇用一些下岗失业人员和残疾人来从事相关的劳务,这样可以充分享受国家给予的税收优惠政策。

法律政策依据

(1)《中华人民共和国企业所得税法》(2007 年 3 月 16 日第十届全国人民代表大会第五次会议通过,2017 年 2 月 24 日第十二届全国人民代表大会常务委员会第二十六次会议第一次修正,2018 年 12 月 29 日第十三届全国人民代表大会常务委员会第七次会议第二次修正)。

(2)《中华人民共和国企业所得税法实施条例》(2007 年 12 月 6 日国务院令第 512 号公布,根据 2019 年 4 月 23 日《国务院关于修改部分行政法规的决定》修订)。

(3)《财政部 税务总局 人力资源社会保障部 国务院扶贫办关于进一步支持和促进重点群体创业就业有关税收政策的通知》(财税〔2019〕22 号)。

第 16 章　商务服务企业如何进行纳税筹划

纳税筹划图

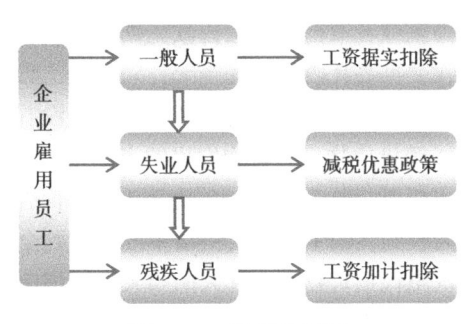

图 16-4　纳税筹划图

纳税筹划案例

【例 16-4】　某服务公司预计 2021 年度的不含税销售额将达到 9 000 万元，公司计划再招聘 50 名员工。关于员工的选择，该公司有两套方案。方案一：全部招用应届大中专毕业生，支付工资总额为 100 万元。方案二：招用有工作经验的下岗失业人员 40 名，残疾人 5 名以及应届大中专毕业生 5 人，支付给残疾人的工资为每年 10 万元，支付给其他人员的工资为 90 万元。从节税的角度出发，该公司应当选择哪套方案？

筹划方案

如果全部招用应届大中专毕业生，支付工资总额为 100 万元，抵扣企业所得税：100×25%=25（万元）。

如果招用有工作经验的下岗失业人员 40 名，残疾人 5 名以及应届大中专毕业生 5 人，支付给残疾人的工资为每年 10 万元，支付给其他人员的工资为 90 万元，合计支付工资额：100（万元）；加计扣除额为 10 万元；抵扣企业所得税：(100+10)×25%=27.5（万元）；雇用下岗失业人员减免税：0.6×40=24（万元）；节税额：24+27.5-25=26.5（万元）。

因此，该公司应当选择方案二。方案二由于充分利用了国家对下岗失业人员以及残疾人的税收优惠政策从而达到了节税的效果。

5. 恰当选择开票时机的纳税筹划

纳税筹划思路

根据《增值税暂行条例》第 6 条的规定，销售额为纳税人发生应税销售行为收取的全部价款和价外费用，但是不包括收取的销项税额。根据《增值税暂行条例》第 19 条的规定，增值税纳税义务发生时间为收讫销售款项或者取得索取销售款项凭据的当天；先开具发票的，为开具发票的当天。根据《增值税暂行条例实施细则》第 38 条的规定，收讫销售款项或者取得索取销售款项凭据的当天，按销售结算方式的不同，具体为：采取直接收款方式销售货物，不论货物是否发出，均为收到销售款或者取得索取销售款凭据的当天；采取托收承付和委托银行收款方式销售货物，为发出货物并办妥托收手续的当天；采取赊销和分期收款方式销售货物，为书面合同约定的收款日期的当天，无书面合同的或者书面合同没有约定收款日期的，为货物发出的当天；采取预收货款方式销售货物，为货物发出的当天，但生产销售生产工期超过 12 个月的大型机械设备、船舶、飞机等货物，为收到预收款或者书面合同约定的收款日期的当天；委托其他纳税人代销货物，为收到代销单位的代销清单或者收到全部或者部分货款的当天；未收到代销清单及货款的，为发出代销货物满 180 天的当天；销售应税劳务，为提供劳务同时收讫销售款或者取得索取销售款的凭据的当天。实践中，增值税的纳税义务一般以开具发票之日来确定。因此，一旦纳税人开具发票就负有缴纳增值税的义务。纳税人可以通过恰当选择合适的开票时机来进行纳税筹划。

法律政策依据

（1）《中华人民共和国增值税暂行条例》(1993 年 12 月 13 日中华人民共和国国务院令第 134 号公布 2008 年 11 月 5 日国务院第 34 次常务会议修订通过 根据 2016 年 2 月 6 日《国务院关于修改部分行政法规的决定》第一次修订 根据 2017 年 11 月 19 日《国务院关于废止〈中华人民共和国营业税暂行条例〉和修改〈中华人民共和国增值税暂行条例〉的决定》第二次修订）。

（2）《中华人民共和国增值税暂行条例实施细则》（财政部 国家税务总局第 50 号令，根据 2011 年 10 月 28 日《关于修改〈中华人民共和国增值税暂行条例实施细则〉和〈中华人民共和国营业税暂行条例实施细则〉的决定》修订）。

纳税筹划图

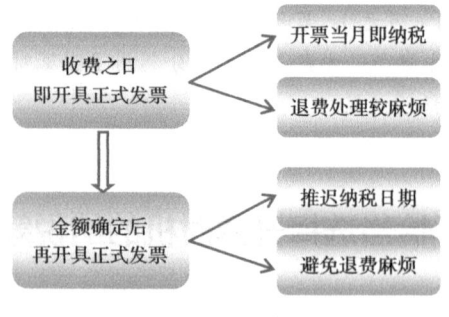

图 16-5　纳税筹划图

纳税筹划案例

【例 16-5】 某培训公司（营改增一般纳税人，适用税率为 6%）从事某项执业资格培训项目，参加该培训的学员分为全日制班和周末班，全日制班时间跨度一般为 35 天，周末班时间跨度一般为 140 天。学费在开学第一天交齐，学员随时可以退出学习，学费按照比例退还。另外，课程还设计了保过班，即保证学员通过资格考试，凡是未通过资格考试的可以退还相应科目的学费，保过班从收取学费到考试结束的周期为 5 个月。2020 年度，该培训公司共收取学费 1 000 万元，收费当日即开票，事后退还学费 100 万元。2021 年度预计全日制班将收取学费 200 万元，退还学费约 10 万元，周末班将收取学费 600 万元，退还学费约 30 万元，保过班将收取学费 500 万元，退还学费约 100 万元。关于开票日期的选择，该培训公司有两套方案可供选择。方案一：维持 2020 年度收取学费即开票的方法。方案二：收取学费时先开收据，待学习结束或者考试结束收费金额确定后再开具正式发票，假设市场月利率为 1%。从节税的角度出发，该公司应当选择哪套方案？

筹划方案

如果维持 2020 年度收取学费即开票的方法，该公司需要在开票当月计算全日制班增值税销项税额：200÷(1+6%)×6%=11.32（万元）；周末班增值税销项税额：600÷(1+6%)×6%=33.96（万元）；保过班增值税销项税额：500÷(1+6%)×6%=28.30（万元）。由于培训公司的进项税额比较少，这里假设为零。

如果收取学费时先开收据，待学习结束或者考试结束收费金额确定后再开具正式发票，由于全日制班的时间跨度为 35 天，开具发票的时间可以推迟 1~2 个月，可以取得延期纳税利息：11.32×1%=0.11（万元）；由于周末班的时间跨度为 140 天，开具发票的时间可以推迟 5 个月，可以取得延期纳税利息：33.96×1%×5=1.70（万元）；由于保过班的时间跨度为 5 个月，开具发票的时间可以推迟 5 个月，可以取得延期纳税利息：28.30×1%×5=1.42（万元）。合计取得延期纳税利息：0.11+1.70+1.42=3.23（万元）。同时还省去了退款时需要再开具增值税红字发票的麻烦。

因此，该培训公司应当选择方案二。方案二由于充分把握了恰当的开票时机从而达到了节税的效果。

6. 尽量争取小型微利企业待遇的纳税筹划

纳税筹划思路

根据《企业所得税法》第 28 条的规定，符合条件的小型微利企业，减按 20% 的税率征收企业所得税。自 2019 年 1 月 1 日至 2021 年 12 月 31 日，对小型微利企业年应纳税所得额不超过 100 万元的部分，减按 25% 计入应纳税所得额，按 20% 的税率缴纳企业所得税；对年应纳税所得额超过 100 万元但不超过 300 万元的部分，减按 50%计入应纳税所得额，按 20%的税率缴纳企业所得税。自 2021 年 1 月 1 日至 2022 年 12 月 31 日，对小型微利企业年应纳税所得额不超过 100 万元的部分，减按 12.5%计入应纳税所得额，按 20%的税率缴纳企业所得税。

如果企业的从业人数和资产总额都符合小型微利企业的标准且应纳税所得额保持在 300 万元左右的话，应当尽量享受小型微利企业的低税率优惠政策。对于一人有限责任公司或者股东较少的有限公司而言，可以通过向股东发放年终奖的方式来控制公司的应纳税所得额，也可以通过公益性捐赠或者向员工加薪的方式控制公司的应纳税所得额。

法律政策依据

（1）《中华人民共和国企业所得税法》（2007 年 3 月 16 日第十届全国人民代表大会第五次会议通过，2017 年 2 月 24 日第十二届全国人民代表大会常务委员会第二十六次会议第一次修正，2018 年 12 月 29 日第十三届全国人民代表大会常务委员会第七次会议第二次修正）。

（2）《中华人民共和国企业所得税法实施条例》（2007 年 12 月 6 日国务院令第 512 号公布，根据 2019 年 4 月 23 日《国务院关于修改部分行政法规的决定》修订）。

（3）《财政部 税务总局关于实施小微企业普惠性税收减免政策的通知》（财税〔2019〕13 号）。

（4）《财政部 税务总局关于实施小微企业和个体工商户所得税优惠政策的公告》（财政部 税务总局公告 2021 年第 12 号）。

（5）《国家税务总局关于落实支持小型微利企业和个体工商户发展所得税优惠政策有关事项的公告》（国家税务总局公告 2021 年第 8 号）。

纳税筹划图

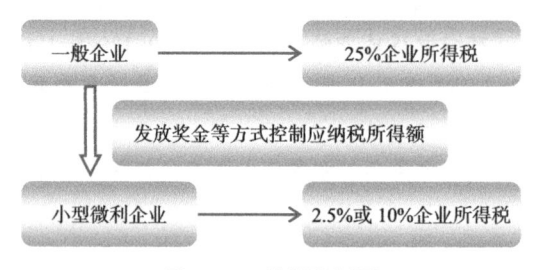

图 16-6 纳税筹划图

纳税筹划案例

【例 16-6】 某服务公司有员工 50 人，资产总额为 800 万元。2021 年 11 月，该公司财务经理预测该公司本年度应纳税所得额为 305 万元。公司税务顾问提出两套方案。方案一：保持 305 万元的应纳税所得额。方案二：向公司唯一的股东兼总经理发放一次性年终奖 5 万元，将公司应纳税所得额控制在 300 万元以内。从节税的角度出发，该公司应当选择哪套方案？

筹划方案

如果保持305万元的应纳税所得额,该服务公司及其股东的纳税情况如下:应纳企业所得税:305×25%=76.25(万元);税后利润:305–76.25=228.75(万元);应纳个人所得税:228.75×20%=45.75(万元);税后股息:228.75–45.75=183(万元)。

如果向公司唯一的股东兼总经理发放一次性年终奖5万元,将公司应纳税所得额控制在300万元以内。在该方案下,该服务公司及其股东的纳税情况如下:应纳企业所得税:100×12.5%×20%+200×50%×20%= 22.5(万元);税后利润:300–22.5=277.5(万元);应纳个人所得税:277.5×20%=55.5(万元);税后股息:277.5–55.5 =222(万元);年终奖纳税额:50 000×10%–210=4 790(元);年终奖税后额:50 000–4 790=45 210(元);税后合计收益:222+4.52=226.52(万元);增加税后收益:226.52–183=43.52(万元)。

因此,该服务公司应当选择方案二。方案二由于充分享受了小型微利企业的低税率优惠政策从而达到了节税的效果。

7. 员工开支尽量转为公司开支的纳税筹划

纳税筹划思路

在现行个人所得税制度下,个人取得的各项所得都采取定额扣除或者定率扣除制度,税法并不考虑个人的实际开支。而在现行的企业所得税制度下,企业为取得所得所支出的必要的合理的成本、费用和损失均可以税前扣除,因此,企业在条件允许的情况下,应当尽可能将员工为工作所付出的必要的成本、费用,如通信费、交通费、餐饮费、差旅费、服装费等由公司来承担,以尽量降低个人无法税前扣除的各项开支。企业的部分开支具有一定的限额,超过限额的部分不能扣除或者不能在当期扣除。

法律政策依据

(1)《中华人民共和国企业所得税法》(2007年3月16日第十届全国人民代表大会第五次会议通过,2017年2月24日第十二届全国人民代表大会常务委员会第二十六次会议第一次修正,2018年12月29日第十三届全国人民代表大会常务委员会第七次会议第二次修正)第28条。

(2)《中华人民共和国企业所得税法实施条例》(2007年12月6日国务院令第512号公布,根据2019年4月23日《国务院关于修改部分行政法规的决定》修订)。

纳税筹划图

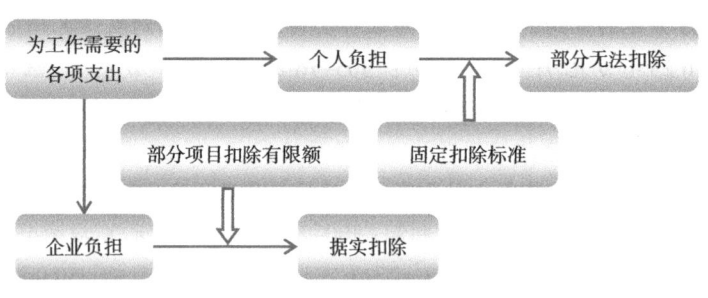

图 16-7　纳税筹划图

纳税筹划案例

【例 16-7】　某服务公司股东兼总经理为工作需要计划购买一辆汽车，价款为 10 万元，每月用车费用约 1 000 元。假设汽车残值率为 5%，折旧年限为 5 年。关于汽车的购买方式有两套方案可供选择。方案一：以个人名义购买。方案二：以企业名义购买。从节税的角度出发，该公司应当选择哪套方案？（假设每年该汽车车船税总额为 480 元。）

筹划方案

如果以个人名义购买，5 年间该个人和公司的纳税情况如下：个人缴纳车辆购置税：100 000÷（1+13%）×10%=8 849（元）；个人缴纳车船税：480×5=2 400（元）；个人承担用车费：1 000×12×5=60 000（元）；个人承担购车费用：100 000×（1–5%）=95 000（元）。个人的开支不能抵扣企业所得税。

如果以企业名义购买，5 年间该个人和公司的纳税情况如下：公司缴纳车辆购置税：100 000÷（1+13%）×10%=8 849（元）；公司缴纳车船税：480×5=2 400（元）；公司承担用车费：1 000×12×5=60 000（元）；抵扣企业所得税：（95 000+60 000+8 849+2 400）×25%=41 562.25（元）；节约税额为 41 562.25（元）。

因此，该公司应当选择方案二。方案二由于将员工个人开支项目转变为公司开支项目从而达到了节税的效果。

第 17 章

税务机关反避税案例与应对策略

1. 间接转让股权避税与反避税

纳税筹划思路

《中华人民共和国企业所得税法实施条例》第 7 条规定，来源于中国境内、境外的所得，按照以下原则确定：① 销售货物所得，按照交易活动发生地确定；② 提供劳务所得，按照劳务发生地确定；③ 转让财产所得，不动产转让所得按照不动产所在地确定，动产转让所得按照转让动产的企业或者机构、场所所在地确定，权益性投资资产转让所得按照被投资企业所在地确定；④ 股息、红利等权益性投资所得，按照分配所得的企业所在地确定；⑤ 利息所得、租金所得、特许权使用费所得，按照负担、支付所得的企业或者机构、场所所在地确定，或者按照负担、支付所得的个人的住所地确定；⑥ 其他所得，由国务院财政、税务主管部门确定。

外商投资企业中的外方股东如果要转让其在外商投资企业的股权，根据上述规定的第四项，应当认定为来自中国境内的所得，应当在中国缴纳企业所得税。但如果外方股东先在中国境外设立子公司，由该子公司持有外商投资企业的股权，然后再将该子公司的股权转让，此时，由于被转让的公司位于中国境外，中国对该笔所得没有征税权。例如，法国 A 公司在中国香港设立 B 公司，B 公司持有中国内地 C 公司股权，A 公司将 B 公司的股权转让给 D 公司，相当于将 C 公司的股权转让给 D 公司，此时，由于被转让公司是香港的 B 公司，中国内地对 A 公司的股权转让所得没有征税权。这种税收筹划方案被称为间接转让中国境内企业股权。

反避税制度

《特别纳税调整实施办法（试行）》（国税发〔2009〕2 号）第 94 条规定，税务机关应按照经济实质对企业的避税安排重新定性，取消企业从避税安排获得的税收利益。对于没有经济实质的企业，特别是设在避税港并导致其关联方或非关联方避税的企业，可在税收上否定该企业的存在。

《国家税务总局关于加强非居民企业股权转让所得企业所得税管理的通知》（国税函〔2009〕698号）规定，境外投资方（实际控制方）间接转让中国居民企业股权，如果被转让的境外控股公司所在国（地区）实际税负低于12.5%或者对其居民境外所得不征所得税的，应自股权转让合同签订之日起30日内，向被转让股权的中国居民企业所在地主管税务机关提供以下资料：① 股权转让合同或协议；② 境外投资方与其所转让的境外控股公司在资金、经营、购销等方面的关系；③ 境外投资方所转让的境外控股公司的生产经营、人员、账务、财产等情况；④ 境外投资方所转让的境外控股公司与中国居民企业在资金、经营、购销等方面的关系；⑤ 境外投资方设立被转让的境外控股公司具有合理商业目的的说明；⑥ 税务机关要求的其他相关资料。境外投资方（实际控制方）通过滥用组织形式等安排间接转让中国居民企业股权且不具有合理的商业目的的，规避企业所得税纳税义务的，主管税务机关层报税务总局审核后可以按照经济实质对该股权转让交易重新定性，否定被用作税收安排的境外控股公司的存在。

税务机关根据上述制度可以否定B公司的存在，从而认为，A公司实际上转让的是C公司的股权，而C公司是中国企业，因此，A公司的股权转让所得应当在中国纳税。

自2015年2月3日起，非居民企业通过实施不具有合理商业目的的安排，间接转让中国居民企业股权等财产，规避企业所得税纳税义务的，应按照《中华人民共和国企业所得税法》第47条的规定，重新定性该间接转让交易，确认为直接转让中国居民企业股权等财产。上述所称中国居民企业股权等财产，是指非居民企业直接持有且转让取得的所得按照中国税法规定，应在中国缴纳企业所得税的中国境内机构、场所财产，中国境内不动产，在中国居民企业的权益性投资资产等（简称中国应税财产）。间接转让中国应税财产，是指非居民企业通过转让直接或间接持有中国应税财产的境外企业（不含境外注册中国居民企业，简称境外企业）股权及其他类似权益（简称股权），产生与直接转让中国应税财产相同或相近实质结果的交易，包括非居民企业重组引起境外企业股东发生变化的情形。间接转让中国应税财产的非居民企业称股权转让方。

适用上述规定的股权转让方取得的转让境外企业股权所得归属于中国应税财产的数额（简称间接转让中国应税财产所得），应按以下顺序进行税务处理：① 对归属于境外企业及直接或间接持有中国应税财产的下属企业在中国境内所设机构、场所财产的数额（简称间接转让机构、场所财产所得），应作为与所设机构、场所有实际联系的所得，按照《中华人民共和国企业所得税法》第3条第2款规定征税；② 除适用上述情形外，对归属于中国境内不动产的数额（简称间接转让不动产所得），应作为来源于中国境内的不动产转让所得，按照《中华人民共和国企业所得税法》第3条第3款规定征税；③ 除适用上述两种情形外，对归属于在中国居民企业的权益性投资资产的数额（简称间接转让股权所得），应作为来源于中国境内的权益性投资资产转让所得，按照《中华人民共和国企业所得税法》第3条第3款规定征税。

判断合理商业目的，应整体考虑与间接转让中国应税财产交易相关的所有安排，结合实际情况综合分析以下相关因素：境外企业股权主要价值是否直接或间接来自中国应税财产；境外企业资产是否主要由直接或间接在中国境内的投资构成，或其取得的收入是否主要直接或间接来自中国境内；境外企业及直接或间接持有中国应税财产的下属企业实际履行的功能和承担的风险是否能够证实企业架构具有经济实质；境外企业股东、业务模式及相关组织架构的存续时

第 17 章 税务机关反避税案例与应对策略

间;间接转让中国应税财产交易在境外应缴纳所得税情况;股权转让方间接投资、间接转让中国应税财产交易与直接投资、直接转让中国应税财产交易的可替代性;间接转让中国应税财产所得在中国可适用的税收协定或安排情况;其他相关因素。

除特殊规定情形外,与间接转让中国应税财产相关的整体安排同时符合以下情形的,无须按上述规定进行分析和判断,应直接认定为不具有合理商业目的:境外企业股权75%以上价值直接或间接来自中国应税财产;间接转让中国应税财产交易发生前一年内任一时点,境外企业资产总额(不含现金)的90%以上直接或间接由在中国境内的投资构成,或间接转让中国应税财产交易发生前一年内,境外企业取得收入的90%以上直接或间接来自中国境内;境外企业及直接或间接持有中国应税财产的下属企业虽在所在国家(地区)登记注册,以满足法律所要求的组织形式,但实际履行的功能及承担的风险有限,不足以证实其具有经济实质;间接转让中国应税财产交易在境外应缴所得税税负低于直接转让中国应税财产交易在中国的可能税负。

与间接转让中国应税财产相关的整体安排符合以下情形之一的,不适用上述规定:非居民企业在公开市场买入并卖出同一上市境外企业股权取得间接转让中国应税财产所得;在非居民企业直接持有并转让中国应税财产的情况下,按照可适用的税收协定或安排的规定,该项财产转让所得在中国可以免予缴纳企业所得税。

间接转让中国应税财产同时符合以下条件的,应认定为具有合理商业目的:① 交易双方的股权关系具有下列情形之一:股权转让方直接或间接拥有股权受让方80%以上的股权;股权受让方直接或间接拥有股权转让方80%以上的股权;股权转让方和股权受让方被同一方直接或间接拥有80%以上的股权。境外企业股权50%以上(不含50%)价值直接或间接来自中国境内不动产的,上述持股比例应为100%。上述间接拥有的股权按照持股链中各企业的持股比例乘积计算。② 本次间接转让交易后可能再次发生的间接转让交易相比在未发生本次间接转让交易情况下的相同或类似间接转让交易,其中国所得税负担不会减少。③ 股权受让方全部以本企业或与其具有控股关系的企业的股权(不含上市企业股权)支付股权交易对价。

间接转让机构、场所财产所得按照规定应缴纳企业所得税的,应计入纳税义务发生之日所属纳税年度该机构、场所的所得,按照有关规定申报缴纳企业所得税。间接转让不动产所得或间接转让股权所得按照《国家税务总局关于非居民企业间接转让财产企业所得税若干问题的公告》规定应缴纳企业所得税的,依照有关法律规定或者合同约定对股权转让方直接负有支付相关款项义务的单位或者个人为扣缴义务人。扣缴义务人未扣缴或未足额扣缴应纳税款的,股权转让方应自纳税义务发生之日起7日内向主管税务机关申报缴纳税款,并提供与计算股权转让收益和税款相关的资料。主管税务机关应在税款入库后30日内层报税务总局备案。扣缴义务人未扣缴且股权转让方未缴纳应纳税款的,主管税务机关可以按照税收征管法及其实施细则相关规定追究扣缴义务人责任;但扣缴义务人已在签订股权转让合同或协议之日起30日内按《国家税务总局关于非居民企业间接转让财产企业所得税若干问题的公告》第9条规定提交资料的,可以减轻或免除责任。

间接转让中国应税财产的交易双方及被间接转让股权的中国居民企业可以向主管税务机关报告股权转让事项,并提交以下资料:股权转让合同或协议(为外文文本的需同时附送中文译本,下同);股权转让前后的企业股权架构图;境外企业及直接或间接持有中国应税财产的下属企业上两个年度财务、会计报表;间接转让中国应税财产交易不适用《国家税务总局关于非居民企业间接转让财产企业所得税若干问题的公告》第 1 条的理由。

间接转让中国应税财产的交易双方和筹划方，以及被间接转让股权的中国居民企业，应按照主管税务机关要求提供以下资料：《国家税务总局关于非居民企业间接转让财产企业所得税若干问题的公告》第 9 条规定的资料（已提交的除外）；有关间接转让中国应税财产交易整体安排的决策或执行过程信息；境外企业及直接或间接持有中国应税财产的下属企业在生产经营、人员、账务、财产等方面的信息，以及内外部审计情况；用以确定境外股权转让价款的资产评估报告及其他作价依据；间接转让中国应税财产交易在境外应缴纳所得税情况；与适用公告第 5 条和第 6 条有关的证据信息；其他相关资料。

法律政策依据

（1）《中华人民共和国企业所得税法》（2007 年 3 月 16 日第十届全国人民代表大会第五次会议通过，2017 年 2 月 24 日第十二届全国人民代表大会常务委员会第二十六次会议第一次修正，2018 年 12 月 29 日第十三届全国人民代表大会常务委员会第七次会议第二次修正）。

（2）《中华人民共和国企业所得税法实施条例》（2007 年 12 月 6 日国务院令第 512 号公布，根据 2019 年 4 月 23 日《国务院关于修改部分行政法规的决定》修订）。

（3）《特别纳税调整实施办法（试行）》（国税发〔2009〕2 号）。

（4）《国家税务总局关于加强非居民企业股权转让所得企业所得税管理的通知》（国税函〔2009〕698 号）。

（5）《国家税务总局关于非居民企业间接转让财产企业所得税若干问题的公告》（国家税务总局公告 2015 年第 7 号）。

反避税案例

【例 17-1】 新加坡 A 公司持有新加坡 B 公司 100% 的股权，新加坡 B 公司持有重庆合资公司 C 公司 31.6% 的股权，现在 A 公司将其持有的 B 公司的股权转让给 D 公司。由于 B 公司位于新加坡，应当认为该笔股权转让所得来源于新加坡，中国对该笔所得没有征税权。

新加坡 A 公司通过转让为控制重庆合资公司权益而在新加坡成立的中间控股公司的股权，以达到转让其在重庆合资公司的权益性投资的目的。由于目标公司（B 公司）是一家新加坡公司，而且有关股权转让交易并未涉及对重庆合资公司（C 公司）股权的任何直接转让，所以从技术上来讲，该交易的转让所得并不来源于中国，无须在中国缴纳预提所得税。然而，重庆国税则对此有不同的分析与结论：

首先，目标公司除了在转让时持有重庆合资公司 31.6% 的股权外，没有从事任何其他经营活动。基于上述情况，转让方新加坡公司（A 公司）转让目标公司的交易，本质上就是转让重庆合资公司的股权。因此，在请示国税总局后，重庆国税得出的结论是：新加坡控股公司的股权转让所得来源于中国。因此，依据《中华人民共和国企业所得税法》第 3 条及《中华人民共和国政府和新加坡共和国政府关于对所得避免双重征税和防止偷漏税的协定》第 13 条的规定，中国有权对转让方新加坡公司的股权转让所得征税。

重庆国税在 2008 年 5 月提出中国对上述股权转让交易所得有征税权的论点,并在 2008 年 10 月按照上述结论对转让所得做出了处理。最终,重庆国税对转让方新加坡公司所有的股权转让所得征收了 98 万元人民币(约合 14.5 万美元)的预提所得税。

反避税案例

【例 17-2】 扬州 A 公司是一家从事大口径无缝钢管及相关产品的设计、制造和销售的公司,注册资本 1.6 亿元人民币。2007—2009 年销售收入分别为 13.65 亿元、30.62 亿元和 20.57 亿元。2007—2009 年税前利润分别为 3.99 亿元、10.34 亿元和 5.84 亿元。2007—2009 年各项税金分别为 9 196 万元、15 973 万元和 30 940 万元。扬州 A 公司被间接转让之前,其公司投资方发生过两次变更,对应两次股权转让:第一次股权转让发生于 2007 年 3 月,股权转让前,张先生 100%持股扬州 A 公司;股权转让后,张先生持有扬州 A 公司 51%的股权,开曼群岛 K 公司持有扬州 A 公司 49%的股权。第二次股权转让发生于 2007 年 11 月,开曼群岛 K 公司持有香港 K 公司 100%股权,开曼群岛 K 公司将其持有的扬州 A 公司 49%的股权转让给香港 K 公司,此时,股权结构变更为张先生持有扬州 A 公司 51%的股权,香港 K 公司持有扬州 A 公司 49%的股权,开曼群岛 K 公司持有香港 K 公司 100%股权。2008 年 9 月,境外投资方名称发生变更,香港 K 公司更名为香港 A 公司。2010 年 1 月 14 日,开曼群岛 K 公司将其持有的香港 A 公司 100%的股权转让给香港 S 公司,美国 S 公司持有香港 S 公司 100%的股权。股权转让完成后的股权结构为美国 S 公司持有香港 S 公司 100%的股权,香港 S 公司持有香港 A 公司 100%的股权,香港 A 公司持有扬州 A 公司 49%的股权。

2009 年年初,潜在的收购者来考察扬州 A 公司,该地国税局通过与政府部门沟通,获得了该公司的外方股权有可能转让的线索。国税局积极与扬州 A 公司的财务人员和高管联系,了解该公司股权可能被转让的形式,及时向上级税务机关汇报,寻求政策支持,同时持续监控,说服中方积极配合调查。2009 年 12 月,国家税务总局下发了国税函〔2009〕698 号文,对非居民企业间接转让行为进行了规范,主管税务机关及时向扬州 A 公司及其股东发送该文件并传达相关的税收政策,做好政策宣传。

2010 年 1 月 29 日,主管税务机关与扬州 A 公司 49%股权的实际控制方代表及其税务代理人进行首次接触,初步了解交易情况和交易实质,并要求其提供 698 号文规定的资料。开曼群岛 K 公司认为该笔股权转让所得在中国没有纳税义务。

主管税务机关经分析,认为该笔间接转让符合国税函〔2009〕698 号文第 5 条要求提供资料的间接转让的条件。香港对其居民的境外所得不征税,按 698 号文要求,开曼群岛 K 公司应提供文件所列的相关资料。2010 年 2 月初,主管税务机关向开曼群岛 K 公司发出"税务事项通知书",要求其根据国税函〔2009〕698 号文提供相关资料。同时,主管税务机关向股权转让的受让方香港 S 公司发出"税务事项通知书",要求其履行扣缴义务。香港 S 公司回复:交易于 2010 年 1 月 14 日完成;若涉及纳税义务,根据其与开曼群岛 K 公司的协议,应由开曼群岛 K 公司履行。开曼群岛 K 公司迫于香港 S 公司方面的压力,开始配合税务机关提供资料。

2 月 16 日,税务机关收到开曼群岛 K 公司提交的三份文件:① 与香港 S 公司的股权转让协议;② 开曼群岛 K 公司在 2007 年 3 月取得扬州 A 公司 49%股权的股权转让协议;③ 商务部门对于开曼群岛 K 公司将其持有扬州 A 公司 49%股权转让给其在香港设立的全资子公司香港 K 公司的批复,以及相关批准证书及扬州 A 公司在股权变更后的企业法人营业执照。

经审核,税务机关认为开曼群岛 K 提供的资料并不完整,且未办理延期提供的申请。3 月初,主管税务机关向其发出责令限期改正通知书。3 月 5 日,税务机关收到开曼群岛 K 公司提供的以下资料:① 香港 A 公司审计报告;② 香港 A 公司财务报表;③ 香港 A 公司董事会名单;④ 香港 A 公司纳税申报资料;⑤ 转让香港 A 公司的股权交易说明(开曼群岛 K 公司撰写)。

主管税务机关经过审查,发现香港 A 公司无雇员(未列示支付其委派担任扬州 A 公司董事会成员、财务总监和运营总监的人员工资费用)、无其他资产(无现金资产,成立时股本只有 1 万港币)、无其他负债、无其他经营活动(无其他经营收入与其他经营费用)。

主管税务机关从外网了解到拥有香港 S 公司 100%股权的美国 S 公司是一家美国上市公司,2010 年 1 月 14 日其网站新闻宣布收购扬州 A 公司 49%股份交易已经完成,新闻稿件中未提及香港 A 公司。

主管税务机关得出初步结论:香港 A 公司为无实质经营活动的空壳公司,境外投资方 K 公司转让香港 A 公司的目的就是转让扬州 A 公司,该间接转让行为规避了我国的企业所得税纳税义务。主管税务机关根据国税函〔2009〕698 号文规定报国家税务总局审核后,认为应按照经济实质对该股权转让交易重新定性,否定境外投资方即香港 A 公司的存在,并对该笔股权转让所得征收非居民企业所得税。

2010 年 3 月 18 日,国家税务总局国际税务管理司有关领导专程到江都市国税局,与江苏省局大企业和国际税收管理处、扬州市局、江都局共同就上述股权转让事项进行了审核,一致认定,这次股权转让尽管形式上是转让香港公司股权,但实质是转让扬州某公司的外方股权,应在中国负有纳税义务,予以征税。根据税务总局的审核结果,4 月 2 日、21 日,江都市国税局向扬州某公司先后发出相关文书,通知其股权转让在中国负有纳税义务,应申报纳税。经过数次艰难谈判、交涉后,4 月 29 日,江都市国税局收到了扬州某公司的非居民企业所得税申报表。5 月 18 日上午,1.73 亿元税款顺利缴入国库。

应对反避税策略

税务机关通过否定中间层公司的存在来反对通过间接转让股权来避税的行为应当具备以下要件:① 没有经济实质;② 不具有合理商业目的;③ 规避企业所得税纳税义务。关于经济实质的判断应当从该企业的注册资本、资产和负债情况、雇员数量、是否实际从事生产经营等方面来考察。纯粹的控股公司一般属于无经济实质的企业。是否具有合理商业目的应当从企业整体股权架构所欲实现的目的及其所面临的法律环境来判断。一般而言,间接转让股权的合理商业目的包括规避外汇管制、规避外商投资企业审批限制、增加投资者身份的隐蔽性、方便投资和撤资等,节税本身不属于合理商业目的。但在追求合理商业目的的同时进行节税也被认为具有合理商业目的。是否规避企业所得税纳税义务主要看否定该中间层公司后中国是否取得了征税权,如果中国仍然无法取得征税权或者按照中国税法规定是免税的,则不能认为其规避了企业所得税纳税义务。税务机关在反避税时应当同时满足以上条件才能否定中间层公司的存在。就扬州公司反避税案来看,税务机关显然并未完全证明其满足上述三个条件。税务机关主要论证了第一、第三两个条件。从案件所述情形来看，本案的确符合第一、第三两个条件。但税务机关并未证明本案中的相关当事人这样设计转让方案不具有合理商业目的。当然，本案当事人也并未提出其合理商业目的，从而争取免税待遇。可能原因有两个：第一，当事人在客观上的确没有合理商业目的，仅仅是为了避税；第二，当事人有其他合理商业目的，但并不清楚中国税法的规定，没有很好地维护自身权益。

应对策略主要是避免构成上述第一、第二两个条件。为了避免被认为没有经济实质，企业应当有足够的注册资本，应当有适当数量的员工，应当开展适当的生产经营活动，具有相对复杂的资产和负债结构。为了避免被认为不具有合理商业目的，应当充分挖掘企业税收筹划方案除了节税以外的合理商业目的。

2. 转让定价避税与反避税

纳税筹划思路

转让定价，也称转移定价，是指关联企业之间在转让货物、无形资产或提供劳务、资金信贷等活动中，为了一定的目的所确定的不同于一般市场价格的内部价格。关联企业之间转让定价的主要形式通常有购销货物（零部件、原材料和产成品）、购置设备（固定资产）、无形资产（专利、专有技术、商标、厂商名称等）转让与使用、提供劳务（技术、管理、广告、咨询等）、融通资金及有形资产的租赁等。在跨国经济活动中，利用关联企业之间的转让定价进行避税已成为一种常见的税收逃避方法。其一般做法是：高税国企业向其低税国关联企业销售货物、提供劳务、转让无形资产时制定低价；低税国企业向其高税国关联企业销售货物、提供劳务、转让无形资产时制定高价。这样，利润就从高税国转移到低税国，从而达到最大限度地减轻其税负的目的。

反避税制度

关联方，是指与企业有下列关联关系之一的企业、其他组织或者个人：① 在资金、经营、购销等方面存在直接或者间接的控制关系；② 直接或者间接地同为第三者控制；③ 在利益上具有相关联的其他关系。

《国家税务总局关于完善关联申报和同期资料管理有关事项的公告》（国家税务总局公告2016年第42号）规定，企业与其他企业、组织或个人具有下列关系之一的，构成本公告所称关联关系。

（1）一方直接或间接持有另一方的股份总和达到25%以上；双方直接或间接同为第三方所持有的股份达到25%以上。如果一方通过中间方对另一方间接持有股份，只要其对中间方持股比例达到25%以上，则其对另一方的持股比例按照中间方对另一方的持股比例计算。两个以上具有夫妻、直系血亲、兄弟姐妹以及其他抚养、赡养关系的自然人共同持股同一企业，在判定关联关系时持股比例合并计算。

（2）双方存在持股关系或同为第三方持股，虽持股比例未达到第（1）项规定，但双方之间借贷资金总额占任一方实收资本比例达到50%以上，或者一方全部借贷资金总额的10%以上由另一方担保与独立金融机构之间的借贷或担保除外。借贷资金总额占实收资本比例=年度加权平均借贷资金/年度加权平均实收资本，其中：年度加权平均借贷资金=i笔借入或贷出资金账面金额×i笔借入或贷出资金年度实际占用天数/365；年度加权平均实收资本=i笔实收资本账面金额×i笔实收资本年度实际占用天数/365。

（3）双方存在持股关系或同为第三方持股，虽持股比例未达到第（1）项规定，但一方的生产经营活动必须由另一方提供专利权、非专利技术、商标权、著作权等特许权才能正常进行。

（4）双方存在持股关系或同为第三方持股，虽持股比例未达到第（1）项规定，但一方的购买、销售、接受劳务、提供劳务等经营活动由另一方控制。上述控制是指一方有权决定另一方的财务和经营政策，并能据以从另一方的经营活动中获取利益。

（5）一方半数以上董事或者半数以上高级管理人员（包括上市公司董事会秘书、经理、副经理、财务负责人和公司章程规定的其他人员）由另一方任命或委派，或者同时担任另一方的董事或高级管理人员；或者双方各自半数以上董事或者半数以上高级管理人员同为第三方任命或委派。

（6）具有夫妻、直系血亲、兄弟姐妹以及其他抚养、赡养关系的两个自然人分别与双方具有第（1）至（5）项关系之一。

（7）双方在实质上具有其他共同利益。除第（2）项规定外，上述关联关系年度内发生变化的，关联关系按照实际存续期间认定。

仅因国家持股或者由国有资产管理部门委派董事、高级管理人员而存在第（1）至（5）项关系的，不构成关联关系。

企业与其关联方之间的业务往来，不符合独立交易原则而减少企业或者其关联方应纳税收入或者所得额的，税务机关有权按照合理方法调整。独立交易原则，是指没有关联关系的交易各方，按照公平成交价格和营业常规进行业务往来遵循的原则。企业与其关联方共同开发、受让无形资产，或者共同提供、接受劳务发生的成本，在计算应纳税所得额时应当按照独立交易原则进行分摊。合理方法包括：① 可比非受控价格法，即按照没有关联关系的交易各方进行相同或者类似业务往来的价格进行定价的方法；② 再销售价格法，即按照从关联方购进商品再销售给没有关联关系的交易方的价格，减除相同或者类似业务的销售毛利进行定价的方法；③ 成本加成法，即按照成本加合理的费用和利润进行定价的方法；④ 交易净利润法，即按照没有关联关系的交易各方进行相同或者类似业务往来取得的净利润水平确定利润的方法；⑤ 利润分割法，即将企业与其关联方的合并利润或者亏损在各方之间采用合理标准进行分配的方法；⑥ 其他符合独立交易原则的方法。

企业与其关联方之间的业务往来，不符合独立交易原则而减少企业或者其关联方应纳税收入或者所得额的，税务机关可以按照合理方法调整。关联企业之间的转让定价情形主要包括：① 购销业务未按照独立企业之间的业务往来作价；② 融通资金所支付或者收取的利息超过或者低于没有关联关系的企业之间所能同意的数额，或者利率超过或者低于同类业务的正常利率；③ 提供劳务，未按照独立企业之间业务往来收取或者支付劳务费用；④ 转让财产、提供财产使用权等业务往来，未按照独立企业之间业务往来作价或者收取、支付费用；⑤ 未按照独立企业之间业务往来作价的其他情形。

企业与其关联企业共同开发、受让无形资产，或者共同提供、接受劳务发生的成本，在计算应纳税所得额时应当按照独立交易原则进行分摊。企业可以按照独立交易原则与其关联方分摊共同发生的成本，达成成本分摊协议。企业与其关联方分摊成本时，应当按照成本与预期收益相配比的原则进行分摊，并在税务机关规定的期限内，按照税务机关的要求报送有关资料。企业与其关联方分摊成本时违反上述规定的，其自行分摊的成本不得在计算应纳税所得额时扣除。

法律政策依据

（1）《中华人民共和国企业所得税法》（2007年3月16日第十届全国人民代表大会第五次会议通过，2017年2月24日第十二届全国人民代表大会常务委员会第二十六次会议第一次修正，2018年12月29日第十三届全国人民代表大会常务委员会第七次会议第二次修正）。

（2）《中华人民共和国企业所得税法实施条例》（2007年12月6日国务院令第512号公布，根据2019年4月23日《国务院关于修改部分行政法规的决定》修订）。

（3）《特别纳税调整实施办法（试行）》（国税发〔2009〕2号）。

（4）《国家税务总局关于完善关联申报和同期资料管理有关事项的公告》（国家税务总局公告2016年第42号）。

（5）《国家税务总局关于完善预约定价安排管理有关事项的公告》（国家税务总局公告2016年第64号）。

反避税案例

【例17-3】 大连某机电公司转移定价避税案

大连市国税局在对该市外资企业的亏损情况进行调查时发现，大连某机电公司利用关联公司进行价格转移，长期制造亏损，使得税务部门无税可征。经过长达一年半的调查，大连市国税局在掌握大量确凿证据后，决定调增该公司应纳税收入2.77亿元，调增应纳税所得额2.78亿元，增补所得税近千万元。

一、年销售过亿元却连年亏损

自1997年成立以来，大连某机电公司的年销售收入一直在亿元以上，但是长期亏损，没有所得税。不仅如此，该企业由于90%以上的产品出口给外方投资者，不仅没有增值税，还因为在国内采购了原材料，申请出口退税。

该企业主要产品广泛应用于工业、农业、国防、医院、商场、宾馆等领域。数据显示，全球此类产品的年贸易额约为35亿美元，我国出口的比例占此类产品全球总产量的20%左右。而大连某机电公司的前身，是我国该行业最大的生产企业之一，称得上龙头企业。20世纪90年代，由于企业冗员多、管理不善、资金周转不灵、负债高，企业陷入亏损。1997年4月，该企业和国外一家公司签了合资协议，成为一家合资企业。

合资企业当时的注册资金为1亿元人民币，中方以土地、厂房、设备等入股，而外方公司则以5000万元资金分期注入合资企业，中外双方各占股份50%。但是，合资之后大连某机电公司的亏损情况并未因外资的介入而有所好转。在两年小幅亏损之后，2000年企业出现大幅亏损，合资的中方难以维持。2000年4月，在经历了3年的合资之后，中方股份被迫退出，外方公司全部收购了中方5 000万元的股份，大连某机电公司变成了独资企业。

虽然调查显示，大连某机电公司有技术、有市场，但是主管该企业的税务机关对其长期亏损感到很头疼。对他们进行的常规检查发现不了问题，企业形象好，销售正规，内部管理严格，收入真实，账面清楚，但是税务人员也清楚地感觉到，这家企业的亏损值得怀疑。于是，税务部门在2004年6月开始着手对该企业进行特别调查。

二、有钱不赚忙出口，财务报表有点怪

近年来，中国不少外资企业生产的产品，由于技术、品牌都属于外方投资者，在中国的外资企业承担的只是加工的角色，赚的都是辛苦费，导致企业利润较低。大连某机电公司是不是属于这种情况呢？

税务机关的调查否定了这种推论。大连某机电公司在外方入主之后，管理层发生了变化，企业的面貌也有了改善，产品质量提高了，企业的生产效率也更高了。但是，外方并未对企业的技术改造进行任何实质性投入，工人们仍在老厂房里生产着与原来类似的产品。可以说，合资公司在技术上吃的还是以前中方的"老本儿"，只是在销售上基本放弃了国内市场，绝大部分产品用于出口。

大连某机电公司不是一个单纯的组装厂，它有自己的技术，一般而言，这类企业的利润率都会较高。但是这家公司却整体亏损，尤其毛利率格外低，有些蹊跷。在向该公司下达了转让定价调查通知书后，大连市国税机关正式开始了对这家公司的检查。在翻阅了这家公司的财务报表后，税务人员发现，毛利率较低，而且2001—2003年，公司的毛利率竟然都是3%，"像刀切的一样齐"，与收入的大幅波动毫不相干。检查人员意识到，只有在人为操纵价格时，才能出现如此绝对的数字。而以前反避税工作的经验告诉他们，关联交易确定交易价格时，可以人为确定价格而不需要完全借助于市场定价。另外，在调查中，税务人员还发现，该公司的产品中，90%出口给外方投资者，10%在国内市场上销售给非关联第三方。非关联的内销部分是赚钱的，关联的外销部分却是严重亏损的。国内市场存在一定的需求，为什么企业放着赚钱的内销生意不做，却非要去做赔钱买卖？显然，这里面也是大有文章的。

蛛丝马迹的线索随着调查的深入而变得越来越清晰。这更加坚定了检查人员一查到底的决心。现在，问题的关键就是寻找证据。该公司被外方接管后，账务系统用电脑管理。检查人员进去查账，公司只扔过来几本简单的手工账目，根本不把电脑中的明细账提供给检查人员，尽管检查人员依法有权要求企业提供。公司的财务总监是个外籍人士，他很傲慢地宣称："这是商业机密，不能给你们。只有手工账目，（你们）爱要不要。"

那些手工账目只是一些概括性的数据，过于简单。为了得到有价值的资料，检查人员采取严密分工、协同配合、全面出击的策略，扎到公司内部去了解情况、收集证据。按照重新制订的计划，检查人员又一次来到大连某机电公司，每个人都有不同的分工，有的了解生产情况，有的找销售人员，有的找财务人员。公司一时搞不清楚检查人员的目的何在，看情形有点儿乱了阵脚。一时摸不到头脑的销售部门最先露出了破绽，他们"稀里糊涂"地将公司的销售明细账提供给了检查人员。

"这个资料非常珍贵，拿到时我们都不相信是真的！"调查小组的成员们感叹。正在检查人

员感到看见了一线曙光的时候，新的麻烦又出现了。

三、大连、香港、投资方所在国自编自演"连环套"

要进一步证实企业的销售情况，还必须取得另一个重要资料——企业的销售合同。于是，新一轮较量开始了。"要合同做什么？"这次，企业的财务经理显然汲取了经验，显得相当谨慎。"我们想了解一下合同是怎样签的，执行条件是什么样的。"检查人员回答。"我们的合同是英文的，你们看不懂。"对方显然没有把中国检查人员放在眼里。"这一点不用你们操心。你们只需依照法律规定，提供应该提供的所有资料，包括销售合同。"检查人员心平气和地做着解释。看到无法推脱，财务经理只得向财务总监做了汇报。自视甚高的外籍财务总监显然低估了检查人员的能力，略做沉吟后答应了检查人员的要求。

在该公司相关人员的带领下，检查人员来到了档案库。该公司90多个主要客户，五六年的所有合同，整整齐齐排了一面墙。检查人员顺利地拿到了这些重要的原始证据。公司的外籍管理人员可能没有想到，税务机关的调查团队内可是藏龙卧虎，既有从英国学成归来的工商管理硕士，也有留学美国的国际注册会计师。事后，检查人员笑称："看不懂英文文本？你就是日文、俄文、韩文、法文的文本又怎么样？不出大连，不出国税局，一样能'拿下'。"

拿到合同后，虽然全部是英文，但是一位曾到英国奥斯特大学学习的税务人员一翻，很快就发现了一个关键问题。原来，合同的第一张，就是大连某机电公司与一家中国香港公司签订的销售合同。而这家中国香港公司，是其母公司在中国香港设立的。合同上面清楚地写明了货物的价格和购买的数量。合同的第二张，则是就同一批货物由中国香港公司与其他的国外公司签订的销售合同，而这张合同上的价格却凭空高了20%。

很显然，这就是关联价格和非关联价格。这就是大连某机电公司利用关联公司进行价格转移的直接证据。在这位税务人员发现"香港公司"秘密的同时，从美国学成归来的另一位税务人员也在加紧分析从大连公司销售部门拿来的数据。经过紧张周密的工作，大连某机电公司利用关联公司避税的情况，逐渐清晰起来。

大连市国税局要求税务人员再接再厉，从各种角度证明大连某机电公司的避税事实，不能有一点漏洞，要让他们心服口服。为此，办案人员又通过互联网找到了在境外公开上市的外方投资者历年的财务报表。报表显示，该公司同类产品收入规模年均在几十亿美元，税后利润均达到了10%以上，有些年度高达20%。这说明，该公司的业务盈利能力很强，常年亏损显然有悖常理。胸中有数之后，沉稳机敏的税务人员耐心地与大连某机电公司的高层管理人员进行了交涉，终于让他们自己说出了母公司、香港公司及中国这家公司在经营上的角色定位。

原来，大连某机电公司的外销产品，表面上都是销售给香港的关联公司，但实质上，香港公司仅仅是个"壳公司"。母公司派人在大连某机电公司以香港公司的名义，与世界各地的非关联企业客户签订合同，产品由大连直接发往世界各地，资金结算则由母公司来完成。至此，关联交易中最重要问题之一，功能定性问题终于得以解决——大连某机电公司负责生产及销售的功能，实质上是"全能公司"；中国香港公司无任何工作职能，是用来存放利润的，是"壳公司"；母公司是真正的幕后操纵者，它不直接介入产品生产和销售的任何环节。

为了清楚地反映利用关联定价避税的过程，税务人员还做了一个多国税制环境分析模型，从税制角度证明该公司的避税行为具有可操作性。从表面上看，两国三地中，投资方所在国所得税税率最高，达26%，并且没有任何优惠；壳公司所在地中国香港次之，所得税税率16%；

生产厂的所在地，中国内地所得税最低，仅10%，而且还有很多定期的减免优惠。通常来讲，内地应该是利润存放的最优选择。但是，该企业却逆向选择了中国香港，这是为什么呢？

原来，中国香港对贸易性离岸业务的利润是免税的。也就是说，只要合同签订不在中国香港、合同执行监督不在中国香港、货物不在中国香港停留，就可以申请免税。毫无疑问，投资方母公司正是利用了中国香港地区的这一规定，利用了这种在地域和管辖权上的盲点，通过关联交易把本应属于大连某机电公司的利润暗度陈仓，放在了中国香港，实施了避税。

经过为时一年半之久的检查之后，迄今为止大连地区最大的一起反避税案件终于落下了帷幕。2005年年底，大连市国税局向大连某机电公司发出了转让定价调整应纳税收入通知书，决定调增该公司应纳税收入2.77亿元，调增应纳税所得额2.78亿元，增补所得税近千万元。在大量的事实面前，大连某机电公司对结果表示接受。

反避税案例

【例17-4】 利润分割法反避税案例

一、企业基本情况

C有限公司广州分公司（简称"广州分公司"）是C有限公司（简称"C公司"）的分支机构。C公司于1992年3月由C集团成员香港C企业有限公司与深圳X公司合作设立。1994年成立了广州分公司，C公司派员管理，独立核算，所得税在广州缴纳。

广州分公司从1994年开业至今，销售收入不断增长，1996—1999年的销售收入保持在5亿多元。2000年开始，销售收入大幅增长，达到7亿元，比1999年增长了33.27%，以后各年销售收入稳定，是7亿~8亿元。其中，2002年和2004年的销售收入分别达到8.5亿元、8.3亿元。1996—2004年销售收入累计达到62.5亿元，经营状况良好。但该公司利润始终维持在较低的水平，发展规模与获利能力不相匹配。除1996年和2001年的销售利润率达到6%以外，其余年度为1.51%~4.85%。虽然2002年为收入的高峰（达到8.5亿元），但销售利润率也只维持在3.10%，1996—2004年平均销售利润率只有3.51%。

二、主要避税疑点

广州市税务局通过调查认为，该公司销售费用占销售收入比例较大，1996—2004年分别占销售收入的14.38%~20.10%。其中，各年商标使用费分别占销售费用的29%~54%。据统计，该公司1996—2004年计提商标使用费累计达到4.8亿元，而企业历年利润总额只有2.7亿元，计提的商标使用费占利润总额的1.78倍。

经调查，该公司在1996年1月1日将商标使用费计提标准由原来的按销售总额（含增值税）的3.5%调整至5%，1997年1月1日再次调整至7%。调整得比较随意，且没有提供相关的文件证明来说明提高计提比例的依据，由于该公司自1994年开业至1997年三次提高计提商标费的标准，使商标使用费占销售费用的比例不断提高。

从C集团网站下载的公司年度报告中显示，商标使用费的收取方是Y公司，该公司是C集团设立在开曼群岛专门用于授权使用商标专利权的公司，注册资本只有200美元。开曼群岛是国际上著名的避税港。因此，广州分公司存在通过提高商标使用费计提比例转移利润的避税嫌疑，是调查的重点。

第17章 税务机关反避税案例与应对策略

三、情况调查分析

针对上述情况，税务机关对广州分公司按照全部销售收入（含增值税税额）的 7%计提商标使用费的合理性进行了调查，发现其存在两方面的问题。

第一，计提比例不合理。

通过对广州分公司职能和风险的综合分析，广州分公司作为中国地区的实质管理机构，除了负责广州地区的零售业务外，更主要的是负责该品牌成衣在全国的采购供货、批发等业务，负责全国广告宣传的策划和推广，负责全国业务协调有序开展，负责在各地通过设立分公司或特许加盟店的形式发展业务，并对各地分公司和加盟商实施不同的管理和监督等一系列职能，同时承担了职能的全部风险。

广州分公司并非像企业解释的那样是一个单纯的分销服务提供商。C 商标的价值如果有提升（或保持）的话，与被许可人（广州分公司）做出的努力和贡献是分不开的。但是，广州分公司在这个过程中，所有的营销支出从未得到回报。为此，广州市税务局认定广州分公司按7%支付商标使用费比例过高。此外，由于广州分公司计算商标使用费的口径为含增值税的销售收入，因此经换算的商标使用费实际计提标准为销售收入的8.19%，远高于表面上的 7%。

第二，计提基数不合理。

广州分公司销售给 C 集团在外地分公司的货物，如出现退货情况，不是开具红字发票对冲，而是由外地的分公司开出增值税专用发票，以成本价返销给广州分公司，广州分公司在核算上将该货物作为存货处理并进行再次销售，同时按再次销售价格的 7%重复计提商标使用费。此外，广州分公司销售给商场专柜按 8 折开具发票，但计提商标使用费时则按全额计提。该公司给予商场的折扣作为一种利益的让度，是作为商场利润留在商场的。所以，广州分公司将该部分作为企业销售收入计提商标使用费显然是不合理的。

四、调整方案落实

在税务机关出示的证据面前，企业同意对商标使用费采用利润分割法进行调整。用于分割的利润是广州分公司实际计提的商标使用费 4.8 亿元。

广州市国税局通过 BVD 数据库①选取了 15 家与广州分公司业务近似的公司，营业利润率在 3.87%～7.61%，中位值是 6.43%。广州市国税局一方面用可比公司的中位值 6.43%去测算广州分公司的常规利润，另一方面用广州分公司 1996 年按 5%计提商标使用费后营业利润率仍然达到 6.01%，从而认定广州分公司的常规利润在 6.43%左右比较合理。由于税企双方对选取可比企业仍然存在不同意见，企业坚持用国家统计局的行业中位值 4.78%设定为常规利润率，在税企双方各自做出让步的情况下，最后将企业 1997—2004 年度的常规利润率定为 6%。

考虑到广州分公司 1996 年的营业利润率（6.01%）已达到常规利润水平，拟对 1996 年暂不做调整。对企业 1997—2004 年尚未达到常规利润的年度进行调整。在保证广州分公司取得应有的常规利润后，余下的剩余利润作为超额利润在广州分公司与境外公司之间根据各自职能和贡献的大小进行分割。1997—2004 年共调增应纳税所得额 2 亿多元，补缴企业所得税 6 000多万元，调整后 1997—2004 年度的平均利润率为 7.5%。

---

① Bureau Van Dijk（BVD）是欧洲著名的全球金融与企业资信分析数据库电子提供商。BVD 为各国政府金融监管部门、银行与金融机构、证券投资公司等提供国际金融与各国宏观经济走势分析等专业数据。

反避税案例

【例17-5】 运用"资产定价模型"实施反避税调查案例分析

2010年年初,一则美国跨国集团收购境外某知名企业集团公司并整合内部生产结构的网络信息,引起了大连开发区国税局反避税人员的关注。根据以往的工作经验,跨国公司旗下企业的股权关系复杂,整合结果牵一发而动全身。该集团公司在大连投资多家企业,存在着股权转让的可能。大连开发区国税局立即启动反避税机制,最终确定了该集团公司下属的四家企业存在股权转让行为。

在确认了股权转让行为的事实后,反避税人员又遇到了新的难题。股权转让行为的发生并不必然代表股权转让收益的存在,尤其是企业集团内部之间的股权转移,如何确认税收上的境外企业股权转让收益,是谈判中存在的一道难关。

在谈判中,该集团公司认为其股权转让收益应为转让价格减去转让成本,即以董事会决议中确认的股权转让价格(账面价值)为基础。税务机关认为,虽然是集团内部整合发生股权转让,但平价或低价转让不符合中国税法规定的独立交易原则,应该按照公允价值予以调整。该境外集团公司为上市公司,税务人员首先选择采用市盈率指标计算价值,但企业认为境外集团公司的市盈率无法反映境内公司的实际情况,而境内公司又不是上市公司,很难寻找到可比企业。在双方谈判僵持不下的情况下,大连市国税局反避税人员果断地将视线转向了"资产定价模型",利用评估无形资产价值的"收益法"来计算股权转让所得。

收益法就是通过估算评估对象未来预期收益的现值来判断资产价值,确定企业在现实市场的公平市场价值。这种办法虽然是国际惯例,但在大连市乃至中国税务系统都是首次实际运用。大连市国税局采取了十分谨慎的态度,反复论证其合理性。在计算过程中主要考虑三个因素,即评估对象的预期收益、折现率和取得预期收益的持续时间,这三个因素的确定是收益法的核心。税务机关科学合理的办法获得了企业的认可,该集团公司最终依据法律规定将2008年以后的股权转让价格进行了调整并缴纳了税款。

以往的企业价值评估,税务机关多是借助中介机构出具的评估报告,在谈判中并不占据主动地位,对评估的数据很难提出反驳的意见。采用收益法后,税务机关掌握整个评估测算过程,在谈判中始终处于主导地位,不容易为中介机构的数据所左右。收益法是国际上通行的评估无形资产价值方法,这种评估方法容易被跨国公司接受。运用好这一方法,反避税调查人员必须熟练掌握经济分析和财务分析技术。随着反避税工作领域的不断拓展,反避税案件不仅局限于购销业务,越来越多的案件涉及无形资产和股权的评估。这对反避税工作人员的素质提出了更高要求。如何按照税务总局反避税工作的部署和要求,并借鉴其他国家的做法,尽快建立一支适应反避税工作要求的经济分析师团队,将是摆在我们面前的一项迫切工作任务。

大连市国税局在转让定价调查中运用"资产定价模型"计算追缴税款的案例,得到国家税务总局的肯定,并评价此案是完整运用"收益法"进行股权转让调整的第一案。"收益法"作为无形资产转让定价调整的主要方法之一,应在中国进一步推广使用。此案在经济分析方面的探索对全国反避税工作起着典范和带头作用。

应对反避税策略

转让定价反避税所针对的对象是关联企业,因此,企业应对转让定价反避税的策略之一就是避免成为关联企业。这就需要充分运用避税港、信托等方式构建比较复杂的股权结构,从而避免被认定为关联企业。

企业可以与税务机关就其未来年度关联交易的定价原则和计算方法达成预约定价安排。预约定价安排的谈签与执行经过预备会谈、谈签意向、分析评估、正式申请、协商签署和监控执行6个阶段。预约定价安排包括单边、双边和多边3种类型。预约定价安排适用于主管税务机关向企业送达接收其谈签意向的"税务事项通知书"之日所属纳税年度起3~5个年度的关联交易。企业以前年度的关联交易与预约定价安排适用年度相同或类似的,经企业申请,税务机关可以将预约定价安排确定的定价原则和计算方法追溯适用于以前年度该关联交易的评估和调整。追溯期最长为10年。预约定价安排的谈签不影响税务机关对企业不适用预约定价安排的年度及关联交易的特别纳税调查调整和监控管理。预约定价安排一般适用于主管税务机关向企业送达接收其谈签意向的"税务事项通知书"之日所属纳税年度前3个年度每年度发生的关联交易金额4 000万元人民币以上的企业。

2005年4月19日在北京由中日两国税务主管当局就东芝复印机(深圳)有限公司双边预约定价安排事宜正式签署了有关协议,9月9日深圳市地税局与东芝复印机(深圳)有限公司签署预约定价安排。这是我国首例双边预约定价安排。2007年4月20日,沃尔玛集团在华九家子公司与国家税务总局在深圳市地税局签署了双边预约定价安排。这是中美首例双边预约定价安排。2007年12月20日,苏州工业园区国家税务局与三星电子(苏州)半导体有限公司签署了苏州工业园区国家税务局与三星电子(苏州)半导体有限公司双边预约定价安排。这是中韩两国之间的第一例预约定价安排,是中韩两国税务局真诚合作的结果。

3. 利用免税企业转移利润避税与反避税

纳税筹划思路

根据税法规定,一些企业在特定期间可以享受免税待遇。企业可以通过设立享受免税待遇的企业并将应税所得转入该免税企业享受免税待遇。

在2008年《中华人民共和国企业所得税法》实施之前,享受免税待遇的企业比较多,在2008年以后,享受免税待遇的企业比较少,目前主要包括以下几种类型:

(1)对经济特区和上海浦东新区内在2008年1月1日(含)之后完成登记注册的国家需要重点扶持的高新技术企业(简称新设高新技术企业),在经济特区和上海浦东新区内取得的所得,自取得第一笔生产经营收入所属纳税年度起,第一年至第二年免征企业所得税,第三年至第五年按照25%的法定税率减半征收企业所得税。经济特区和上海浦东新区内新设高新技术企业同时在经济特区和上海浦东新区以外的地区从事生产经营的,应当单独计算其在经济特区和上海浦东新区内取得的所得,并合理分摊企业的期间费用;没有单独计算的,不得享受企业所得税优惠。

(2)国家鼓励的集成电路线宽小于 28 纳米(含),且经营期在 15 年以上的集成电路生产企业或项目,第一年至第十年免征企业所得税;国家鼓励的集成电路线宽小于 65 纳米(含),且经营期在 15 年以上的集成电路生产企业或项目,第一年至第五年免征企业所得税,第六年至第十年按照 25%的法定税率减半征收企业所得税;国家鼓励的集成电路线宽小于 130 纳米(含),且经营期在 10 年以上的集成电路生产企业或项目,第一年至第二年免征企业所得税,第三年至第五年按照 25%的法定税率减半征收企业所得税。

(3)国家鼓励的线宽小于 130 纳米(含)的集成电路生产企业,属于国家鼓励的集成电路生产企业清单年度之前 5 个纳税年度发生的尚未弥补完的亏损,准予向以后年度结转,总结转年限最长不得超过 10 年。

(4)国家鼓励的集成电路设计、装备、材料、封装、测试企业和软件企业,自获利年度起,第一年至第二年免征企业所得税,第三年至第五年按照 25%的法定税率减半征收企业所得税。

(5)国家鼓励的重点集成电路设计企业和软件企业,自获利年度起,第一年至第五年免征企业所得税,接续年度减按 10%的税率征收企业所得税。

(6)非营利组织的下列收入为免税收入:接受其他单位或者个人捐赠的收入;除《中华人民共和国企业所得税法》第 7 条规定的财政拨款以外的其他政府补助收入,但不包括因政府购买服务取得的收入;按照省级以上民政、财政部门规定收取的会费;不征税收入和免税收入滋生的银行存款利息收入;财政部、国家税务总局规定的其他收入。

反避税制度

企业与其关联方之间的业务往来,不符合独立交易原则而减少企业或者其关联方应纳税收入或者所得额的,税务机关有权按照合理方法调整。独立交易原则,是指没有关联关系的交易各方,按照公平成交价格和营业常规进行业务往来遵循的原则。

法律政策依据

(1)《国务院关于经济特区和上海浦东新区新设立高新技术企业实行过渡性税收优惠的通知》(国发〔2007〕40 号)。

(2)《财政部 国家税务总局关于企业所得税若干优惠政策的通知》(财税〔2008〕1 号)。

(3)《特别纳税调整实施办法(试行)》(国税发〔2009〕2 号)。

(4)《财政部 国家税务总局关于非营利组织企业所得税免税收入问题的通知》(财税〔2009〕122 号)。

(5)《财政部 国家税务总局关于进一步鼓励软件产业和集成电路产业发展企业所得税政策的通知》(财税〔2012〕27 号)。

(6)《财政部 国家税务总局 国家发展改革委 工业和信息化部关于促进集成电路产业和软

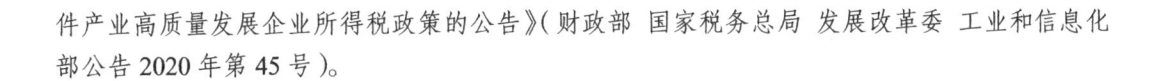

件产业高质量发展企业所得税政策的公告》(财政部 国家税务总局 发展改革委 工业和信息化部公告 2020 年第 45 号)。

反避税案例

【例 17-6】 北京市国家税务局稽查局于 2007 年 6 月 14 日—10 月 25 日对北京 A 税务师事务所有限公司(简称 A 公司)2002 年 5 月—2006 年 12 月 31 日的纳税情况进行了检查,发现 A 公司利用所控制的多家公司,将取得的劳务收入转移到互为关联的免税企业,共计转移应税收入 810 万元。

2006 年 6 月,A 公司协同北京 B 信息咨询有限责任公司(简称 B 公司)与甲公司签订代理业务协议书,同年 7 月出具加盖"北京 A 税务师事务所有限公司"印章的审计报告,共取得业务收入 480 万元,将其中 460 万元转移到 B 公司。

2004 年 11 月 16 日,A 公司协同北京某投资有限公司信息咨询分公司(简称 C 咨询分公司)与乙公司签订办理核销历史欠税业务的代理协议书,当日由 C 咨询分公司将预收款 200 万元作收入并开具发票。由于合同未履行,又于 2006 年 1 月协同北京某投资有限公司某区信息咨询分公司(简称 D 咨询分公司)与乙公司重新签订协议书。直至同年 8 月才由 C 咨询分公司退还乙公司预收的 150 万元,并将余款 50 万元转入 B 公司,由 B 公司做收入并出具发票。在此期间,一直由 A 公司委派本单位员工负责该项代理业务的实施。

2006 年 6 月 1 日,A 公司与丙公司签订代理协议书,6 月 15 日由 B 公司收取 150 万元并出具了 300 万元的发票,同时作收入 300 万元。2006 年 12 月 26 日,A 公司协同 B 公司与丙公司签订三方协议书后,由 B 公司收取余款 150 万元。在此期间,一直由 A 公司委派本单位员工负责该项代理业务的实施。

现已查明 A 公司与 B 公司、C 咨询分公司、D 咨询分公司都为同一法人,在资金、业务经营等方面,存在直接或者间接的拥有或者控制关系,互为关联企业。其中 B 公司在 2006 年期间为免税企业,A 公司利用对其的实质控制权,将自己的收入转移到免税公司欲以逃税,转移收入合计 810 万元。实际应调增应纳税所得额 7 654 500 元。

应对反避税策略

本案避税失败的原因有两个:第一,未隔断 A 公司与 B 公司的关联关系;第二,未由 B 公司实际提供劳务。如果企业想享受免税待遇,应当设立免税公司,并由免税公司来实际提供劳务。不能由其他公司提供劳务,而由免税公司取得收入。此时的免税公司就成了一个收钱公司,这是非常明显的避税行为,极易为税务机关察觉。企业在设立免税公司时,为了避免被认定为关联企业,应当对照关联企业的标准,在资金、人员等方面隔断二者之间的关联关系。

4. 转换所得性质避税与反避税

纳税筹划思路

根据《中华人民共和国企业所得税法实施条例》的规定，来源于中国境内、境外的所得，按照以下原则确定：① 销售货物所得，按照交易活动发生地确定；② 提供劳务所得，按照劳务发生地确定；③ 转让财产所得，不动产转让所得按照不动产所在地确定，动产转让所得按照转让动产的企业或者机构、场所所在地确定，权益性投资资产转让所得按照被投资企业所在地确定；④ 股息、红利等权益性投资所得，按照分配所得的企业所在地确定；⑤ 利息所得、租金所得、特许权使用费所得，按照负担、支付所得的企业或者机构、场所所在地确定，或者按照负担、支付所得的个人的住所地确定；⑥ 其他所得，由国务院财政、税务主管部门确定。

由于不同所得来源地的判断原则不同，因此，将一种所得转变为其他所得以后，就可以相对容易地避税。例如，利息所得按照负担、支付所得的企业或者机构、场所所在地确定，或者按照负担、支付所得的个人的住所地确定，改变所得来源地比较困难。而股权转让所得按照被投资企业所在地确定，而被投资企业所在地相对比较容易改变，通过设立中间层公司即可将股权转让所得转移至境外。

反避税制度

《特别纳税调整实施办法（试行）》第93条规定，税务机关应按照实质重于形式的原则审核企业是否存在避税安排，并综合考虑安排的以下内容：① 安排的形式和实质；② 安排订立的时间和执行期间；③ 安排实现的方式；④ 安排各个步骤或组成部分之间的联系；⑤ 安排涉及各方财务状况的变化；⑥ 安排的税收结果。

《特别纳税调整实施办法（试行）》第94条规定，税务机关应按照经济实质对企业的避税安排重新定性，取消企业从避税安排获得的税收利益。对于没有经济实质的企业，特别是设在避税港并导致其关联方或非关联方避税的企业，可在税收上否定该企业的存在。

法律政策依据

（1）《中华人民共和国企业所得税法》（2007年3月16日第十届全国人民代表大会第五次会议通过，2017年2月24日第十二届全国人民代表大会常务委员会第二十六次会议第一次修正，2018年12月29日第十三届全国人民代表大会常务委员会第七次会议第二次修正）。

（2）《中华人民共和国企业所得税法实施条例》（2007年12月6日国务院令第512号公布，根据2019年4月23日《国务院关于修改部分行政法规的决定》修订）。

（3）《特别纳税调整实施办法（试行）》（国税发〔2009〕2号）。

第 17 章 税务机关反避税案例与应对策略

反避税案例

【例 17-7】 2003 年 3 月，新疆维吾尔自治区某公司（简称 B 公司）与乌鲁木齐市某公司（简称 C 公司）共同出资成立液化天然气生产和销售的公司（简称 A 公司）。注册资金 8 亿元人民币，其中 B 公司为主要投资方，出资 7.8 亿元，占注册资金的 97.5%，C 公司出资 2 000 万元，占注册资金的 2.5%。

2006 年 7 月，A 公司出资方 B 公司和 C 公司与某巴巴多斯的公司（简称 D 公司）签署了合资协议，D 公司通过向 B 公司购买其在 A 公司所占股份方式参股 A 公司。D 公司支付给 B 公司 3 380 万美元，占有了 A 公司 33.32% 的股份。此次股权转让后，A 公司的投资比例变更为：B 公司占 64.18%，C 公司占 2.5%，D 公司占 33.32%。

合资协议签署 27 天后，投资三方签署增资协议，B 公司增加投资 2.66 亿元人民币（B 公司出售其股权所得 3 380 万美元）。增资后，A 公司的注册资本变更为 10.66 亿元人民币，各公司相应持股比例再次发生变化。其中，B 公司占 73.13%，D 公司占 24.99%，C 公司占 1.88%。

2007 年 6 月，D 公司决定将其所持有的 A 公司 24.99% 的股权以 4 596.8 万美元的价格转让给 B 公司，并与 B 公司签署了股权转让协议，由 B 公司支付 D 公司股权转让款 4 596.8 万美元。至此，D 公司从 2006 年 6 月与中方签订 3 380 万美元的投资协议到 2007 年 6 月转让股权撤出投资（均向中方同一家公司买卖股份），仅一年的时间取得收益 1 217 万美元。

在为转让股权所得款项汇出境外开具售付汇证明时，付款单位代收款方 D 公司向主管税务机关提出要求开具不征税证明。理由是：根据中国和巴巴多斯税收协定"第十三条 财产收益"的规定，该笔股权转让款 4 596.8 万美元应仅在巴巴多斯征税。（2010 年 3 月，中国同巴巴多斯已经重新修订了协定。即使根据新修订的税收协定，如果不进行反避税调整的话，由于巴巴多斯公司持有境内股权比例不超过 25%，在中国也无须纳税。）

乌鲁木齐市国税局及时对此项不征税申请进行了研究，并将情况反映到新疆维吾尔自治区国税局，引起了上级机关的高度重视，围绕居民身份的确定及税收协定条款的适用问题开展了调查，发现了种种疑点。

疑点一：D 公司是美国 NB 投资集团于 2006 年 5 月在巴巴多斯注册成立的企业。在其注册一个月后即与中方签订投资合资协议，而投入的资金又是从开曼开户的银行汇入中国的。该公司投资仅一年就将股份转让，并转让收益高达 1 217 万美元，折合人民币 9 272 万元，收益率 36%，并且不是企业实际经营成果，而是按事前的合同约定的。（收益率达到 36%，说明利率为 36%，可以想象该交易是这样的：美国 NB 投资集团要借款给 A 公司，借款利率为 36%。美国 NB 投资集团要缴纳 3.6% 的预提所得税，为此采取了"假股权真债权"的方式，同时利用中巴协定股权转让所得不征税条款，避免缴纳中国的股权转让所得预提所得税。）

疑点二：关于 D 公司的居民身份问题，税务机关提出了疑问。为此，D 公司提供了由我驻巴巴多斯大使馆为其提供的相关证明，称其为巴巴多斯居民。但该证明文件只提到 D 公司是按巴巴多斯法律注册的，证明该法律的签署人是真实的；同时该公司还出具了巴巴多斯某律师证明文件，证明 D 公司是依照"巴巴多斯法律"注册成立的企业，成立日期为 2006 年 5 月 10 日（同年 7 月即与我国公司签署合资协议），公司地址为巴巴多斯××大街××花园。但公司登

391

记的三位董事都是美国国籍，家庭住址均为美国××州××镇××街××号。

疑点三：D公司作为合资企业的外方，并未按共同投资、共同经营、风险共担、利益共享的原则进行投资，而是只完成了组建我国中外合资企业的有关法律程序，便获取了一笔巨额收益。从形式上看是投资，而实际上却很难判断是投资、借款或融资，还是仅仅帮助国内企业完成变更手续，或者还有更深层次的其他经济问题。

根据中巴税收协定，此项发生在我国的股权转让收益我国没有征税权，征税权在巴方。在D公司是否构成巴巴多斯居民的身份尚未明确的情况下，付款方——股权回购公司——多次催促税务部门尽快答复是否征税并希望税务部门配合办理付款手续。根据付款协议，如果付款方不按时汇款，将额外支付高额的利息。为了避免中方企业遭受不必要的经济损失，新疆维吾尔自治区国税局同意乌鲁木齐市国税局及付款方提议，对股权转让款先行汇出，但扣留相当于应纳税款部分的款项，余额部分待D公司能否享受税收协定待遇确定后再做决定。

对此，乌鲁木齐市国税局一方面进行深入的调查了解，开展对D公司居民身份的取证工作，判定是否可以执行中巴税收协定；另一方面将案情进展情况及具体做法及时向新疆维吾尔自治区国税局汇报并通过新疆维吾尔自治区国税局向税务总局报告。税务总局启动了税收情报交换机制，最终确认D公司不属于巴巴多斯的税收居民，不能享受中巴税收协定的有关规定，对其在华投资活动中的所得应按国内法规定处理。2008年7月完成了该项916.4万元税款的入库工作。至此，此项工作顺利结束。

应对反避税策略

本案反避税调查的核心是D公司是否属于巴巴多斯的税收居民，是否可以享受中巴税收协定的有关规定。由于D公司在巴巴多斯没有经济实质，因此，无法被认定为巴巴多斯的税收居民。因此，该类避税方案的核心在于将避税地公司变成具有经济实质的公司，其方法主要包括具有真实经营业务，具有真实注册资本，具有一定的员工和相对复杂的资产负债。此类反避税不需要考虑D公司的设立是否具有合理商业目的，因此，使用合理商业目的来应对反避税是没有用的，必须从经济实质角度入手。

5. 将所得存放境外避税与反避税

纳税筹划思路

个人将所得存放境外避税的常用手段包括：① 低价购买股权，取得股息，将劳务报酬转化为股息；股息的税负为20%，劳务报酬的税负在2019年之前则可以接近36%，在2019年之后可以接近45%；② 利用低价授予股权再高价收购，将劳务报酬转化为财产转让所得；财产转让所得的税负为20%，劳务报酬的税负在2019年之前则可以接近36%，在2019年之后可以接近45%；③ 利用家庭成员获得所得，分散所得，降低相关税收负担；④ 将所得存放境外，通过瞒报的方式逃避中国的纳税义务。

反避税制度

在中国境内有住所，或者无住所而在境内居住满一年的个人，从中国境内和境外取得的所得，都应当依照《中华人民共和国个人所得税法》的规定缴纳个人所得税。在中国境内有住所的个人，是指因户籍、家庭、经济利益关系而在中国境内习惯性居住的个人。

个人所得的形式，包括现金、实物、有价证券和其他形式的经济利益。所得为实物的，应当按照取得的凭证上所注明的价格计算应纳税所得额；无凭证的实物或者凭证上所注明的价格明显偏低的，参照市场价格核定应纳税所得额。所得为有价证券的，根据票面价格和市场价格核定应纳税所得额。所得为其他形式的经济利益的，参照市场价格核定应纳税所得额。

法律政策依据

（1）《中华人民共和国个人所得税法》(1980年9月10日第五届全国人民代表大会第三次会议通过，2018年8月31日第十三届全国人民代表大会常务委员会第五次会议第七次修正)。

（2）《中华人民共和国个人所得税法实施条例》(1994年1月28日中华人民共和国国务院令第142号发布，2018年12月18日中华人民共和国国务院令第707号第四次修订)。

反避税案例

【例17-8】 2007年之前，娃哈哈集团董事长宗庆后一直自称"中国最廉价的CEO"。2007年8月，一名自称"税务研究爱好者"的举报人，实名举报宗庆后隐瞒巨额境内外收入，未如实申报个人所得税。国家税务总局收到举报后，迅速督促杭州地税局查办，2007年11月杭州地税局稽查局正式立案。宗庆后于2007年10月突击补交了2亿多元的税款，使其成为中国一次补税最多的个人。

1996年，达能以及达能娃哈哈各合资企业与宗庆后签订了《服务协议》，达能将一些子公司的部分股权以每股1元的低价"奖励"给宗庆后。《服务协议》和《奖励股协议》对宗庆后的税务责任有明确约定，即宗庆后对自己的收入，要"负责在中国及其他地区的任何种类的税款、收费或征费"。

税务部门从达能获得的银行往来凭证显示，1996—2005年，宗庆后累计获得"服务费"842万美元；在"奖励股"安排中，达能将若干境外子公司的若干股权"奖励"给宗庆后，1996—2006年，宗庆后从这两家公司的股权分红中，累计获得资金1 505万美元；其余4 000多万美元，则是达能和金加投资以回购上述两公司股权名义，向宗庆后支付的款项。其中，达能曾因宗庆后撮合其与乐百氏公司的联姻，以一家境外子公司股权回购的模式，给予宗庆后100余万美元的奖励。

根据宗庆后本人的要求，这些资金都打入了在香港开立的多个银行账户，这些账户分别属于宗庆后本人、其妻施幼珍、其女宗馥莉，以及娃哈哈集团党委书记杜建英。总金额约为7 100万美元。

应对反避税策略

宗庆后避税失败的主要原因包括：第一，以个人名义取得所得，为日后税务机关的调查留下了证据；第二，存放在香港银行，其与中国内地的关系及其公开性为税务机关调查打开了方便之门；第三，仅做简单节税安排，没有为日后可能出现的避税调查留出退路；第四，将个人收入信息置于商场合作伙伴之手，为日后的纷争和检举留下了隐患。

宗庆后可以选择如下成功避税方案：第一，在避税地（如英属维尔京群岛、百慕大、开曼群岛、萨摩亚、伯利兹、巴哈马等）设立海外公司，以公司的名义持股，公司取得股息，公司再转让股权获得股权转让所得，将个人劳务报酬转入境外公司，境外公司只要不分配股息，个人就不需要缴纳个人所得税，而个人在境外的消费和投资可以由公司进行；第二，即使有部分所得需要以个人的名义取得，也应当依法纳税，或者存在保密制度比较完善的瑞士银行；第三，即使需要向他人提供汇款账户，也应当设置中转账户，在取得收入之后及时转移资金，避免将自己的开户信息泄露给他人。

6. 个人股权转让避税与反避税

纳税筹划思路

个人股权转让在监管不到位的情况下，个人只需要到工商局办理股东变更手续，并不需要缴纳个人所得税。在监管较严必须纳税的情况下，个人可以采取两种方式避税：通过股权赠予的方式避税以及通过平价或者低价转让股权。

反避税制度

根据《国家税务总局关于加强股权转让所得征收个人所得税管理的通知》（国税函〔2009〕285号）的规定，股权交易各方在签订股权转让协议并完成股权转让交易以后至企业变更股权登记之前，负有纳税义务或代扣代缴义务的转让方或受让方，应到主管税务机关办理纳税（扣缴）申报，并持税务机关开具的股权转让所得缴纳个人所得税完税凭证或免税、不征税证明，到工商行政管理部门办理股权变更登记手续。

根据2010年12月14日发布的《国家税务总局关于股权转让所得个人所得税计税依据核定问题的公告》（国家税务总局公告2010年第27号），个人股权转让所得的反避税制度如下：

第一，自然人转让所投资企业股权（份）（简称股权转让）取得所得，按照公平交易价格计算并确定计税依据。计税依据明显偏低且无正当理由的，主管税务机关可采用本公告列举的方法核定。

第二，计税依据明显偏低且无正当理由的判定方法。符合下列情形之一且无正当理由的，可视为计税依据明显偏低：申报的股权转让价格低于初始投资成本或低于取得该股权所支付的价款及相关税费的；申报的股权转让价格低于对应的净资产份额的；申报的股权转让价格低于相同或类似条件下同一企业同一股东或其他股东股权转让价格的；申报的股权转让价格低于相同或类似条件下同类行业的企业股权转让价格的；经主管税务机关认定的其他情形。

正当理由，是指以下情形：所投资企业连续三年以上（含三年）亏损；因国家政策调整的原因而低价转让股权；将股权转让给配偶、父母、子女、祖父母、外祖父母、孙子女、外孙子女、兄弟姐妹以及对转让人承担直接抚养或者赡养义务的抚养人或者赡养人；经主管税务机关认定的其他合理情形。

第三，对申报的计税依据明显偏低且无正当理由的，可采取以下核定方法：

（1）参照每股净资产或纳税人享有的股权比例所对应的净资产份额核定股权转让收入。对知识产权、土地使用权、房屋、探矿权、采矿权、股权等合计占资产总额比例达50%以上的企业，净资产额须经中介机构评估核实。

（2）参照相同或类似条件下同一企业同一股东或其他股东股权转让价格核定股权转让收入。

（3）参照相同或类似条件下同类行业的企业股权转让价格核定股权转让收入。

（4）纳税人对主管税务机关采取的上述核定方法有异议的，应当提供相关证据，主管税务机关认定属实后，可采取其他合理的核定方法。

第四，纳税人再次转让所受让的股权的，股权转让的成本为前次转让的交易价格及买方负担的相关税费。

自2015年1月1日起执行以下规定：股权是指自然人股东（简称个人）投资于在中国境内成立的企业或组织（统称被投资企业，不包括个人独资企业和合伙企业）的股权或股份。股权转让是指个人将股权转让给其他个人或法人的行为，包括以下情形：出售股权；公司回购股权；发行人首次公开发行新股时，被投资企业股东将其持有的股份以公开发行方式一并向投资者发售；股权被司法或行政机关强制过户；以股权对外投资或进行其他非货币性交易；以股权抵偿债务；其他股权转移行为。

个人转让股权，以股权转让收入减除股权原值和合理费用后的余额为应纳税所得额，按"财产转让所得"缴纳个人所得税。合理费用是指股权转让时按照规定支付的有关税费。个人股权转让所得个人所得税，以股权转让方为纳税人，以受让方为扣缴义务人。扣缴义务人应于股权转让相关协议签订后5个工作日内，将股权转让的有关情况报告主管税务机关。被投资企业应当详细记录股东持有本企业股权的相关成本，如实向税务机关提供与股权转让有关的信息，协助税务机关依法执行公务。

股权转让收入是指转让方因股权转让而获得的现金、实物、有价证券和其他形式的经济利益。纳税人按照合同约定，在满足约定条件后取得的后续收入，应当作为股权转让收入。股权转让收入应当按照公平交易原则确定。

符合下列情形之一的，主管税务机关可以核定股权转让收入：申报的股权转让收入明显偏低且无正当理由的；未按照规定期限办理纳税申报，经税务机关责令限期申报，逾期仍不申报的；转让方无法提供或拒不提供股权转让收入的有关资料；其他应核定股权转让收入的情形。

符合下列情形之一，视为股权转让收入明显偏低：申报的股权转让收入低于股权对应的净资产份额的，其中，被投资企业拥有土地使用权、房屋、房地产企业未销售房产、知识产权、探矿权、采矿权、股权等资产的，申报的股权转让收入低于股权对应的净资产公允价值份额的；申报的股权转让收入低于初始投资成本或低于取得该股权所支付的价款及相关税费的；申报的股权转让收入低于相同或类似条件下同一企业同一股东或其他股东股权转让收入的；申报的股权转让收入低于相同或类似条件下同类行业的企业股权转让收入的；不具合理性的无偿让渡股权或股份；主管税务机关认定的其他情形。

符合下列条件之一的股权转让收入明显偏低，视为有正当理由：能出具有效文件，证明被投资企业因国家政策调整，生产经营受到重大影响，导致低价转让股权；继承或将股权转让给其能提供具有法律效力身份关系证明的配偶、父母、子女、祖父母、外祖父母、孙子女、外孙子女、兄弟姐妹以及对转让人承担直接抚养或者赡养义务的抚养人或者赡养人；相关法律、政府文件或企业章程规定，并有相关资料充分证明转让价格合理且真实的本企业员工持有的不能对外转让股权的内部转让；股权转让双方能够提供有效证据证明其合理性的其他合理情形。

主管税务机关应依次按照下列方法核定股权转让收入：① 净资产核定法。股权转让收入按照每股净资产或股权对应的净资产份额核定。被投资企业的土地使用权、房屋、房地产企业未销售房产、知识产权、探矿权、采矿权、股权等资产占企业总资产比例超过20%的，主管税务机关可参照纳税人提供的具有法定资质的中介机构出具的资产评估报告核定股权转让收入。6个月内再次发生股权转让且被投资企业净资产未发生重大变化的，主管税务机关可参照上一次股权转让时被投资企业的资产评估报告核定此次股权转让收入。② 类比法。参照相同或类似条件下同一企业同一股东或其他股东股权转让收入核定；参照相同或类似条件下同类行业企业股权转让收入核定。③ 其他合理方法。主管税务机关采用以上方法核定股权转让收入存在困难的，可以采取其他合理方法核定。

个人转让股权的原值依照以下方法确认：以现金出资方式取得的股权，按照实际支付的价款与取得股权直接相关的合理税费之和确认股权原值；以非货币性资产出资方式取得的股权，按照税务机关认可或核定的投资入股时非货币性资产价格与取得股权直接相关的合理税费之和确认股权原值；通过无偿让渡方式取得股权，具备规定情形的，按取得股权发生的合理税费与原持有人的股权原值之和确认股权原值；被投资企业以资本公积、盈余公积、未分配利润转增股本，个人股东已依法缴纳个人所得税的，以转增额和相关税费之和确认其新转增股本的股权原值；除以上情形外，由主管税务机关按照避免重复征收个人所得税的原则合理确认股权原值。

股权转让人已被主管税务机关核定股权转让收入并依法征收个人所得税的，该股权受让人的股权原值以取得股权时发生的合理税费与股权转让人被主管税务机关核定的股权转让收入之和确认。个人转让股权未提供完整、准确的股权原值凭证，不能正确计算股权原值的，由主管税务机关核定其股权原值。对个人多次取得同一被投资企业股权的，转让部分股权时，采用"加权平均法"确定其股权原值。

法律政策依据

（1）《中华人民共和国个人所得税法》（1980年9月10日第五届全国人民代表大会第三次会议通过，2018年8月31日第十三届全国人民代表大会常务委员会第五次会议第七次修正）。

（2）《中华人民共和国个人所得税法实施条例》（1994年1月28日中华人民共和国国务院令第142号发布，2018年12月18日中华人民共和国国务院令第707号第四次修订）。

（3）《国家税务总局关于加强股权转让所得征收个人所得税管理的通知》（国税函〔2009〕285号）。

（4）《国家税务总局关于股权转让所得个人所得税计税依据核定问题的公告》（国家税务总局公告2010年第27号）。

（5）《股权转让所得个人所得税管理办法（试行）》（国家税务总局公告2014年第67号）。

纳税筹划案例

【例17-9】 2008年1月1日，甲、乙、丙三人成立一家有限责任公司，每人出资1 000万元，公司注册资本为3 000万元。但公司股东为甲、乙两人，丙不作为公司股东，实际上是隐名股东。2019年1月1日，丙想成为公司股东。已知2018年年底，公司资产负债表显示，公司资产总额为8 000万元，负债为2 000万元，所有者权益为6 000万元。在办理股权登记前，税务机关通知甲和乙需要缴纳个人所得税200万元。股权转让所得：（6 000−3 000）×1/3=1 000（万元），缴纳个人所得税：1 000×20%=200（万元）。

筹划方案

从长期角度来看，当事人应当提前规划，让该有限责任公司连续三年亏损，这样就可以按照成本价转让股权，应纳税额为0。在2015年1月1日以后，可以采取假结婚的方式并以成本价转让股权，应纳税额也为0。从短期角度来看，当事人可以通过信任的会计师事务所编制和审计资产负债表，适当降低所有者权益4 000万元，缴纳个人所得税：（4 000−3 000）×1/3×20%=66.67（万元）。上述纳税筹划思路都应当有一定的限度，即最好缴纳一定数额的个人所得税。如果是平价转让或者明显低价转让，都会引起税务机关的反避税调查。

反避税案例

【例17-10】 2014年9月，江苏省某市地税局根据第三方数据，发现江苏某五金制品有限公司的现有投资方与工商登记的投资方不符。税务人员审核发现，该企业成立时的股东为2名自然人，注册资本为500万元。2014年7月，2名自然人股东以500万元价格将全部股权平价转让给2名台湾人士，企业性质由内资企业变更为外商独资企业。税务人员审核该企业的历年财务年报时发现，该企业2010—2013年4年中有3年处于亏损状态，但是财务报表显示该企业有房屋和土地。进一步了解，近年来，该地段房屋和土地增值较多，因此初步判断企业股东存在少缴个人所得税的情况。

税务人员约谈企业财务负责人，企业方认为由于企业常年处于亏损状态，自己提供的平价转让协议是真实、合理的。税务人员经过模型运算，测算出企业房产、土地增值额达2 500万元。同时，税务人员通过多种渠道与受让方沟通、宣传，受让方最终拿出了双方签订的真实协议书,协议书上认定的价格不是平价,而是 2 978.5 万元,资产增值全部体现在房屋和土地的增值上。

在证据资料充足、确凿的情况下,该企业原股东认可税务机关的处理意见,并表示立即办理股权转让个人所得税事项。最后,根据企业的净资产核定股权转让价格计算扣缴个人所得税495.7 万元。

在本案例中,纳税人既隐瞒了企业房屋和土地的增值事实,隐瞒了真实的转让价格,而非平价转让股权,又无法定正当理由,从而产生了少缴税款的涉税风险。按规定,税务机关对纳税人申报的计税依据明显偏低,如平价和低价转让等且无正当理由的,税务机关可参照每股净资产或个人股东享有的股权比例所对应的净资产份额,核定计税依据。

参考文献

[1] 干 ,刘芳. 企业纳税筹划[M]. 北京：科学出版社，2002.
[2] 王兆高. 纳税筹划[M]. 上海：复旦大学出版社，2003.
[3] 刘剑文. 税法学（第 2 版）[M]. 北京：人民出版社，2003.
[4] 刘剑文. 国际税法学（第 4 版）[M]. 北京：北京大学出版社，2020.
[5] 刘剑文. 财税法学（第 3 版）[M]. 北京：高等教育出版社，2017.
[6] 阚振芳. 阳光节税[M]. 北京：中国建材工业出版社，2006.
[7] 翟继光. 中华人民共和国企业所得税法释义[M]. 上海：立信会计出版社，2007.
[8] 翟继光. 企业纳税筹划[M]. 北京：法律出版社，2007.
[9] 翟继光，易运和，张晓冬. 中华人民共和国企业所得税法实施条例释义与实用指南及案例精解[M]. 上海：立信会计出版社，2007.
[10] 翟继光. 新企业所得税法及实施条例实务操作与筹划指南[M]. 北京：中国法制出版社，2008.
[11] 翟继光. 个人所得税自行纳税申报实务操作指南[M]. 上海：上海三联书店，2008.
[12] 翟继光. 纳税筹划实战 101 例[M]. 北京：电子工业出版社，2020.
[13] 翟继光. 企业重组清算税务处理与节税筹划指南[M]. 上海：立信会计出版社，2009.
[14] 翟继光. 税法学原理[M]. 上海：立信会计出版社，2011.
[15] 翟继光. 税法学原理——理论·实务·案例[M]. 北京：清华大学出版社，2012.
[16] 翟继光，孙长举，赵德芳. 房地产业纳税节税操作实务（第 3 版）[M]. 北京：电子工业出版社，2014.
[17] 翟继光. 新税法政策解析与案例精讲[M]. 北京：企业管理出版社，2020.
[18] 翟继光. 财税法基础理论研究[M]. 北京：中国政法大学出版社，2017.
[19] 翟继光，张晓冬. 营业税改征增值税后企业所得税政策解读与案例分析[M]. 上海：立信会计出版社，2018.
[20] 翟继光，倪伟杰. 企业合理节税避税经典案例讲解[M]. 上海：立信会计出版社，2021.

反侵权盗版声明

电子工业出版社依法对本作品享有专有出版权。任何未经权利人书面许可，复制、销售或通过信息网络传播本作品的行为；歪曲、篡改、剽窃本作品的行为，均违反《中华人民共和国著作权法》，其行为人应承担相应的民事责任和行政责任，构成犯罪的，将被依法追究刑事责任。

为了维护市场秩序，保护权利人的合法权益，我社将依法查处和打击侵权盗版的单位和个人。欢迎社会各界人士积极举报侵权盗版行为，本社将奖励举报有功人员，并保证举报人的信息不被泄露。

举报电话：(010) 88254396；(010) 88258888
传　　真：(010) 88254397
E-mail：dbqq@phei.com.cn
通信地址：北京市万寿路 173 信箱
　　　　　电子工业出版社总编办公室
邮　　编：100036